中等职业教育国家规划教材配套教材

Qiche Dipan Changjian Weixiu Xiangmu Shixun Jiaocai

汽车底盘常见维修项目实训教材

中国汽车维修行业协会　组织编写
朱　　军　丛书主编

人民交通出版社
China Communications Press

内 容 提 要

本教材从汽车维修企业生产实践中精选出最常见的底盘维修作业项目共计23个，作为实训课教学内容，适合职业院校汽车运用与维修专业的学生使用。

图书在版编目（CIP）数据

汽车底盘常见维修项目实训教材 / 中国汽车维修行业协会组织编写. —北京：人民交通出版社，2009. 12

ISBN 978-7-114-08030-2

Ⅰ.汽… Ⅱ.中… Ⅲ.汽车－底盘－车辆修理－教材

Ⅳ.U472. 41

中国版本图书馆 CIP 数据核字（2009）第 188909 号

中等职业教育国家规划教材配套教材

书 名： 汽车底盘常见维修项目实训教材
著 作 者： 中国汽车维修行业协会
责任编辑： 谢 元 钟 伟 曹延鹏
出版发行： 人民交通出版社
地 址： (100011) 北京市朝阳区安定门外外馆斜街 3 号
网 址： http://www.ccpress.com.cn
销售电话： (010) 59757973, 85285659
总 经 销： 人民交通出版社发行部
经 销： 各地新华书店
印 刷： 北京鑫正大印刷有限公司
开 本： 787×1092 1/16
印 张： 25.25
字 数： 622 千
版 次： 2009 年 12 月 第 1 版
印 次： 2017 年 8 月 第 9 次印刷
书 号： ISBN 978-7-114-08030-2
印 数： 24001－27000 册
定 价： 39.00 元

职业院校汽车运用与维修专业实训教材

编写委员会

序言

随着汽车工业的飞速发展，特别是电控技术在汽车上的广泛应用，对汽车维修技术的要求越来越高，掌握现代维修技术的技能型人才十分短缺。因此，教育部、原交通部等六部委启动的“实施职业院校制造业和现代服务业技能型紧缺人才培养培训工程”将“汽车运用与维修”列入第一批的四个专业领域之一，但由于传统的实训课程内容和模式已不能完全适应汽车维修企业的实际需要，所以，探索汽车维修实训课程教学内容和教学模式，是汽车维修职业教育改革的重点内容。选择哪些作业项目作为实训课的教学内容？采用什么教学方法作为实训课的教学模式？这是汽车维修教学中最重要的问题。

汽车维修职业教育的培养定位，是为汽车维修企业培养能够实现零距离上岗就业的一线技术工人。因此，实训课最重要的就是要解决“教什么”和“怎么教”的问题。

本教材正是为深入贯彻落实教育部办公厅、原交通部办公厅、中国汽车维修行业协会和中国汽车工业协会《关于确定职业院校开展汽车运用与维修专业领域技能型紧缺人才培养培训工作的通知》（教职成厅〔2003〕6号）的精神，紧扣“培养培训指导方案”的要求，来探讨实用汽车维修作业项目实训课实车工艺化教学方法的，在教学内容上大量采用的是源自汽车维修一线的实用作业项目，教学方法则采用在实车上按照实训课工艺化教学要求来完成的教学模式，使每个作业项目直接针对实际的整车来完成，增加了实景实车教学的现场感，增强了学生对实车修理过程的真实感。

我希望这种汽车维修职业教学实训课程开发的新思路和新理念，能够使汽车维修职业学校的学生更快地融入到汽车维修企业的生产实践中，实现零距离上岗就业，为广大的汽车维修企业提供高素质、掌握现代汽车维修技术的技能型人才。

康文仲

教材使用说明

一、本教材与以往的汽车维修实训教材的不同之处

1. 汽车维修实训项目的选择

本教材的所有实训项目，都是根据汽车维修一线的实践统计选择出来的最常见、最实用的汽车维修项目，它仅仅包含了汽车维护的全部内容和常见的维修检测项目。因此，不同于以往实训教材那样按照汽车的各个系统完整地罗列出所有的维修项目。这样选择主要是为了体现出汽车维修项目的实用性，希望学生在实训中学到汽车维修实践中最常见的维修项目，使学生在学校里学到的实际技能，与汽车维修企业中遇到的维修项目实现零距离接轨，同时也是为了更加准确地划定汽车维修实训项目的最小范围，以便最大限度地降低实训课教学成本。

2. 实训教材编写形式

本教材在实训操作步骤编写上采用了与以往教材不同的形式。以往实训教材的操作步骤采用顺序编号后的文字描述形式来表达，本教材则采用系列照片组附加文字的方式来进行操作步骤的表达，每一个维修实训项目都会采用几十张步骤连续的系列照片来讲授，同时还附有完整的指导示范视频光盘。这样的编写形式是为了正确规范地传授实训课程中的技能要点。在以往的实训教材中用文字的形式不可能达到这个目的，文字只能给实训老师一个顺序提示，真正的实训技能点还要靠老师在实训过程中用自己的经验进行现场传授，这样就使得不同的老师在传授技能时产生了不同的差异，这也就使得技能传授无法统一规范。

3. 实训课组织形式

在教学过程中，采用1～2名教师带2～4组学生（每组4人），同时对实训场地中2～4辆实车通过作业的实训课工艺化教学模式来完成。实训课工艺化教学模式是采用一对多组的并联教学方式，在老师讲解示范的过程中，运用视频投影的方法扩大现场的可视范围，提高动作细节的可视度，解决一对多组教学的示范观摩难点；同时将作业项目根据学生一次所能接受掌握的程度细分为若干个简单的工序步。老师每示范一个工序步，就让各组同学操作一个工序步，步步紧跟，每步皆停，统一节奏，这样就把一个复杂连续的技能教学过程分解成一个个独立

简单的工序教学过程。在教学中，老师只要合理地把握了每个工序的教学工艺节奏，也就把握住了教学的全过程。这也是实训课“工艺化”教学模式的最大特点。

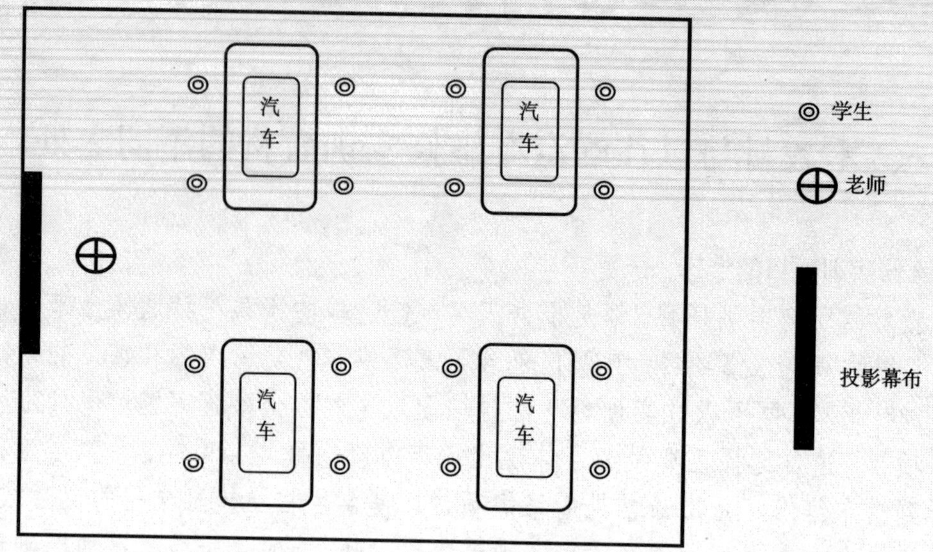

实训教学由老师的示范开始，通过投影视频图像和同步讲解，带领各组同学同时操作。老师播放一段视频影像，讲解一段操作工艺，同学们观看一段影像资料，跟随一段实际操作，这样的教学把技能操作通过屏幕放大展现给全体同学，老师同步讲解要领，同学们跟进实际操作，老师现场观察随时纠正动作，只有这样，才能完成由一名老师指导多组同学的实训课程教学。

在实训工序中，一个小组的同学实际操作，另一小组的同学现场观摩。每完成一个实训项目两个小组交换一次，每次实训中，一个小组的同学完成一次实训工艺课教学，另一小组的同学则完成一次实训示范课教学，这样的教学组织相当于每个同学在实训中都能够至少看一遍、再干一遍，这样有利于一边揣摩、一边操作，便于观摩中相互讨论，操作中相互交流。

二、本教材适用范围

由于本教材所选实训项目为最常见、最基本和最实用的汽车维修项目，因此，适合各类不同层次的职业学校学生选修。教材附带的教学光盘不仅可以用于实训课现场教学指导，还可以作为同学们自学实训技能的辅助教学资料。同时由于这些实训项目是源自汽车维修一线的常见维修项目，因此不仅在学校期间可以作为教材使用，还可以在同学们分配到汽车维修企业后继续作为维修指导手册使用。这是一本可以跟随同学们一起走进工厂的实用书籍。

三、关于本教材附录的说明

本教材的附录，是在研究了北京数家典型汽车维修企业的维修台账项目统计资料之后，总结出来的维修项目表格。我们发现，在汽车维修实践中，常见的汽车维修作业项目尽管数以百计，但是出现概率很高的维修项目仅仅有几十项。例如：一汽捷达轿车在专修厂一个月进修的四千余辆汽车中，有三千多辆进修车只是做了33个维修作业项目（详见附录），这也就是说33个维修项目涵盖了80%以上进厂汽车的修理内容。这是一个非常令人鼓舞的数据，它告诉我们，无论是汽车职业学校的学生，还是汽车维修企业的徒工，只要掌握了这33项维修作业，即可胜任80%以上进厂一汽捷达轿车的修理工作。

这项统计数据还透露出一个信息，那就是我们只要选择得当，挑选出百余个汽车维修作业项目，就可以确定汽车维修实训课程所要求的基本内容，而且只要掌握了这些基本内容的操作技能，就可以胜任大多数汽车维修工作。

为了实现这个目标，我们进一步对桑塔纳、捷达、宝来、雅阁、赛欧等五种轿车的常见修理作业项目进行了汇总分析，最后对这五种车型的发动机、底盘和电气系统修理作业项目进行了归纳，总结出105个常见修理作业项目（详见附表），这些项目基本覆盖了90%以上的常见汽车维修项目作业。然后我们又在这105个项目中精选了最常见、最实用的七十多个汽车维修作业项目作为实训课程的基本内容，并以此为基础编辑了这套实训课教程，希望以这种方式选择出的实训项目教学，能够使汽车维修职业教学以最小的实训成本，换来最大的实训成效。

目录

项目一　检查、调整离合器踏板位置

一、项目说明

离合器踏板是离合器操纵机构中的组成部件之一。其作用是将驾驶员施加的踏板力转化成离合器接合或分离的控制力。对于机械式离合器操纵机构，离合器踏板一般通过拉索或机械杆件与分离叉臂相连；而对于液压式或气压式离合器操纵机构，离合器踏板则与离合器总泵相连。桑塔纳2000GSi型轿车离合器采用的是液压式操纵系统。

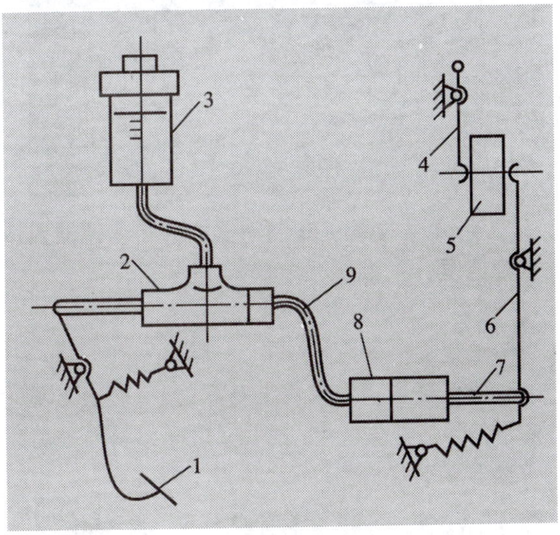

液压式离合器操纵机构

1-离合器踏板；2-总泵；3-储液罐；4-分离杠杆；5-分离轴承；6-分离叉；7-推杆；8-分泵；9-油管

在车辆的使用过程中，如果离合器踏板位置不正常，即离合器踏板高度、总行程、自由行程不符合规定要求，会导致离合器分离不彻底、换挡困难、离合器打滑、车速下降、分离轴承及压盘总成过早损坏等故障发生。因此，正确地检查、调整离合器踏板位置，对提高车辆使用性能和减轻驾驶员劳动强度具有十分重要的意义。下面以桑塔纳2000GSi型轿车离合器操纵机构为例，说明检查和调整离合器踏板位置方法。

二、技术标准与要求

1. 离合器踏板自由行程为15～25mm。
2. 离合器踏板高度为150±5mm。
3. 离合器总泵与推杆间隙为0～1mm。
4. 离合器踏板总行程131.8～139.1mm。
5. 离合器踏板最大踏板力不超过122.2N（不计复位弹簧的作用）。

三、实训时间：20min

四、实训教学目标

1. 了解检查、调整离合器踏板位置的重要性。
2. 熟悉离合器操纵机构的结构与组成。
3. 掌握离合器踏板位置的检查与调整技能。

五、实训器材

直板尺（300mm）

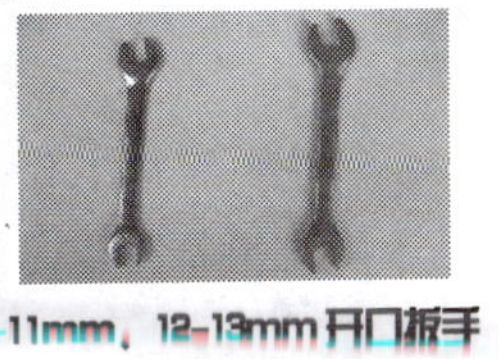

10-11mm，12-13mm开口扳手

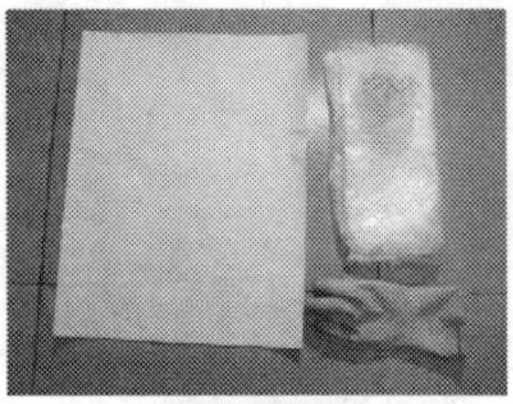
防护用品

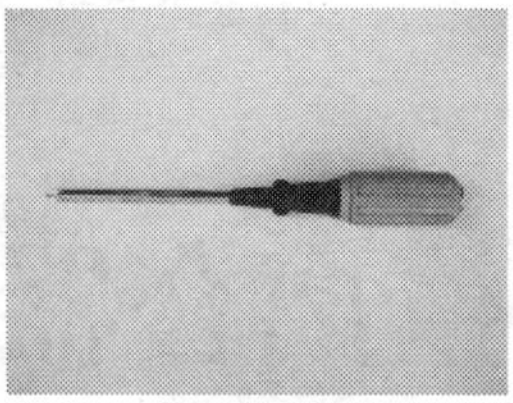
十字螺丝刀

六、教学组织

1. 教学组织形式

每辆车安排4名学生参与实训，两名学生为一组。一组操作，一组观察学习。

2. 学生站位分工和要求

两名学生一组，按照1号、2号进行编号，1号为主，2号为辅助。

3. 实训教师职责

讲解操作步骤和注意事项；下达“操作开始”口令；工位间巡视、检查、指导和纠正错误。

4. 学生职责变换

两名学生实行职责变换制度，即第一遍1号为主，2号辅助；第二遍2号为主，1号辅助。

七、操作步骤

第一步　事前准备

1 车辆进入工位前，参训学生将工位卫生清理干净，排除障碍物，准备好相关的工具、物品等。

提示

培养良好的工作习惯，做好事前准备，有利于安全操作和提高工作效率。

2 将车辆停驻在举升机平台的中央位置。

3 1号拉紧驻车制动器，并将变速器置于空挡位。

提示

为保证车辆在工位上可靠停驻，防止出现溜滑，造成安全事故，要拉紧驻车制动器并将变速器置于空挡位。

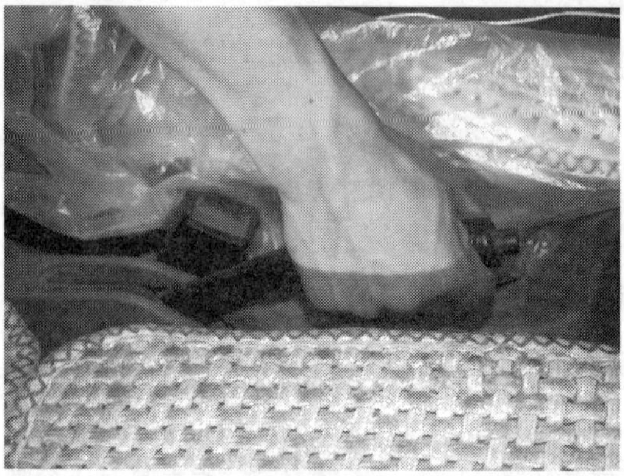

4　1号打开并可靠支撑机舱盖。

提示

将支撑杆插入机舱盖支撑孔时，要保证接触可靠，否则，机舱盖滑落会造成人身伤害。

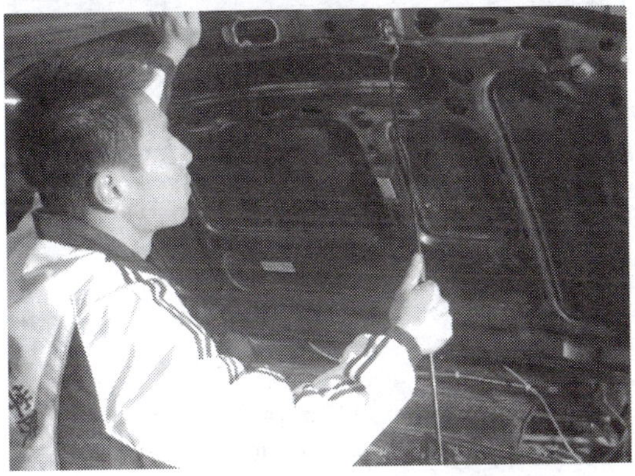

5　1号、2号把护裙粘贴在汽车左、右侧翼子板上，要求护裙将翼子板全部覆盖。护裙的上边沿粘贴到排水槽的内侧，前端至侧灯处，后端至车门与翼子板结合缝隙。

提示

（1）粘贴护裙的主要目的是保护操作中能够接触到的翼子板车漆。

（2）护裙是通过磁铁吸附在翼子板上的，因此，在粘贴时，当护裙接近翼子板，感受到吸力后，要稍稍用力，使护裙轻轻与翼子板贴合，不允许听到接触碰撞声。

6　1号安装转向盘套、换挡手柄套、座套、铺设地板垫。

提示

保护罩是由薄塑料制成的，极易破损。所以在安装时，用力要均匀，避免因用力过大造成损坏。其主要作用是在操作过程中保持驾驶室内清洁。

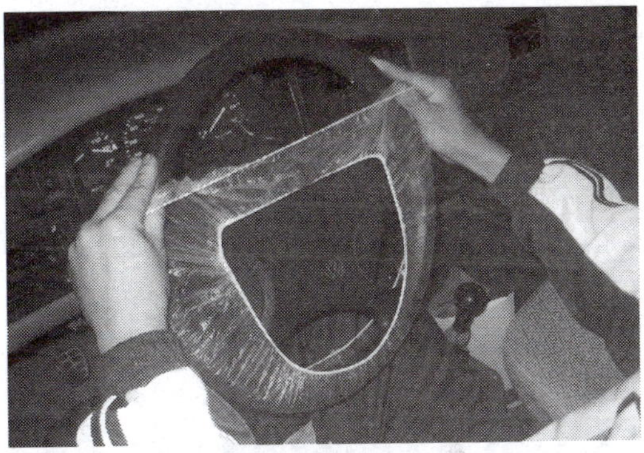

第二步　检查储液罐中液面高度

1　离合器液压操纵系统的储液罐安装在制动总泵上，通过橡胶软管为离合器总泵提供工作油液。

提示

离合器液压系统与液压制动系统共用一个储液罐。

2　1号检查储液罐中液面的高度，应位于“MIN”与“MAX”刻度线中间位置。

提示

（1）如果储液罐中液面过低，将会造成液压管路中油压不足，离合器踏板有效行程缩短，踩下离合器踏板时离合器分离不彻底，造成换挡困难或无法换挡。

(2) 当储液罐中液量不足时，应添加适量工作液，达到规定液面高度。

(3) 当储液罐中液面低于规定值时，组合仪表中的液位指示灯点亮报警，提醒驾驶员检查或添加离合器液压系统工作液。

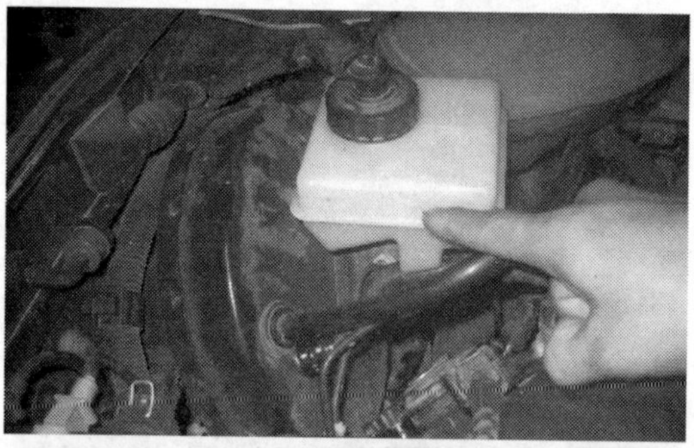

第三步　拆卸仪表台下防护罩

1　2号将十字螺丝刀传递给1号。

2　1号使用螺丝刀，旋下组合开关下防护罩的3条自攻丝固定螺钉，并传递给2号。

提示

螺钉拆卸后，应摆放在零件车上，以防丢失。

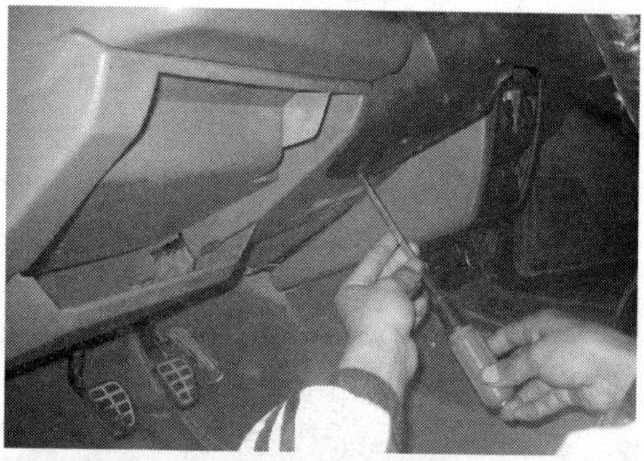

3　1号将组合开关下防护罩取下并传递给2号。2号将其摆放在零件车上。

提示

将组合开关下防护罩与其固定螺钉摆放在一起，可避免安装时螺钉错乱。

4　1号使用十字螺丝刀，旋下转向盘下防护罩的5条自攻丝固定螺钉，并传递给2号。

提示

螺钉拆卸后，应摆放在零件车上，以防丢失。

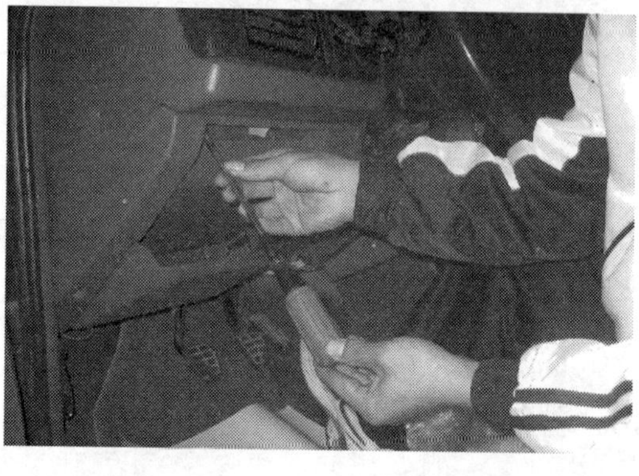

5　1号将转向盘下防护罩取下并传递给2号。2号将其摆放到零件车上。

提示

将转向盘下防护罩与其固定螺钉摆放在一起，可避免安装时螺钉错乱，有利于提高工作效率。

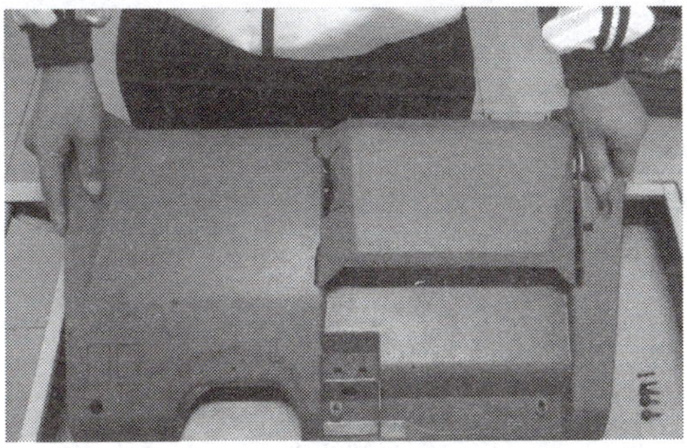

6　1号使用十字螺丝刀旋下防尘罩的2条自攻丝固定螺钉，并传递给2号。

提示

螺钉拆卸后，应摆放在零件车上，以防丢失。

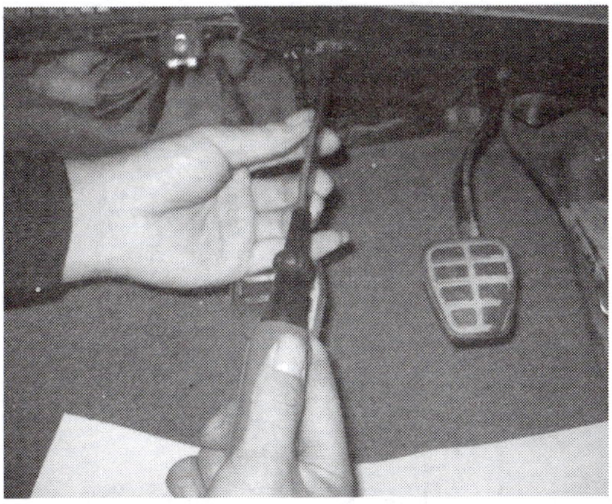

7　1号取下防尘罩并传递给2号。2号将其摆放到零件车上。

提示

将防尘罩与其固定螺钉摆放在一起，可避免安装时螺钉错乱，有利于提高工作效率。

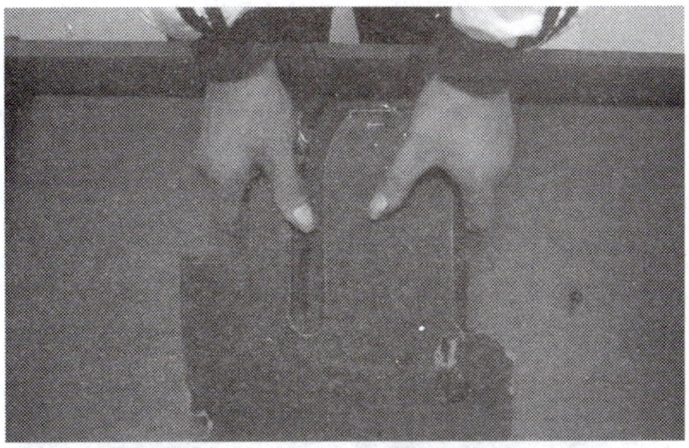

第四步　检查离合器踏板位置

1　1号取出离合器踏板下方地板垫并传递给2号。

提示

取出地板垫便于更精确测量离合器踏板高度。

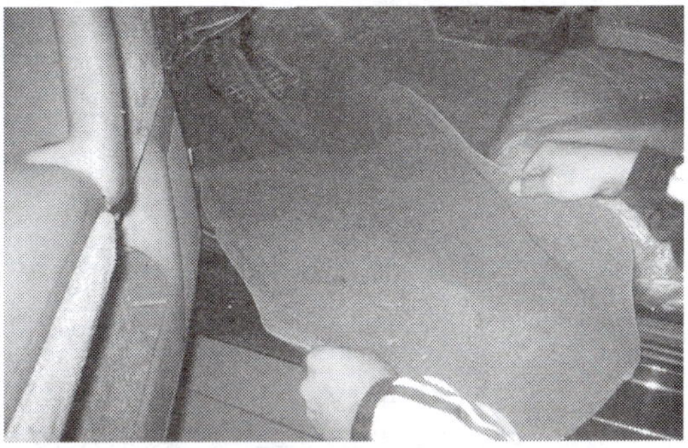

2　2号将直板尺传递给1号。

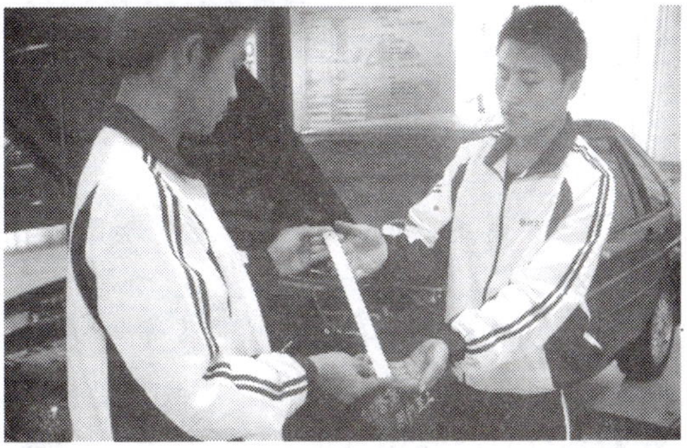

3　1号使用直板尺测量离合器踏板高度。

提示

（1）桑塔纳2000GSi型轿车离合器踏板高度为150 ± 5mm。如果测量高度不在规定范围内，应检查踏板助力弹簧的弹力是否正常，以及踏板是否出现变形等损伤，必要时应更换新品。

（2）如果离合器踏板高度不在规定范围内，将会影响离合器的操纵性能和使用性能。

（3）测量时，将直板尺垂直于地板面，观察踏板上平面在直板尺上显示数值，该数值即为踏板高度。

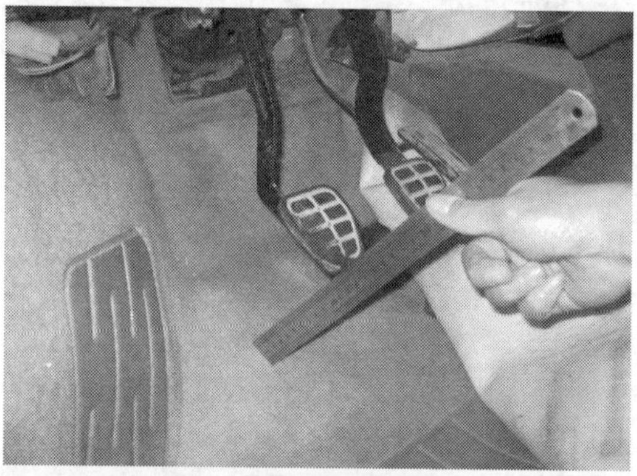

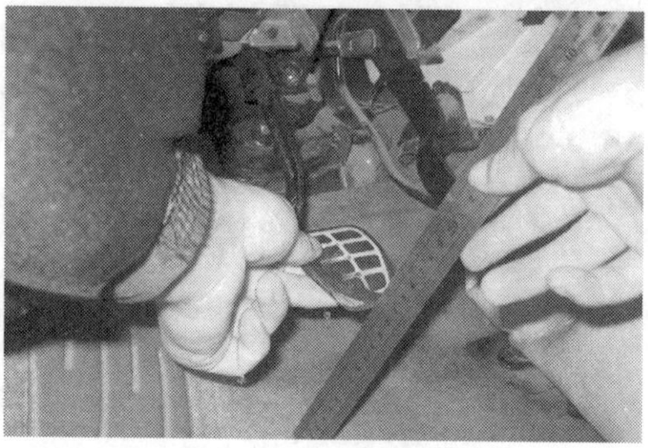

4 1号使用直板尺测量离合器踏板自由行程。

提示

（1）桑塔纳2000GSi型轿车离合器踏板自由行程为15～25mm。如果测量数值不在规定范围内，将会影响离合器正常工作性能，测量值过大，离合器分离不彻底，变速器换挡困难；测量值过小，离合器打滑，车速下降，加剧离合器相关部件磨损。

（2）测量时，将直板尺保持与地板垂直，踏板处于自然状态。确认此时踏板高度值后，用手稍用力下压踏板，当感觉阻力增大时，停止下压，观察踏板上平面在直板尺上显示的数值，计算得出两个数据的差值，即为离合器踏板自由行程。

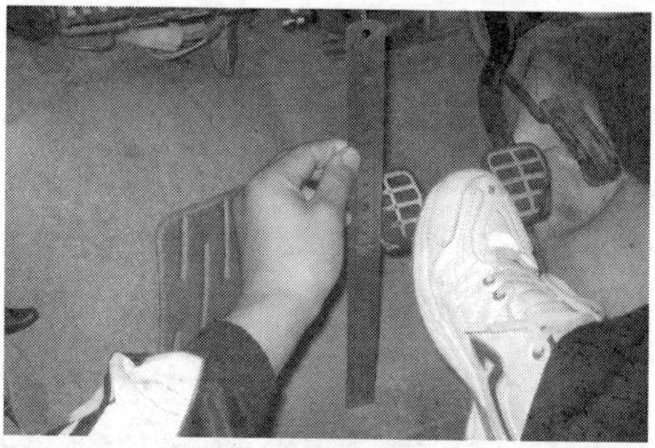

5 1号使用直板尺测量离合器踏板总行程。

提示

（1）离合器踏板总行程＝自由行程＋有效行程，如果自由行程适当，而总行程变小，则有效行程就变小。那么与离合器分泵相连接的推杆移动距离缩短，离合器压板后移量便减小，造成离合器分离不彻底，导致变速器换挡困难。

（2）桑塔纳2000GSi型轿车离合器踏板总行程为131.8～139.1mm。

（3）测量时，首先将直板尺垂直于地板，然后确认离合器踏板自然状态下的高度值，接下来用力踩下离合器踏板至极限位置。观察此时直板尺所显示的踏板高度，两高度差值，即为离合器踏板总行程。

（4）如果总行程小于规定值，应检查离合器总泵、分泵、推杆、分离叉等相关部件，是否出现卡滞、变形等现象。排除故障后，再次测量离合器踏板总行程，直到符合规定要求为止。

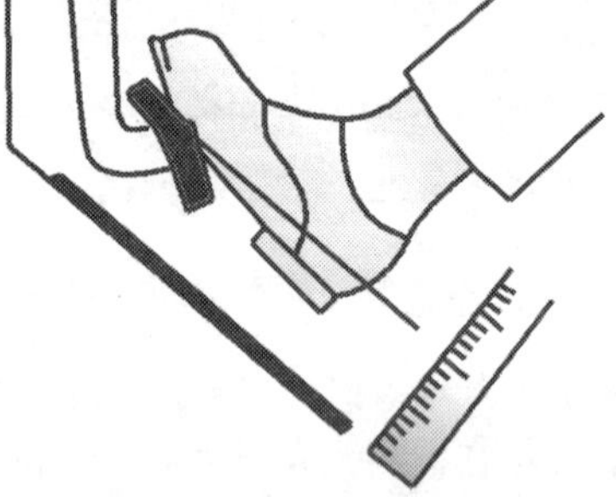

第五步　调整离合器踏板位置

1　2号将10-11mm开口扳手、12-13mm开口扳手传递给1号。

2　1号使用10-11mm开口扳手、12-13mm开口扳手，拧松离合器推杆锁紧螺母，然后用手转动推杆调整其长度，来改变离合器踏板自由行程。

提示

(1) 两个扳手配合使用，可紧固或拧松推杆锁紧螺母。

(2) 在调整推杆长度，要反复测量踏板自由行程，直到符合规定要求为止。

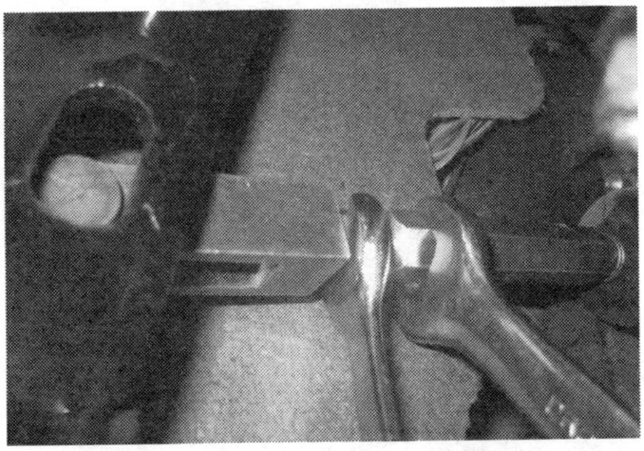

3　离合器踏板自由行程调整完毕，1号检查推杆与离合器总泵之间的间隙。

提示

(1) 桑塔纳2000GSi型轿车推杆与离合器总泵之间的间隙值为0～1mm。如果间隙值过大，则离合器踏板自由行程变大，有效行程变小，导致离合器分离不彻底、变速器换挡困难等故障发生；如果间隙值过小，液压系统内始终存在一定的油压，会造成离合器打滑、分离轴承和压盘总成过早损坏等故障发生。

(2) 测量法：将厚薄规的0.05mm规片，插入推杆与离合器总泵活塞连接处，轻轻拉动规片，感到稍有阻力，为两者配合间隙正常。

(3) 经验法：如果用手转动推杆时感觉稍有阻力，证明推杆与离合器总泵间的配合间隙正常。反之，配合间隙过大。

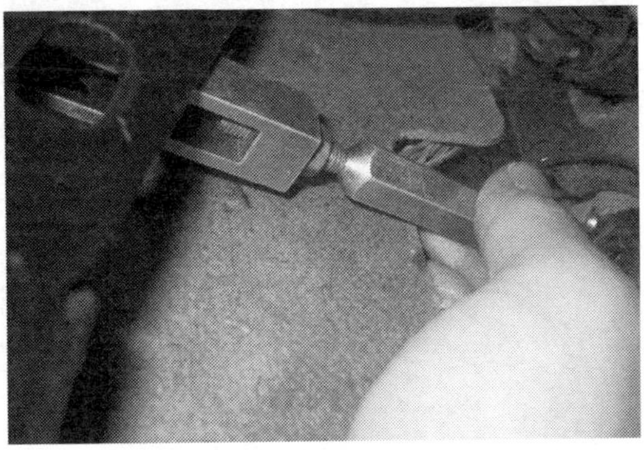

第六步　车辆运行试验

1　将离合器踏板位置调整完毕，1号打开点火开关，起动发动机。

提示

(1) 起动发动机前，要确认驻车制动器已拉紧、变速器处于空挡位。严禁带挡起动，防止意外事故发生。

(2) 起动发动机前，1号、2号注意安全确认，配合口令是“正常”、“起动”。

2 1号将离合器踏板踩到底，操纵换挡手柄，变换变速器挡位，检验变速器换挡是否轻便、灵活、迅速、可靠，及换挡时有无异常响声。

提示

发动机在空载情况下，检查离合器踏板位置是否适当。

3 1号将变速器换入1挡，缓慢释放离合器踏板。此时发动机转速发生由稳定→下降→抖动→熄灭的变化过程。由此证明离合器没有打滑现象，离合器踏板位置正常。

提示

(1) 变速器换入1挡后，缓慢释放离合器踏板，此时发动机在怠速工况下输出的转矩开始经离合器传递到变速器、驱动桥，最后到驱动轮。然而，驻车制动器将两后轮制动，车辆无法行驶。发动机因输出动力不足而熄灭，由此证明离合器没有打滑现象。

(2) 如果条件允许，还可以通过路试检验车辆运行性能，并验证离合器位置是否适当。

第七步　安装仪表台下方防护罩

1 2号将转向盘下方防护罩传递给1号。

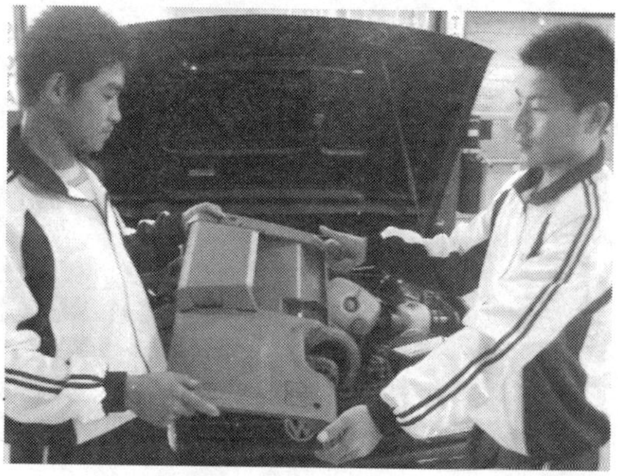

2 1号将防护罩上的锁扣推入仪表台的锁孔中，将防护罩安装到仪表台上。

提示

安装时，不要剧烈弯折防护罩。

3 2号将十字螺丝刀、螺钉分次传递给1号。

4　1号使用十字螺丝刀，旋紧防护罩5条固定螺钉。

提示

自攻丝螺钉旋紧时，用力不要过大。否则，滑扣后压紧力反而变小。

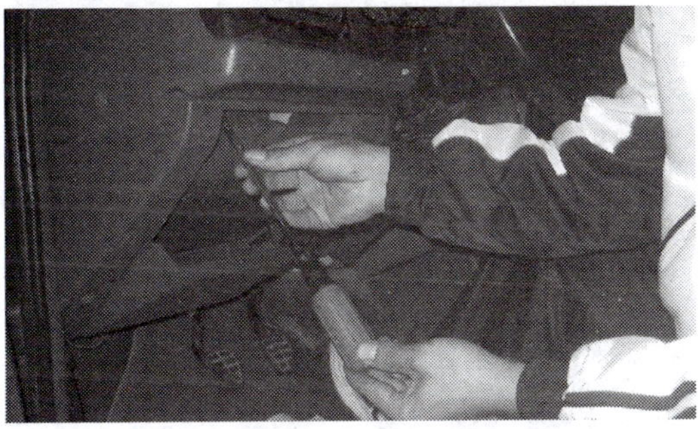

5　2号将防尘罩、螺钉分次传递给1号。

6　1号将防尘罩的开槽穿过制动踏板臂和加速踏板臂，右端与防护罩插接，左端通过螺钉固定在支架上。

提示

自攻丝螺钉旋紧时，用力不要过大。否则，滑扣后压紧力反而变小。

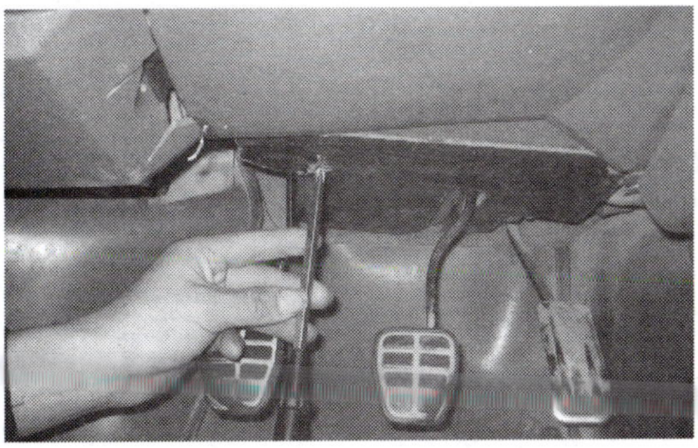

7　2号将组合开关下防护罩、螺钉分次传递给1号。

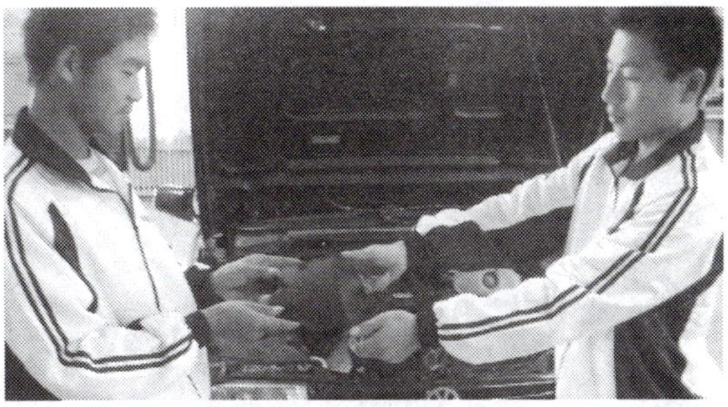

8　1号将组合开关下防护罩与上防护罩对齐后，使用螺丝刀旋紧3条螺钉。

提示

自攻丝螺钉旋紧时，用力不要过大。否则，滑扣后压紧力反而变小。

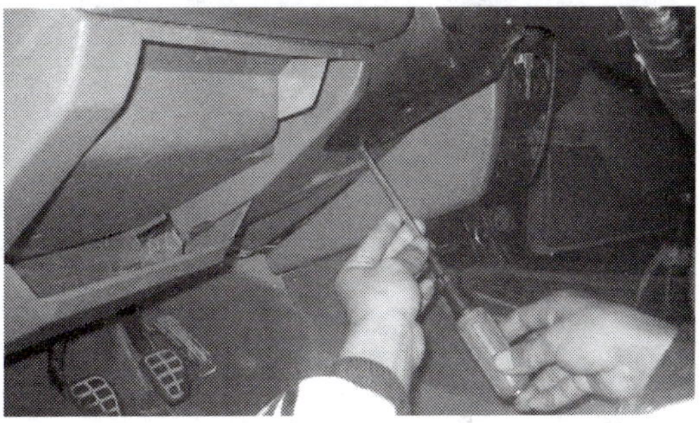

第八步　整理工位

1号、2号共同拆除护裙、驾驶室内保护罩；清理工具和量具等；清洁地面卫生。

提示

作业项目完成后，要搞好工位的清扫、整理工作，培养良好的工作习惯。

八、考核标准

考核标准表

考核时间	序号	考核项目	满分	评分标准	得分
30min	1	作业前整理工位	3	酌情扣分	
	2	打开并支撑机舱盖	3	操作不当扣3分	
	3	安装汽车保护罩	6	酌情扣分	
	4	检查储液罐中液面高度	7	检查错误扣7分	
	5	拆装仪表台防护罩	5	操作不当扣5分	
	6	拆装组合开关下防护罩	6	操作不当扣6分	
	7	拆装防尘罩	4	操作不当扣4分	
	8	测量离合器踏板高度	9	操作不当扣9分	
	9	测量离合器踏板自由行程	9	操作不当扣9分	
	10	测量离合器踏板总行程	9	操作不当扣9分	
	11	调整离合器踏板自由行程	10	操作不当扣10分	
	12	检测推杆与总泵间的间隙	8	操作不当扣8分	
	13	踏板位置的空载试验	8	操作不当扣8分	
	14	踏板位置的起步试验	10	操作不当扣10分	
	15	作业后整理工位	3	操作不当扣3分	
	16	遵守相关安全规范	因违规操作造成人身和设备事故的,总分按0分计		
分数合计			100		

项目二　检查、添加或更换离合器液压系统工作油液

一、项目说明

1. 概述

离合器液压系统中的工作油液，是踏板力操纵离合器接合或分离的传力介质。离合器采用液压操纵系统与机械操纵系统相比较，具有摩擦阻力小、布置方便、接合柔和，在长期使用过程中不会引起离合器踏板力明显增加，可减轻驾驶员劳动强度等优点。

离合器液压系统中的工作油液，在车辆长期使用过程中，因自然消耗、维修、泄漏等因素影响，存量会有所减少。所以，应定期检查并及时添加工作油液。当工作油液达到有效使用期限或车辆行驶里程时，会出现变质、脏污等现象，应及时予以更换，确保离合器液压系统正常工作。

2. 桑塔纳 2000GSi 型轿车离合器液压系统的组成与工作原理

当踩下离合器踏板时，推杆推动总泵活塞前移，关闭总泵进油口，随着活塞继续前移，管路中油压升高，油压作用在分泵活塞上，分泵活塞推动分离叉前移，使分离轴承压向压盘总成的膜片弹簧，则压盘后移，离合器处于分离状态。

当放松离合器踏板时，在总泵内复位弹簧作用下，活塞后移，管路内油压下降，随着活塞继续移动，总泵与储油罐相通的进油口打开，管路内无油压，离合器处于接合状态。

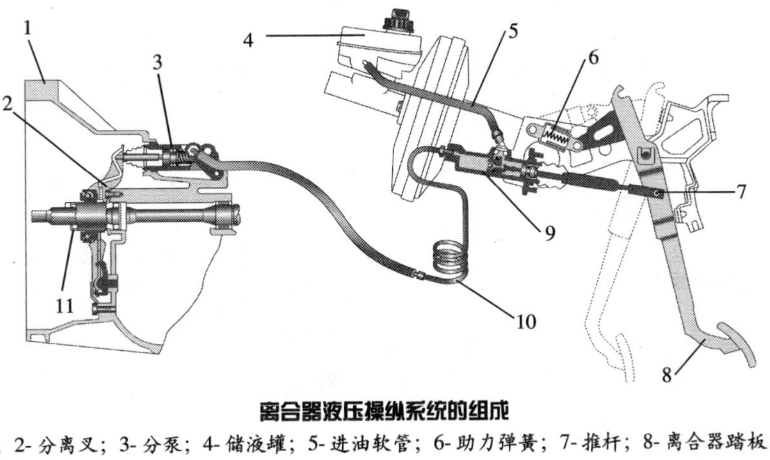

离合器液压操纵系统的组成

1- 变速器壳体；2- 分离叉；3- 分泵；4- 储液罐；5- 进油软管；6- 助力弹簧；7- 推杆；8- 离合器踏板；9- 总泵；10- 油管；11- 分离轴承

二、技术标准与要求

1. 加注桑塔纳2000GSi型轿车离合器液压系统规定型号的工作油液。
2. 离合器液压操纵系统中的工作油液，更换周期为两年或40000km。
3. 储液罐内工作油液的液面应保持在"MAX"与"MIN"两个标记之间。
4. 桑塔纳2000GSi型轿车离合器液压系统工作压力为0.222MPa。
5. 离合器工作油液有毒性，严禁嘴吸或接触皮肤。不慎溅入眼中应迅速用清水冲洗，严重者应到医院处理。
6. 离合器工作油液具有吸湿性，应储存在密封容器中。

三、实训时间：30min

四、实训教学目标

1. 了解检查、添加或更换离合器液压系统工作油液的重要性。
2. 熟悉离合器液压系统的组成与工作原理。
3. 掌握检查、添加或更换离合器液压系统工作油液的操作技能。

五、实训器材

容器、塑料软管

油液

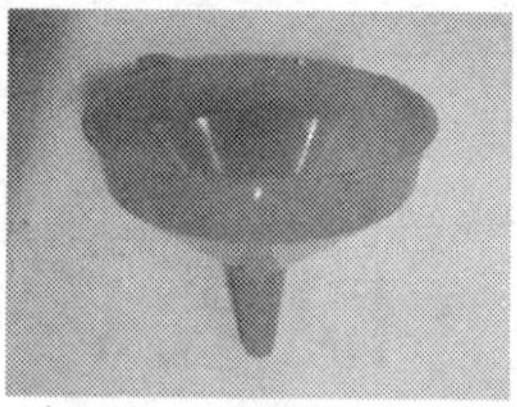

漏斗

其他工具及器材：防护手套；12-13mm梅花扳手；12-13mm开口扳手；翼子板护裙；驾驶室内保护罩；棉纱。

六、教学组织

1. 教学组织形式

每辆车安排4名学生参与实训，两名学生为一组。一组操作，一组观察学习。

2. 学生站位分工和要求

两名学生一组，按照1号、2号进行编号，1号为主，2号为辅助。

3. 实训教师职责

讲解操作步骤和注意事项；下达"操作开始"口令；工位间巡视、检查、指导和纠正错误。

4. 学生职责变换

两名学生实行职责变换制度，即第一遍1号为主，2号辅助；第二遍2号为主，1号辅助。

七、操作步骤

第一步　事前准备

1 车辆进入工位前，参训学生将工位卫生清理干净，排除障碍物，准备好相关的工具、物品等。

提示

培养良好的工作习惯，做好事前准备，有利于安全操作和提高工作效率。

2 将车辆停驻在举升机平台的中央位置。

3 1号拉紧驻车制动器，并将变速器置于空挡位。

提示

为保证车辆在工位上可靠停驻，防止出现溜滑，造成安全事故，要拉紧驻车制动器并将变速器置于空挡位。

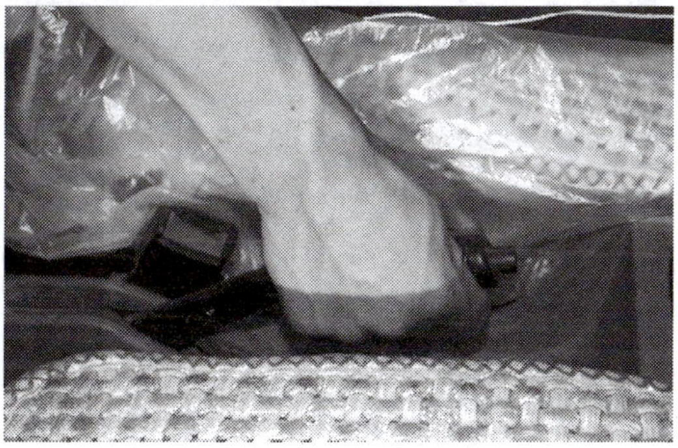

4 1号打开并可靠支撑机舱盖。

提示

将支撑杆插入机舱盖支撑孔时，要保证接触可靠，否则，机舱盖滑落会造成人身伤害。

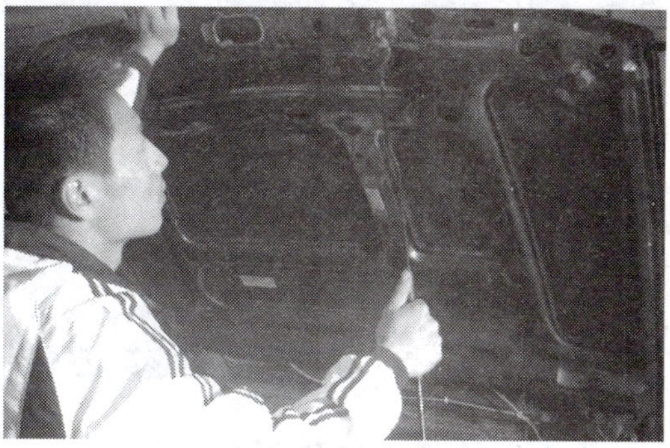

5 1号、2号把护裙粘贴在汽车左、右侧翼子板上，要求护裙将翼子板全部覆盖。护裙的上边沿粘贴到排水槽的内侧，前端至侧灯处，后端至车门与翼子板结合缝隙。

提示

（1）粘贴护裙的主要目的是保护操作中能够接触到的翼子板车漆。

（2）护裙是通过磁铁吸附在翼子板上的，因此，在粘贴时，当护裙接近翼子板，感受到吸力后，要稍稍用力，使护裙轻轻与翼子板贴合，不允许听到接触碰撞声。

6 1号安装转向盘套、换挡手柄套、座套、铺设地板垫。

提示

保护罩是由薄塑料制成的，极易破损。所以在安装时，用力要均匀，避免因用力过大造成损坏。其主要作用是在操作过程中保持驾驶室内清洁。

第二步　检查储液罐中液面高度

1 离合器液压操纵系统的储液罐安装在制动主缸上，通过一橡胶软管为离合器总泵提供工作油液。

提示

离合器液压系统和制动系统共用一个储液罐。

2 1号检查储液罐中液面的高度，应位于“MIN”与“MAX”刻度线中间位置。

提示

（1）如果储液罐中液面过低，将会造成液压管路中油压不足，离合器踏板有效行程缩短，踩下离合器踏板时离合器分离不彻底，导致变速器换挡困难或无法换挡。

（2）当储液罐中的液面低于规定值时，组合仪表中的液位指示灯点亮报警，提醒驾驶员检查或添加工作油液。

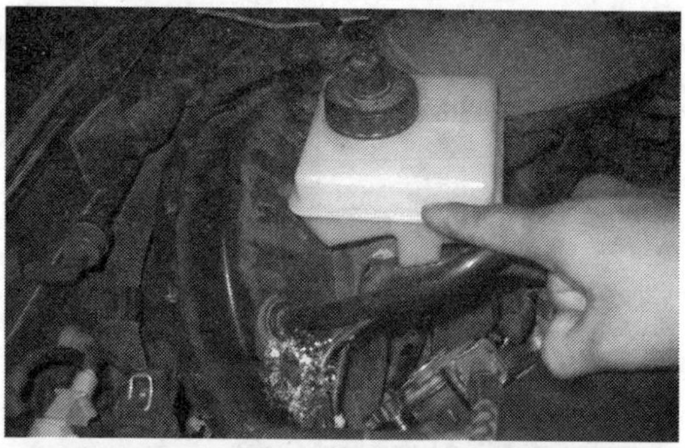

第三步　添加液压系统油液

1 1号拔下安装在储液罐上的液位传感器电插头。

提示

插拔电器元件电插头时，应保持点火开关处于关闭状态。否则，产生的电动势容易损坏电控单元。

2 1号用手旋下储液罐盖，擦净油液后传递给2号。

提示

取下储液盖时，注意不要碰伤传感器的浮

子，以免造成传感器损坏；擦净浮子上的油液后再传递出去，避免油液滴落到车身上或沾附到皮肤上，导致车漆剥落或皮肤被侵蚀。

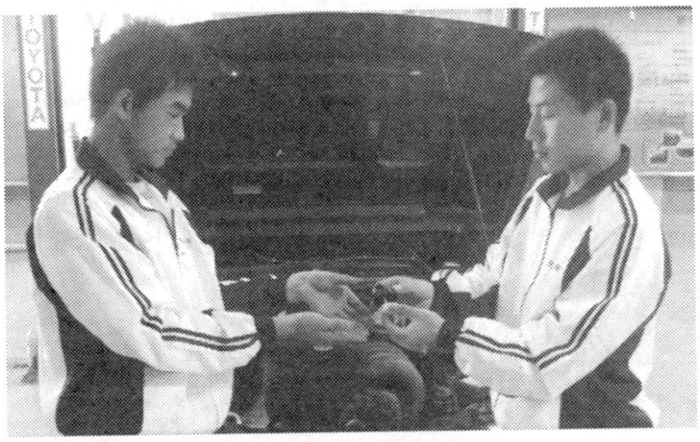

3 2号将储液罐盖摆放到零件车上之后，将加液桶传递给1号。

4 2号将漏斗放入储液罐加油口中并扶稳。1号打开加液桶盖，然后将油液缓慢倒入储液罐内，直到液面达到规定要求为止。

提示

（1）储液罐中的液面应位于“MIN”与“MAX”刻度线中间位置。

（2）在加注油液时，注意观察储液罐内液面变化，液面不得超过“MAX”刻度线。

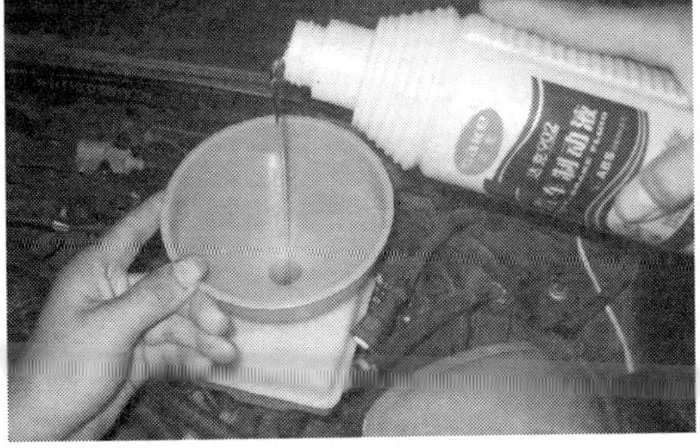

5 2号将储液罐盖传递给1号。

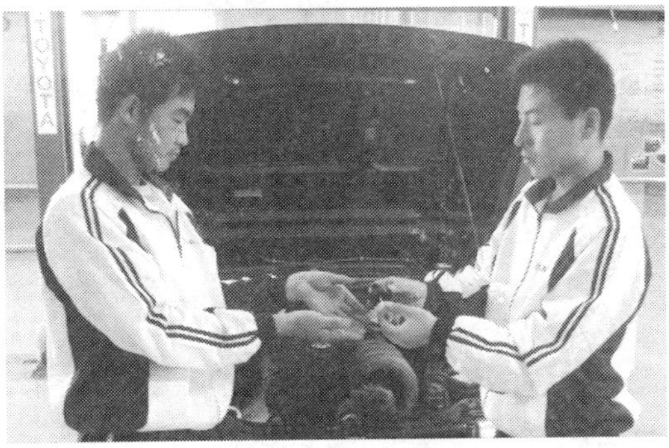

6 1号用棉纱擦净加油口处油迹，并旋紧储液罐盖。

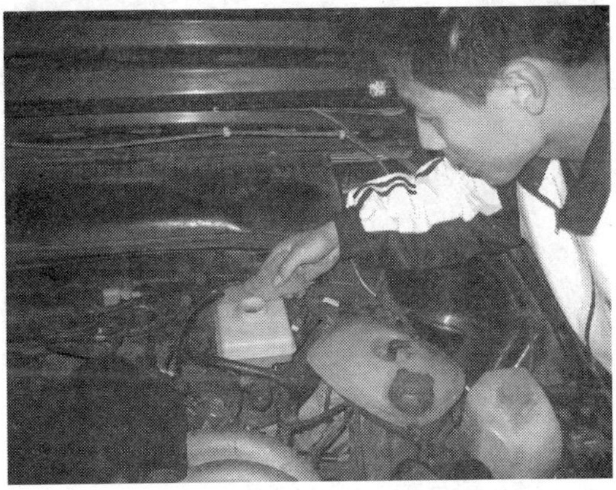

7 1号将电插头安装到液位传感器插座上。

提示

安装电插头时，要注意其安装方向且应安插到位。否则，将影响传感器正常工作。

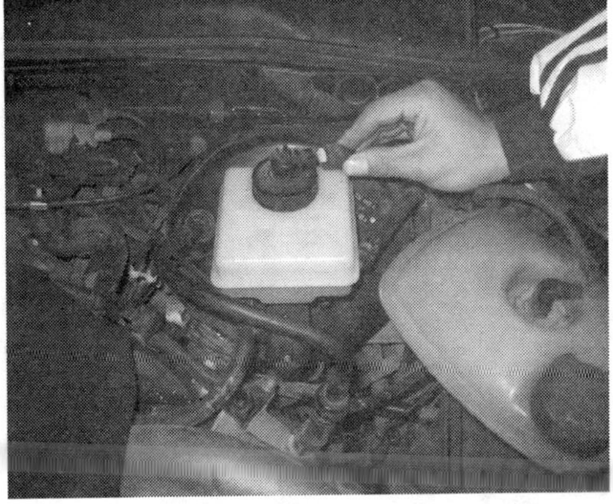

第四步 检查离合器液压操纵系统泄漏

1 2号进入驾驶室，连续踩踏离合器踏板数次，然后将踏板踩到底并保持位置不变。

提示

（1）连续踩踏离合器踏板，目的是建立液压系统工作油压。

（2）保持踏板位置，目的是在高油压状态下，检视液压操纵系统中存在的漏油点。

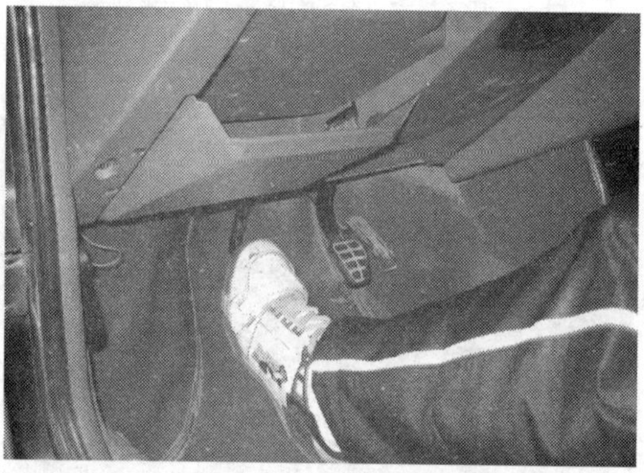

2 1号检查离合器总泵进出油口处、总泵端口处、储液罐、离合器软管、分泵进油口等部位，是否存在漏油现象。

提示

（1）离合器液压操纵系统，如果存在泄漏现象，应修复后，再更换工作油液，以免造成工作液损失及影响系统正常工作。

（2）系统泄漏检修完成后，方可进行更换工作油液作业。

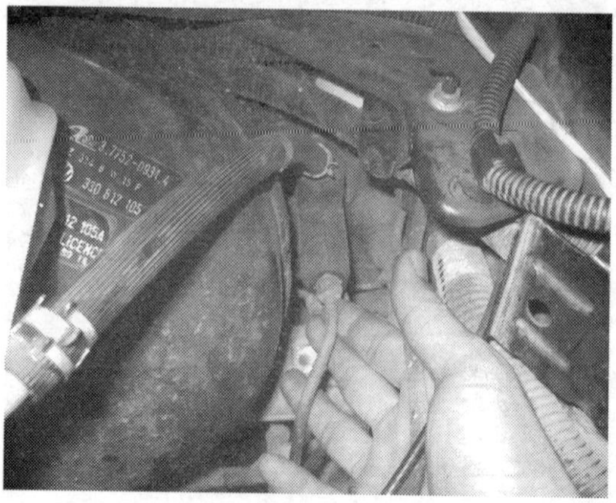

第五步 排放液压操纵系统油液

1 2号操纵举升机，将车辆举升到适当高度后，可靠锁止提升臂。

提示

（1）举升机的操作要领和规范要求，请参阅《汽车发动机常见维修项目实训教材》中的“举升机的使用方法”。

（2）举升或降落车辆时，强调安全确认口令“正常”、“举升车辆”，防止意外情况发生。

2 2号将12-13mm梅花扳手传递给1号。

3 1号使用10-11mm梅花扳手拧松离合器分泵上的放气阀。

提示

离合器分泵安装在变速器壳体上，位置较为隐蔽。拧松放气阀时，保证扳手与放气阀螺方可靠配合，避免滑方和碰伤手。

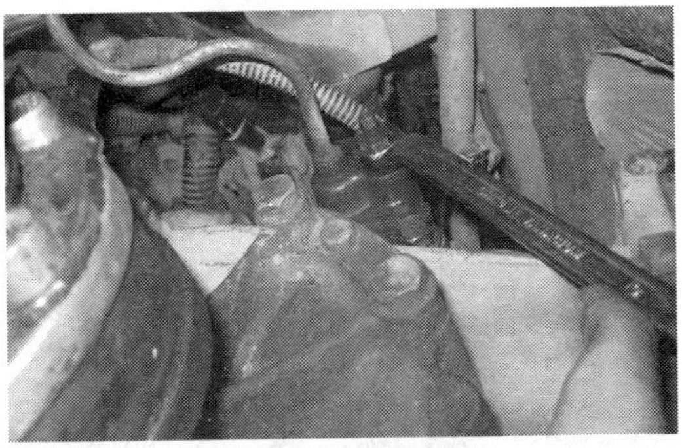

4　2号将塑料软管传递给1号，并将接油容器放置于车辆附近适当的位置。

5　1号将塑料软管的一端插入离合器分泵放气阀上，另一端插入接油容器内。

提示

（1）通过塑料软管将离合器分泵和接油容器连接起来，接收液压操纵系统中排放的油液。

（2）严禁将液压系统中的油液直接排放到地面上。否则，不仅污染环境，而且影响安全操作。

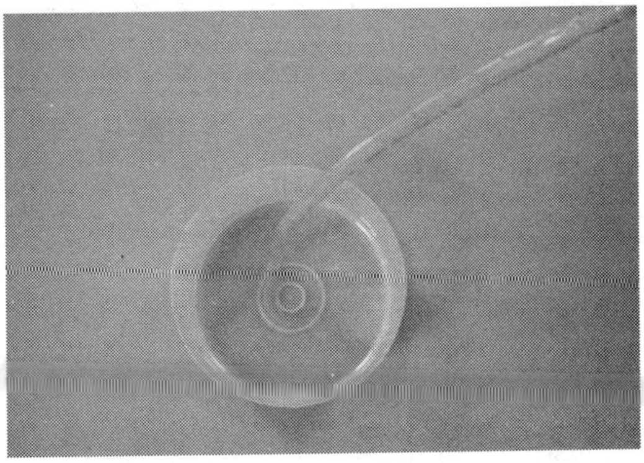

6　2号操纵举升机，将车辆降落到地面上。

提示

（1）举升机的操作要领和规范要求，请参阅“举升机的使用方法”。

（2）举升或降落车辆时，强调安全确认口令“正常”、“降落车辆”，防止意外情况发生。

7　1号拔下液位传感器电插头并旋下储液罐盖，擦净油迹后传递给2号。2号将储液罐盖摆放到零件车上。

提示

打开储液罐盖，有利于快速排放液压系统中的油液。

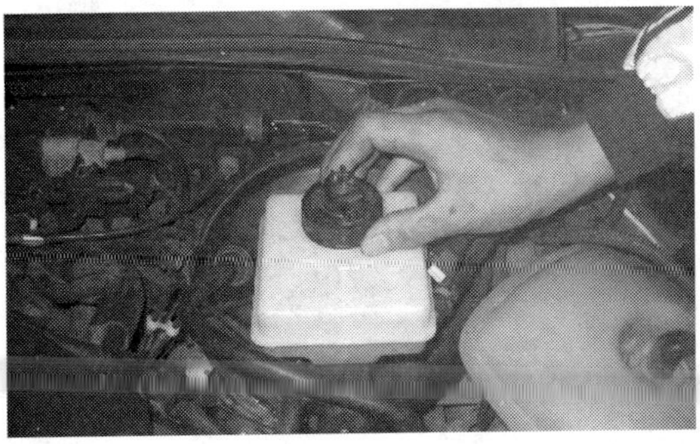

8 2号将12-13mm开口扳手传递给1号。

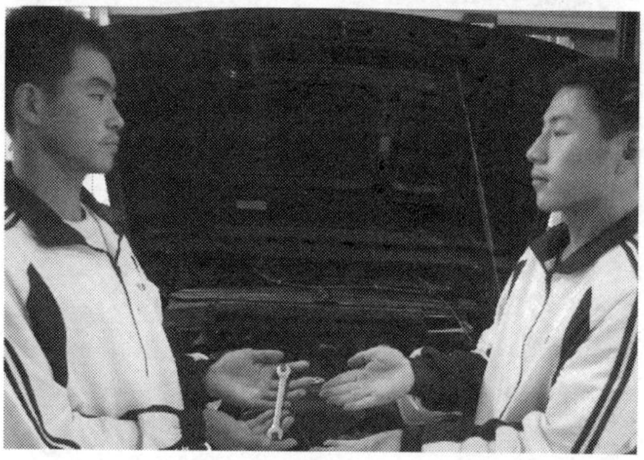

9 2号进入驾驶室后，1号操作举升机将车辆举升到适当高度，并可靠锁止提升臂。

提示

（1）举升机的操作要领和规范要求，请参阅“举升机的使用方法”。

（2）举升或降落车辆时，强调安全确认口令“正常”、“降落车辆”，防止意外情况发生。

10 1号彻底松开离合器分泵放气阀。

提示

（1）此时有少量油液流入接油容器内。

（2）彻底松开放气阀，为排放油液做好准备工作。

11 2号连续踩踏离合器踏板。

提示

此时离合器液压系统内的油液急速排出，进入接油容器内。

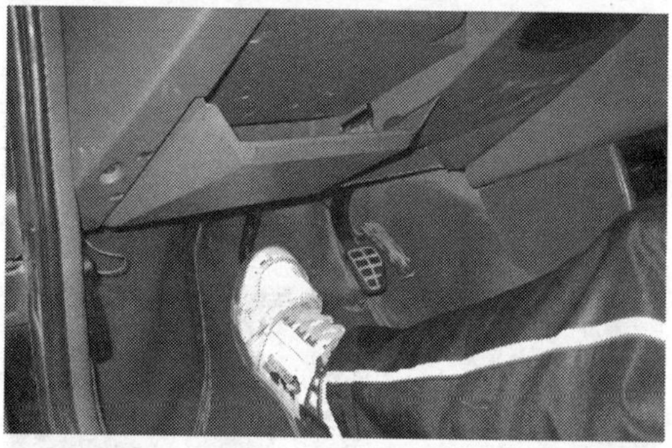

12 1号观察液压系统内油液排放情况。

提示

当不再有油液排出时，1号应告知2号停止踩踏并放松踏板。

第六步　清洗液压管路

1 1号将车辆降落到地面上，然后将新鲜油液加注到液压系统内，保持液面不低于储液罐上的“MAX”刻度线。

提示

将系统内注入新鲜油液，目的是清洗系统管路及油腔，防止旧油污染新油，降低新油使用性能。

2 2号再次连续踩踏离合器踏板，直到1号告知“停止”为止。

提示

(1) 1号观察系统内排出油液的色泽，直到新鲜油液排出，系统清洗才算完成。

(2) 注意储液罐内液面变化，必要时添加油液。

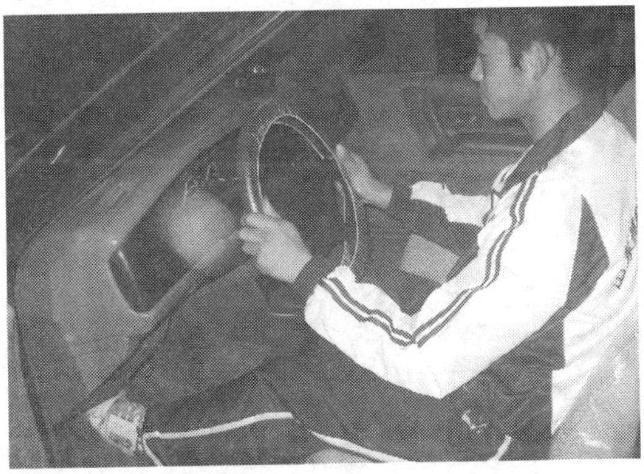

3 1号将车辆再次举升后，使用10-11mm开口扳手，拧紧分泵放气阀。

提示

至此，离合器液压系统管路清洗完毕。

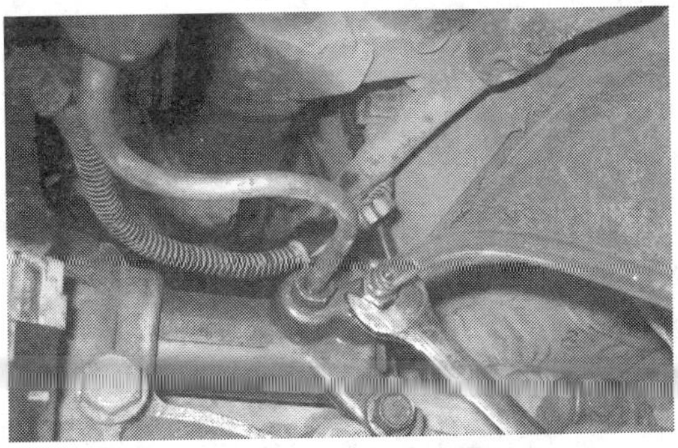

第七步 液压系统排气

1 车辆降落到地面后，1号检查储液罐内液面位置，应不低于“MIN”刻度线，必要时添加油液。

提示

储液罐中的液面应不低于“MIN”刻度线。

2 1号旋紧储油罐盖。

提示

离合器油液具有吸湿性，应尽量减少与空气接触。因此，油液加注完毕，及时旋紧储液罐盖。

3 2号进入驾驶室后，1号操作举升机将车辆举升到适当高度，并可靠锁止提升臂。

提示

(1) 举升机的操作要领和规范要求，请参阅“举升机的使用方法”。

(2) 举升或降落车辆时，强调安全确认口令“正常”，“降落车辆”，防止意外情况发生。

4 2号连续踩踏离合器踏板数次后，将踏板踩到极限位置并保持。

提示

（1）连续踩踏踏板，目的是建立一定的系统压力，便于排出系统中的存留空气，此时系统压力较低。

（2）2号配合口令“放”。

5 1号更换洁净接油容器后，使用10-11mm开口扳手，拧松分泵放气阀。

提示

（1）当拧松分泵放气阀时，空气随油液迅速排出并进入容器内，在容器内会有气泡出现。

（2）在排气过程中，离合器踏板随系统中油液排出而下降。此时严禁放松踏板，否则空气会再次进入液压系统中。

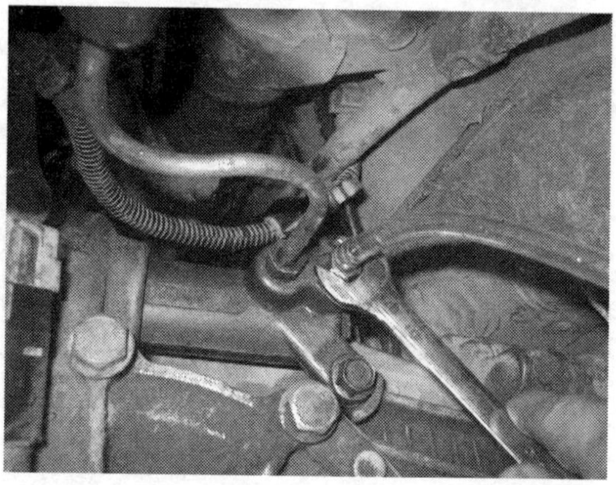

6 当油液排出压力减小后，1号拧紧放气阀，2号继续踩踏离合器踏板。

提示

（1）拧紧放气阀，便于再次建立系统油压，同时防止空气被吸入系统中。

（2）1号配合口令“踩”。

7 踩踏离合器踏板数次后，2号将离合器踏板踩到极限位置并保持。1号拧松放气阀排放系统中的空气。如此反复进行，直到系统中排出的油液在容器中不再有气泡产生为止。此时表明系统中的空气排放完毕。

提示

（1）在系统排气过程中，注意观察储液罐中的液面变化，及时进行油液添加补充，避免因油液不足系统再次吸入空气，致使排气工作前功尽弃。

（2）1号、2号配合口令为“踩”、“放”。

（3）在系统排气过程中，注意检查储液罐中液面变化，及时添加油液。

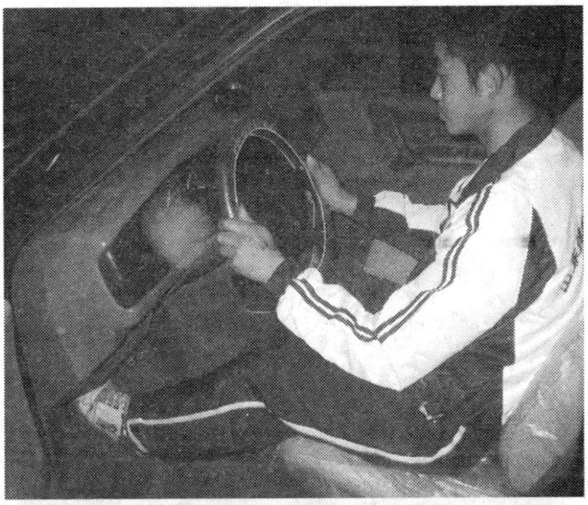

第八步　车辆运行试验

1 离合器液压操纵系统内空气排放完毕后，1 号将车辆降落至轮胎最低点距离地面 20cm 的高度，并可靠锁止提升臂。

提示

使车辆轮胎离开地面，便于试验离合器液压系统工作性能。

2 1 号进入驾驶室，起动发动机并保持怠速运转。

提示

(1) 起动发动机前，要确认变速器处于空挡位，严禁带挡起动。

(2) 起动发动机前，1 号、2 号注意安全确认，配合口令是“正常”、“起动”，防止意外事故发生。

3 发动机预热完毕，1 号将离合器踏板踩到底，操纵换挡手柄，变换变速器挡位，检验变速器换挡是否轻便、灵活、迅速、可靠，且换挡时有无异常响声。

提示

(1) 发动机在空载情况下，检查离合器液压操纵系统工作是否正常。

(2) 如果出现换挡困难，在确认离合器液压操纵系统正常的情况下，应检查或调整离合器踏板位置。

4 1号将变速器挡位依次挂入1挡、2挡、3挡、4挡、5挡和倒挡，在车辆运行的情况下，检验离合器液压系统工作情况是否正常。如果检验正常，则检查、添加或更换离合器液压系统工作油液的作业项目，操作完毕。

提示

(1) 变速器升挡时，顺序递增挡位；减挡时，可减速跨挡，如5挡变2挡等。由前进挡变换为倒挡时，必须在对驱动车轮制动后，方可换入倒挡。

(2) 在不同车速下，可以更好地检验离合器液压系统工作性能。

(3) 另外，如果条件允许，还可以通过路试检验离合器液压系统的工作情况。

第九步　整　理　工　位

1号、2号共同拆除护裙、驾驶室内保护罩；清理工具和量具等；清洁地面卫生。

提示

作业项目完成后，要搞好工位的清扫、整理工作，培养良好的工作习惯。

八、考核标准

考核标准表

考核时间	序号	考核项目	满分	评分标准	得分
30min	1	作业前整理工位	3	酌情扣分	
	2	打开并支撑机舱盖	3	操作不当扣3分	
	3	安装汽车保护罩	5	酌情扣分	
	4	检查储液罐中液面高度	5	检查错误扣7分	
	5	加注液压系统工作油液	6	操作不当扣5分	
	6	液压系统泄漏检查	6	操作不当扣6分	
	7	建立液压系统油压	5	操作不当扣4分	
	8	排放液压系统中的空气	8	操作不当扣9分	
	9	连接放气阀、软管和容器	7	操作不当扣9分	
	10	确认排气是否彻底	7	操作不当扣9分	
	11	清洗液压系统	10	操作不当扣10分	

续上表

考核时间	序号	考核项目	满分	评分标准	得分
30min	12	举升车辆	5	操作不当扣8分	
	13	起动发动机前安全确认口令	7	操作不当扣8分	
	14	液压系统的发动机运行试验	10	操作不当扣10分	
	15	液压系统的车辆运行试验	10		
	16	作业后整理工位	3	操作不当扣3分	
	17	遵守相关安全规范	因违规操作造成人身和设备事故的,总分按0分计		
分数合计			100		

项目三　更换离合器总泵、分泵

一、项目说明

1. 概述

液压式离合器操纵系统由离合器踏板、离合器总泵、离合器分泵、油管、分离轴承、分离叉和储液罐等部件组成。

在车辆的长期使用过程中，由于离合器总泵和离合器分泵中的活塞与缸筒内壁磨损、密封圈老化、复位弹簧弹力下降或失效，导致离合器液压系统油压下降、漏油、离合器踏板复位不良、分离轴承过早损坏等故障发生，给车辆的正常使用造成了很大影响。因此应及时对离合器液压系统进行检修，更换离合器总泵、离合器分泵等相关部件，保证该系统能够正常工作。下面以桑塔纳2000GSi型轿车为例，来说明更换离合器总泵和离合器分泵的操作规范。

2. 离合器总泵和离合器分泵的结构和工作原理

（1）离合器总泵的结构和工作原理。

当踩下离合器踏板时，推杆推动活塞前移，关闭进油孔和补偿孔，工作腔内的油压随活塞继续前移而增大，通过油管传递给离合器分泵。

当放松离合器踏板时，在复位弹簧的作用下，活塞后移，工作腔容积增大，管路中油压下降，活塞继续后移，进油孔和补偿孔打开，工作腔与储油罐相通，管路中油压消失。

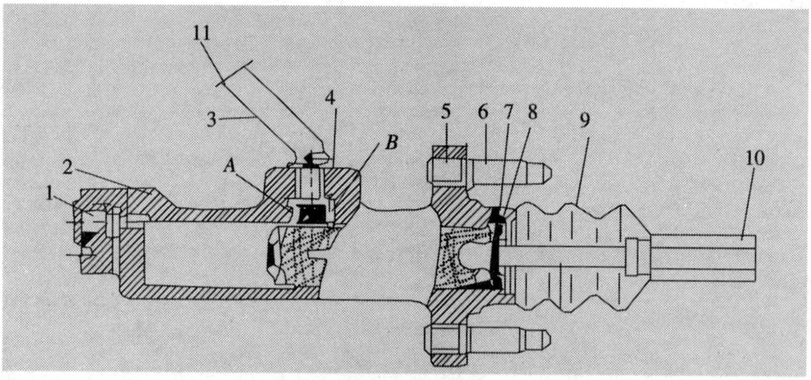

离合器总泵结构（桑塔纳2000GSi型轿车）

1-保护塞；2-壳体；3-管接头；4-皮碗；5-阀芯；6-固定螺栓；7-卡簧；8-挡圈；9-护套；10-推杆；11-保护套；*A*-补偿孔；*B*-进油孔

（2）离合器分泵的结构和工作原理。

当来自离合器总泵的油压作用到离合器分泵活塞上时，活塞前移带动推杆，推杆推动分离叉前移，分离轴承压向膜片弹簧，使离合器处于分离状态。

当离合器总泵油压消失时，离合器分泵内无油压，活塞复位，离合器处于接合状态。

当离合器液压系统内有空气影响离合器操纵时，可通过放气阀排放空气。

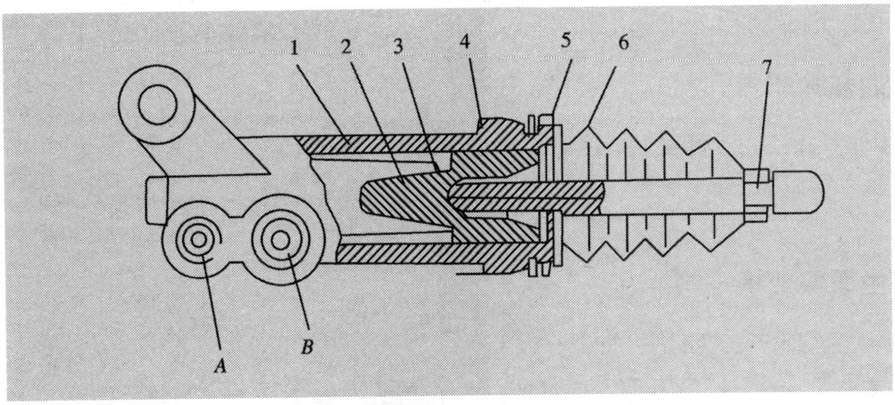

离合器分泵结构（桑塔纳2000GSi型轿车）

1-壳体；2-活塞；3-管接头；4-皮碗；5-挡圈；6-保护套；7-推杆；A-放气孔；B-进油孔

二、技术标准与要求

1.安装与桑塔纳2000GSi型轿车配套使用的离合器总泵和分泵。

2.加注桑塔纳2000GSi型轿车规定使用型号的离合器液压系统工作油液。

3. 离合器液压系统储液罐内的工作油液液面应保持在“MAX”与“MIN”两个标记之间。

4. 离合器液压系统中的工作油液有毒，严禁嘴吸或接触皮肤。不慎溅入眼中应迅速用清水冲洗，严重者应到医院处理。

三、实训时间：45min

四、实训教学目标

1. 了解更换离合器总泵和离合器分泵的重要性。

2. 熟悉离合器总泵和离合器分泵的结构与工作原理。

3. 掌握更换离合器总泵和离合器分泵的操作技能。

五、实训器材

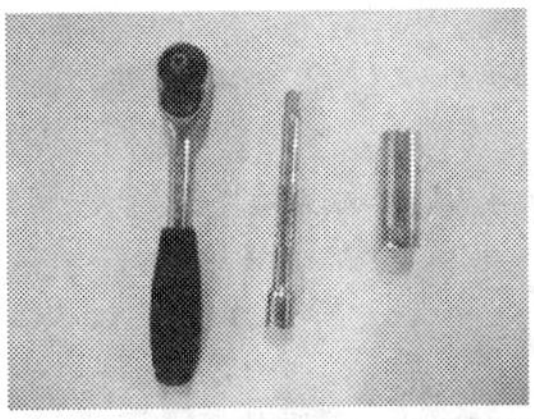

ϕ13mm 套筒、接杆、棘轮扳手

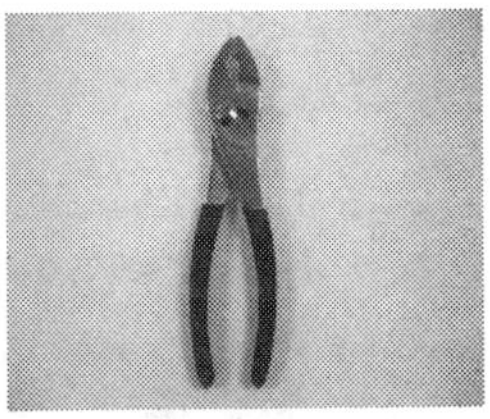

鲤鱼钳

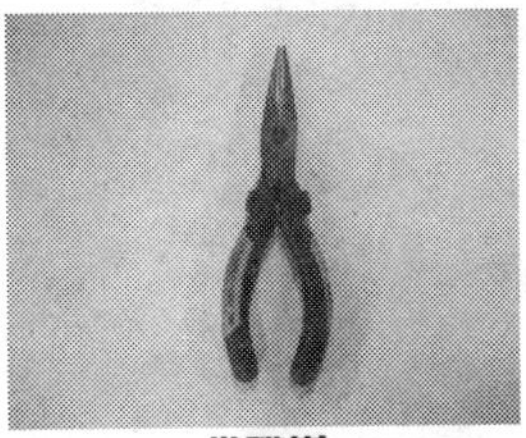

尖嘴钳

其他工具及器材：翼子板护裙、驾驶室内保护罩、防护手套、棉纱、工作油液、12-13mm开口和梅花扳手、12-13mm 开口扳手、塑料软管、容器等。

六、教学组织

1. 教学组织形式

每辆车安排4名学生参与实训，两名学生为一组。一组操作，一组观察学习。

2. 学生站位分工和要求

两名学生一组，按照1号，2号进行编号，

1号为主，2号为辅助。

3. 实训教师职责

讲解操作步骤和注意事项；下达“操作开始”口令；工位间巡视、检查、指导和纠正错误。

4. 学生职责变换

两名学生实行职责变换制度，即第一遍1号为主，2号辅助；第二遍2号为主，1号辅助。

七、操作步骤

第一步　事前准备

1 车辆进入工位前，参训学生将工位卫生清理干净，排除障碍物，准备好相关的工具、物品等。

提示

培养良好的工作习惯，做好事前准备，有利于安全操作和提高工作效率。

2 将车辆停驻在举升机平台的中央位置。

3 1号拉紧驻车制动器，并将变速器置于空挡位。

提示

为保证车辆在工位上可靠停驻，防止出现溜滑，造成安全事故，要拉紧驻车制动器并将变速器置于空挡位。

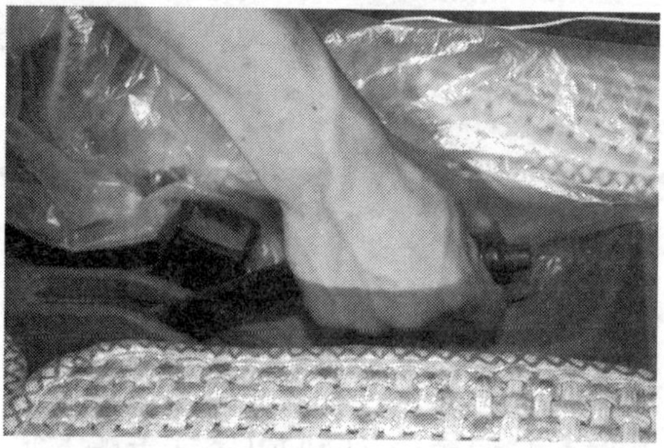

4 1号打开并可靠支撑机舱盖。

提示

将支撑杆插入机舱盖支撑孔时，要保证接触可靠，否则，机舱盖滑落会造成人身伤害。

5 1号、2号把护裙粘贴在汽车左、右侧翼子板上，要求护裙将翼子板全部覆盖。护裙的上边沿粘贴到排水槽的内侧，前端至侧灯处，后端至车门与翼子板结合缝隙。

提示

（1）粘贴护裙的主要目的是保护操作中能够接触到的翼子板车漆。

（2）护裙是通过磁铁吸附在翼子板上的，因此，在粘贴时，当护裙接近翼子板，感受到吸力后，要稍稍用力，使护裙轻轻与翼子板贴合，不允许听到接触碰撞声。

6 1号安装转向盘套、换挡手柄套、座套、铺设地板垫。

提示

保护罩是由薄塑料制成的，极易破损。所以在安装时，用力要均匀，避免因用力过大造成损坏。其主要作用是在操作过程中保持驾驶室内清洁。

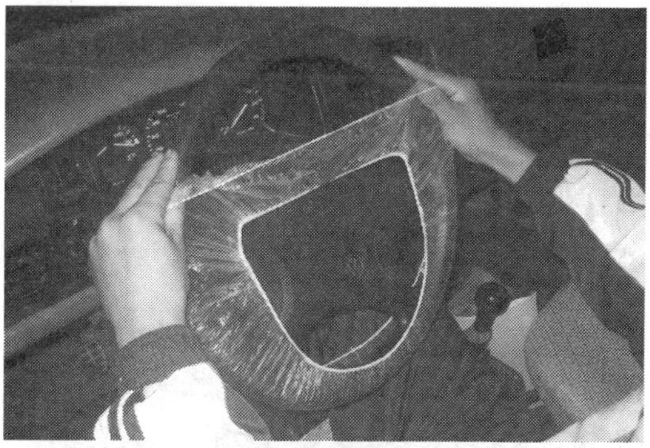

第二步　排放液压操纵系统油液

1 2号将12-13mm梅花扳手传递给1号。

2 1号使用12-13mm梅花扳手拧松离合器分泵上的放气阀。

提示

离合器分泵安装在变速器壳体上，位置较为隐蔽，拧松放气阀时，保证扳手与放气阀的螺方可靠配合，避免滑方和碰伤手。

3 2号将塑料软管传递给1号，并将容器放置于车辆附近适当位置。

4 1号将塑料软管的一端插入离合器分泵的放气阀上，另一端插入盛有离合器油液的容器内。

提示

(1) 连接离合器分泵、塑料软管和容器，接收液压操纵系统中排放出来的油液。

(2) 严禁将液压系统中的油液直接排放到地面上，原因是：油液会造成污染甚至会影响安全操作。

5 2号将放气专用扳手传递给1号。

6 1号彻底松开离合器分泵上的放气阀。

提示

(1) 此时即使有油液流出，油液会流入容器内。

(2) 彻底松开放气阀，为排尽系统中的油液做好准备工作。

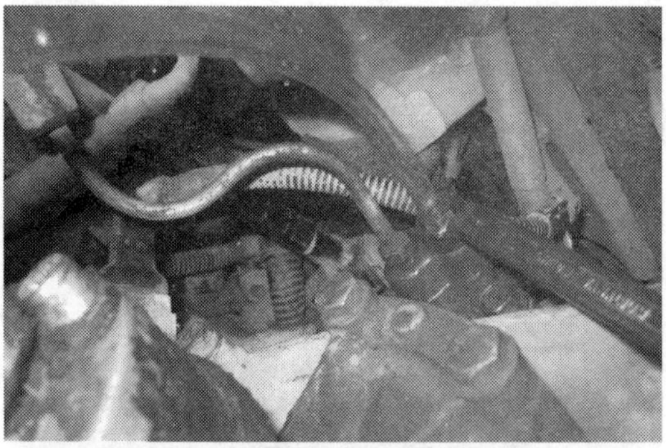

7 1号拔下液位传感器的电插头并旋下储液罐盖。

提示

打开储液罐盖，更有利于液压系统中的油液快速排放。

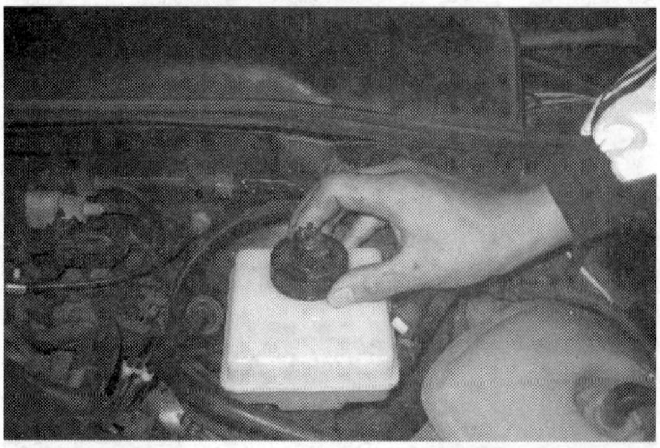

8 2号进入驾驶室，连续踩踏离合器踏板。

提示

此时离合器液压系统内的油液急速排出，进入容器内。

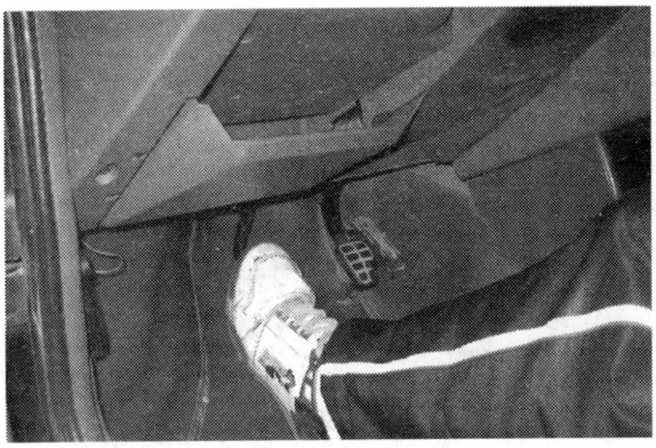

9 1号并观察液压系统内油液的排放情况。

提示

当不再有油液排出时，告知2号停止踩踏并放松踏板。

10 1号使用放气专用扳手，拧紧分泵放气阀。

提示

主要目的是防止拆卸离合器分泵时，残留油液滴落到身上或地面上。

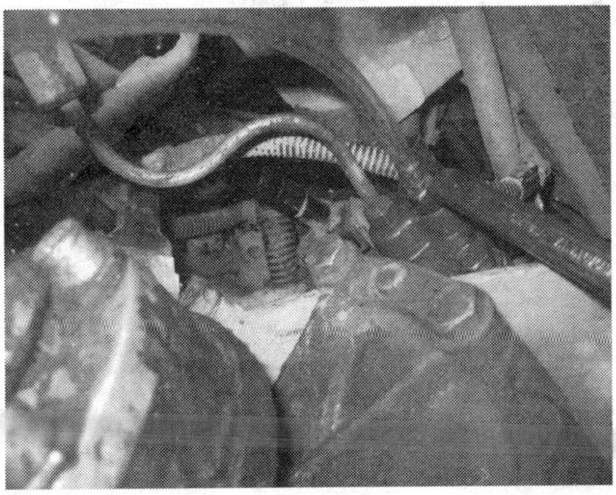

11 1号从放气阀上取下塑料软管并传递给2号。2号将塑料软管、容器放置到零件车上。

提示

在取下和传递塑料软管时，注意油液不要滴落到车上和沾到皮肤上。

第三步　拆卸仪表台下防护罩

1 2号将十字螺丝刀传递给1号。

2 1号使用螺丝刀旋下组合开关下防护罩的3条自攻丝固定螺钉，并传递给2号。

提示

螺钉拆卸后，应摆放在零件车上，以防丢失。

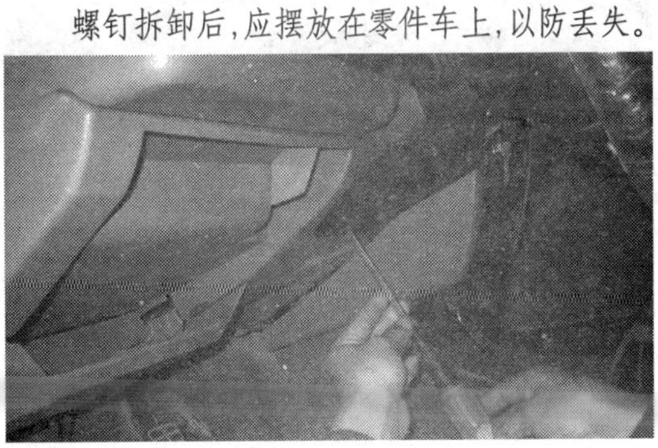

3 1号将组合开关下防护罩取下并传递给2号。2号将其摆放在零件车上。

提示

将组合开关下防护罩与其固定螺钉摆放在一起，可避免安装时出现螺钉错乱，有利于提高工作效率。

4 1号使用十字螺丝刀旋下转向盘下防护罩的5条自攻丝固定螺钉，并传递给2号。

提示

螺钉拆卸后，应摆放在零件车上，以防丢失。

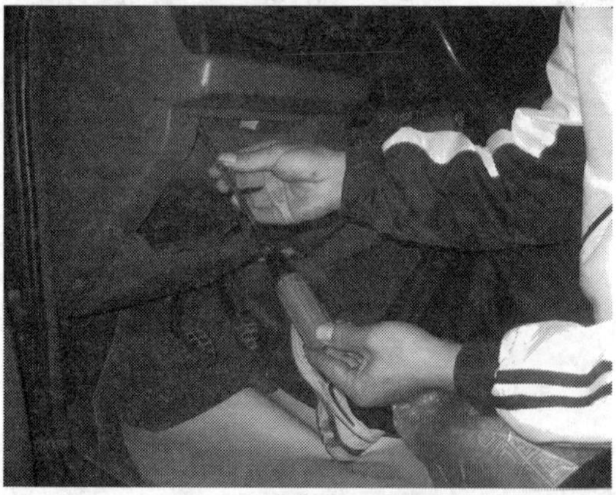

5 1号将转向盘下防护罩取下并传递给2号。2号将其摆放到零件车上。

提示

将转向盘下防护罩与其固定螺钉摆放在一起，可避免安装时出现螺钉错乱，有利于提高工作效率。

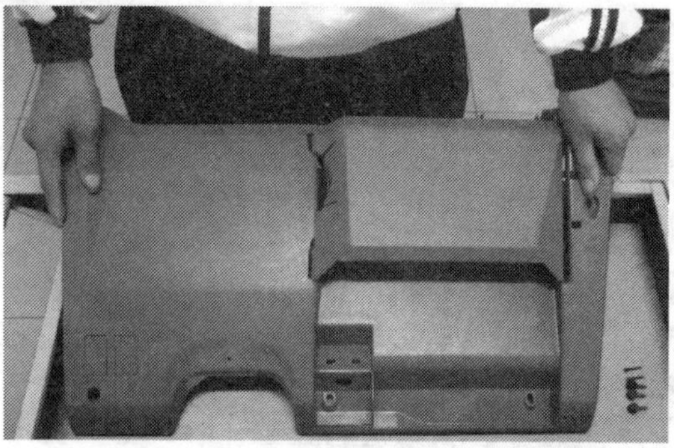

6 1号使用十字螺丝刀旋下防尘罩的1条自攻丝固定螺钉，并传递给2号。

提示

螺钉拆卸后，应摆放在零件车上，以防丢失。

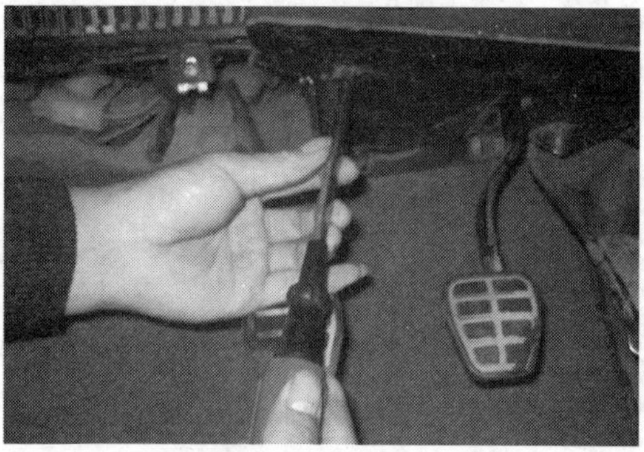

7 1号取下防尘罩并传递给2号。2号将其摆放到零件车上。

提示

将防尘罩与其固定螺钉摆放在一起，可避免安装时出现螺钉错乱，有利于提高工作效率。

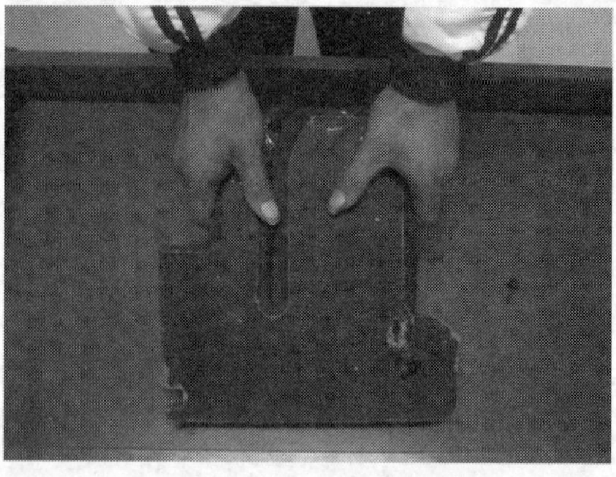

第四步 拆卸离合器总泵

1 2号将鲤鱼钳传递给1号。

2 1号使用鲤鱼钳，松开离合器总泵进油软管与储液罐端的压紧卡箍，并用手拔下进油软管。

提示

拔下进油软管时，严禁使用螺丝刀别撬或生拉硬拽，那样容易造成油管损坏。应先用手拧转松动油管后，用力转动向外拉再取下。

3 1号将2号传递来的油管堵头插入进油软管口内。

提示

将进油软管口堵塞，目的是防止尘埃、杂物等进入油管，污染工作油液和加剧离合器总泵、离合器分泵磨损。

4 2号将12-13mm开口扳手传递给1号。

5 1号使用12-13mm开口扳手，拧松离合器总泵出油管固定螺栓。

提示

(1) 拆卸出油管固定螺栓时，严禁使用已严重磨损的开口扳手。否则，容易使螺栓滑方，给拆卸出油管带来更大难度。

(2) 由于空间狭小，拆卸出油管固定螺栓时，用力不要过猛，以免碰伤手。

6 固定螺栓松开后，1号用手将其旋出，然后将出油管稍稍拉离离合器总泵。

提示

出油管由铜质材料制成，受力容易变形，变形后的油管将会影响离合器液压系统正常工作。因此，严禁剧烈弯折油管。

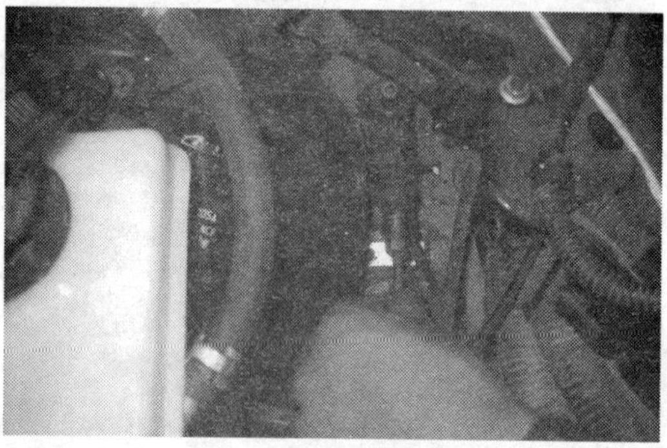

7 1号将2号传递来的油管堵头插入油管口内。

提示

将出油管口堵塞，目的是防止尘埃、杂物等进入油管，污染工作油液和加剧离合器总泵、离合器分泵磨损。

8 2号将尖嘴钳传递给1号。

9 1号使用尖嘴钳，取出推杆与离合器踏板相连接端的连接销上的保险装置，然后取出连接销，断开推杆与离合器踏板的连接。

提示

连接销和保险装置所处位置较隐蔽，拆卸或安装时难度较大，最好配合灯光照明。

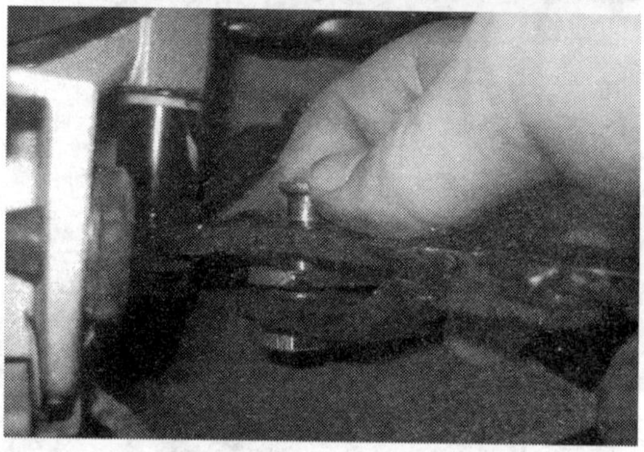

10 2号将连接轴、保险装置摆放到零件车上。

提示

连接轴和保险装置，这两个部件较小，要妥善放置，以免丢失。

11 2号将ϕ13mm套筒、接杆、棘轮扳手组合后传递给1号。

12 1号使用ϕ13mm套筒、接杆、棘轮扳手，拧松离合器总泵的两个固定螺母。

提示

离合器总泵的两个固定螺母，需要在驾驶室内拆卸，其位置隐蔽，空间狭小，最好配合灯光照明。

13 2号接收工具并摆放到工具车上。

提示

工具擦拭完后，再摆放到工具车上。

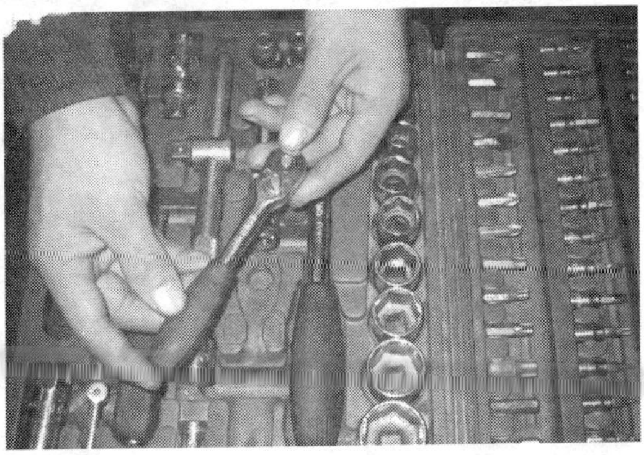

14 2号用手扶住发动机舱内的离合器总泵；1号在驾驶室内用手旋下离合器总泵的两个固定螺母。

提示

2号扶住离合器总泵，是为了防止固定螺母取下后，离合器总泵掉落到地面上。

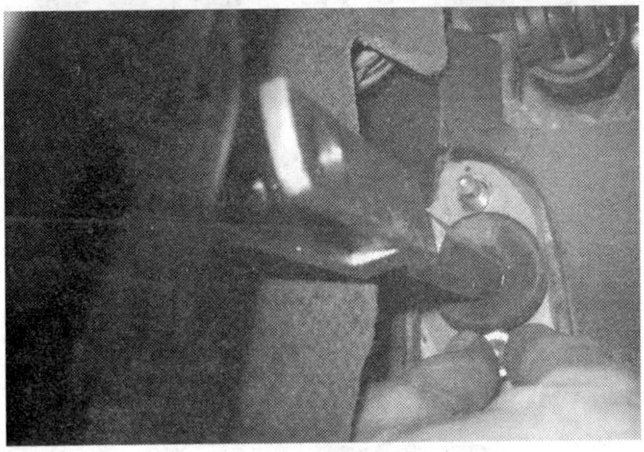

15 2号将离合器总泵取出后，摆放到零件车上。

提示

离合器总泵内残留少量油液，取出时要用棉纱将其包裹，避免油液滴落到车漆、地面或沾到皮肤上。

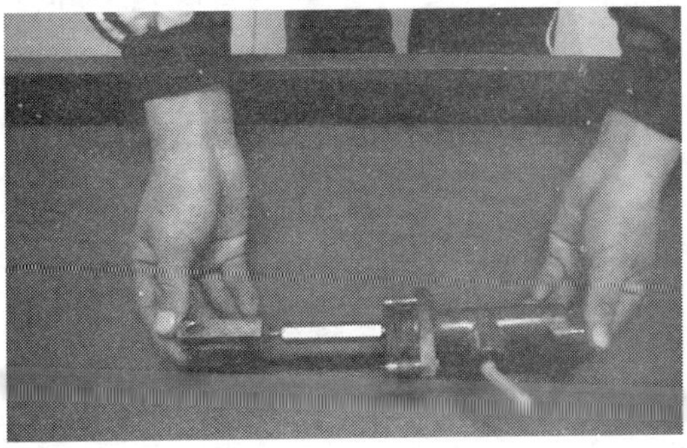

第五步　拆卸离合器分泵

1　1号、2号共同配合，将车辆举升至适当高度，并可靠锁止提升臂。

提示

（1）举升机的安全操作规范，请参阅“举升机的使用方法”，在此不再赘述。

（2）举升车辆的目的是，便于车下拆卸离合器分泵。

2　2号将12-13mm开口扳手传递给1号。

3　1号使用12-13mm开口扳手，拧松离合器分泵进油管固定螺栓。

提示

（1）拆卸进油管固定螺栓时，严禁使用已严重磨损的开口扳手。否则，容易使螺栓滑方，给拆卸进油管带来更大难度。

（2）由于空间狭小，拆卸进油管固定螺栓时，用力不要过猛，以免碰伤手。

4　1号将工具递还2号后，用手旋出油管固定螺栓，取下油管并传递给2号。

5　2号将油管口用堵头堵塞，之后将油管摆放到零件车上。

提示

（1）堵塞油管口，防止尘埃、杂物等进入油管，污染液压系统工作油液和加剧离合器总泵、分泵磨损。

（2）严禁将油管剧烈弯折，以免造成损坏。

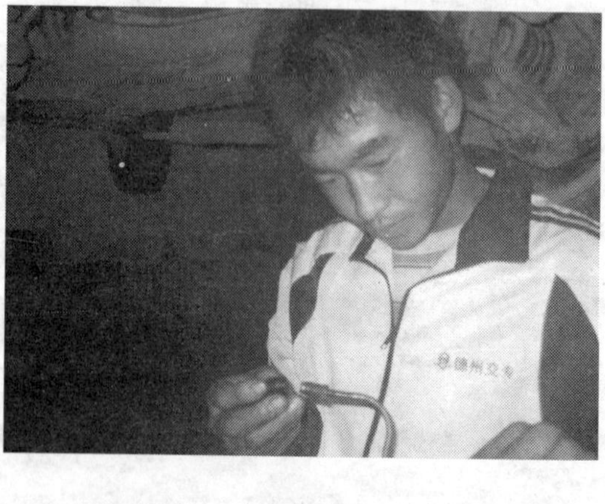

6 2号将φ13mm套筒、接杆、棘轮扳手组合后传递给1号。

7 1号使用φ13mm套筒、接杆、棘轮扳手，拧松离合器分泵的1个固定螺栓。

提示

离合器分泵的1个固定螺母，位置隐蔽，空间狭小，最好配合灯光照明。拆卸时，注意不要碰伤手。

8 2号接收工具并摆放到工具车上。

9 1号一手推压离合器分泵，一手旋下固定螺栓，然后将螺栓传递给2号。

提示

离合器分泵连接的推杆，承受部分来自分离叉弹簧的弹力。因此，推压离合器分泵，用手旋出其固定螺栓会省力些。

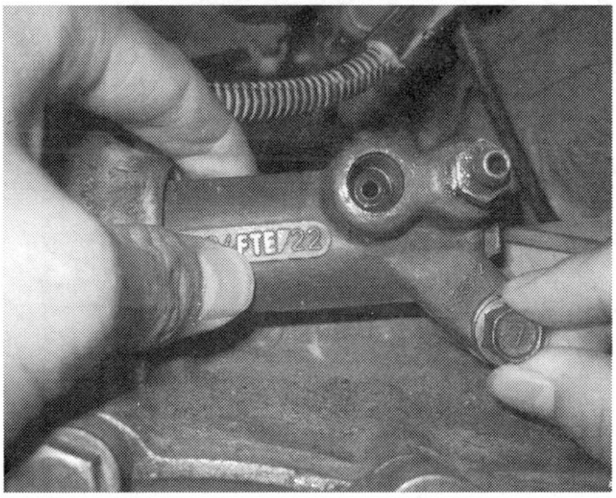

10 1号将分泵小心取下后，传递给2号。2号将其摆放到零件车上。

提示

(1) 离合器分泵取出后，将推杆和衬套保留在承孔中。

(2) 离合器分泵取出后，注意确认离合器分泵的安装位置，便于提高安装效率。

(3) 离合器分泵内残留少量油液，取出时要用棉纱将其包裹，避免油液滴落到地面或沾附到皮肤上。

第六步 安装离合器分泵

1 2号将新的离合器分泵传递给1号。

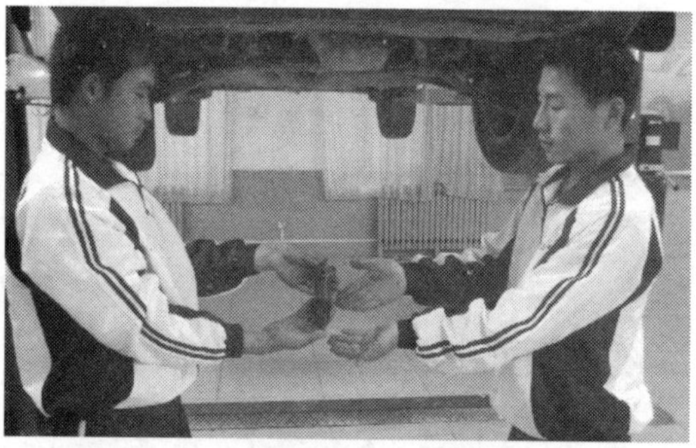

2 1号在离合器分泵活塞及分离叉的凹坑中涂抹适量润滑脂，然后将装有推杆的橡胶套套装于分泵外壳上，推杆与活塞凹坑接触。

提示

离合器分泵活塞及分离叉上的凹坑，与推杆相接触，因相互摩擦而产生磨损。因此，在安装时应在两部件接触部位涂抹润滑脂，减轻摩擦损伤。

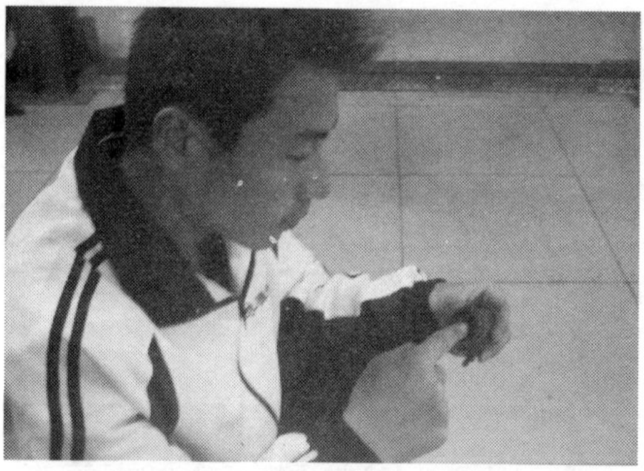

3 1号将推杆对正分离叉上的凹坑后，用力将分泵推入其承孔中并保持住，然后将2号传递来的固定螺栓，用手旋入螺纹孔中，将离合器分泵定位于变速器壳体上。

提示

由于推杆一端与分离叉相连，因此安装离合器分泵时，需克服安装于分离叉轴上的复位弹簧部分弹力，才能够将离合器分泵的固定螺栓旋入螺纹孔中。

4 2号将ϕ13mm套筒、接杆、棘轮扳手组合后传递给1号。

5 1号使用ϕ13mm套筒、接杆、棘轮扳手，拧紧离合器分泵的1个固定螺栓。

提示

紧固分泵固定螺栓时，应用手扶住分泵避免倾斜。否则，容易损伤分泵及其承孔内的防尘套。

6　2号将离合器分泵进油管传递给1号。

7　1号取下离合器分泵进油孔上的密封堵头和油管口上的密封堵头。

提示

新的离合器分泵的进油孔，安装有密封堵头，其作用是防止尘埃、潮湿空气等进入油腔，产生磨损和腐蚀。

8　1号对正油管口与离合器分泵进油孔，用手旋入油管固定螺栓。

提示

旋入油管固定螺栓时，手感顺畅且有明显位移量，证明螺纹已对正。否则，微量调整油管方位，确定是否对正螺纹。严禁使用工具直接将螺栓拧入其螺栓孔，一旦螺栓歪斜，将导致螺栓及螺栓孔内的螺纹损坏，给安装工作带来更大难度。

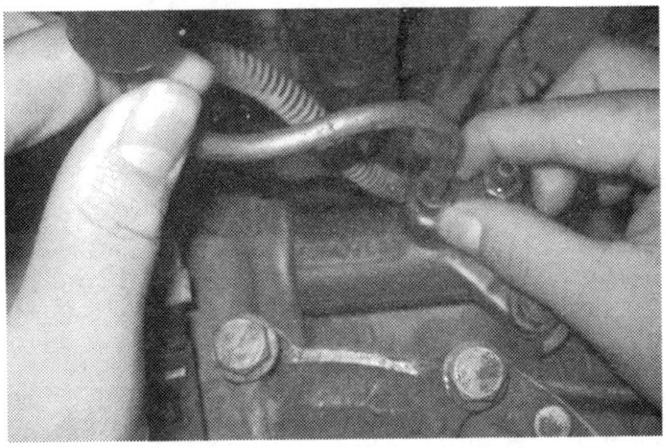

第七步　安装离合器总泵

1　2号操纵举升机将车辆降落到地面上。

提示

举升机操作规范，请参阅"举升机的使用方法"。

2　2号用手将进油软管安装到离合器总泵的进油接口上，然后使用鲤鱼钳将卡箍压紧在软管与进油借口重叠处。

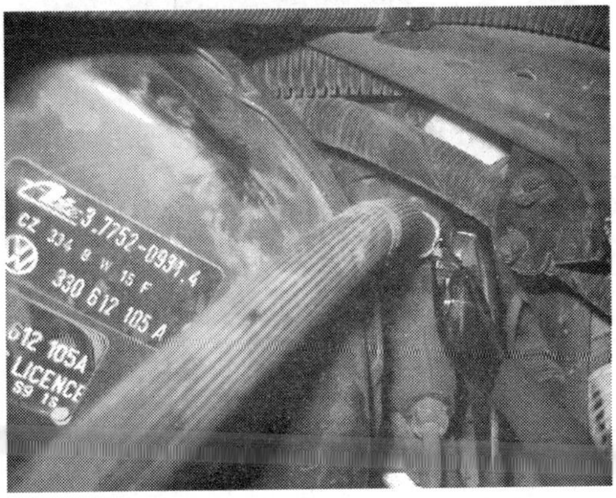

3 2号将离合器总泵前端凸缘和推杆穿过车身上的承孔，将两条固定螺栓穿过总泵壳和车身上的螺栓孔。

提示

安装离合器总泵固定螺栓时，首先将泵体前端与车身拉开适当距离，便于观察螺栓和车身螺栓孔的所在位置，这样可快速将螺栓穿过车身上的螺栓孔。

4 2号扶住离合器总泵，1号用手将螺母旋到螺栓上。

提示

在1号将螺母旋到螺栓上时，2号用手固定螺栓，防止螺栓转动。

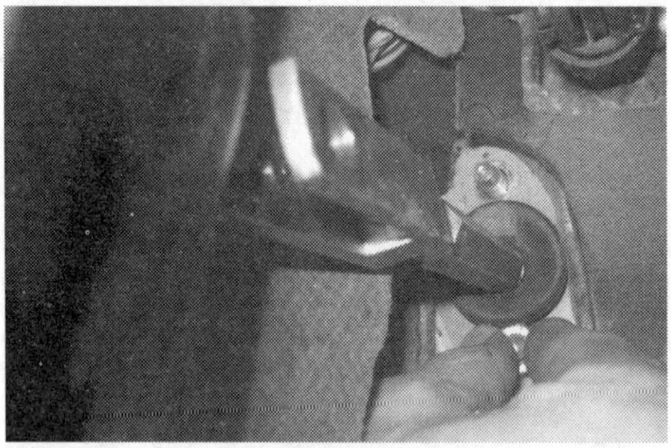

5 1号使用 ϕ 13mm 套筒、接杆、棘轮扳手将螺母拧紧到适当力矩。

提示

在紧固离合器总泵固定螺栓时，需要1号、2号配合完成。

6 1号将推杆上的连接孔与离合器踏板上的连接孔对齐后，用手把连接轴穿过两连接孔，这样便将推杆和离合器踏板连接起来，最后将保险装置安装到连接轴上。

提示

在安装保险装置时，要确认其安装方向，并且将钢片插入连接轴上的环槽中。

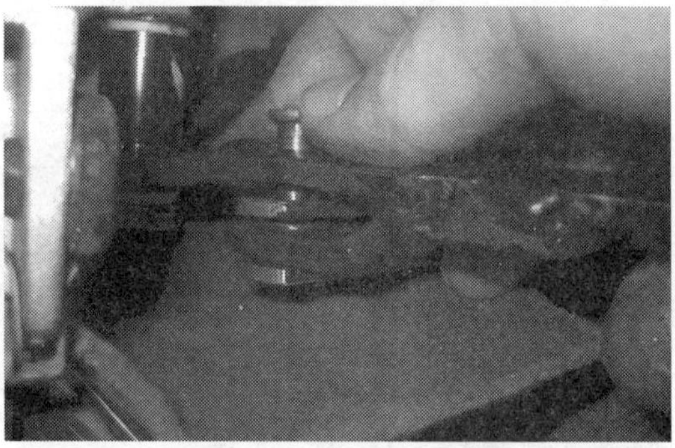

7 2号取下离合器总泵出油口上的密封堵头和油管口上的密封堵头。

提示

新的离合器总泵的进油孔，安装有密封堵头，其作用是防止尘埃、潮湿空气等进入油腔，产生磨损和腐蚀。

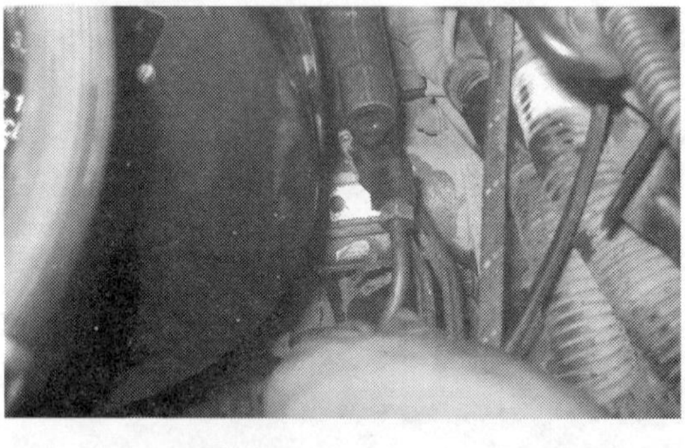

8 2号将油管与离合器总泵出油口对正后，用手将油管固定螺母旋入螺纹孔内。

提示

离合器总泵油管螺母的旋入方法及要求，与离合器分泵相同。

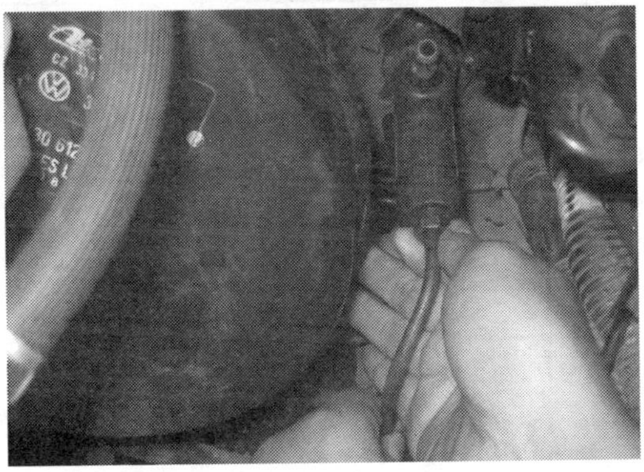

9 2号使用12-13mm的开口扳手，将油管固定螺栓拧紧到适当力矩。

提示

严禁使用已严重磨损的扳手紧固油管固定螺栓。否则，容易造成螺栓滑方，因紧固力矩不足而出现油液泄漏。

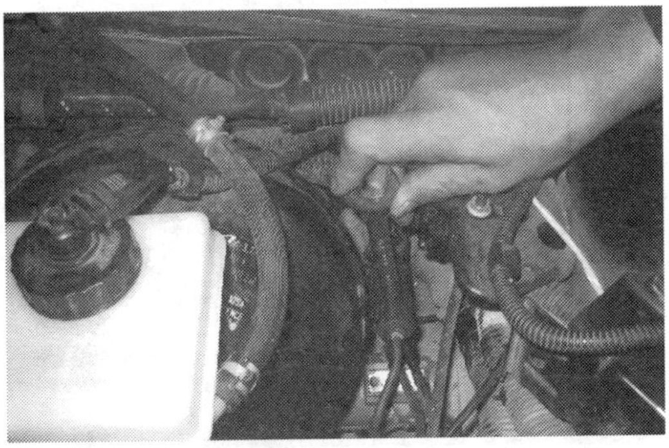

10 2号操纵举升机将车辆举升至适当高度，并可靠锁止提升臂。

提示

（1）举升机的安全操作规范，请参阅“举升机的使用方法”，在此不再赘述。

（2）举升车辆是为了便于紧固离合器分泵上的油管固定螺栓。

11 2号将12-13mm开口扳手传递给1号。

12 1号使用12-13mm开口扳手，将离合器分泵的油管固定螺栓拧紧到适当力矩。

提示

严禁使用已严重磨损的扳手紧固油管固定螺栓。否则，容易造成螺栓滑方，因紧固力矩不足而出现油液泄漏。

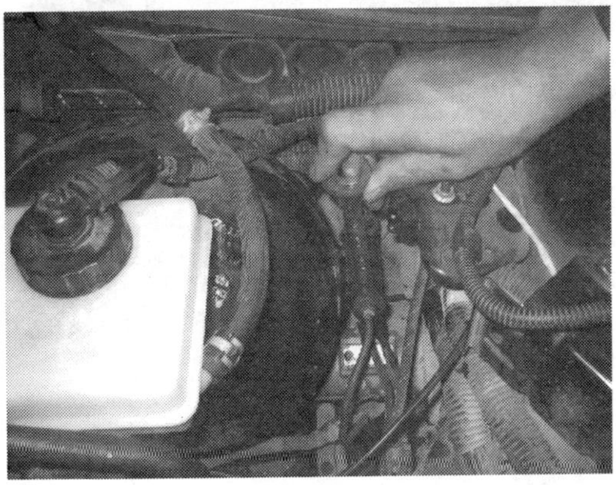

13 2号操纵举升机将车辆降落到地面上。

提示

（1）举升机操作规范，请参阅“举升机的使用方法”。

（2）再次降落车辆的目的是，为液压系统加注工作油液作准备。

第八步　加注液压系统工作油液

1　2号将漏斗放入储液罐加油口中并扶稳。1号打开加液桶盖，然后将油液缓慢倒入储液罐内，直到液面达到规定要求为止。

提示

（1）储液罐中的液面应位于“MIN”与“MAX”刻度线中间位置。

（2）在加注油液的同时，注意观察储液罐内液面的变化，液面不得超过“MAX”刻度线。

2　1号旋紧储油罐盖。

提示

离合器油液具有吸湿性，应尽量减少与空气接触，因此油液加注完毕，及时旋紧储液罐盖。另外，还可防止杂物落入储液罐内，污染油液。

第九步　检查离合器液压操纵系统泄漏

1　2号进入驾驶室，连续踩踏离合器踏板数次后，将踏板踩到底保持位置不变。

提示

（1）连续踩踏离合器踏板，目的是建立液压系统工作油压，便于检查系统是否存在泄漏。

（2）保持踏板最低位置，目的是在系统工作压力下，便于发现泄漏点。

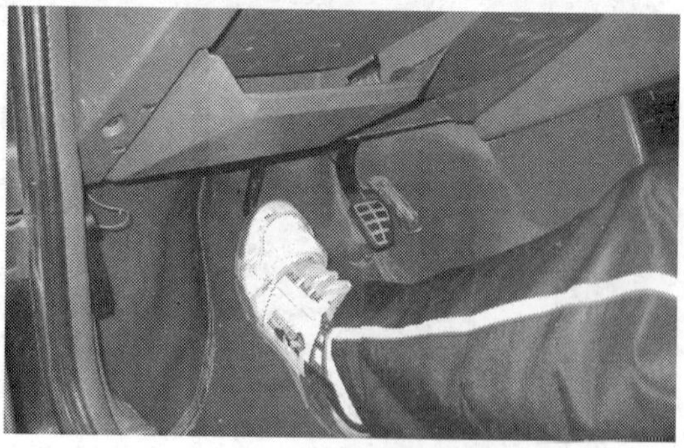

2　1号检查离合器总泵进出油口处、总泵后端活塞与壳体内壁接触部位、储液罐、离合器软管、分泵进油口处等部位，是否存在油液泄漏现象。

提示

离合器液压操纵系统，如果存在泄漏现象，应修复后，再进行系统排气步骤。

第十步　排出液压操纵系统中的空气

1　2号操纵举升机将车辆举升到适当的高度，并可靠停驻。

提示

为液压系统排放空气做好准备。

2　2号将10-11mm梅花扳手传递给1号。

3　1号使用10-11mm梅花扳手拧松离合器分泵上的放气阀。

提示

离合器分泵安装在变速器壳体上，位置较为隐蔽，拧松放气阀时，保证扳手与放气阀的螺方可靠配合，避免滑方和碰伤手。

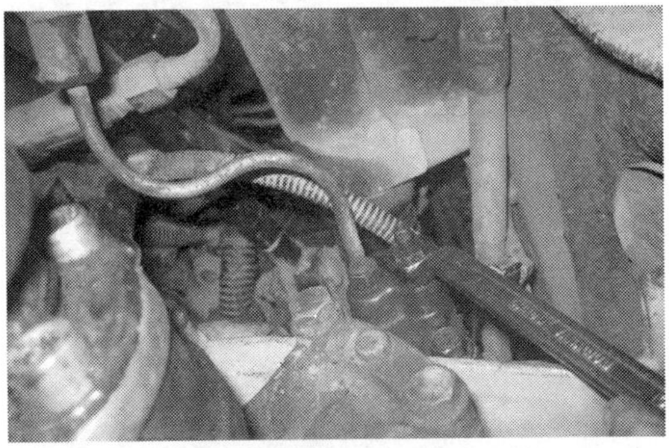

4　2号将塑料软管传递给1号，并将容器放置于车辆附近适当的位置。

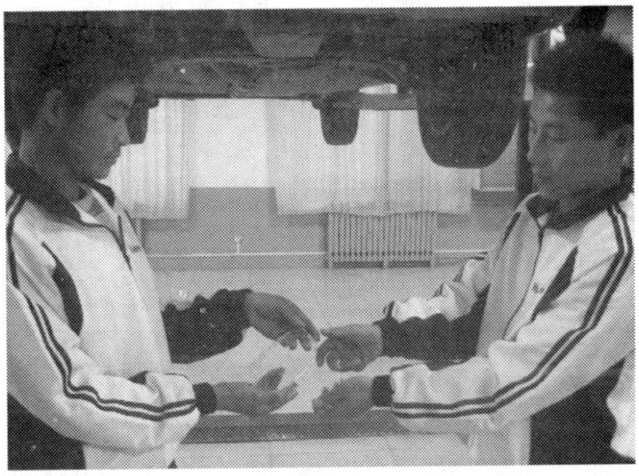

5　1号将塑料软管的一端插入离合器分泵的放气阀上，另一端插入容器内。

提示

(1) 连接离合器分泵、塑料软管和容器，用于接收液压操纵系统中排放出来的油液。

(2) 严禁将液压系统中的油液直接排放到地面上，原因是：油液会造成污染；油液会影响安全操作。

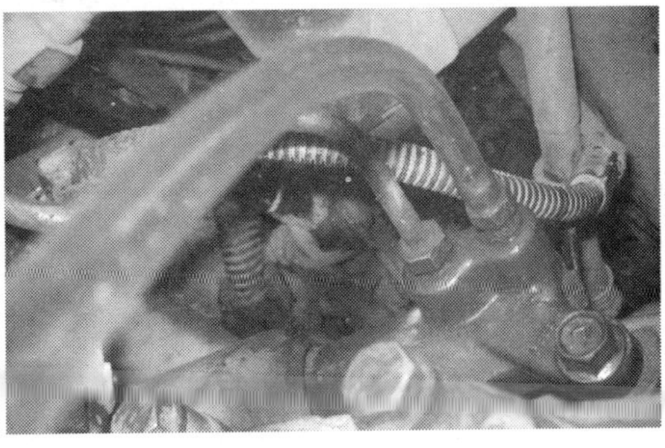

6 2号进入驾驶室，连续踩踏离合器踏板数次后，将踏板踩到极限位置并保持。

提示

(1) 连续踩踏踏板，目的是建立一定的系统压力，便于排出系统中的存留空气，此时系统压力较低。

(2) 2号配合口令“放”。

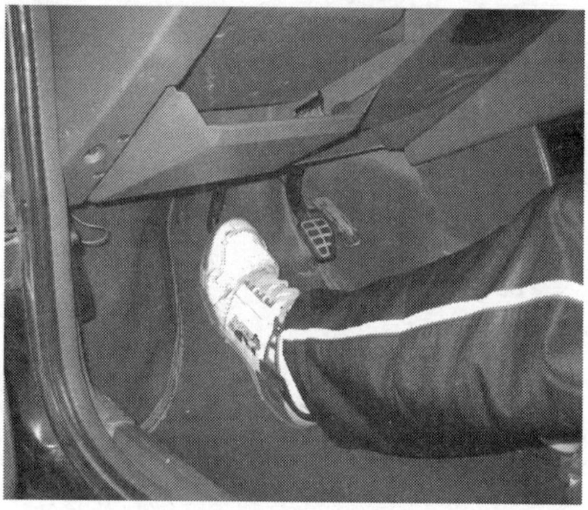

7 1号使用12-13mm开口扳手，拧松分泵放气阀。

提示

(1) 当拧松分泵放气阀时，空气随油液迅速排出进入容器内，在容器内会有气泡出现。

(2) 在排放空气过程中，离合器踏板伴随油液排出而下降，属正常现象。严禁此时放松踏板，否则空气被吸入液压系统中。

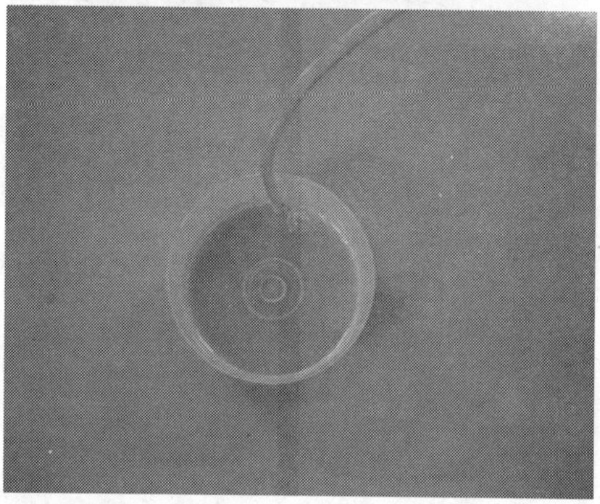

8 当油液流动压力减小后，1号拧紧放气阀，2号继续踩踏离合器踏板。

提示

(1)拧紧放气阀，便于再次建立系统油压，同时防止空气被吸入系统中。

(2) 1号配合口令“踩”。

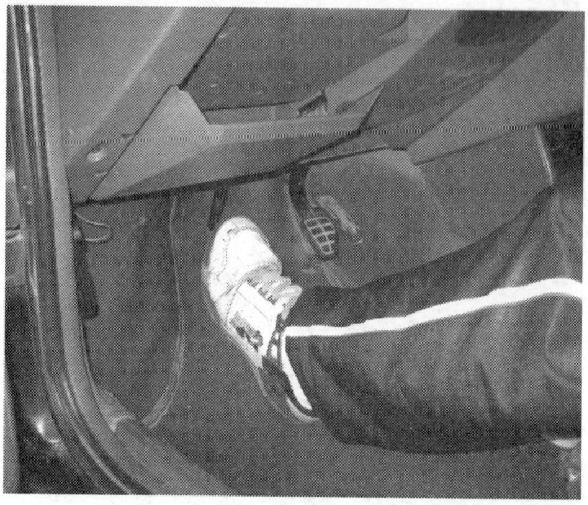

9　踩踏离合器踏板数次后，2号将踏板踩到极限位置并保持，1号拧松放气阀排放系统中的空气。如此反复进行，直到系统中排出的油液在容器中不再有气泡产生为止，证明系统中的空气排放完毕。最后将液位传感器的电插头安装到位。

提示

在系统排气过程中，注意观察储液罐中的液面变化，及时进行添加补充，以避免空气吸入系统，致使排气工作前功尽弃。

第十一步　车辆运行试验

1　离合器液压操纵系统内的空气排放完毕后，1号、2号共同配合，将车辆举升至轮胎最低点距离地面20cm的高度，并可靠锁止提升臂。

提示

将车辆举升，使轮胎离开地面，目的是便于试验离合器液压系统的工作性能。

2　1号进入驾驶室，打开点火开关，并起动发动机。

提示

（1）起动发动机前，要确认变速器处于空挡位，严禁带挡起动。

（2）起动发动机前，1号、2号注意安全确认，配合口令是“正常”、“起动”，防止意外事故发生。

3　发动机预热完毕，1号将离合器踏板踩到底，操纵换挡手柄，变换变速器挡位，检验变速器换挡是否轻便、灵活、迅速、可靠，且换挡时无异常响声。

提示

（1）发动机在空载情况下，检查离合器液压操纵系统工作是否正常。

（2）如果出现换挡困难，在确认离合器液压操纵系统正常情况下，应检查或调整离合器踏板位置。

4 1号将变速器挡位依次挂入1挡、2挡、3挡、4挡、5挡和倒挡，在车辆运行的情况下，检验离合器液压系统的工作情况是否正常。如果检验正常，则检查、添加或更换离合器液压系统工作油液的作业项目，操作完毕。

提示

(1) 加挡时，加速顺序递增挡位；减挡时，可减速跨挡，如5挡变2挡等。由前进挡变换为倒挡时，必须制动车辆，使驱动轮停止转动后，方可挂入倒挡。

(2) 在不同的车速下，能够更好检验离合器液压系统的工作性能。

(3) 另外，如果条件允许，还可以通过路试，检验离合器液压系统的工作情况。

第十二步　整理工位

1号、2号共同拆除护裙、驾驶室内保护罩；清理工具和量具等；清洁地面卫生。

提示

作业项目完成后，要搞好工位的清扫、整理工作，培养良好的工作习惯。

八、考核标准

考核标准表

考核时间	序号	考核项目	满分	评分标准	得分
40min	1	作业前整理工位	2	酌情扣分	
	2	打开并支撑机舱盖	2	操作不当扣2分	
	3	安装汽车保护罩	2	酌情扣分	
	4	连接放气阀、容器及塑料软管	4	检查错误扣4分	
	5	排放液压系统中的空气	7	操作不当扣7分	
	6	拆装仪表台下防护罩	4	操作不当扣4分	
	7	拆装离合器总泵	10	操作不当扣10分	
	8	拆装供油管路	5	操作不当扣5分	
	9	连接、断开推杆与踏板	5	操作不当扣5分	
	10	安装供油管密封堵头	4	操作不当扣4分	
	11	工具维护	3	操作规范扣3分	

续上表

考核时间	序号	考核项目	满分	评分标准	得分
40min	12	举升、降落车辆	4	操作不当扣4分	
	13	零件摆放	3	操作不规范扣3分	
	14	离合器活塞凹槽内涂油	4	遗漏扣4分	
	15	拆装离合器分泵	10	操作不当扣10分	
	16	加注系统工作油液	4	操作不当扣4分	
	17	确定储液罐中液面	3	确认错误扣3分	
	18	液压系统检漏	5	检查遗漏扣5分	
	19	液压系统性能空载试验	6	操作不当扣6分	
	20	车辆运行试验	7	操作不当扣7分	
	21	起动发动机前安全确认口令	4	操作不当扣4分	
	22	作业后整理工位	2	操作不当扣2分	
	23	遵守相关安全规范	因违规操作造成人身和设备事故的，总分按0分计		
分数合计			100		

项目四　更换离合器分离轴承、压盘和从动盘

一、项目说明

1. 概述

摩擦离合器广泛应用在手动变速器汽车上，安装在发动机飞轮上，连接变速器，控制着发动机动力的输出或中断，保证汽车平稳起步，使变速器顺利换挡，并可以防止传动系过载。

汽车在长期使用过程中，由于离合器操作频繁、过载以及使用和调整不当，会造成离合器损伤，使离合器出现打滑、分离不彻底、抖动和异响等故障，影响离合器正常工作，使车辆使用性能下降。因此，及时对离合器进行检修，更换损伤部件，如离合器分离轴承、压盘和从动盘等，这是恢复和提高离合器性能的重要措施。下面以桑塔纳2000GSi型轿车为例，说明更换离合器分离轴承、压盘和从动盘的操作步骤和技术规范。

2. 摩擦离合器的组成和工作原理

(1) 摩擦离合器的组成。

桑塔纳2000GSi型轿车离合器采用干式、单盘、膜片弹簧离合器。

(2) 摩擦离合器的工作原理。

当离合器盖未固定在飞轮上时，膜片弹簧变形量很小，此时离合器盖与飞轮之间有一定距离。

当离合器盖固定在飞轮上后，膜片弹簧外周对压盘产生很大压紧力，使离合器处于接合状态，发动机动力可经离合器传递给变速器。

通过离合器操纵机构的作用，分离轴承推动膜片内端前移，膜片外端通过分离钩将压盘后拉，使离合器处于分离状态，中断发动机和变速器之间的动力传递。

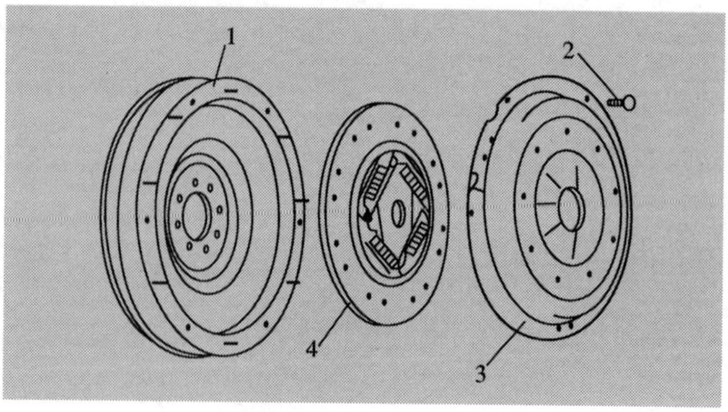

离合器压盘和从动盘

1- 飞轮；2- 圆柱头螺栓；3- 压盘；4- 从动盘

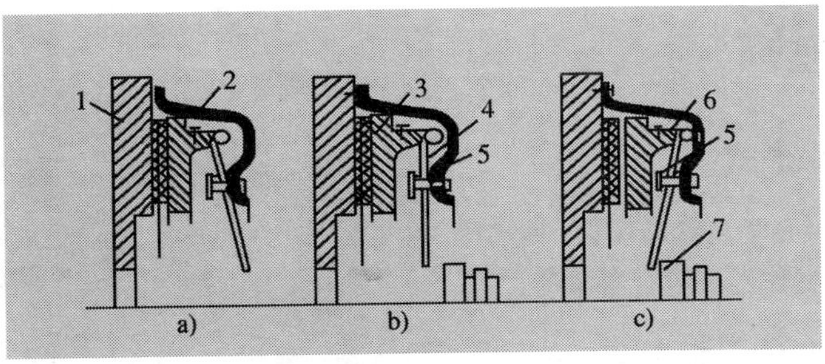

离合器工作原理

a）安装位置；b）接合状态；c）分离状态

1- 飞轮；2- 离合器盖；3- 压盘；4- 膜片弹簧；5- 膜片弹簧支承圈；6- 分离钩；7- 分离轴承

二、技术标准与要求

1. 安装桑塔纳2000GSi型轿车配套的离合器分离轴承、压盘和从动盘。
2. 安装时，严禁将油液、油脂和水沾附到离合器压盘及从动盘上。
3. 离合器盖压紧螺栓按照“对角多遍”的要求旋松或拧紧。
4. 离合器盖压紧螺栓规定力矩为25N·m。
5. 安装离合器时，应使用导向专用工具。
6. 从车辆上取下或安装变速器总成时，应使用托板。

三、实训时间：120min

四、实训教学目标

1. 了解更换离合器分离轴承、压盘和从动盘的重要性。
2. 熟悉摩擦离合器的结构和工作原理。
3. 掌握更换离合器分离轴承、压盘和从动盘的操作技能。

五、实训器材

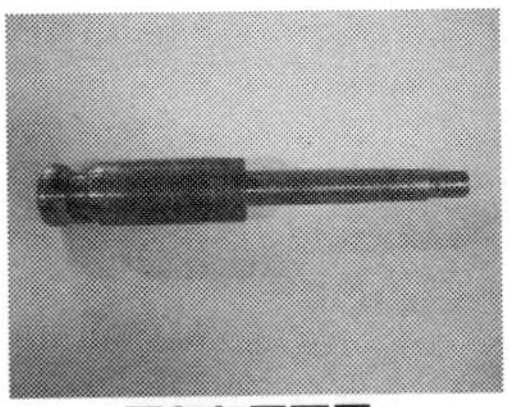
导向专用工具

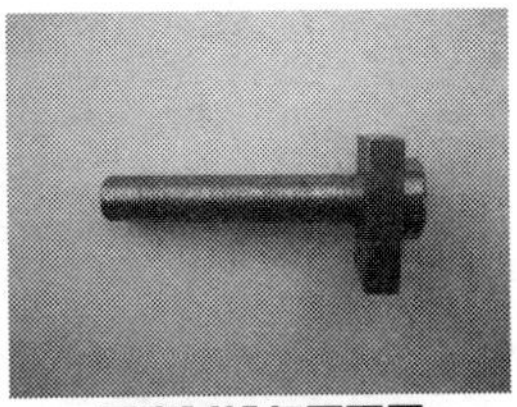
固定飞轮专用工具

变速器托板

车轮支架

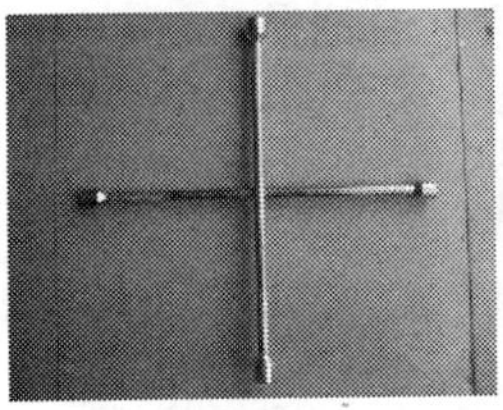
车轮扳手

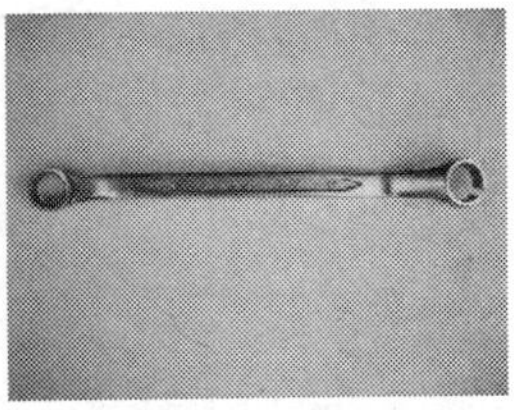
氧传感器拆装专用扳手

其他工具及器材：

粗纱布、万向节、接杆、扭力扳手、棘轮扳手、ϕ10mm套筒、ϕ17mm套筒、ϕ13mm套筒、ϕ19mm套筒、ϕ6mm内六角扳手、19-22mm梅花扳手、10-11mm梅花扳手、12-13mm梅花扳手、16-17mm梅花扳手、防护手套、防护帽、翼子板护裙、驾驶室内保护罩、工作灯、润滑脂枪、ϕ8mm专用接头等。

六、教学组织

1. 教学组织形式

每辆车安排4名学生参与实训，两名学生为一组。一组操作，一组观察学习。

2. 学生站位分工和要求

两名学生一组，按照1号、2号进行编号，1号为主，2号为辅助。

3. 实训教师职责

讲解操作步骤和注意事项；下达“操作开始”口令；工位间巡视、检查、指导和纠正错误。

4. 学生职责变换

两名学生实行职责变换制度，即第一遍1号为主，2号辅助；第二遍2号为主，1号辅助。

七、操作步骤

第一步 事前准备

1 车辆进入工位前，参训学生将工位卫生清理干净，排除障碍物，准备好相关的工具、物品等。

提示

培养良好的工作习惯，做好事前准备，有利于安全操作和提高工作效率。

2 将车辆停驻在举升机平台的中央位置。

3 1号拉紧驻车制动器，并将变速器置于空挡位。

提示

为保证车辆在工位上可靠停驻，防止出现溜滑，造成安全事故，要拉紧驻车制动器并将变速器置于空挡位。

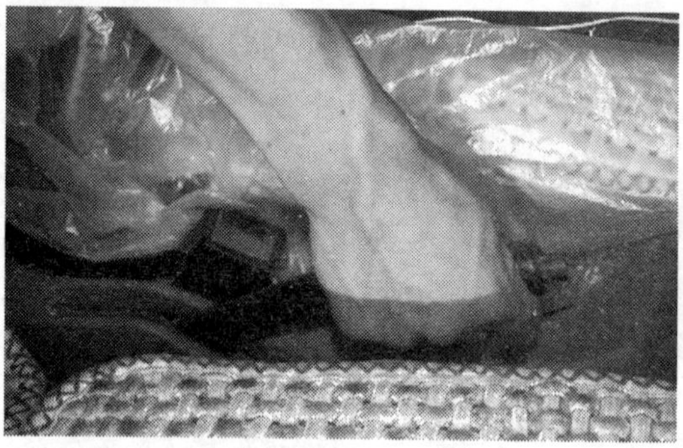

4 1号打开并可靠支撑机舱盖。

提示

将支撑杆插入机舱盖支撑孔时，要保证接触可靠，否则，机舱盖滑落会造成人身伤害。

5 1号、2号把护裙粘贴在汽车左、右侧翼子板上，要求护裙将翼子板全部覆盖。护裙的上边沿粘贴到排水槽的内侧，前端至侧灯处，后端至车门与翼子板结合缝隙。

提示

(1)粘贴护裙的主要目的是保护操作中能够接触到的翼子板车漆。

(2) 护裙是通过磁铁吸附在翼子板上的，因此，在粘贴时，当护裙接近翼子板，感受到吸力后，要稍稍用力，使护裙轻轻与翼子板贴合，不允许听到接触碰撞声。

6 1号安装转向盘套、换挡手柄套、座套、铺设地板垫。

提示

保护罩是由薄塑料制成的，极易破损。所以在安装时，用力要均匀，避免因用力过大造成损坏。其主要作用是在操作过程中保持驾驶室内清洁。

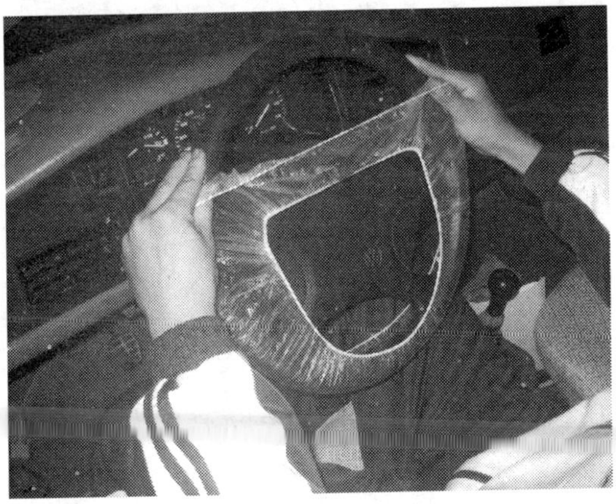

第二步　拆卸蓄电池负极电缆

1 2号将ϕ10mm套筒、接杆、棘轮扳手组合后传递给1号。

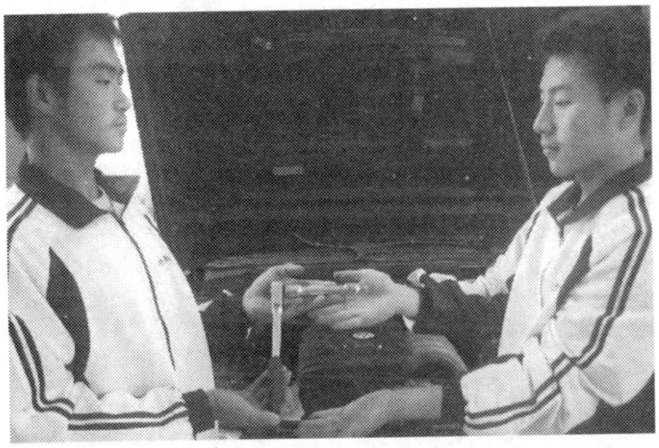

2 1号使用ϕ10mm套筒、接杆、棘轮扳手，拧松蓄电池负极电缆固定螺栓。

提示

为防止拆卸起动机时引起电路搭铁，损坏发动机电控单元ECU和其他电器设备。因此，必须断开蓄电池与汽车电路连接。

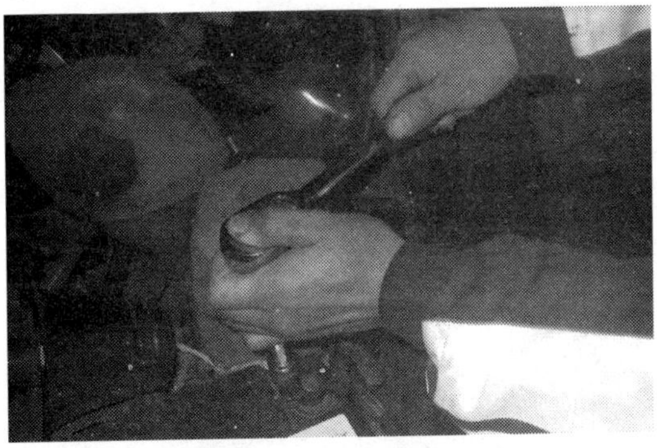

3 2号接收工具，擦拭后摆放到工具车上。

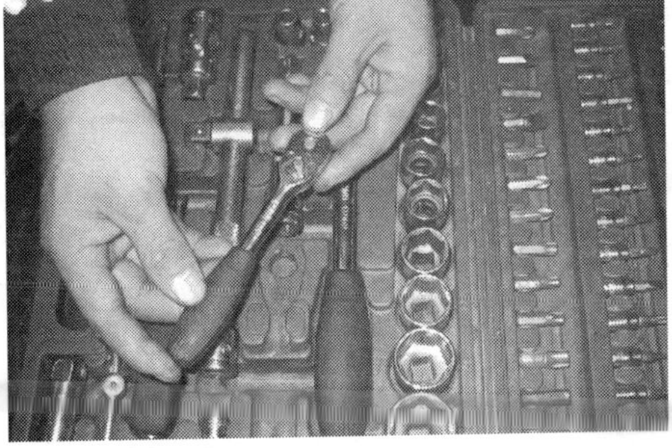

4 1号用手旋下固定螺栓，取下负极电缆并拉离蓄电池负接线柱。

提示

为保证在作业过程中，负极电缆与蓄电池负接线柱不搭连，建议将负极电缆端子用绝缘胶布包裹起来。

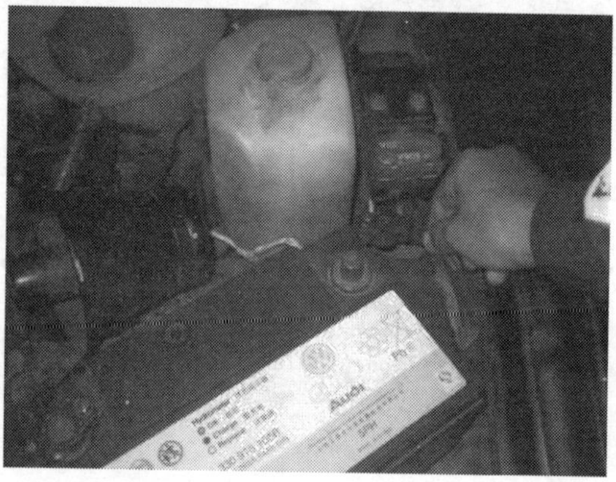

第三步　断开氧传感器，“+B”导线电路连接器

1 1号断开发电机“+B”导线电路连接器。

提示

(1) 发电机“+B”导线电路连接器，颜色为黑色、单线式，断开时，注意观察其锁止和定位方式。

(2) 断开电路连接器时，严禁用手直接拉拔线束或使用螺丝刀类工具撬别，否则会导致连接器损伤和锁止不可靠。

2 1号断开氧传感器电路连接器。

提示

(1) 氧传感器电路连接器，颜色为黑色、4线式，断开时，注意观察其锁止和定位方法。

(2) 断开电路连接器时的要求与发电机“+B”导线连接器相同。

第四步　拆卸左前和右前车轮

1 1号、2号使用车轮扳手，分别拧松左前和右前车轮固定螺栓。

提示

(1) 拧松车轮4条固定螺栓时，应按照“对角多遍”的要求进行。

(2) 车轮螺栓以退回1~2个丝扣为度，不要过多。否则，会引起车轮倾斜，损伤螺栓螺纹。

2 1号、2号调整提升臂和抽拉臂的角度和长度，使托垫对正车辆支撑点。2号操纵举升机将车辆举升到适当高度后，可靠锁止。

提示

（1）举升机的规范操作，请参阅“举升机的使用方法”。

（2）举升车辆前，注意安全确认，配合口令“正常”、“举升车辆”。

3　2号扶住车轮，1号使用车轮扳手旋出螺栓，然后1号用手取下螺栓并传递给2号。

提示

1号、2号配合拆卸车轮，可防止车轮、螺栓和工具掉落到地面上。

4　螺栓拆卸完毕，2号将工具、螺栓分别摆放到工具车、零件车上。1号取下车轮放置在车轮架上。

提示

（1）车轮取下后，应妥善放置，以免影响安全操作。

（2）用同样方法，取下另一侧车轮并妥善放置。

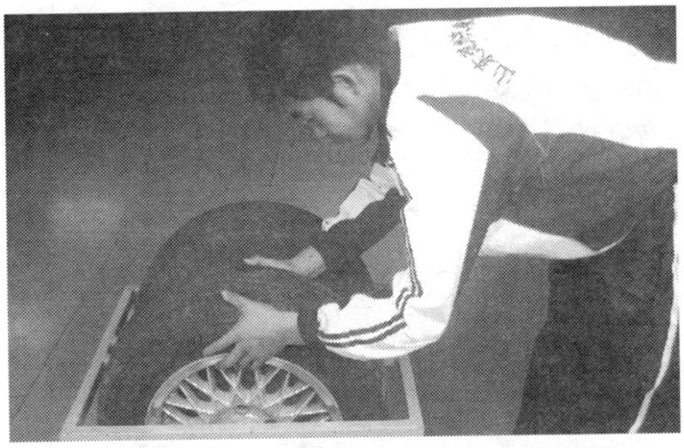

第五步　拆卸左右传动轴

1　2号操纵举升机，将车辆再次举升到适当高度后，将ϕ8mm专用接头、接杆、扭力扳手组合后传递给1号。

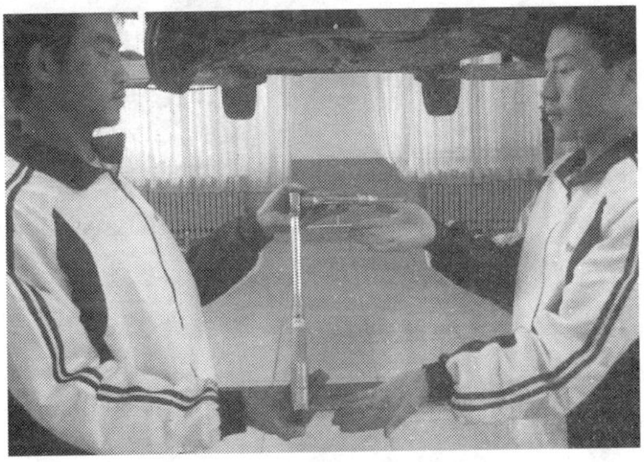

2　2号将挡块插入制动盘一散热孔内，转动制动盘使挡块与制动钳体支架接触，限制传动轴单向转动。

提示

安装挡块的目的是，在拆卸传动轴凸缘固定螺栓时限制传动轴单向转动，便于拧松固定螺栓。

3 1号将工具从翼子板下方穿过，2号将 ϕ 8mm 专用接头插入传动轴凸缘螺栓的螺方孔内，并用手扶住专用接头。

提示

拆卸传动轴凸缘固定螺栓时，1号、2号共同配合，防止出现因工具倾斜，造成螺栓螺方损坏，给拆卸作业带来更大难度。

4 1号使用工具将传动轴凸缘上的6条固定螺栓拧松后，换用棘轮扳手快速旋出固定螺栓。

提示

拧松传动轴凸缘固定螺栓时，要适时变换传动轴固定位置，保持工具位置基本不变。

5 2号接收工具和挡块，擦拭后摆放到工具车上。

第六步　拆卸悬架控制臂球头

1 2号将 ϕ 17mm 套筒、短接杆、棘轮扳手组合后传递给1号。

2 2号使用16-17mm梅花扳手将螺栓固定，1号使用工具拧松螺母。

提示

固定螺栓穿过转向节下端螺栓孔，使螺杆与悬架控制臂球头销轴上加工的周向凹槽相配合，将安装于承孔中的悬架控制臂球头固定在转向节上。

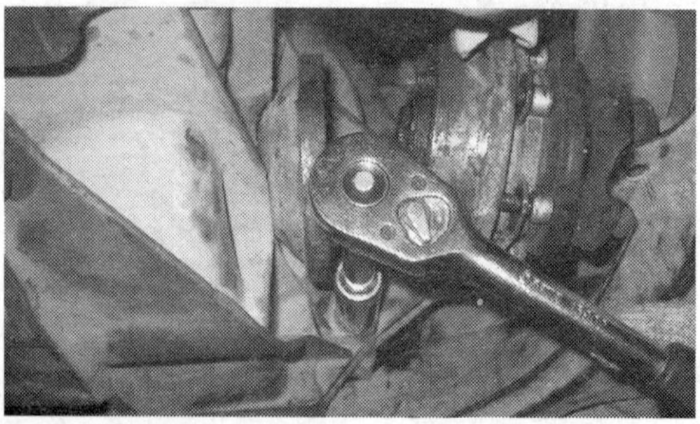

3　1号取出固定螺栓并传递给2号，2号将工具、螺栓摆放到工具车、零件车上。

提示

如果固定螺栓取出时较困难，可用铜锤等软金属器具敲击螺杆尾部，使其松动后，便容易取出螺栓。严禁使用铁锤等直接敲击螺栓尾部，否则将造成螺栓损伤。

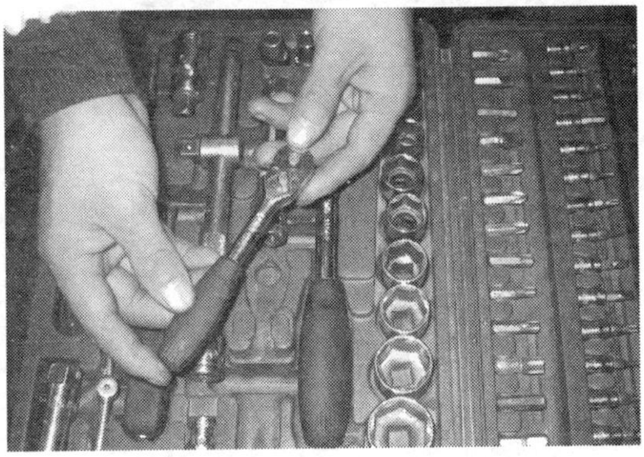

4　1号将2号传递来的一字螺丝刀，插入球头销轴承孔的立槽中，用力扩张承孔。

提示

承孔扩张后，球头销轴在承孔内变得松旷，取出时会省力些。

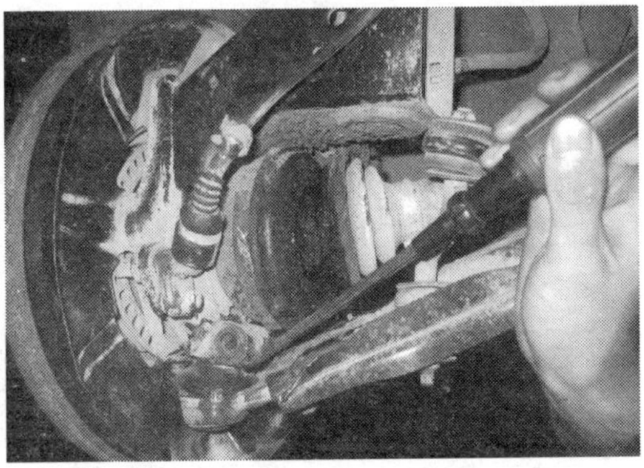

5　1号双手用力下拉悬架控制臂，2号内外推拉制动盘，调整转向节位置。1号、2号配合取出悬架控制臂球头。

提示

如果球头取下困难时，可使用铁锤适当用力敲击球头壳，然后再配合拆卸。

6　2号向外拉动制动盘，使传动轴断开与驱动桥的连接。

提示

用相同的方法拆卸另一根传动轴凸缘的固定螺栓。

第七步　断开电路连接

1　1号拔下倒车灯开关电插头。

提示

(1) 倒车灯开关为两线式，当点火开关处于“ON”位置时，变速器换入倒挡时，倒挡开关电路接通，点亮汽车尾部倒车灯，警示车辆后面的车辆和行人。

(2) 拔下电插头时，严禁用手直接拉拔线束。

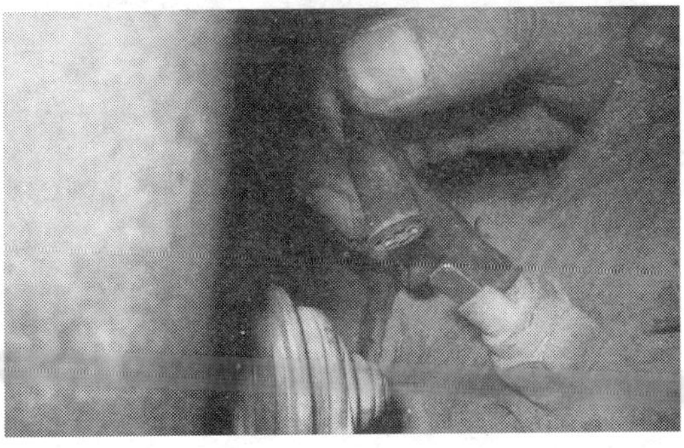

2 1号拔下车速传感器电插头。

提示

(1) 车辆行驶中，车速传感器向汽车电控单元输出频率信号，电控单元据此信号计算出车辆行驶速度。

(2) 车速传感器电插头，为乳白色、三线式。拔下电插头时，先压下钢制卡簧，再拔出电插头。严禁用手直接拉拔线束或使用螺丝刀类工具撬别，会导致连接器损伤和锁止不可靠。

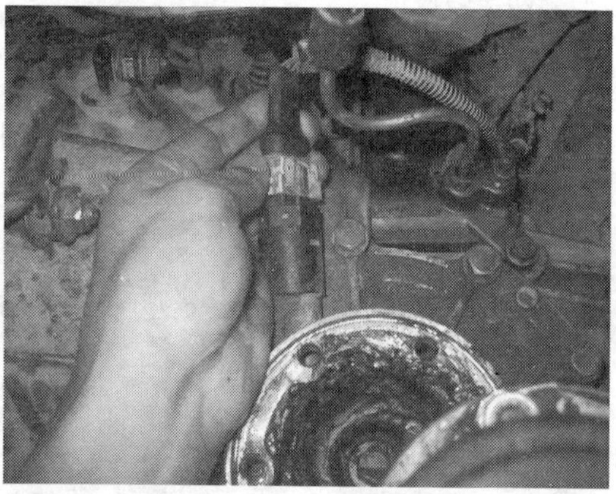

第八步　拆卸氧传感器

1 2号将氧传感器拆装专用扳手传递给1号。

提示

氧传感器拆装扳手，是在ϕ19mm套筒上加工了一个缺口，用于穿过线束将扳手套在氧传感器外壳的螺方上。

2 1号将专用扳手的缺口穿过氧传感器的导线。

提示

由于氧传感器导线和电插头结构原因，通用工具无法正常拆装氧传感器。因此，要选择专用工具拆卸氧传感器。

3 1号将专用扳手套在氧传感器外壳的螺方上并拧松氧传感器。

提示

拆卸氧传感器时，有时排气管温度较高，要注意防止烫伤，操作时要佩戴安全手套。

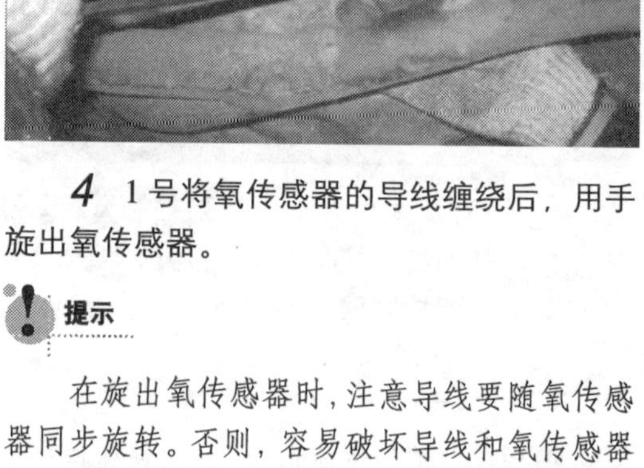

4 1号将氧传感器的导线缠绕后，用手旋出氧传感器。

提示

在旋出氧传感器时，注意导线要随氧传感器同步旋转。否则，容易破坏导线和氧传感器的正常连接，导致氧传感器报废。

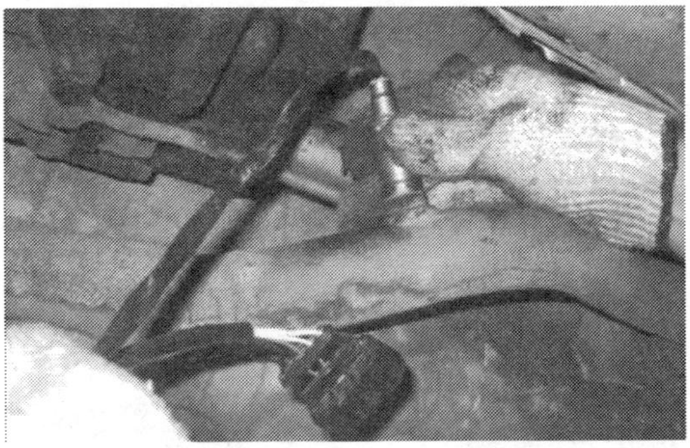

第九步　拆卸离合器分泵

1　2号将 ϕ 13mm 套筒、接杆、棘轮扳手组合后传递给1号。

2　1号使用 ϕ 13mm 套筒、接杆、棘轮扳手，拧松离合器分泵的1个固定螺栓。

提示

离合器分泵的1个固定螺母，位置隐蔽，空间狭小，最好配合灯光照明。拆卸时，注意不要碰伤手。

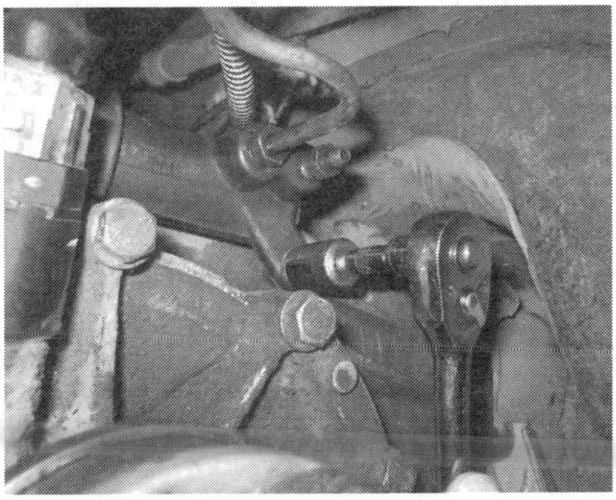

3　2号接收工具并摆放到工具车上。

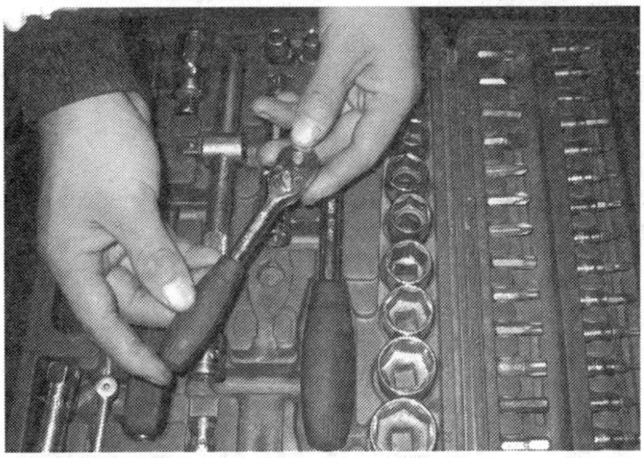

4　1号一手推压离合器分泵，一手旋下固定螺栓，然后将螺栓传递给2号。

提示

离合器分泵推杆，承受部分来自分离叉弹簧的弹力。因此，推压离合器分泵，用手旋出其固定螺栓会比较省力。

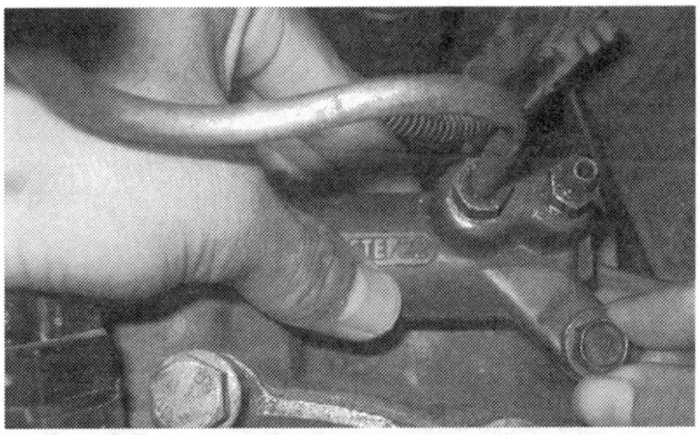

5　1号将离合器分泵取出后，用挂钩悬挂在暖风水管上。

提示

离合器分泵拆卸后，严禁踩踏离合器踏板。否则，离合器液压系统中的油液喷溅流失。

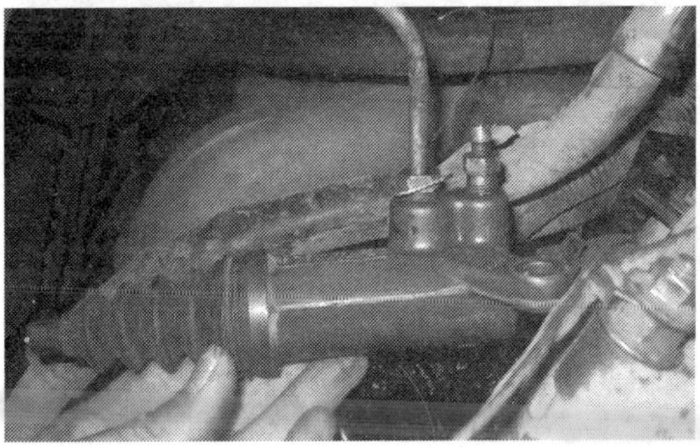

第十步　断开排气管

1　2号将12-13mm梅花扳手传递给1号。

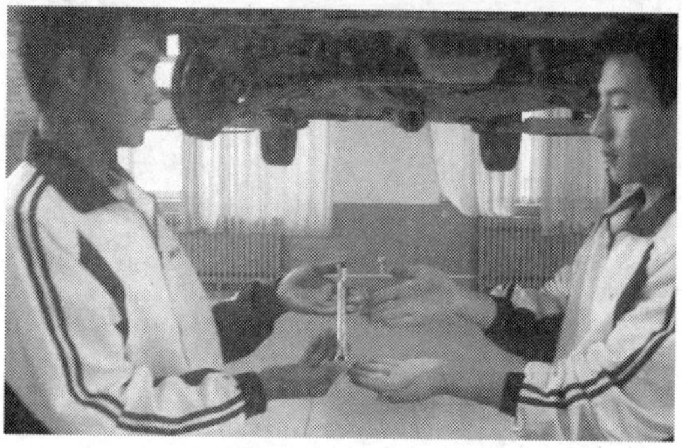

2　1号使用12-13mm梅花扳手，拧松排气歧管与排气管连接凸缘上的3条固定螺栓，然后用手取下螺栓传递给2号。

提示

在拆卸排气管时，要佩戴防护手套，避免高温烫伤。

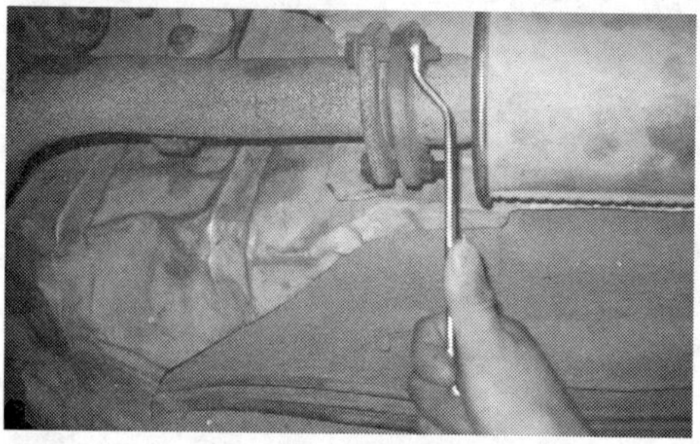

第十一步　拆卸排气管与变速器间支架

1　2号将12-13mm梅花扳手传递给1号。

2　1号使用12-13mm梅花扳手，拧松支架与变速器壳相连接端的2条固定螺栓，用手取下螺栓并传递给2号。

提示

在拆卸支架时，要佩戴防护手套，避免排气管高温烫伤。

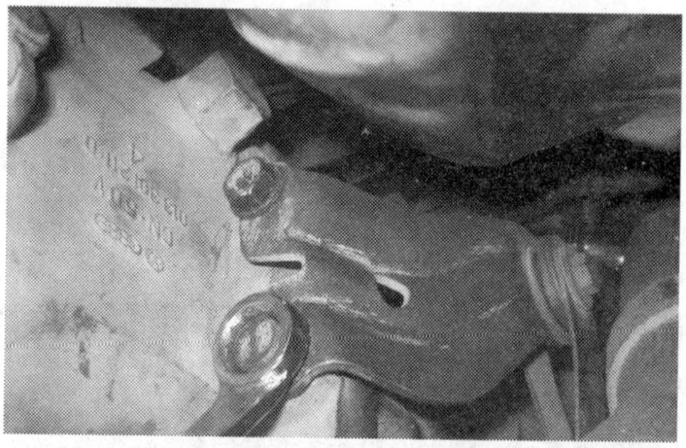

3　1号使用12-13mm梅花扳手，拧松支架与排气管相连接端的1条固定螺栓，用手旋下后传递给2号。

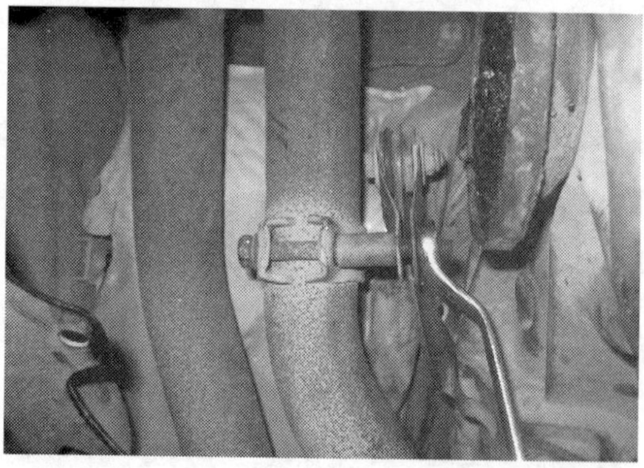

4　1号将支架螺栓全部取下后，最后取下支架传递给2号。2号将螺栓、支架摆放到零件车上。

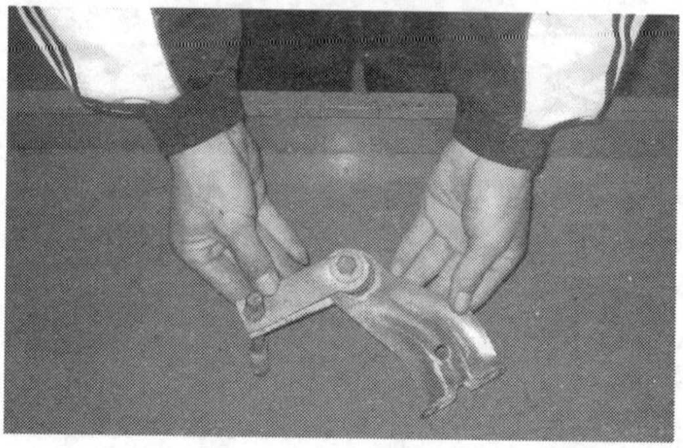

第十二步　拆卸换挡机构总成

1 1号使用12-13mm梅花扳手，拧松换挡机构总成的支撑杆与变速器壳连接端的1条固定螺栓，用手取下螺栓并传递给2号。

2 1号使用12-13mm梅花扳手，拧松换挡机构总成与变速器换挡杆连接端的1条固定螺栓，用手取下螺栓并传递给2号。

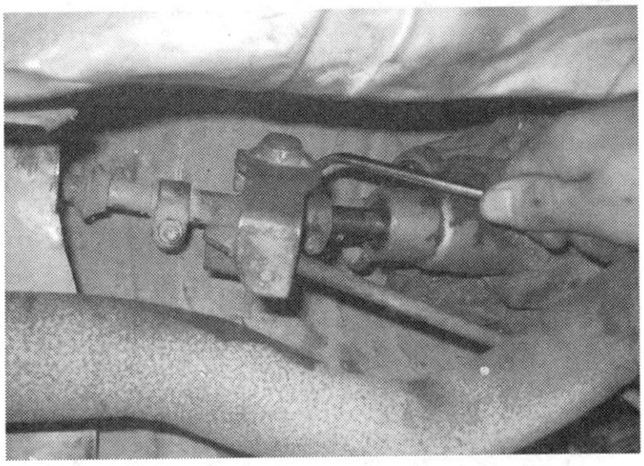

3 1号使用2号传递来的10-11mm梅花扳手，拧松换挡机构总成与变速器内换挡杆的1条固定螺栓。

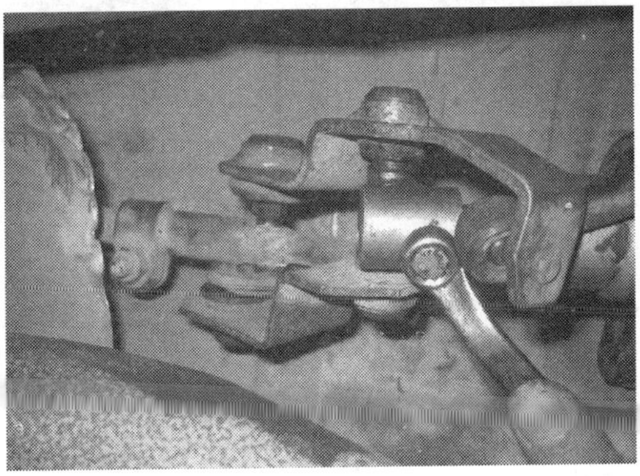

4 将连接螺栓拆卸完毕，1号用手取下换挡机构总成，传递给2号。

5 2号将换挡机构总成、螺栓摆放到零件车上。

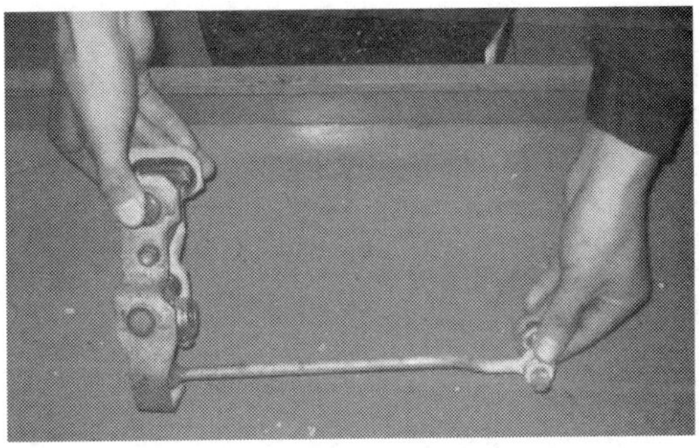

第十三步　拆卸发动机前缓冲支架

1 2号将12-13mm梅花扳手传递给1号。

2 1号使用12-13mm梅花扳手，拧松发动机缓冲支架上的下端1条固定螺栓并用手取下。操作完毕后将工具递还给2号。

提示

发动机前缓冲支架下的固定螺栓，所处位

置空间狭小。使用梅花扳手拆卸时，要保持工具与螺栓的螺帽完全接触且正直、不倾斜，防止工具滑出，碰伤手和损坏螺栓。适当调整工具在空间内的角度，便于用力。

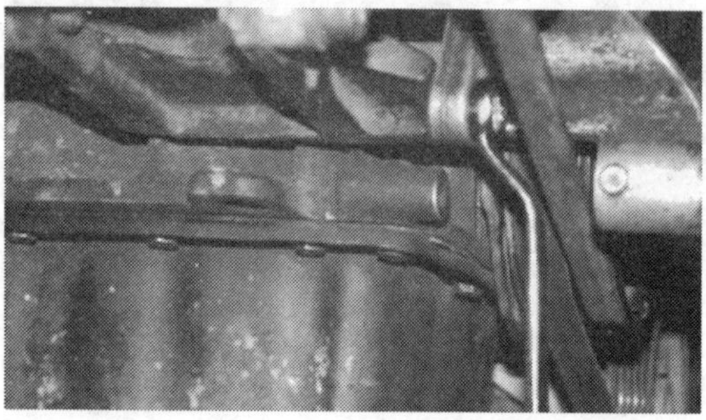

3 2号将 ϕ 13mm 套筒、棘轮扳手传递给1号。

4 1号使用 ϕ 13mm 套筒、棘轮扳手，拧松发动机缓冲支架上端的1条固定螺栓并用手取下。操作完毕后将工具递还给2号。

提示

（1）发动机前缓冲支架固定螺栓，所处位置较为隐蔽，不便于使用梅花扳手拆卸。因此，应选用套筒工具进行拆卸。

（2）用手旋出下固定螺栓的同时，用手扶住缓冲支架，避免突然掉落砸伤人或损伤机件。

第十四步　拆卸离合器防护板

1 2号将10-11mm梅花扳手传递给1号。

2 1号使用10-11mm梅花扳手，拧松离合器防护板上的1条固定螺栓。

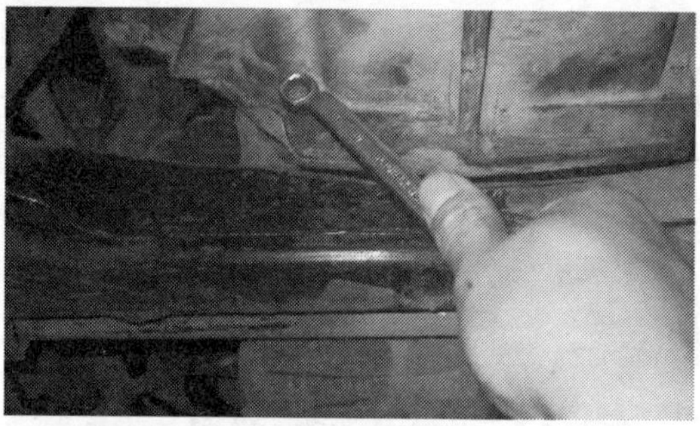

3 将螺栓取下后，1号用手取下防护板传递给2号。

提示

（1）取下防护板时，要保持平齐下拉。

（2）防护板取下后，禁止弯折，以防变形。否则，安装时将非常困难。

4 2号将防护板、螺栓摆放到零件车上。

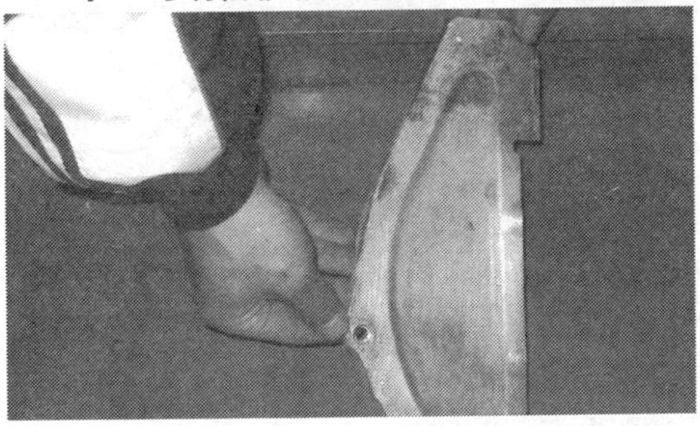

第十五步　拆卸起动机

1 2号将ϕ13mm套筒、接杆、棘轮扳手传递给1号。

2 1号使用工具，拧松起动机的3条固定螺栓。

提示

(1) 螺栓位置隐蔽且空间狭小，应配合灯光照明，同时注意不要碰伤手。

(2) 螺栓取下后，保持起动机在连接板承孔内，不必取下来。

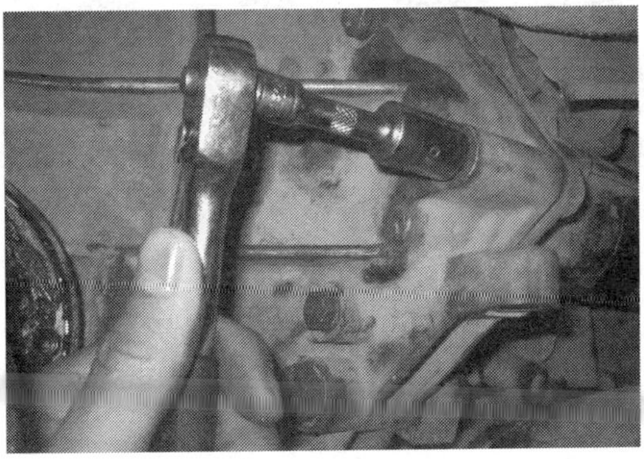

第十六步　拆卸变速器与起动机之间的连接螺栓

1 2号将ϕ13mm套筒、万向节、接杆、扭力扳手组合后传递给1号。

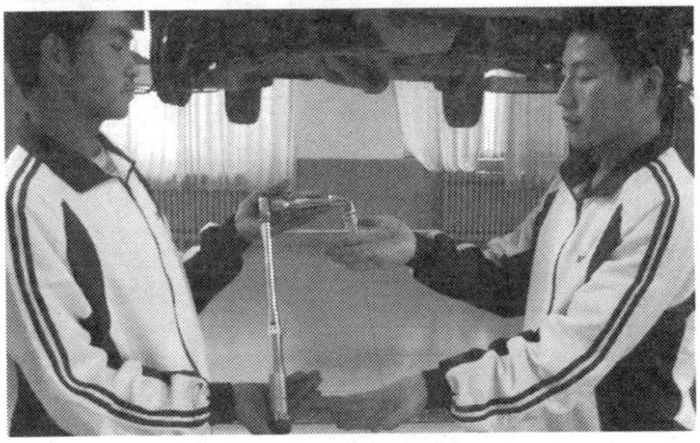

2 1号使用扳手旋松导线支架上的2个固定螺母。支架固定在变速器壳上端。

提示

(1) 两个支架固定螺栓，位置隐蔽，并且是远距离拆卸。因此，需要连接较长接杆，另外需要增加万向节来传递扭矩。

(2) 为便于观察，在发动机后端配合灯光照明。

3 1号用手旋出两螺母后，将导线支架从螺栓杆上脱出，悬在变速器壳体上面。

4 2号将ϕ19mm套筒、接杆、扭力扳手组合后传递给1号。

5 1号使用工具，拧松变速器与发动机连接的5条固定螺栓。

提示

拧松固定螺栓时，一定要保持套筒正直且安插到位，避免损坏螺栓的螺方。否则，将给拆卸螺栓带来很大困难。

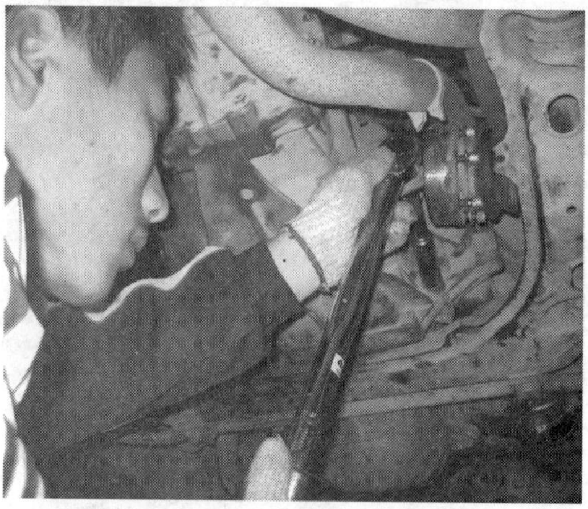

6 1号更换棘轮扳手，快速旋出固定螺栓，最后用手取出螺栓传递给2号。

提示

（1）螺栓拧松后，改用棘轮扳手可提高拆卸速度。

（2）将车身与变速器间的搭铁线悬挂在较明显位置，以免安装时遗漏。

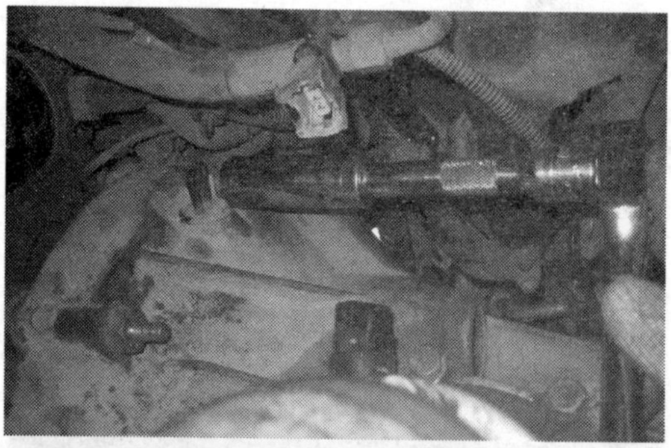

7 2号将工具、螺栓摆放到工具车、零件车上。

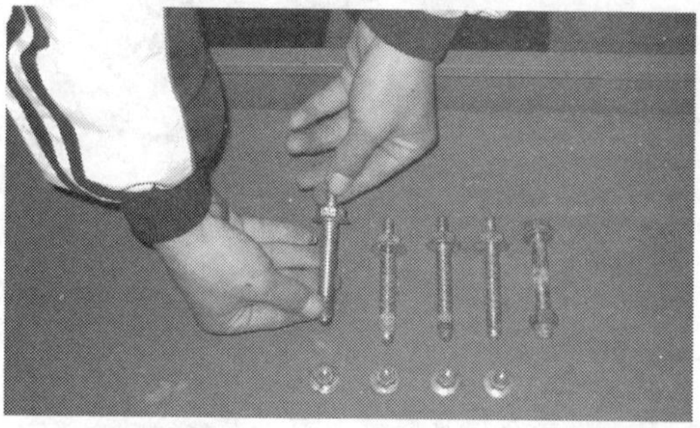

第十七步 拆卸变速器减振垫及其支架

1 2号将ϕ19mm套筒、接杆、扭力扳手组合后传递给1号。

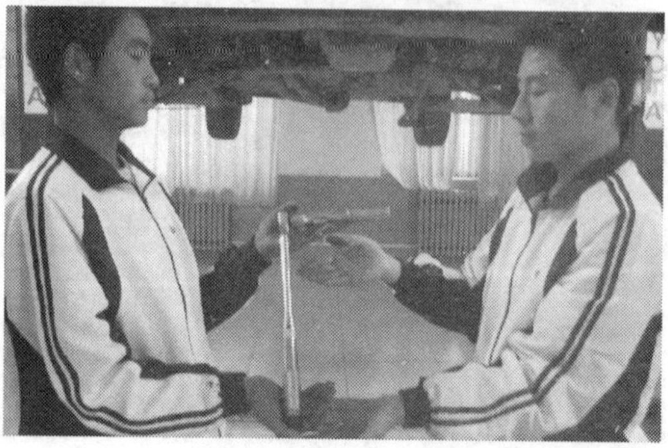

2　1号使用φ19mm套筒、接杆、扭力扳手，拧松变速器减振垫固定螺栓。用手取下螺栓并传递给2号。

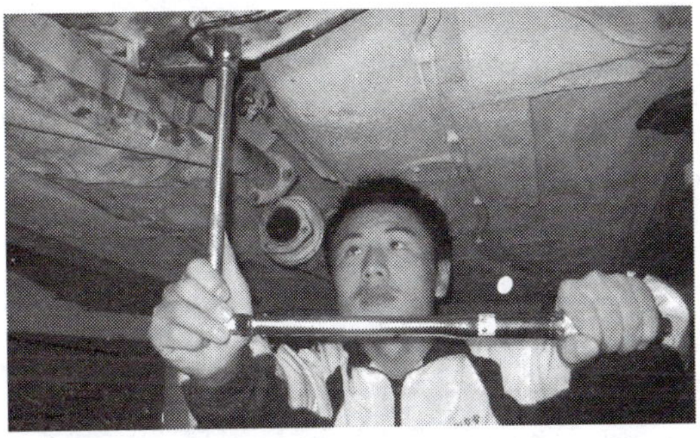

3　1号使用12-13mm梅花扳手，拧松减振垫在变速器支架的3条固定螺栓，然后取下螺栓橡胶垫，传递给2号。

提示

(1)减振垫用于衰减车身传递到变速器的冲击力。

(2)变速器减振垫和发动机前缓冲支架拆卸后，变速器总成向下倾斜，这样增加了变速器活动空间，为顺利取下变速器提供有利条件。

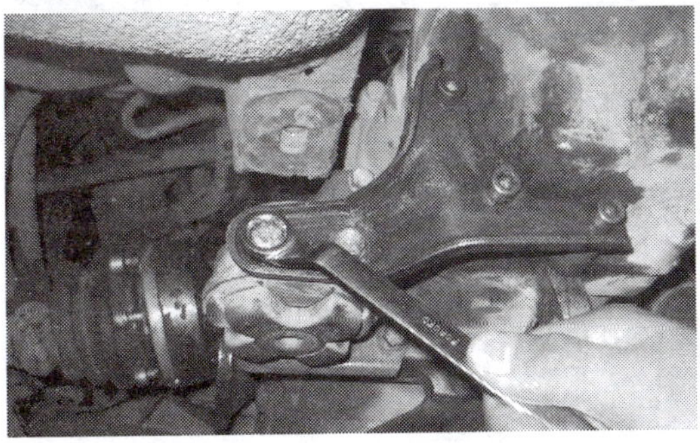

4　1号使用12-13mm梅花扳手，拧松减振垫前后支架上的6条固定螺栓，然后取下螺栓、支架传递给2号。

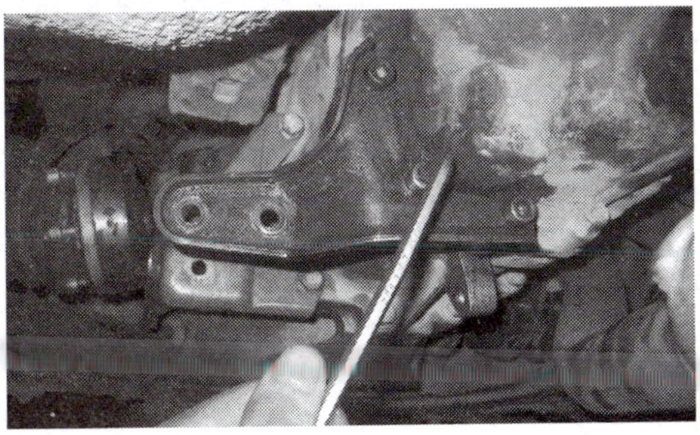

5　2号将螺栓、支架摆放到零件车上。

提示

要合理放置部件与其固定螺栓，以免混乱，否则将影响安装效率。

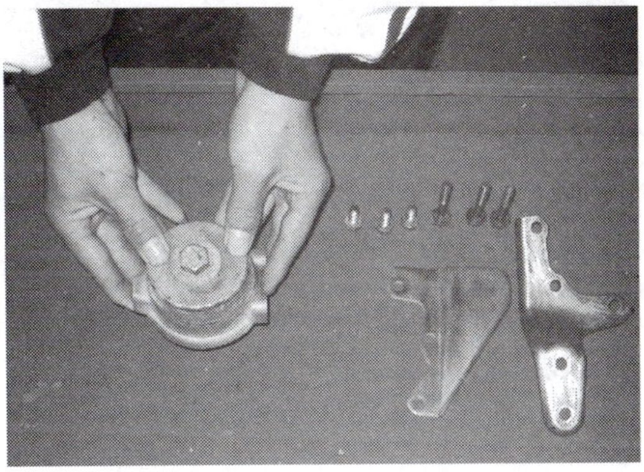

第十八步　取下变速总成

1　2号将变速器托架放置于变速器正下方。

提示

变速器总成质量较大，拆卸、安装或移动时比较困难且危险性大。一般使用变速器托架，来增强安全性和减轻劳动强度。

2　2号托住变速器后端，1号托住变速器前端。

提示

此时严禁擅自摆晃变速器，防止变速器自动滑出，导致伤害事故发生。

3 待变速器扶稳后，1号使用一字螺丝刀插入变速器与发动机接合端面缝隙中，将变速器后移，脱出其定位销。

提示

汽缸体上的定位销和变速器壳上的定位孔配合较紧，直接拉出变速器会非常吃力。

4 1号、2号齐用力将变速器向后拉，待输入轴前端离开离合器膜片时，落下变速器，将变速器平稳放置到托架上。

提示

变速器降落困难时，注意察看阻挡部位，适当调整变速器角度，便可以较顺利取下变速器。严禁生拉硬撬锤击，否则将会造成损伤。

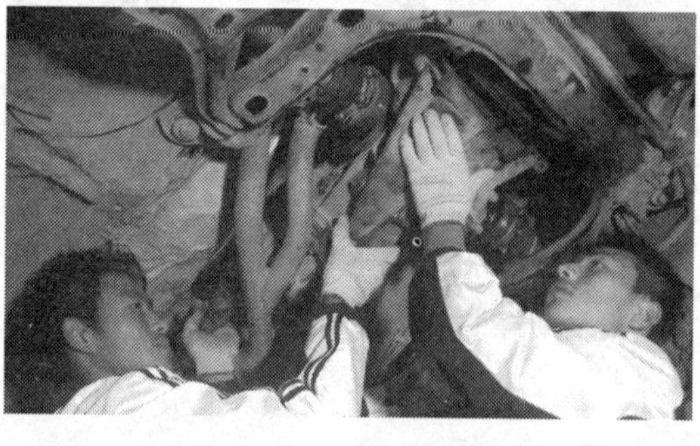

5 1号扶稳变速器，2号将托架从车下推出放置到工位规定位置。

提示

移动变速器时，注意将变速器扶稳，防止滚落损伤及造成人身伤害事故。

第十九步　拆卸离合器压盘和从动盘

1 2号将固定飞轮专用工具传递给1号。

2 1号将专用工具的销轴插入汽缸体后端螺栓孔中，并且使专用工具上的挡块键入齿圈的轮齿间，将飞轮固定。

提示

拧松离合器盖固定螺栓时，专用工具用于固定飞轮，防止其转动。

3 2号将 ϕ 6mm 内六角扳手传递给1号。

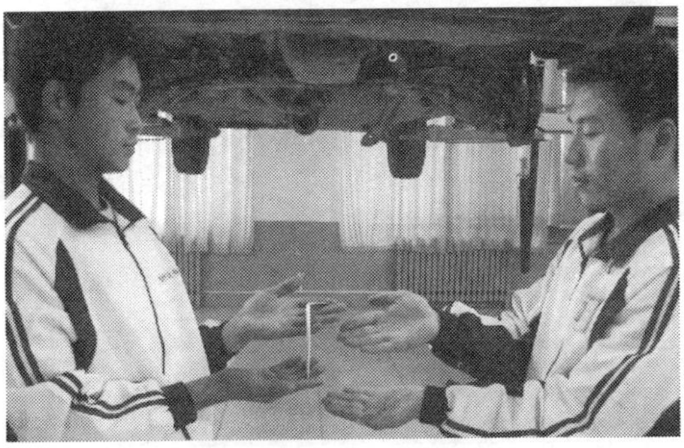

4 1号使用 ϕ 6mm 内六角扳手，拧松离合器盖上的6条压紧螺栓。

提示

（1）拧松压紧螺栓时，按照“对角多遍”的要求进行。

（2）不便拆卸的螺栓，可适当转动飞轮，调整螺栓位置。

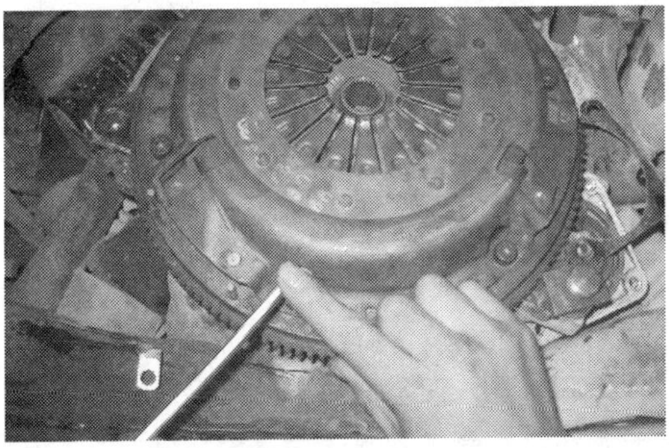

5 2号接收 ϕ 6mm 内六角扳手、专用工具并摆放到工具车内。

6 1号用手旋下压紧螺栓并传递给2号。

提示

旋出压紧螺栓时，要一手扶住离合器盖，防止脱落砸伤。

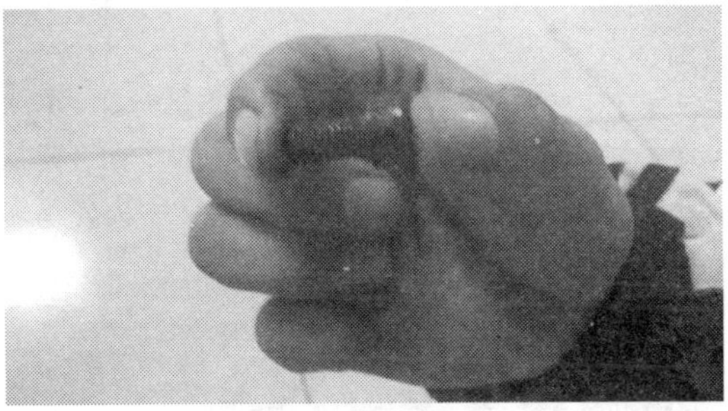

7 1号双手取下离合器压盘和离合器片传递给2号。

提示

因为在离合器盖圆周方向上有3个定位孔与飞轮上的定位销相配合，所以，只有保持离合器盖水平后移，方可顺利将其取下。

8 2号将离合器压盘、从动盘及压紧螺栓摆放到零件车上。

提示

部件与其固定螺栓，摆放应整齐有序，避免螺栓混用。

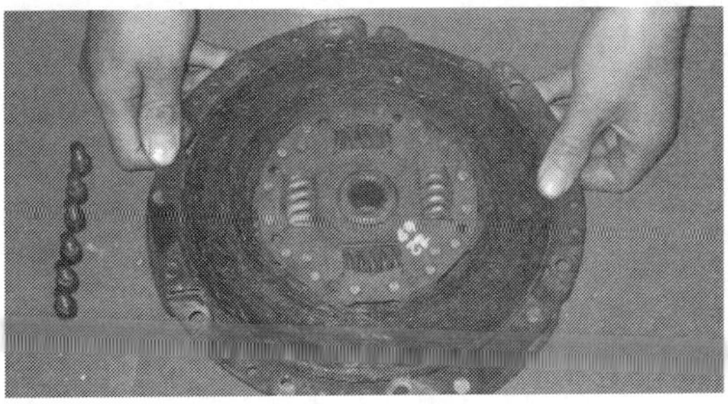

第二十步　拆卸分离轴承及座

1　1号将分离轴承及座从分离叉上取下并传递给2号。

提示

分离轴承座两侧各有一个橡胶挡块。取下分离轴承及座时，稍微倾斜分离轴承座，先脱开一侧挡块，再脱出另一挡块，最后从分离轴承套筒上拉出分离轴承及座。

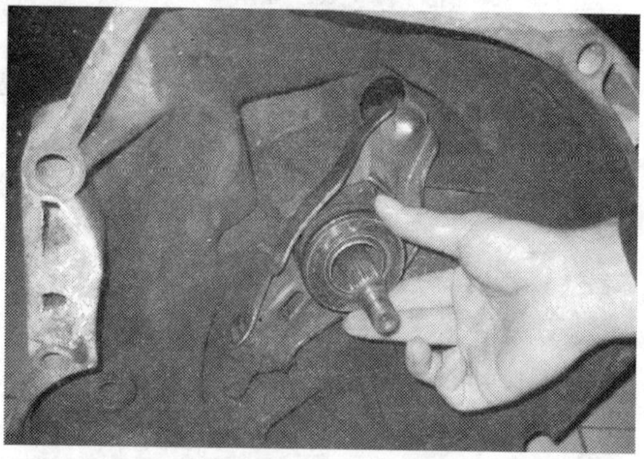

2　2号将分离轴承及座摆放到零件车上。

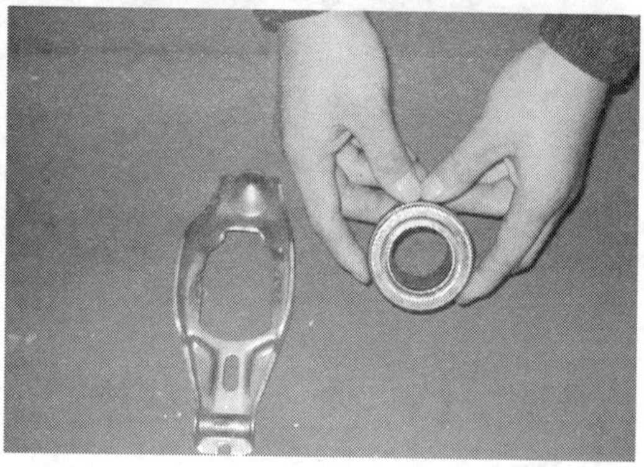

第二十一步　相关检查与润滑

1　1号用手指转动变速器输入轴导向轴承，检查轴承是否良好。

提示

变速器输入轴的导向轴承，安装在曲轴后端轴的承孔内，起到导向和辅助支撑作用。有衬套和轴承两种，桑塔纳2000GSi型轿车采用滚针式轴承。

2　2号将润滑脂枪传递给1号。

3　1号使用润滑脂枪在输入轴导向轴承内注入适量润滑脂。

提示

（1）注入润滑脂，用于润滑轴承。

（2）注入润滑脂的数量不要过多，否则，多余润滑脂会飞溅到离合器摩擦表面，造成离合器打滑。

4 1号使用2号传递来的0号粗砂布砂磨飞轮盘工作表面。

提示

光滑的飞轮盘工作表面砂磨后，会变得比较粗糙，可增加与离合器片的接触面积，增强转矩传递能力。

5 1号使用粗砂布砂磨离合器压盘和从动盘的工作表面。

提示

其道理与砂磨飞轮盘工作表面相同。

6 1号使用棉纱擦净分离轴承套筒上的油渍。

提示

分离轴承座在套筒上滑动，如有油污等脏物，将导致离合器踏板沉重、分离轴承卡滞等故障发生。

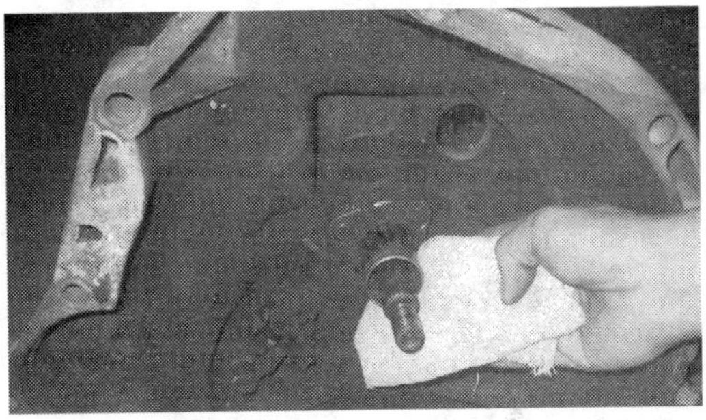

7 1号在分离轴承座孔内，均匀涂抹适量润滑脂。

提示

加强分离轴承座孔与套筒间润滑，减小滑动阻力。

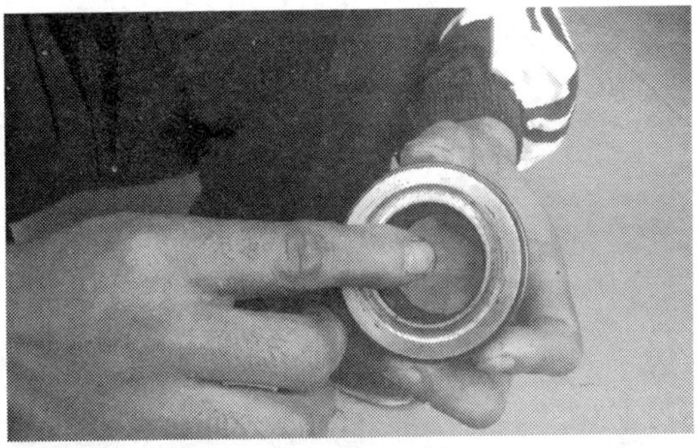

第二十二步　安装分离轴承及轴承座

1 2号将分离轴承及轴承座传递给1号。

2 1号将分离轴承座套装到套筒上，确认轴承座上的挡块位置后，一手扶住分离叉，一手将轴承座推入分离叉安装孔内。

提示

分离轴承及轴承座安装后，应反复推拉分离叉，使分离轴承及轴承座在套筒上滑动，确保轴承座安装到位且可靠。

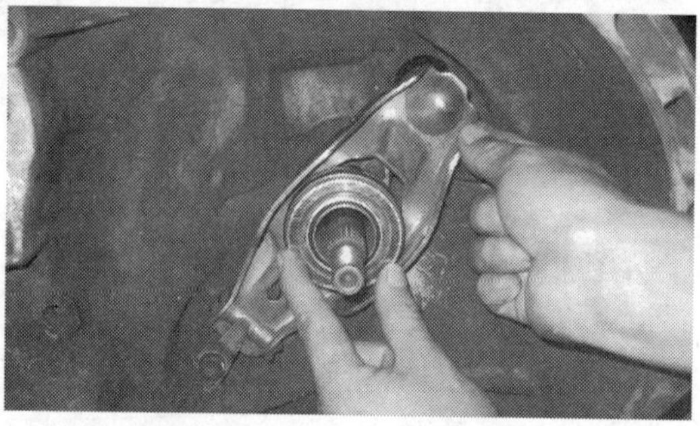

3 1号检查分离叉的复位情况。

提示

如果分离叉复位不良，应拆下分离叉，在其叉轴上涂抹适量润滑脂，视情更换弹性复位钢片。

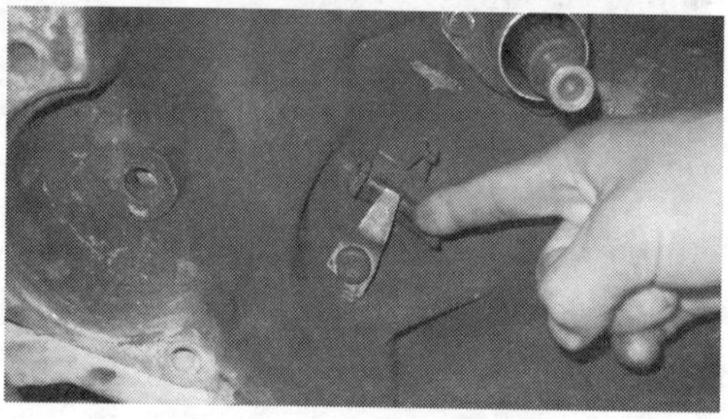

第二十三步　安装离合器压盘及从动盘

1 2号将离合器压盘及从动盘传递给1号。

2 1号确认离合器片的长毂朝后之后，将其贴合在离合器压盘工作表面上。

提示

(1) 安装离合器压盘及从动盘时，要保持双手清洁干燥，禁止将油、水沾附到摩擦表面上。否则，导致离合器打滑。

(2) 离合器片安装时，有方向性要求，长毂应朝向变速器。一旦离合器片安装方向错误，将导致离合器不能够分离。

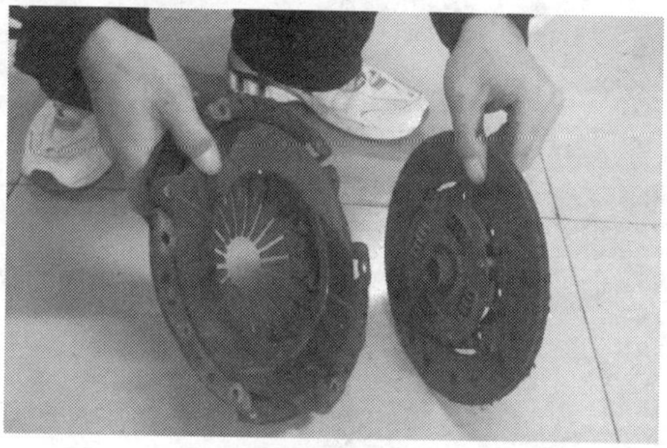

3 1号将离合器压盘及从动盘，一起安放到飞轮盘上。

提示

注意不要将离合器压盘及从动盘，滑落到地面上。

4 1号将离合器盖上的定位孔与飞轮盘上的定位销对齐后，将离合器压盘定位于飞轮盘上。

提示

离合器盖与飞轮盘之间，安装位置是固定

不变的。只有正确的定位，才能够保证定位销和定位孔之间、螺栓孔和螺纹孔之间均对正。否则，应调整离合器盖位置。

5 2号将导向专用工具传递给1号。

6 1号将导向专用工具穿过离合器片的毂孔，并使其前端轴插入输入轴的导向轴承内圈。

提示

使用导向专用工具安装离合器压盘及片，可以有效保证导向轴承内圈、离合器片毂和变速器的输入轴三者同心。这样可减轻安装变速器总成时的劳动强度。

7 2号将固定飞轮专用工具传递给1号。

8 1号将专用工具的销轴插入汽缸体后端螺栓孔中，并且使专用工具上的挡块与齿圈上的轮齿间，将飞轮固定。

提示

拧紧离合器盖固定螺栓时，专用工具用于固定飞轮，防止其转动。

9 1号将2号传递来的离合器盖压紧螺栓，用手旋入螺纹孔内。

提示

用手旋入螺栓，可感知螺纹是否对正，能够避免直接使用工具旋入螺栓，造成螺纹损伤的弊病。

10 2号将φ6mm内六角扳手传递给1号。

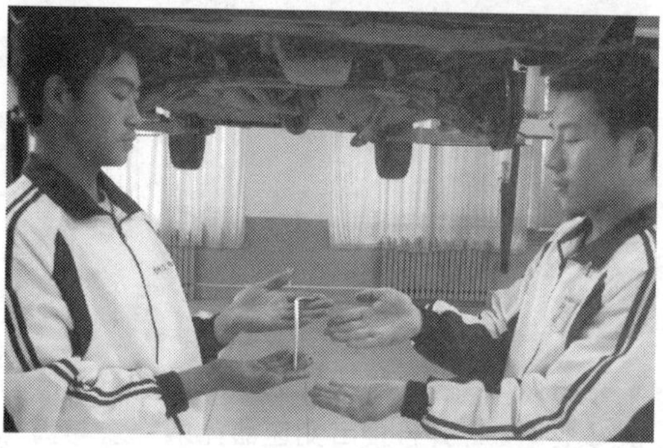

11 1号使用φ6mm内六角扳手，拧紧离合器盖上的6条压紧螺栓。螺栓规定力矩为25N · m。1号将工具递还2号。

提示

（1）离合器盖上的6条压紧螺栓，呈不对称布置。

（2）拧紧螺栓时，按照“对角多遍”的要求进行。

12 1号取出导向专用工具传递给2号。2号将工具摆放到工具车上。

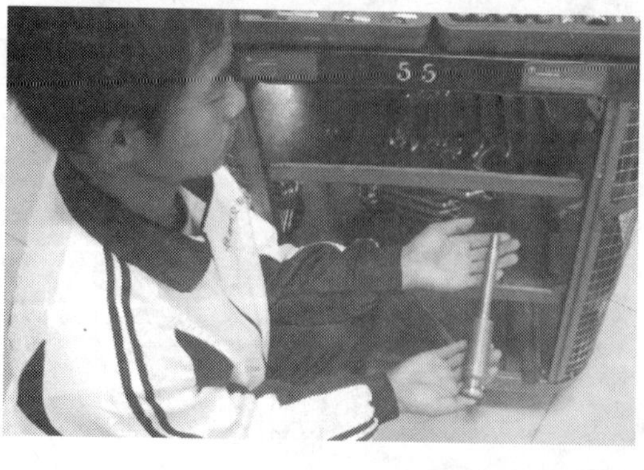

第二十四步　安装变速器

1 1号、2号检查发动机后方是否有影响安装变速器的线束、支架等。有，则进行整理。

提示

事先检查和整理，目的是在安装变速器过程中，避免存在安装障碍、造成不必要的损坏。

2 1号、2号配合将变速器移至车下的安装位置。

3 1号位于变速器前侧，2号位于变速器后侧，同时用力托起变速器。

提示

托起变速器时，要注意配合默契，全力以赴，思想不得有丝毫松懈，避免发生安全事故。

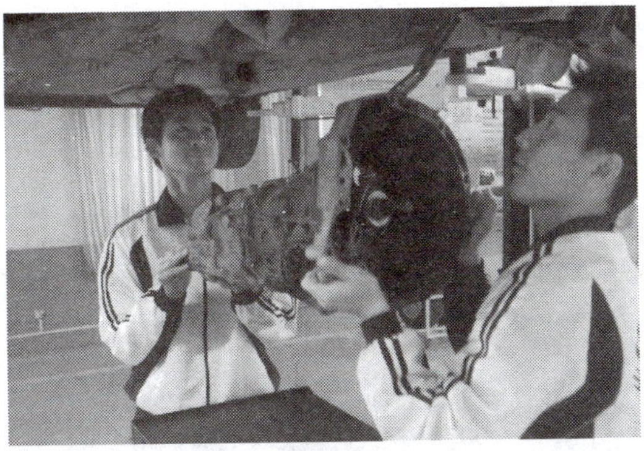

4　1号调整变速器前端位置，使输入轴前端插入离合器片毂内；2号保持变速器水平状态。当1号发出"向前推"口令时，共同用力，将变速器水平前移。

提示

当变速器输入轴不能够顺利穿过离合器片毂花键时，可将变速器挂入某挡位，转动传动轴凸缘盘，同时水平前推变速器，输入轴便可顺利穿过离合器片毂花键而前移。

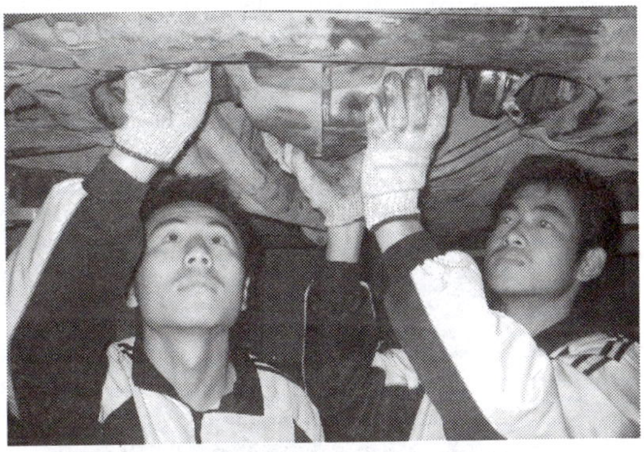

5　1号观察变速器壳上的定位孔是否与汽缸体上的定位销对正。否，调整变速器位置后，继续前移变速器，直到变速器壳体前端面和连接板贴合为止。

提示

(1) 观察定位销与定位孔时，应配合灯光照明。

(2) 严禁在变速器壳体前端面与连接板尚有一定距离的情况下，通过拧紧螺栓拉近两者间的距离。否则，容易导致变速器壳体、离合器损伤。

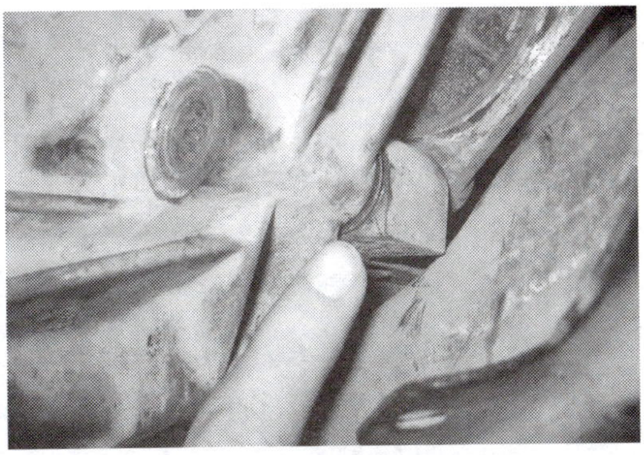

6　将变速器稳定于发动机上之后，1号扶好变速器，2号推出变速器托架。

提示

为防止变速器滑出，造成危险和损坏。因此，在变速器固定之前，必须保证1号或2号扶好变速器。

7　2号将变速器固定螺栓传递给1号。1号用手旋入螺栓，2号扶好变速器。

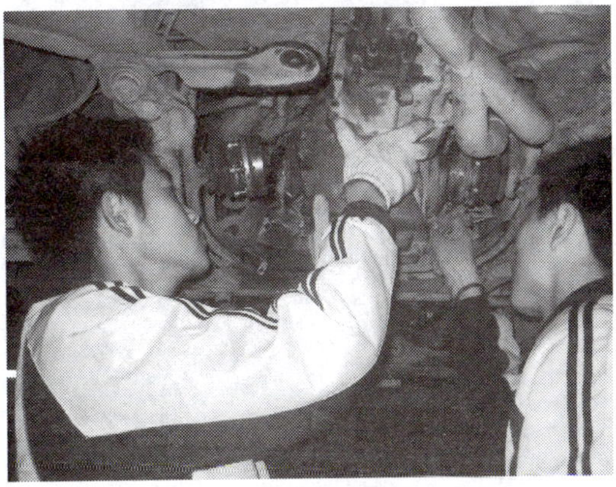

8　1号将变速器左侧螺栓连接车身搭铁线。

提示

如果车身搭铁线连接端子脏污，应清理干净。否则，将对汽车电器系统的正常工作产生不良影响。

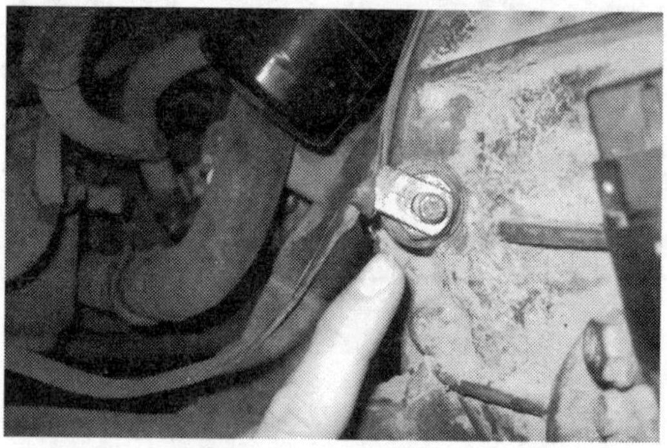

9 变速器5条固定螺栓旋入完毕。2号将ϕ19mm套筒、接杆、棘轮扳手组合后传递给1号。

提示

拧紧固定螺栓时，一定要保持套筒垂直且安插到位，避免损坏螺栓的螺方。

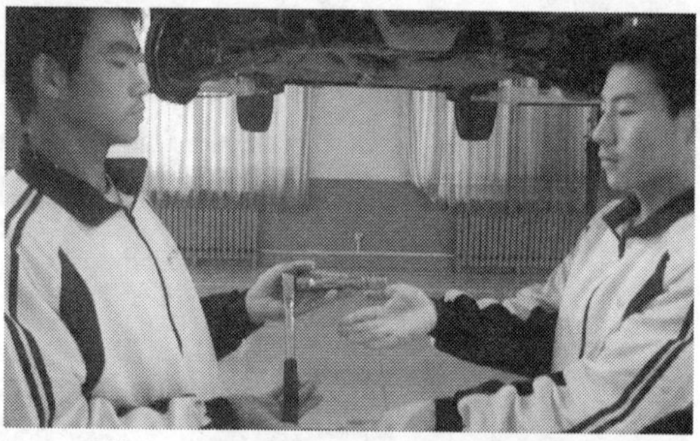

10 1号将螺栓拧紧到适当力矩后，2号将扭力扳手传递给1号，将棘轮扳手摆放到工具车上。

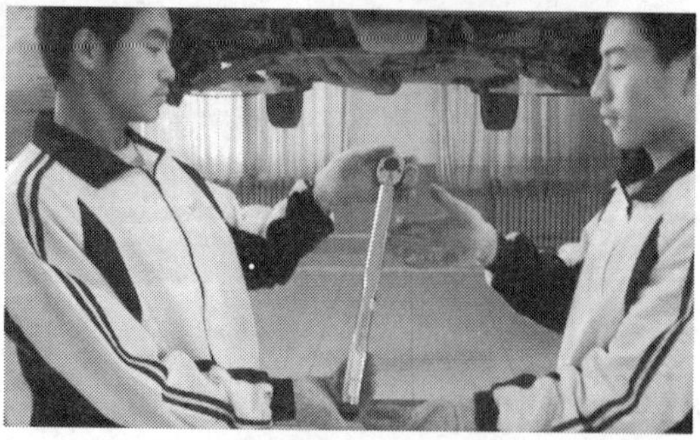

11 1号使用扭力扳手将变速器5条固定螺栓力矩拧紧至55N·m。

提示

变速器固定螺栓拧紧力矩要均匀，否则，将导致变速器壳体变形。

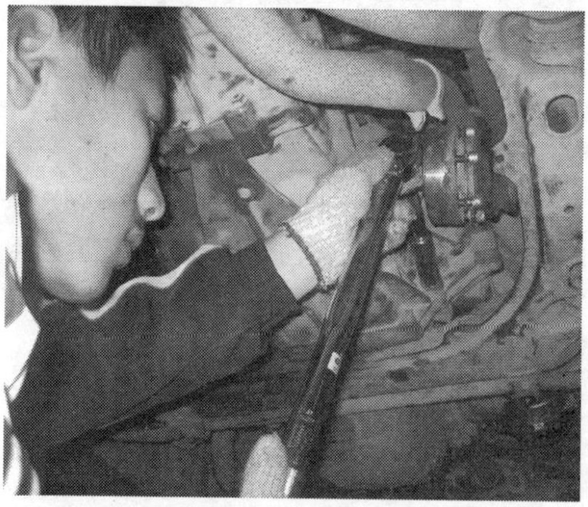

第二十五步　安装变速器减振垫及其支架

1 2号将减振垫前后支架及螺栓传递给1号。

2 1号用手旋入减振垫前后支架的固定螺栓。

提示

用手旋入螺栓，可感知螺栓螺纹是否对正，避免工具直接旋入螺栓时损伤螺纹。

3 2号将12-13mm梅花扳手传递给1号。

4 1号使用12-13mm梅花扳手，拧紧减振垫前后支架的6条固定螺栓。螺栓的规定力矩为25N · m。

5 1号将2号传递来的减振垫安放在前后支架中间，然后用手旋上3条固定螺栓。

6 1号使用12-13mm梅花扳手，将减振垫的3条固定螺栓拧紧。螺栓的规定力矩为20N · m。

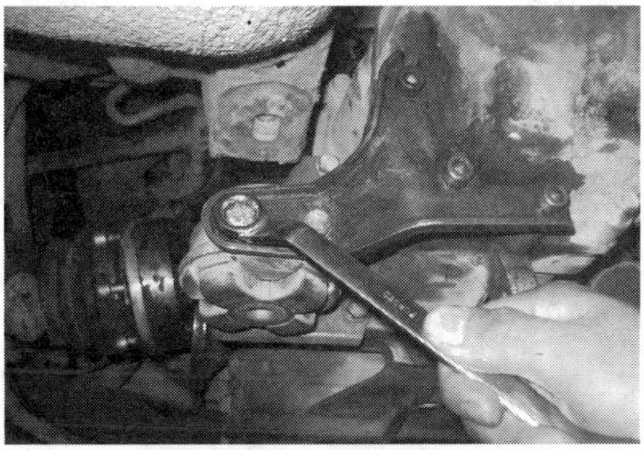

7 1号将变速器支架移到减振垫下部并对齐螺栓孔。

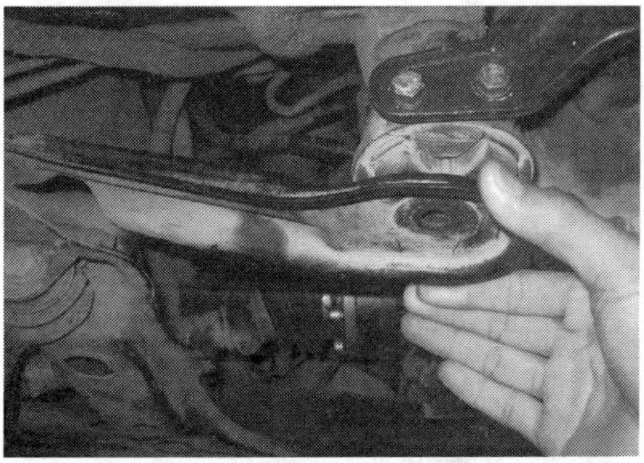

8 1号将2号传递来的减振垫隔离物安放于减振垫上部，然后将固定螺栓穿过减振垫、隔离物旋入车身上的螺纹孔中。

提示

注意减振垫隔离物的安装方向，平面应朝向车体，凸起面朝向减振垫。

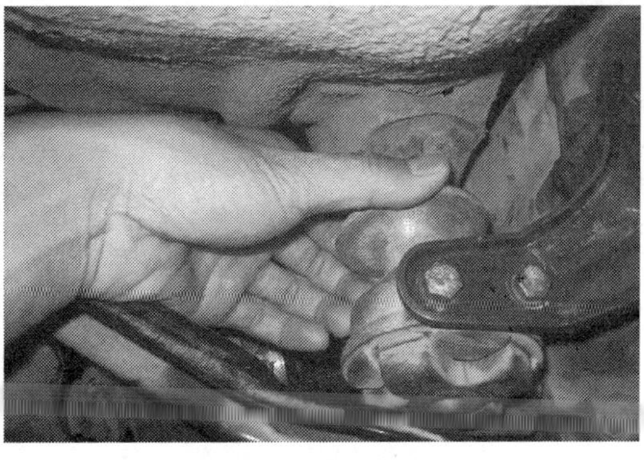

9 1号使用2号传递来的扭力扳手，将减振垫与车身连接的螺栓力矩拧紧至110N · m。

提示

变速器支架承受和传递扭矩较大，其固定螺栓力矩应达到规定值。

第二十六步　安装发动机前缓冲支架

1 1号用手旋入2号传递来的支架上下端的2条固定螺栓。

提示

用手旋上固定螺栓的同时，要用手扶住缓冲支架，避免突然掉落砸伤人和损伤机件。

2 2号将12-13mm梅花扳手传递给1号。

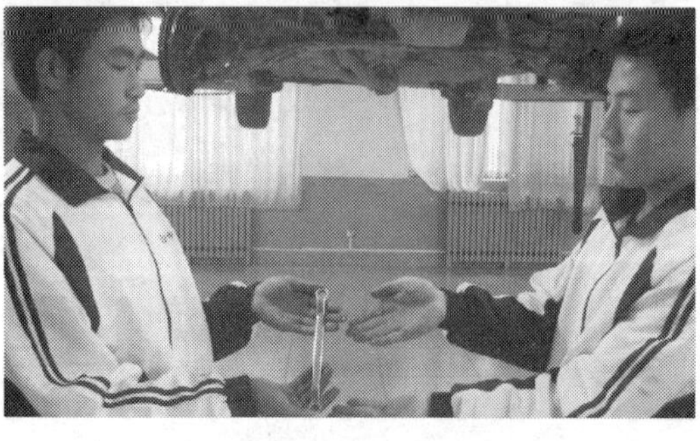

3 1号使用扳手拧紧发动机缓冲支架下端的1条固定螺栓。螺栓要求力矩为45N · m。1号将扳手递还2号。

提示

发动机前缓冲支架下的固定螺栓，所处位置空间狭小，使用梅花扳手拧紧时，要保持工具与螺栓的螺方完全接触且垂直，以免工具滑出碰伤手和损坏螺栓。适当调整工具在空间内的角度，便于用力。

4 2号将ϕ13mm套筒、棘轮扳手传递给1号。1号使用工具拧紧发动机缓冲支架上端的固定螺栓。螺栓要求力矩为45N · m。1号将工具递还2号。

提示

发动机前缓冲支架上的固定螺栓，所处位置较为隐蔽，不便于使用梅花扳手。因此，选用套筒工具进行紧固。

第二十七步 安装起动机

1 1号将起动机与变速器壳上的螺栓孔对齐后，接收2号传递来的3条固定螺栓，用手将螺栓旋入螺纹孔中。

提示

起动机上端固定螺栓，位置隐蔽，空间狭小，安装时要有耐心。可将螺栓插入ϕ13mm套筒内，用手转动套筒旋入，此方法较为实用。

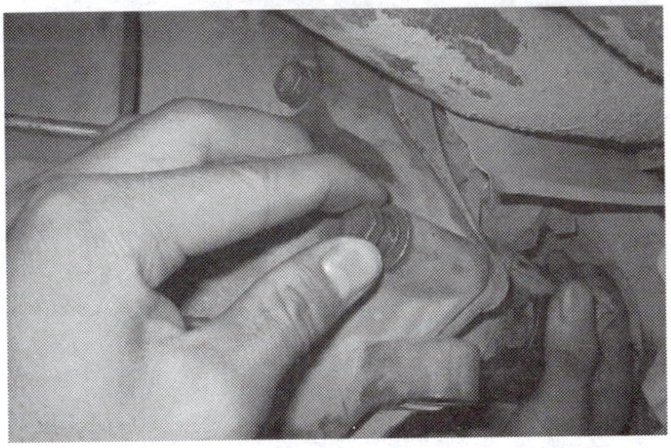

2 2号将ϕ13mm套筒、接杆、棘轮扳手组合后传递给1号。

3 1号使用工具，将起动机3条固定螺栓按照分多遍紧固的要求拧紧到适当力矩。

提示

安装起动机时，要注意以下几点：

(1)保证其后端盖凸缘上的接合面与连接板贴合。

(2)螺栓要分多遍拧紧，以免起动机壳体变形破裂。

(3) 检查起动机电插头连接是否可靠。

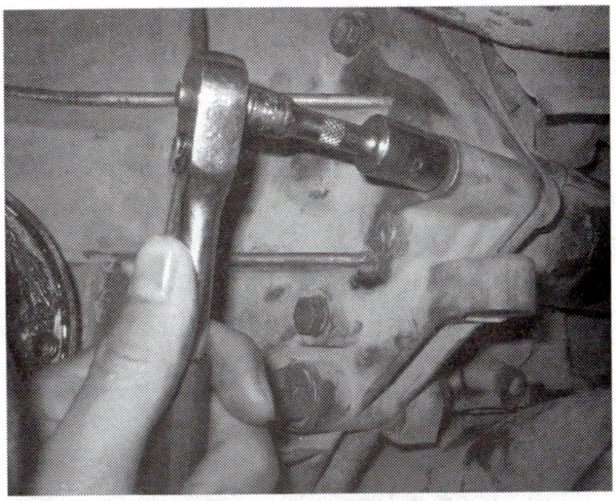

第二十八步 安装离合器防护罩

1 2号将离合器防护罩传递给1号。

2 1号将防护罩插入变速器壳和汽缸体间的缝隙中，并对齐防护罩与汽缸体上的螺栓孔。

提示

(1) 离合器防护罩安装时，要注意调整其位置，严禁敲击安装。

(2) 禁止漏装离合器防护罩。

3 1号旋入固定螺栓后，使用10-11mm梅花扳手，将离合器防护罩拧紧到适当力矩。

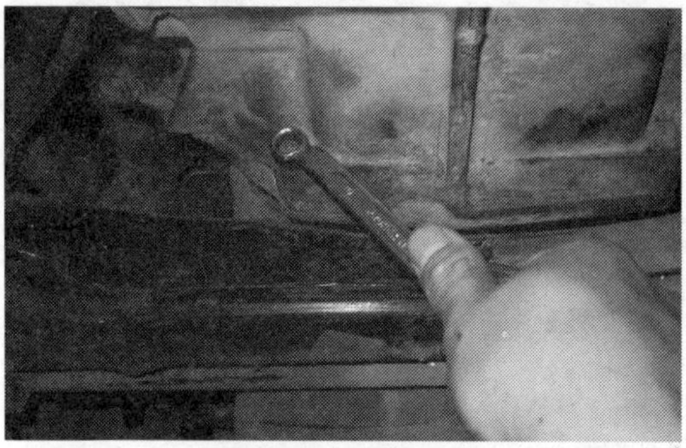

第二十九步　安装换挡机构总成

1 2号将换挡机构总成传递给1号。

2 1号将变速器的内换挡杆后端，安装到换挡机构的离合块中，并旋入定位螺栓；将左右侧轴承压板套装到换挡连接套上，并旋紧压紧螺栓；将支撑杆通过螺栓固定在变速器壳体上。

3 1号使用10-11mm梅花扳手，将内换挡杆固定螺栓拧紧到适当力矩。使用12-13mm梅花扳手，将左右侧轴承压板连接螺栓拧紧到适当力矩。

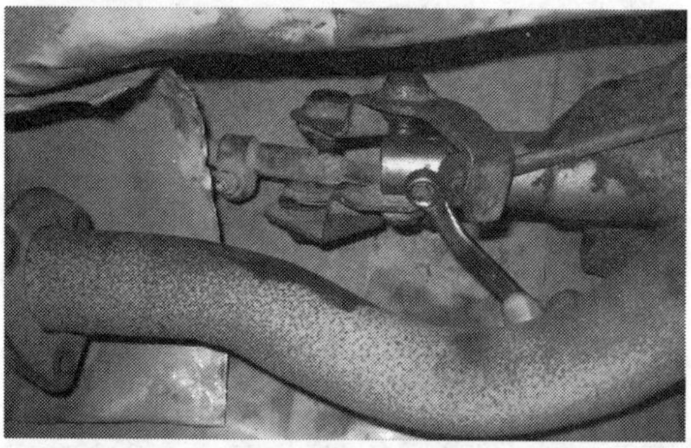

第三十步　安装离合器分泵

1 1号在推杆与分离叉接触的凹坑中涂抹适量润滑脂。

提示

分离叉上的凹坑与推杆相互接触，会因相互摩擦而产生磨损。因此，在安装时应在两部件接触部位涂抹润滑脂，减轻摩擦损伤。

2 1号将推杆对正分离叉上的凹坑后，用力将分泵推入其承孔中并保持住，然后将2号传递来的固定螺栓，用手旋入螺纹孔中，将离合器分泵定位于变速器壳体上。

提示

由于推杆一端与分离叉相连接，因此安装离合器分泵时，需克服安装于分离叉轴上的复位弹簧部分弹力，才能够将离合器分泵的固定螺栓旋入螺纹孔中。

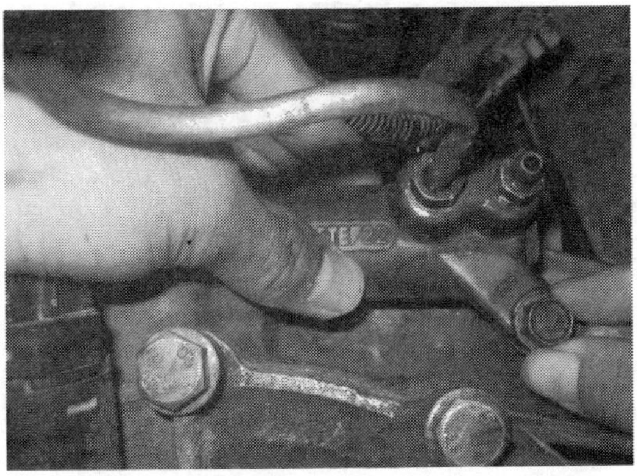

3　2号将ϕ13mm套筒、接杆、棘轮扳手组合后传递给1号。

4　1号使用ϕ13mm套筒、接杆、棘轮扳手，拧紧离合器分泵的1个固定螺栓。

提示

紧固分泵固定螺栓时，应用手扶住分泵避免歪斜。否则，容易损伤分泵及其承孔内的防尘套。

第三十一步　安装氧传感器

1　2号将氧传感器传递给1号。1号将氧传感器用手旋入排气管上的螺纹孔。

提示

在旋入氧传感器时，注意氧传感器的导线要随氧传感器同步旋转。否则，容易破坏导线和氧传感器的正常连接，导致氧传感器报废。

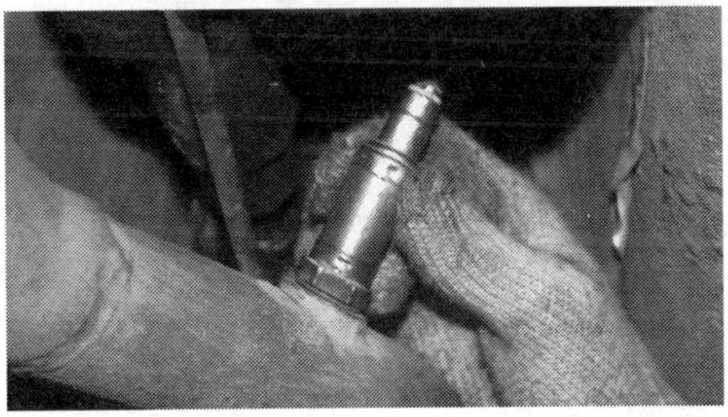

2　2号将氧传感器拆装专用扳手传递给1号。

3　1号将氧传感器的导线穿过专用扳手的缺口。

提示

拆装氧传感器时，要选择专用工具。

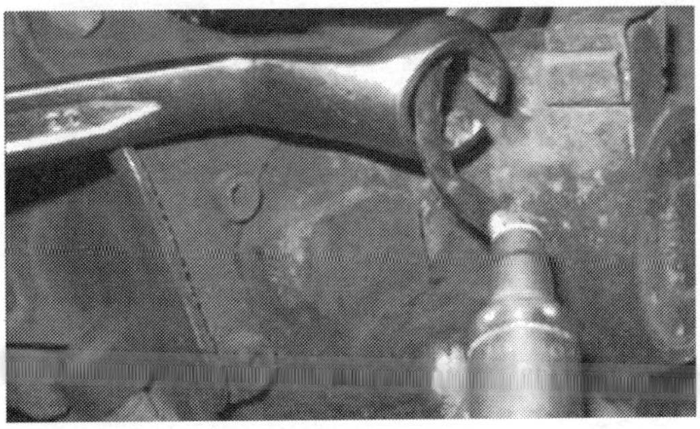

4 1号将专用扳手套在氧传感器外壳的螺方上并拧紧氧传感器到规定力矩。

提示

氧传感器的拧紧力矩为45N·m。若拧紧力矩过大，易造成滑扣；若拧紧力矩过小，会导致漏气发生。

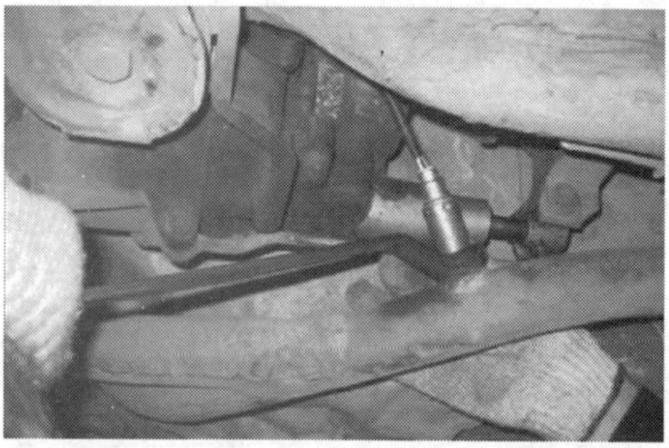

5 2号将氧传感器的导线按照在车身上规定的走向，上传至发动机舱的上方。

提示

氧传感器的导线一定要按照要求进行布置，否则，垂落的导线会与排气管接触，使导线损伤，或行车中线束摇摆，影响电压信号传输。

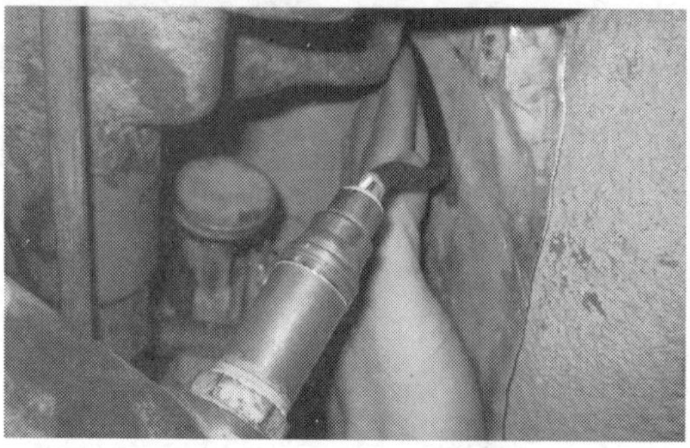

第三十二步 电路连接

1 1号安装倒车灯开关电插头。

安装电插头时，注意以下两点：

(1)检查接点是否清洁，必要时打磨清理。

(2)检查接触是否可靠，必要时调整线束插片。

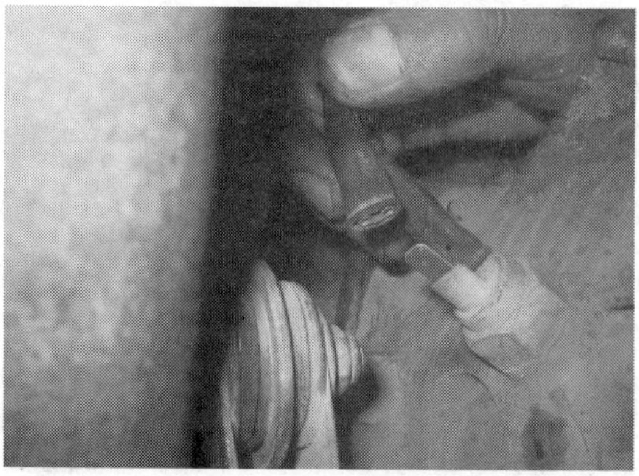

2 1号安装车速传感器电插头。

提示

安装电插头时，注意以下两点：

(1)安装方向要正确。插座上的条形凸起与插头上的凹槽相对应。

(2)确保插头安装到位，否则，将影响传感器正常工作。

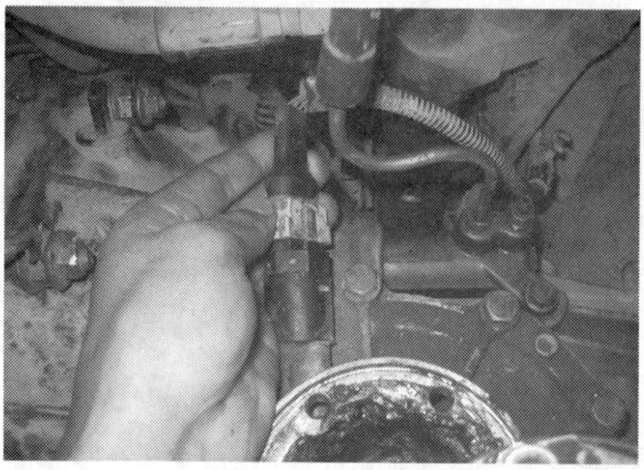

第三十三步 连接排气歧管与排气管

1 2号将排气管固定螺栓传递给1号。

2　1号将排气歧管和排气管的2个连接凸缘对齐后，将螺栓穿过凸缘上的螺栓孔，用手旋上螺母。

提示

将螺栓螺纹上涂抹适量润滑油，既可以拆装轻便，又可以防止螺栓锈蚀。

3　2号将12-13mm梅花扳手传递给1号。

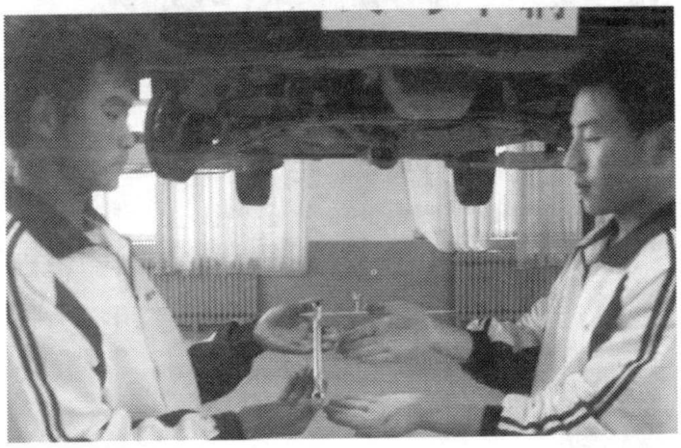

4　1号使用12-13mm梅花扳手，交叉多遍将螺栓拧紧。螺栓规定力矩为25N·m。

提示

3条固定螺栓，要按照"交叉多遍"的要求拧紧。否则，两排气管口会产生缝隙，引起漏气。

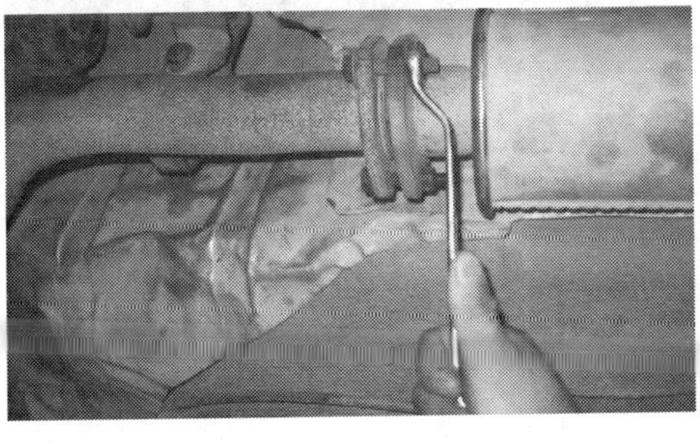

第三十四步　安装排气管与变速器间支架

1　2号将排气管与变速器间支架及其螺栓传递给1号。

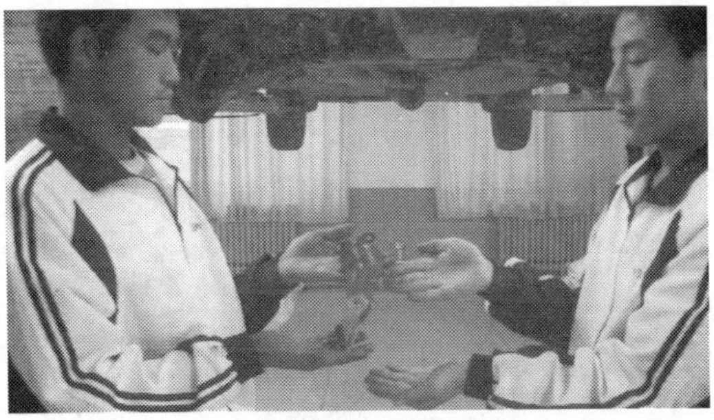

2　1号通过支架把变速器壳与排气管连接起来，用手旋上螺栓。

提示

将螺栓螺纹上涂抹适量润滑油，既可以使拆装轻便，又可以防止螺栓锈蚀。

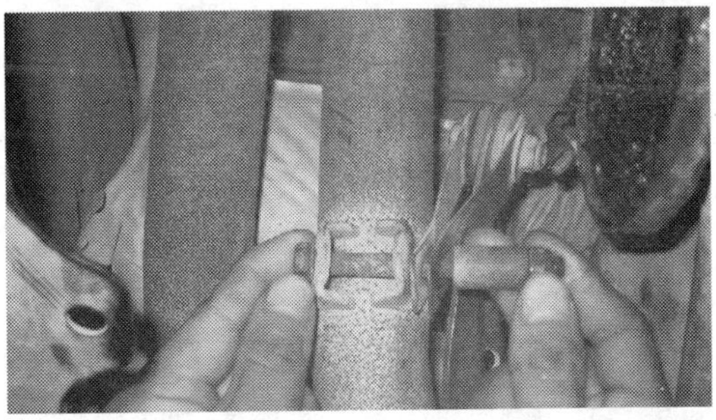

3　1号使用2号传递来的12-13mm梅花扳手，拧紧支架上的3条固定螺栓。螺栓的拧紧力矩为25N·m。

提示

支架用于固定和支撑排气管前端。

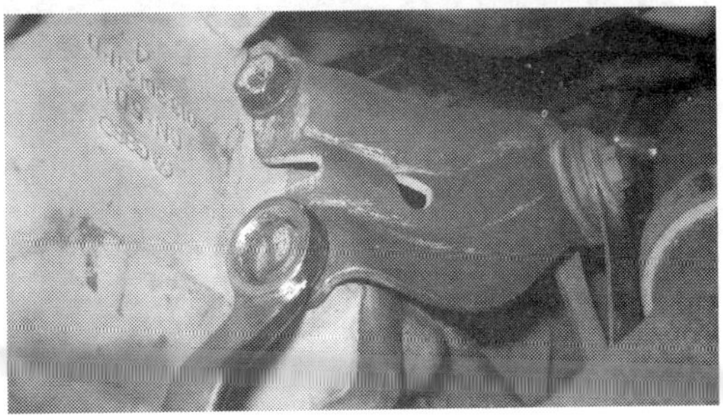

第三十五步　安装悬架控制臂球头

1　2号下拉悬架控制臂。1号调整球头销轴和转向节的相对位置，使销轴对正转向节上的承孔，将销轴安装到承孔内。

提示

安装球头时，1号、2号要默契配合，用力大小应适当。

2　1号观察球头销轴上的周向凹槽是否与承孔上的螺栓孔对正。否，进行调整。

提示

(1) 必须保证销轴上的凹槽与螺栓孔对正，才能够穿过锁紧螺栓。

(2) 调整球头销轴位置时，可用铁锤敲击球头外壳。

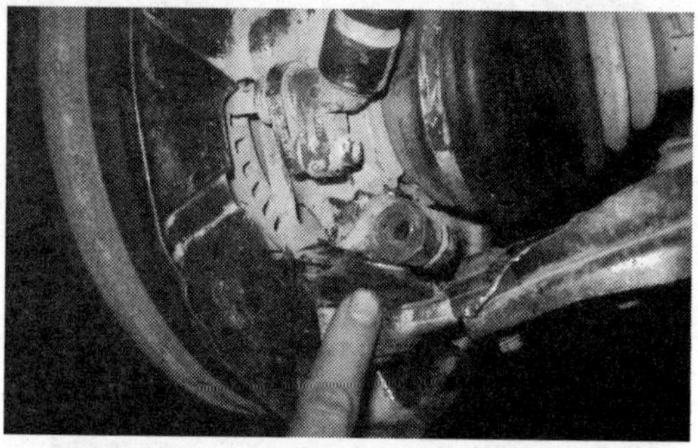

3　1号将2号传递来的螺栓穿过螺栓孔，旋上螺母。

提示

如果螺栓的螺纹上有锈蚀，可在螺纹上涂抹适量润滑油或润滑脂。

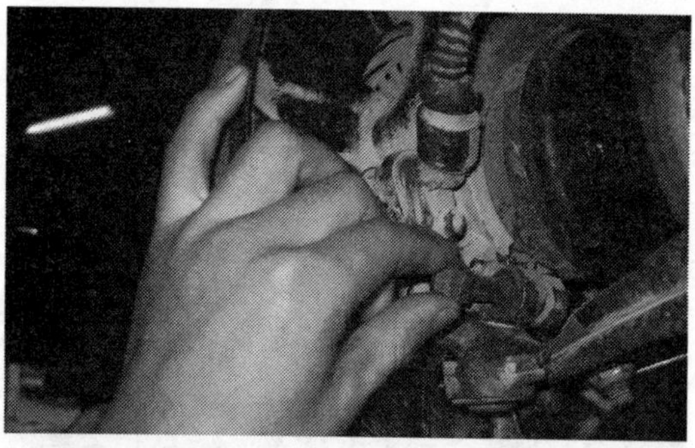

4　2号将ϕ17mm套筒、短接杆、棘轮扳手组合后传递给1号。

5　2号使用16-17mm梅花扳手将螺栓固定，1号使用工具拧紧螺母。最后使用扭力扳手将螺栓力矩拧紧至65N・m。

提示

(1) 螺栓力矩要达到规定值。控制臂及其球头性能状况，将直接影响到车辆行驶安全。

(2) 按照相同操作和要求，安装另一侧悬架控制臂球头。

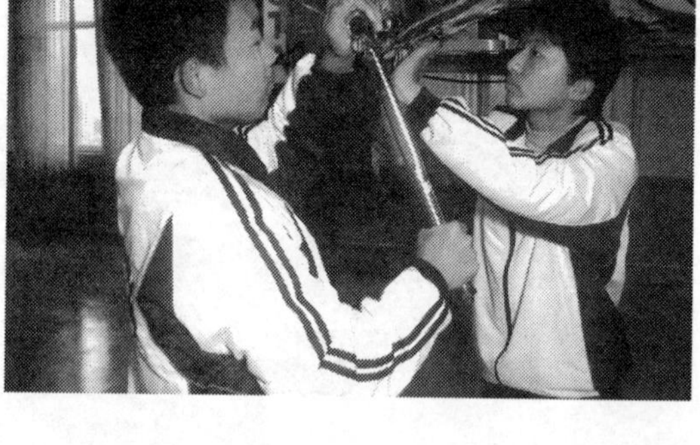

第三十六步　安装左右传动轴

1　1号对齐传动轴内万向节球壳与连接凸缘上的螺栓孔，用手旋入2号传递来的6条固定螺栓，将两者连接起来。

2　2号将φ8mm专用接头、接杆、棘轮扳手组合后传递给1号。

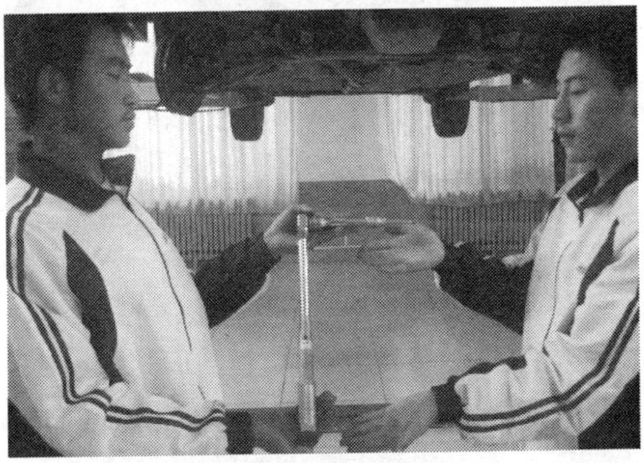

3　2号将挡块插入制动盘一散热孔内，转动制动盘使挡块与制动钳体支架接触，限制传动轴转动。

提示

挡块用于限制传动轴转动，便于拧紧固定螺栓。

4　1号将工具从翼子板下方穿过，2号将φ8mm专用接头插入传动轴固定螺栓的螺方孔内，并用手扶住专用接头。

提示

安装传动轴固定螺栓时，1号、2号共同配合，避免因工具倾斜，造成螺栓螺方损坏。

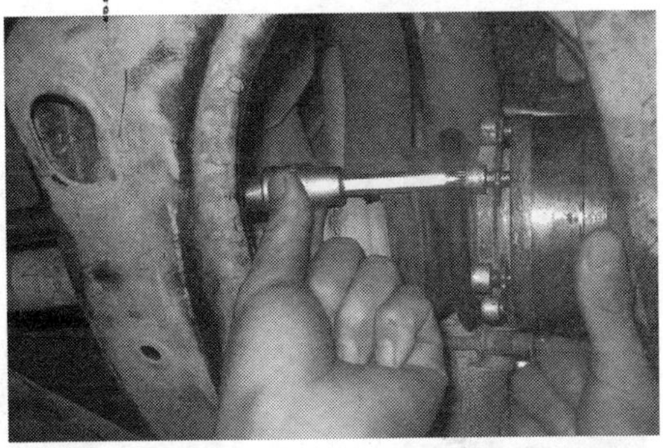

5　1号使用工具将传动轴的6条固定螺栓拧紧后，换用扭力扳手将固定螺栓力矩拧紧至40N·m。

提示

拧松传动轴固定螺栓时，要适时变换传动轴的固定位置，保持工具位置基本不变。

6　2号将工具摆放到工具车上。

第三十七步　安装左前和右前车轮

1　2号操纵举升机，将车辆降落到距离地面适当高度。

提示

车辆高度以便于安装车轮为度。

2　1号将车轮安放到制动盘的凸缘上，并对齐螺栓孔，然后将2号传递来的4条固定螺栓用手旋入螺栓孔内。

提示

左前和右前车轮不要换位，保持原安装位置，以免影响车辆行驶性能。

3　1号使用2号传递来的车轮扳手，将固定螺栓拧紧到适当力矩。

提示

应按照“对角多遍”的要求紧固车轮螺栓。

4　2号操纵举升机，将车辆降落到地面上。

提示

便于将车轮固定螺栓拧紧到规定力矩。

5　2号将扭力扳手传递给1号。

6　1号使用扭力扳手，按照规定要求将车轮固定螺栓拧紧到110N · m。

提示

（1）应按照“对角多遍”的要求紧固车轮螺栓。

（2）按照相同的要求，安装另一侧车轮。

第三十八步　安装连接氧传感器、“+B”导线连接器

1 号将氧传感器、发电机〞+ B〞导线的电插头与相应插座连接起来。

提示

插接器在连接时，要注意以下 3 点：

（1）辨颜色。同一插接器的插头和插座通常颜色相同。

（2）辨方向。同一连接器的插头和插座上有对应的定位孔和凸起。

（3）插接到位，定位可靠，不松动。

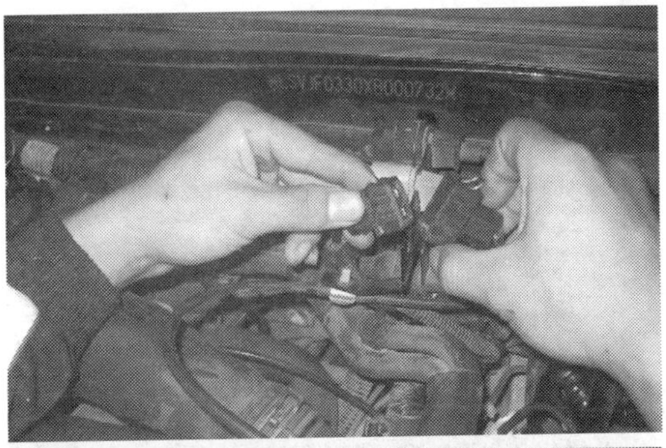

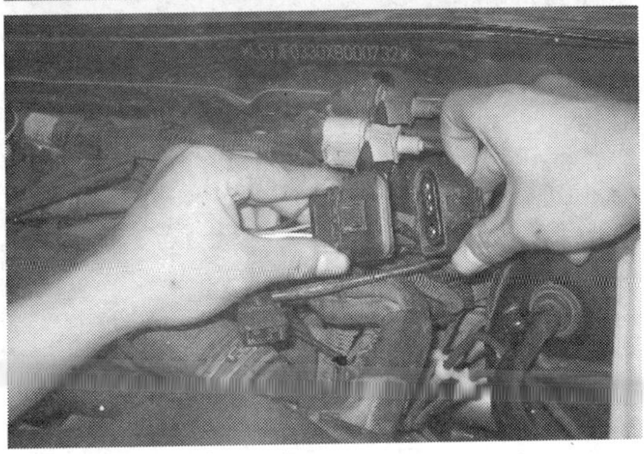

第三十九步　安装蓄电池负极电缆

1　2 号将 ϕ 10mm 套筒、接杆、棘轮扳手传递给 1 号。

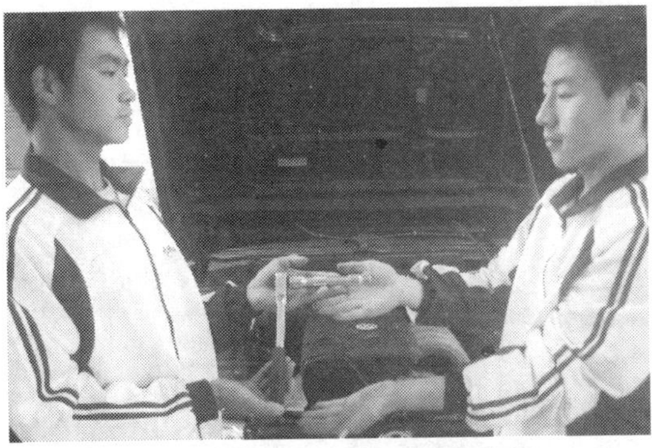

2　1 号使用工具拧紧蓄电池负极搭线的固定螺栓。

提示

（1）安装蓄电池负极搭线时，要保证负极搭线的接线端与负极柱之间的接触面清洁、无锈蚀物、腐蚀物。否则，两者接触面积小，蓄电池输出电能下降。可用细砂布打磨两接触面。

（2）固定螺母拧紧力矩应适当，过小会造成线路虚接；过大，螺栓容易滑扣。

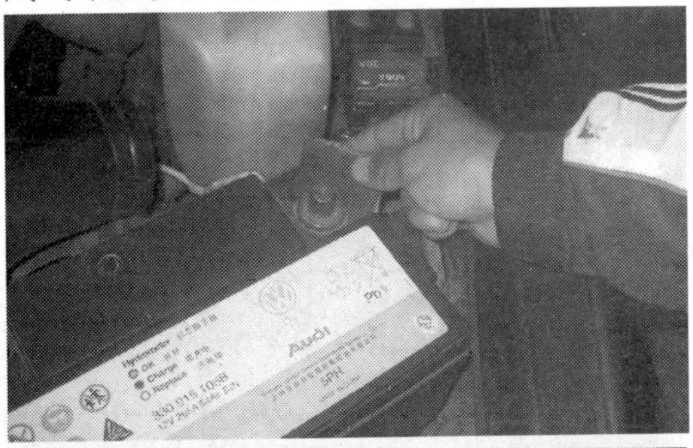

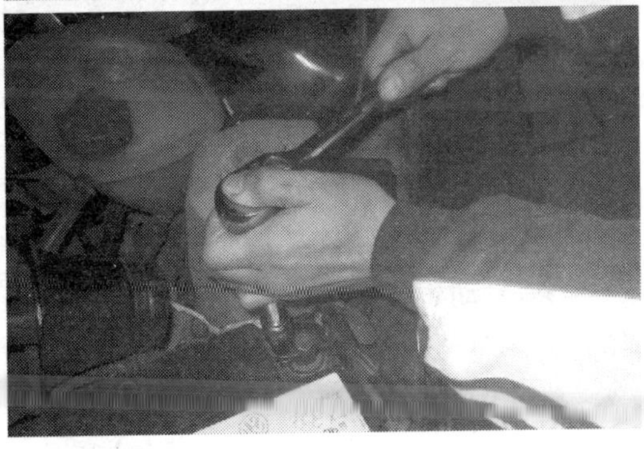

第四十步 车辆运行试验

1 2号操纵举升机，将车辆举升至轮胎最低点距离地面20cm的高度，并可靠锁止提升臂。

提示

将车辆举升，使轮胎离开地面，目的是便于试验离合器的工作性能。

2 1号进入驾驶室，打开点火开关，并起动发动机。

提示

（1）起动发动机前，要确认变速器处于空挡位，严禁带挡起动。

（2）起动发动机前，1号、2号注意安全确认，配合口令是“正常”、“起动”，防止意外事故发生。

3 发动机预热完毕，1号将离合器踏板踩到底，操纵换挡手柄，变换变速器挡位，检验变速器换挡是否轻便、灵活、迅速、可靠，且换挡时无异常响声。

提示

（1）发动机在空载情况下，检查离合器工作是否正常。

（2）如果出现换挡困难，在确认离合器液压操纵系统正常情况下，应检查或调整离合器踏板位置。

4 1号将变速器挡位依次挂入1挡、2挡、3挡、4挡、5挡和倒挡，在车辆运行的情况下，检验离合器工作情况是否正常。如果检验正常，则更换离合器分离轴承、压盘和从动盘的作业项目操作完毕。

提示

（1）加挡时，加速顺序递增挡位；减挡时，可减速跨挡，如5挡变2挡等。由前进挡变换为倒挡时，必须制动驱动轮，方可换入倒挡。

（2）在不同的车速下，能够更好的检验离合器工作性能。

（3）另外，如果条件允许，还可以通过路试检验离合器的工作情况。

第四十一步 整 理 工 位

1号、2号共同拆除护裙、驾驶室内保护罩；清理工具和量具等；清洁地面卫生。

作业项目完成后，要搞好工位的清扫、整理工作，培养良好的工作习惯。

八、考核标准

考 核 标 准 表

考核时间	序号	考核项目	满分	评分标准	得分
90min	1	作业前整理工位	1	酌情扣分	
	2	打开并支撑机舱盖	1	操作不当扣1分	
	3	安装汽车保护罩	1	酌情扣分	
	4	拆装蓄电池负接线柱	2	检查不当扣2分	
	5	拆装氧传感器、发电机“+B”导线连接器	2	操作不当扣2分	
	6	拆装前左右车轮	4	操作不当扣4分	
	7	固定传动轴	2	操作不当扣2分	
	8	拆装左右传动轴	6	操作不当扣6分	
	9	拆装控制臂球头	5	操作不当扣5分	
	10	拆装车速传感器、倒车灯开关电插头	2	操作不当扣2分	
	11	拆装氧传感器	3	操作不当扣3分	
	12	拆装离合器分泵	3	操作不当扣3分	
	13	连接或断开排气管	2	操作不当扣2分	
	14	拆装排气管支架	2	操作不当扣2分	
	15	拆装换挡机构总成	3	操作不当扣3分	
	16	拆装发动机前缓冲支架	1	操作不当扣1分	
	17	拆装离合器防护板	1	操作不当扣1分	
	18	拆装起动机	3	操作不当扣3分	
	19	拆装变速器固定螺栓	5	操作不当扣5分	
	20	拆装变速器减振垫及其支架	4	操作不当扣4分	
	21	取下或安装变速器总成	14	操作不当扣14分	
	22	拆装离合器压盘和从动盘	10	操作不当扣10分	
	23	拆装分离轴承及轴承座	3	操作不当扣3分	
	24	检查并润滑导向轴承	3	操作不当扣3分	
	25	砂磨离合器工作表面	5	操作不当扣5分	
	26	分离轴承座孔润滑	3	操作不当扣3分	
	27	检查分离叉复位情况	2	操作不当扣2分	
	28	车辆运行检验离合器性能	6	操作不当扣6分	
	29	作业后整理工位	1	酌情扣分	
	30	遵守相关安全规范	因违规操作造成人身和设备事故的，总分按0分计		
分数合计			100		

项目五　检查制动踏板位置

一、项目说明

随着现代汽车行驶速度的提高和道路车辆密度的增加，车辆行驶安全变得尤为重要。因此，定期对制动系统进行检查、调整或维修，是保证车辆安全行驶的重要作业内容之一。

制动踏板是车辆制动系统的组成部件，它受驾驶员踏板力的控制。驾驶员通过制动踏板将踏板力转换成液压或气压，使制动系统产生使车辆减速或停止的制动力。制动力的大小主要取决于踏板力，而踏板力的大小又与踏板位置有直接关系。如果踏板位置不当，制动系统就不能够产生理想的制动效果，就会使车辆操控性能、安全性能下降，安全驾驶难以保证。

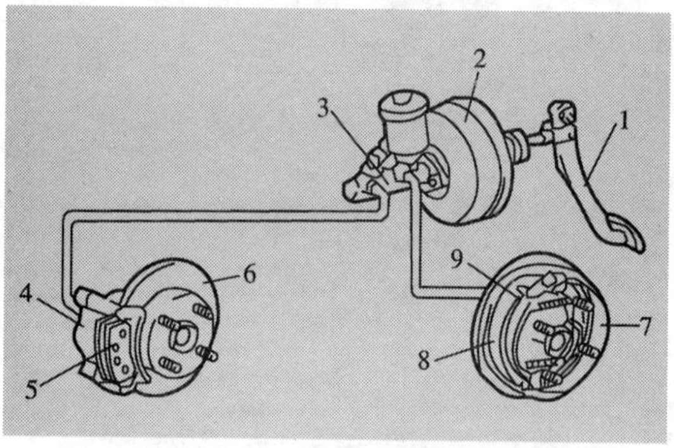

桑塔纳2000GSi型轿车液压制动系统组成

1-制动踏板；2-制动助力器；3-制动总泵；4-制动卡钳；5-盘式制动器制动蹄；6-制动盘；7-制动鼓；8-鼓式制动器制动蹄；9-制动分泵

在车辆使用过程中，由于制动系统中相关部件的磨损等因素影响，制动踏板的位置将发生变化，会使车辆制动效能降低。所以，就需要对制动踏板位置进行正确调整。制动踏板位置包括踏板高度、自由行程及储能行程。如果制动踏板位置调整不当，将会产生制动力低、制动拖滞等故障。下面以桑塔纳2000GSi型轿车为例，来说明检查、调整制动踏板位置的操作步骤。

二、技术标准与要求

1. 制动踏板高度为145mm。
2. 制动踏板储能行程为75mm。
3. 制动助力泵推杆间隙为0～1mm。
4. 制动踏板自由行程为10～15mm。

三、实训时间：30min

四、实训教学目标

1. 了解检查、调整制动踏板位置的重要性。
2. 熟悉制动系统的结构与组成。
3. 掌握检查、调整制动踏板位置的操作技能。

五、实训器材

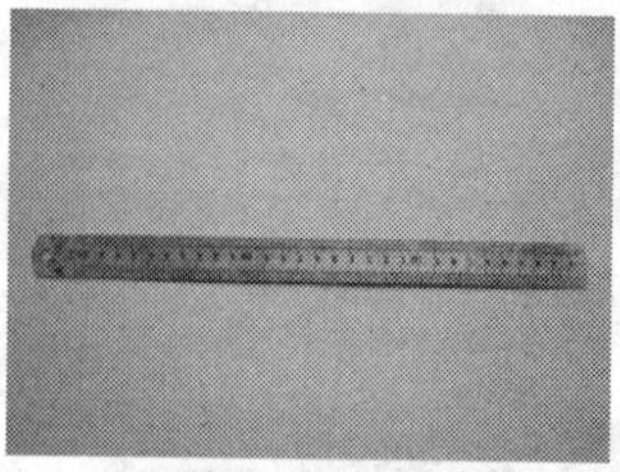

直板尺（300mm）

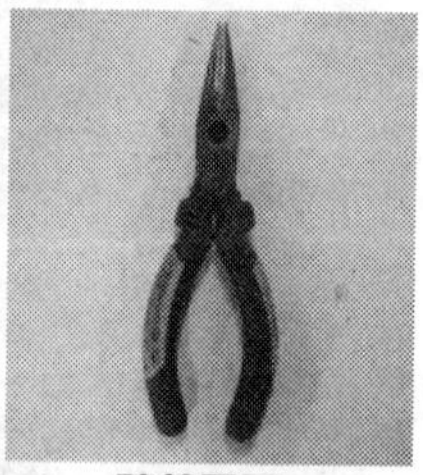

防护用品

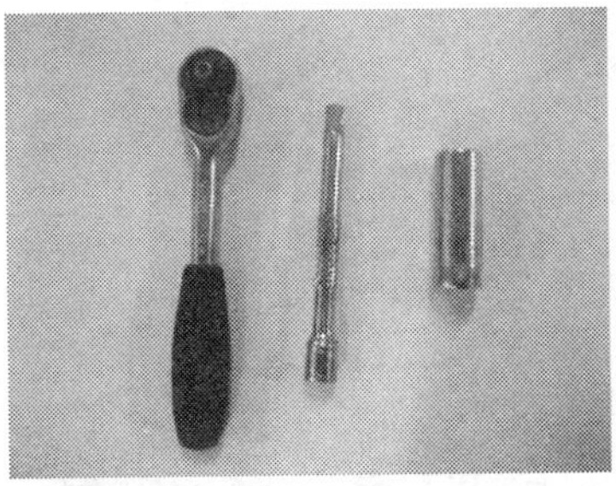

ϕ 24mm 套筒、接杆及棘轮扳手

六、教学组织

1. 教学组织形式

每辆车安排4名学生参与实训，两名学生为一组。一组操作，一组观察学习。

2. 学生站位分工和要求

两名学生一组，按照1号、2号进行编号，1号为主，2号为辅助。

3. 实训教师职责

讲解操作步骤和注意事项；下达“操作开始”口令；工位间巡视、检查、指导和纠正错误。

4. 学生职责变换

两名学生实行职责变换制度，即第一遍1号为主，2号辅助；第二遍2号为主，1号辅助。

七、操作步骤

第一步　事前准备

1 车辆进入工位前，参训学生将工位卫生清理干净，排除障碍物，准备好相关的工具、物品等。

提示

培养良好的工作习惯，做好事前准备，有利于安全操作和提高工作效率。

2 将车辆停驻在举升机平台的中央位置。

3 1号拉紧驻车制动器，并将变速器置于空挡位。

提示

为保证车辆在工位上可靠停驻，防止出现溜滑，造成安全事故，要拉紧驻车制动器并将变速器置于空挡位。

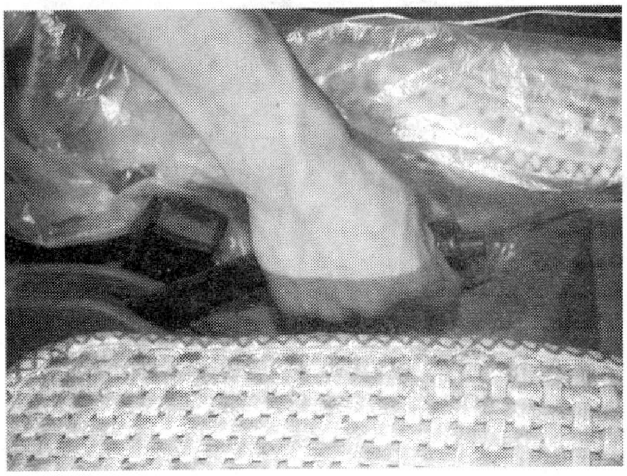

4 1号打开并可靠支撑机舱盖。

提示

将支撑杆插入机舱盖支撑孔时，要保证接触可靠，否则，机舱盖滑落会造成人身伤害。

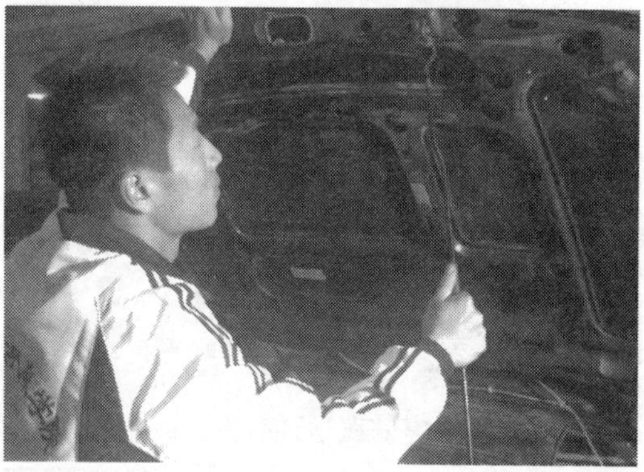

5 1号、2号把护裙粘贴在汽车左、右侧翼子板上，要求护裙将翼子板全部覆盖。护裙的上边沿粘贴到排水槽的内侧，前端至侧灯处，后端至车门与翼子板结合缝隙。

提示

（1）粘贴护裙的主要目的是保护操作中能够接触到的翼子板车漆。

（2）护裙是通过磁铁吸附在翼子板上的，因此，在粘贴时，当护裙接近翼子板，感受到吸力后，要稍稍用力，使护裙轻轻与翼子板贴合，不允许听到接触碰撞声。

6 1号安装转向盘套、换挡手柄套、座套、铺设地板垫。

提示

保护罩是由薄塑料制成的，极易破损。所以在安装时，用力要均匀，避免因用力过大造成损坏。其主要作用是在操作过程中保持驾驶室内清洁。

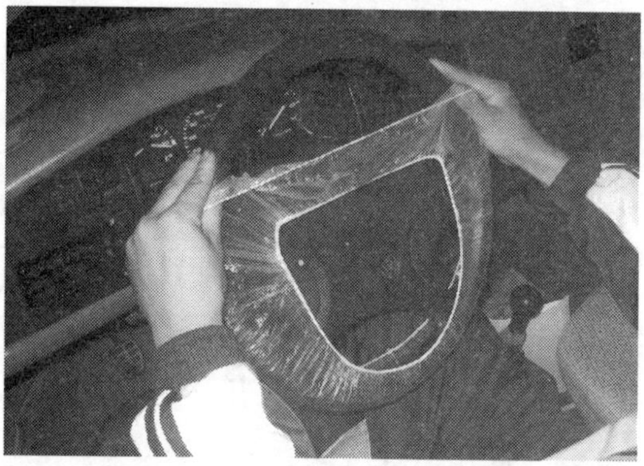

第二步　检查制动踏板位置

1 1号进入驾驶室，踩踏制动踏板数次，释放制动助力器中的残余真空度。

提示

桑塔纳2000GSi型轿车的液压制动系统，设有制动助力器。为了更精确地测量制动踏板位置，应先释放制动助力器中的残余真空度。

2 1号取出制动踏板下方的地板垫并传递给2号。

提示

取出地板垫便于更精确地测量制动踏板位置。

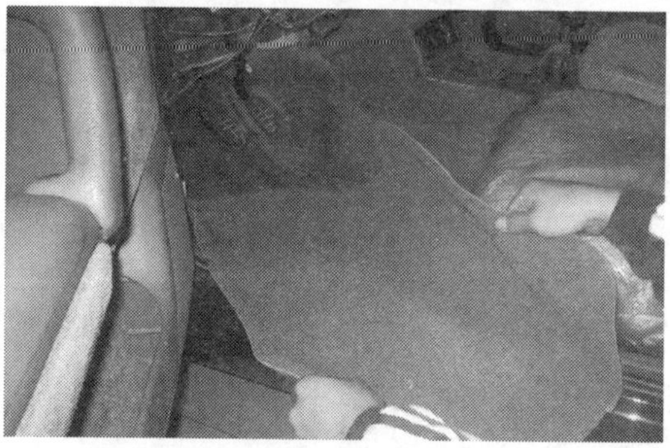

3　2号将直板尺传递给1号。

4　1号使用直板尺测量制动踏板高度。

提示

（1）桑塔纳2000GSi型轿车制动踏板高度为145mm。如果测量高度不在规定范围内，应检查踏板复位弹簧的弹力是否正常以及踏板是否出现变形等损伤，必要时更换新品。

（2）制动踏板高度不在规定范围内，将会直接影响制动系统的制动力。

（3）测量时，将直板尺垂直于地板面，观察踏板上平面在直板尺上的显示数值，该数值即为踏板高度。

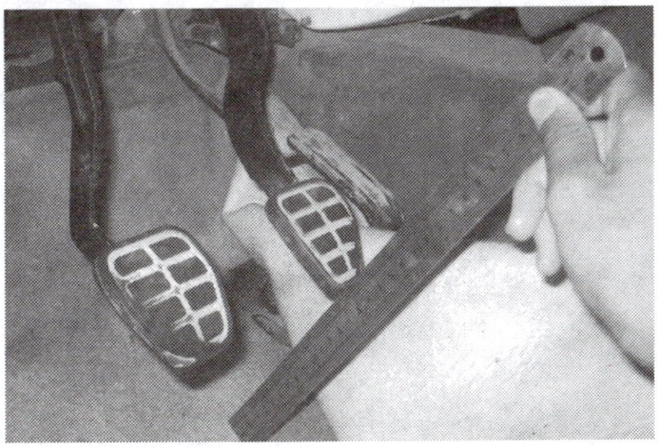

5　1号使用直板尺测量制动踏板自由行程。

提示

（1）桑塔纳2000GSi型轿车制动踏板自由行程为10～15mm。如果测量数值不在规定范围内，将会影响制动系统正常工作性能。如果测量值过大，系统产生的制动力变小，车辆制动距离增加，如果测量值过小，会出现制动拖滞，导致制动器过热，制动效能下降。

（2）测量时，将直板尺保持与地板垂直，踏板处于自然状态，确认此时的踏板高度值后，用手稍用力下压踏板，当感觉阻力增大时，停止下压，观察踏板上平面在直板尺上显示的数值，计算得出两个数据的差值，即为制动踏板自由行程。

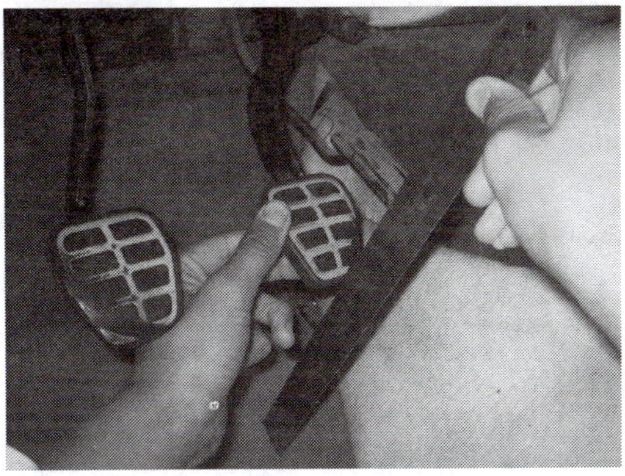

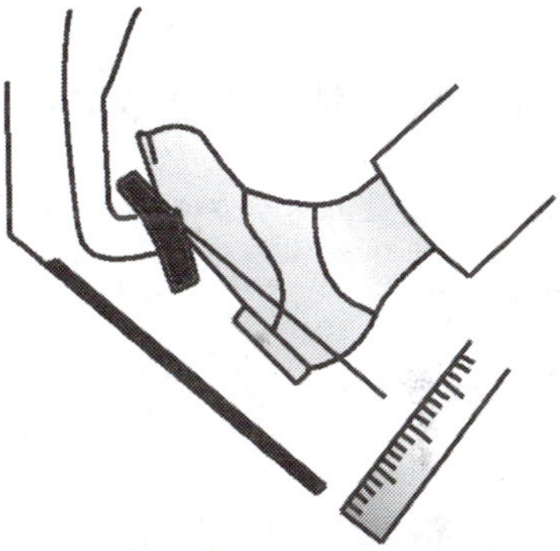

6　1号使用直板尺测量制动踏板储能行程。

提示

（1）制动踏板储能行程=踏板高度－自由行程，如果自由行程适当，踏板高度变小，则储能行程就变小，系统内产生的制动力减小。

（2）桑塔纳2000GSi型轿车的制动踏板储能行程为75mm。

（3）测量时，首先将直板尺垂直于地板，然后确认制动踏板自由状态下的高度值，用力踩下制动踏板至止动位置，观察此时直板尺所显示的踏板高度，两高度之差，即为制动踏板储能行程。

说明

如果储能行程小于规定值，应检查制动系统是否泄漏、储油罐中液面是否正常、制动蹄是否磨损过度、制动灯开关触头是否磨损过度、制动系统内是否存留空气等。必要时，排除制动系统泄漏故障、更换前后轮制动蹄、更换制动灯开关及进行制动系统排气。检修后，再次测量制动踏板的储能行程，直到符合规定要求为止。

第三步　制动系统泄漏检查

1　1号检查储油罐内的液面是否正常。

提示

液面应位于上下刻度线之间，若液量不足应添加补充。

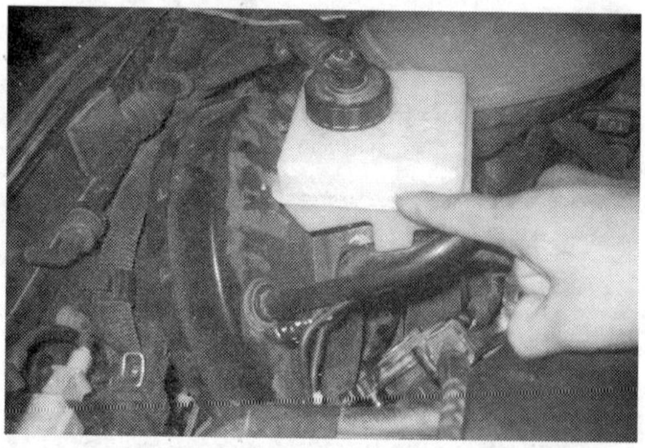

2　1号检查制动总泵、储油罐、油管是否存在泄漏现象。

提示

主要检查制动总泵前端、油管接口处是否泄漏，储油罐有无裂纹。

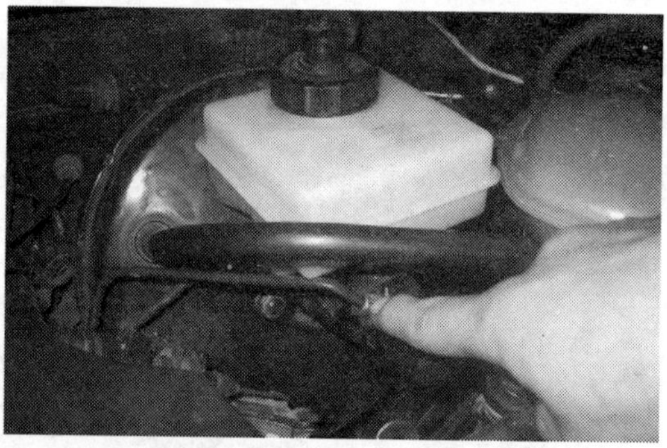

3　2号操纵举升机将车辆举升至适当高度，并可靠锁止提升臂。

提示

(1) 举升机的安全操作规范，请参阅“举升机的使用方法”，在此不再赘述。

(2) 举升车辆的目的是，便于检查制动管路及制动分泵是否存在泄漏。

4　1号检查制动管路是否存在泄漏。

提示

重点检查油管与车身底板有无摩擦，检查油管与比例阀、分泵接口处。

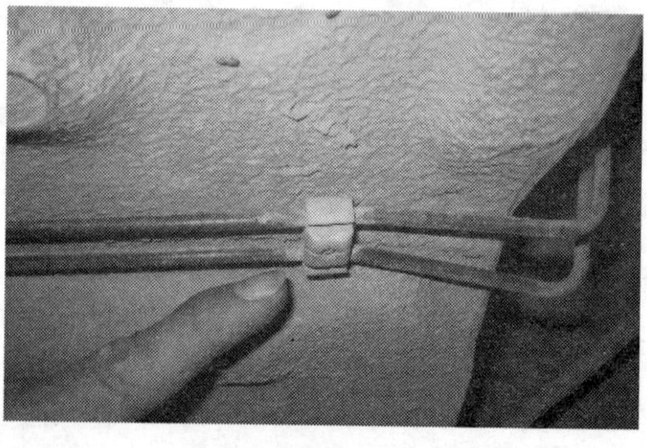

5　1号检查前后轮制动分泵是否存在泄漏。

提示

前轮为钳型分泵，便于观察；后轮分泵安装于制动鼓内，可通过制动底板上有无油渍来判断分泵是否漏油。

第四步　检查制动蹄磨损情况

1　1号目视检查两前轮制动蹄的磨损情况。

提示

通过制动钳体上的检查孔，观察制动蹄的磨损情况。如果制动蹄摩擦片较薄，证明制动蹄已接近更换周期。

2　2号操纵举升机，将车辆平稳降到轮胎最低点距离地面约20cm的高度。

提示

将车辆降落到距离地面适当高度，便于拆卸两后轮检查制动蹄磨损状况。

3　1号取下车轮轴承防护罩并传递给2号。

提示

取下车轮防护罩时，使用螺丝刀插入防护罩上的拆卸孔中，撬出防护罩。

4　2号将车轮防护罩摆放到零件车上。

5　2号将尖嘴钳传递给1号。

6 1号使用尖嘴钳，取下车轮轴承调整螺母的开口销，然后取下开槽垫圈。2号将尖嘴钳、开口销、开槽垫圈分别摆放到工具车、零件车上。

7 2号将ϕ24mm套筒、棘轮扳手组合后传递给1号。

8 1号使用ϕ24mm套筒、棘轮扳手，旋出车轮轴承调整螺母。

提示

由于采用锥度滚柱轴承，所以调整螺母的预紧力矩较小。

9 1号用手旋下调整螺母、取出止推垫片、外轴承，传递给2号。2号将调整螺母、轴承及止推垫片摆放到零件车上。

提示

调整轴承取出后，要注意清洁和防尘，最好放置在密闭的器具内。

10 1号取下车轮及制动鼓。

提示

(1) 取下车轮及制动鼓时，要整体水平外移，这样会省力些。

(2) 如果车轮及制动鼓取下非常困难，可使用一字螺丝刀，插入制动鼓上的观察孔中，拨动驻车制动推杆上的楔形件，使制动蹄收缩，便可轻松取下车轮及制动鼓。

11 1号使用2号传递来的游标卡尺，测量制动蹄的厚度。

提示

(1)桑塔纳鼓式制动蹄标准厚度为5mm；磨损极限为2.5mm。根据测量值，视情更换制动蹄。

(2) 注意游标卡尺的正确使用方法。

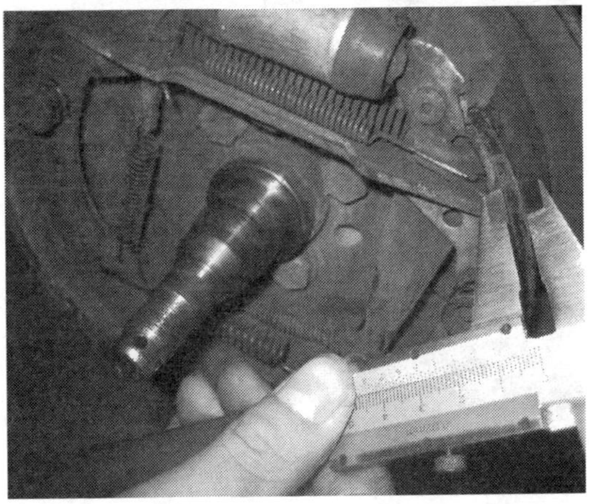

12 2号将游标卡尺放置到包装盒内。

提示

游标卡尺属于精密量具，使用时要注意规范操作，同时应经常维护。

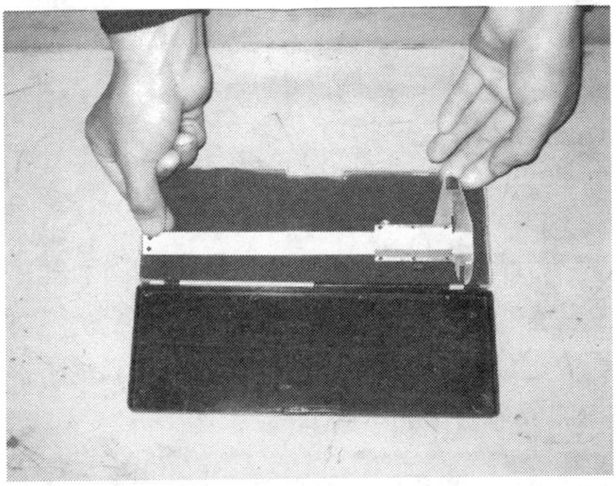

13 1号使用2号传递来的尖嘴钳，将驻车制动推杆上的楔形件，向上拉出，使制动蹄收缩。

提示

调整制动压力杆上的楔形件，使制动蹄收缩，便于安装制动鼓。

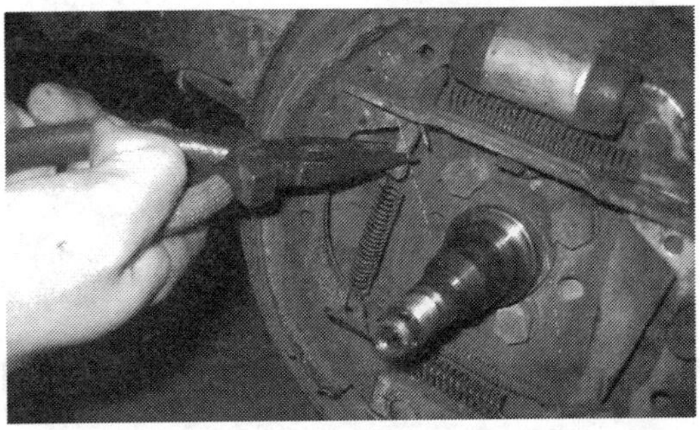

14 1号对正制动鼓的轴承内孔和车轮支撑短轴后，将车轮及制动鼓一起安装到支撑短轴上。

提示

安装车轮及制动鼓时，要使车轮纵向平面垂直于支撑短轴，水平前移。

15 1号将车轮外轴承安装到支撑短轴上。

提示

(1) 安装外轴承时，带锥度的一端朝向制动底板。

(2) 检查轴承润滑脂质量状况，如果已脏污或变质，则清洗承孔及轴承后，加注新的高性能润滑脂。

16 1号将2号传递来的轴承止推垫片安装到支撑短轴上，再将调整螺母旋入支撑短轴的螺纹上。

17 2号将ϕ24mm套筒、棘轮扳手组合后传给1号。

18 1号使用将ϕ 24mm套筒、棘轮扳手，旋紧压紧螺母，然后将压紧螺母后退1/4圈。

提示

(1) 锥度轴承的压紧力矩应适当。若力矩过大，轴承会早期损坏；若力矩过小，轴承松旷，车轮行驶摇摆。

(2) 轴承预紧力的调整方法：

①一边转动车轮，一边拧紧调整螺栓，直到车轮不能转动为止。这样既使锥度轴承处于正确位置，又使轴承压紧力达到最大。

②将调整螺母后退1/4圈，然后用开槽垫圈和开口销锁止调整螺母。

③如果车轮转动自如、无摇摆，并且上下方向扳动车轮无明显旷量，则证明轴承预紧力调整适当。

19 1号将开槽垫圈安装到压紧螺母上，然后将开口销穿过开槽垫圈和短轴上的销孔，最后将开口销锁止在短轴上。

20 1号将2号传递来的车轮轴承防护罩，安装到车轮承座上。

第五步　检查制动管路中空气的存留情况

1　1号进入驾驶室，踩踏制动踏板2～3次，检查制动管路中是否存留空气。

提示

如果连续踩踏制动踏板2～3次，制动踏板高度保持不变，证明制动管路内没有空气；如果每一次踩踏制动踏板，踏板高度均有不同程度的升高，证明制动管路中存留空气，应对制动管路进行排气处理。

2　2号进入驾驶室，踩踏踏板；1号排放制动管路中的空气。

提示

排放制动管路空气的操作步骤和规范，在此不作详细说明，请参阅“检查、添加或更换制动液”。

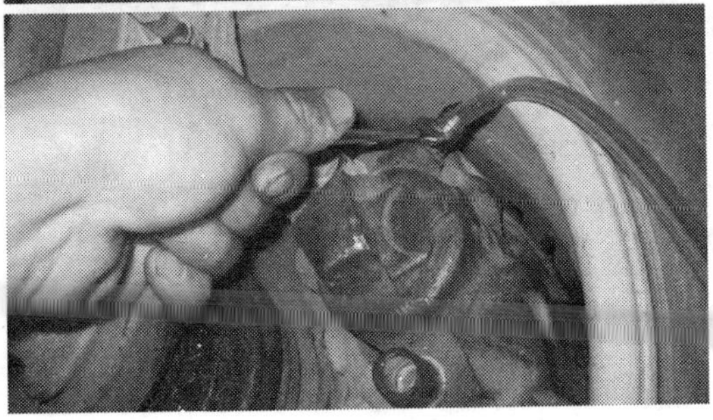

第六步　检查制动灯开关

1　1号取下转向盘下方的保护罩。

提示

拆装保护罩的操作步骤及规范要求，请参阅“检查、调整离合器踏板位置”，在此不再赘述。

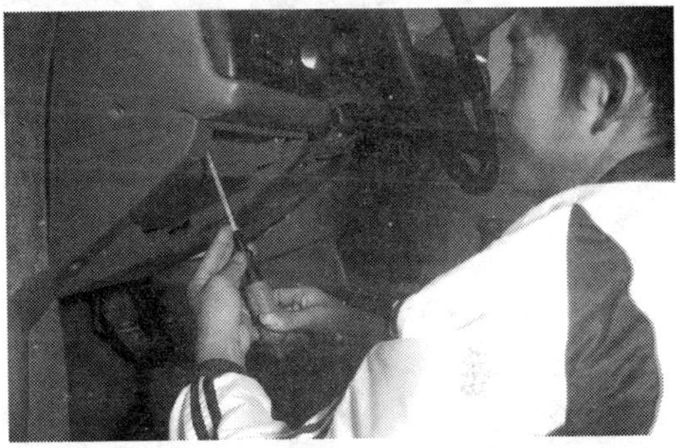

2　1号拔下制动灯开关的电插头。

提示

（1）插拔电器元件电插头时，应保持点火开关处于关闭状态。否则，产生的电动势极易损坏电控单元。

（2）制动灯开关位于制动踏板上方。

3　1号取下制动灯开关。

提示

取下制动灯开关时，转动开关使开关上的凸起对齐承座上的缺口，便可取下制动灯开关。

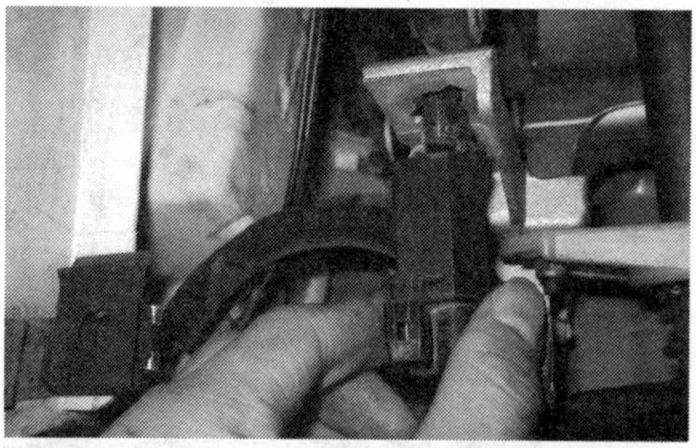

4 1号检查制动灯开关与踏板接触部位的磨损情况。

提示

如果制动灯开关磨损严重，应更换新品。因为制动灯开关的磨损状况会影响制动踏板高度和自由行程。

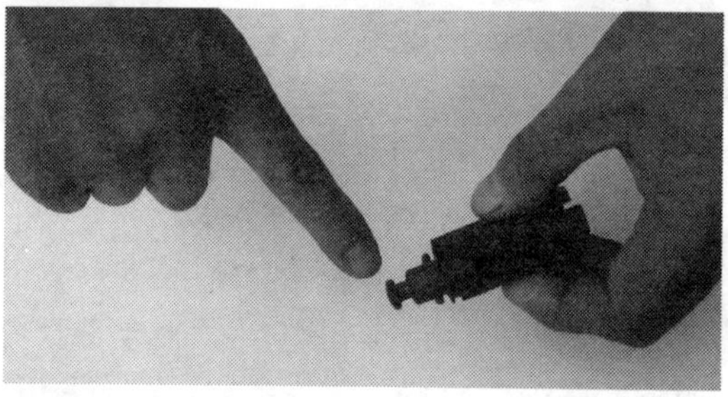

第七步　整 理 工 位

1号、2号共同拆除护裙、驾驶室内保护罩；清理工具和量具等；清洁地面卫生。

提示

作业项目完成后，要搞好工位的清扫、整理工作，培养良好的工作习惯。

八、考核标准

考 核 标 准 表

考核时间	序号	考核项目	满分	评分标准	得分
30min	1	作业前整理工位	2	酌情扣分	
	2	打开并支撑机舱盖	3	操作不当扣3分	
	3	安装汽车保护罩	4	酌情扣分	
	4	检查储液罐中液面高度	4	检查错误扣4分	
	5	测量制动踏板高度	8	操作不当扣8分	
	6	测量制动踏板自由行程	8	操作不当扣8分	
	7	测量制动踏板储能行程	8	操作不当扣8分	
	8	检查制动分泵泄漏	5	检查不到位扣5分	
	9	检查制动总泵泄漏	5	检查不到位扣5分	
	10	检查制动管路泄漏	5	检查不到位扣5分	
	11	目视检查前轮制动蹄的磨损	5	检查不到位扣5分	
	12	举升或降落车辆	5	操作不当扣5分	
	13	拆卸车轮及制动鼓	7	操作不当扣7分	

续上表

考核时间	序号	考核项目	满分	评分标准	得分
30min	14	调整制动蹄	3	操作不当扣3分	
	15	测量后轮制动蹄的厚度	5	操作不当扣5分	
	16	安装车轮及制动鼓	7	操作不当扣7分	
	17	检查制动系统内是否存留空气	6	检查不到位扣6分	
	18	拆装制动灯开关	4	操作不当扣4分	
	19	检查制动灯的磨损情况	4	检查不到位扣4分	
	20	作业后整理工位	2	操作不当扣2分	
	21	遵守相关安全规范	因违规操作造成人身和设备事故的，总分按0分计		
分数合计			100		

项目六　检查、调整驻车制动器

一、项目说明

1. 概述

驻车制动器是汽车制动系统中的重要组成部分，其主要作用是使汽车停放可靠，防止溜滑，便于上坡起步，配合行车制动装置实现紧急制动以及行车制动装置失效后的应急制动。驻车制动器一般安装在后轮制动器上。常见的驻车制动器有盘式、鼓式及带式三种类型，其传动机构有机械式、液压式及气压式。

驻车制动器在长期使用过程中，由于机械传动杆件或钢索磨损或拉伸以及摩擦片或制动蹄损耗等，造成驻车制动器驻车可靠性下降，给车辆停驻、坡道起步及紧急制动带来潜在危险。因此，应定期检查、调整驻车制动器，确保其正常的工作性能。下面以桑塔纳2000GSi型轿车为例，来说明检查、调整驻车制动器的操作步骤和技术规范。

2. 桑塔纳2000型轿车驻车制动器的组成和工作原理

（1）驻车制动器的组成。

驻车制动器主要由驻车制动器操纵杆、制动杠杆、制动拉索及后轮制动器中的驻车制动推杆等组成。

（2）驻车制动器的工作原理。

当向后拉驻车制动操纵杆时，操纵杆通过制动拉索拉动后轮制动器内的制动杠杆，制动杠杆推动制动压力杆，使前后制动蹄向外扩张，制动蹄压紧在制动鼓内圆摩擦面上，产生制动作用，并由驻车制动器上的棘爪将操纵杆锁止在制动位置上。

当按下操纵杆前端的拉杆按钮时，使下端棘爪脱开，将驻车制动操纵杆推回初始位置，车轮制动器内的制动蹄在弹簧弹力的作用下复位，驻车制动解除。

二、技术标准与要求

1. 驻车制动器生效齿数为2齿。
2. 驻车制动坡度不小于30%。
3. 桑塔纳2000GSi型轿车采用机械钢索式后轮鼓式驻车制动器。

三、实训时间：20min

四、实训教学目标

1. 了解检查、调整驻车制动器的重要性。
2. 熟悉驻车制动器的结构组成。
3. 掌握检查、调整驻车制动器的操作技能。

五、实训器材

驾驶室内保护罩及防护手套

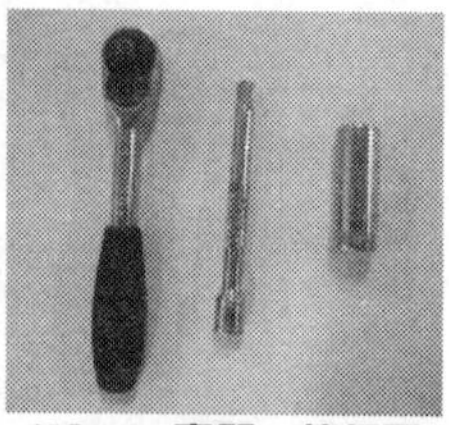

ϕ10mm套筒、接杆及棘轮扳手

六、教学组织

1. 教学组织形式

每辆车安排4名学生参与实训，两名学生为一组。一组操作，一组观察学习。

2. 学生站位分工和要求

两名学生一组，按照1号、2号进行编号，1号为主，2号为辅助。

3. 实训教师职责

讲解操作步骤和注意事项；下达“操作开始”口令；工位间巡视、检查、指导和纠正错误。

4. 学生职责变换

两名学生实行职责变换制度，即第一遍1号为主，2号辅助；第二遍2号为主，1号辅助。

七、操作步骤

第一步　事前准备

1　车辆进入工位前，参训学生将工位卫生清理干净，排除障碍物，准备好相关的工具、物品等。

提示

培养良好的工作习惯，做好事前准备，有利于安全操作和提高工作效率。

2　将车辆停驻在举升机平台的中央位置。

3　1号拉紧驻车制动器，并将变速器置于空挡位。

提示

为保证车辆在工位上可靠停驻，防止出现溜滑，造成安全事故，要拉紧驻车制动器并将变速器置于空挡位。

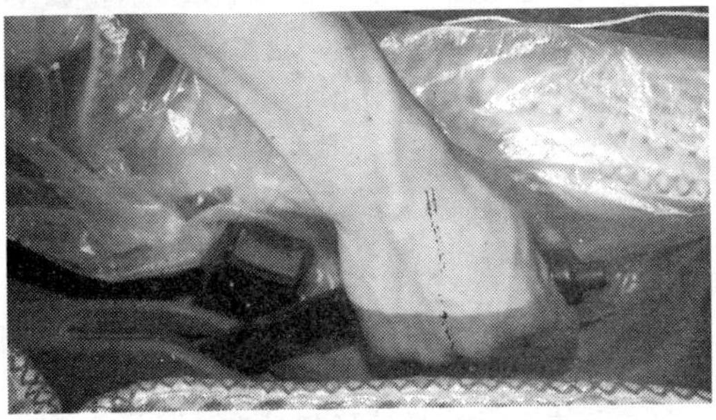

4　1号安装转向盘套、换挡手柄套、座套、铺设地板垫。

提示

保护罩是由薄塑料制成的，极易破损。所以在安装时，用力要均匀，避免因用力过大造成损坏。其主要作用是在操作过程中保持驾驶室内清洁。

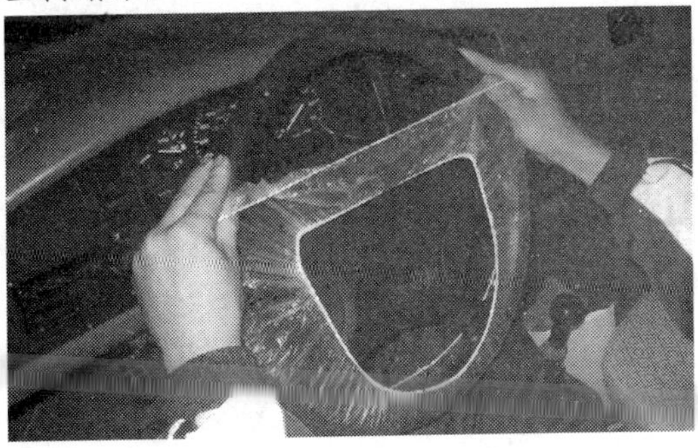

第二步　检查驻车制动器

1 1号进入驾驶室，按下操纵杆前端的按钮，放松驻车制动器。

提示

放松驻车制动器，便于检查车轮制动器的复位性能及制动踏板自由行程。

2 1号使用直板尺，测量制动踏板自由行程。

提示

（1）如果制动踏板自由行程小于规定值，应检查制动总泵、分泵的活塞及制动器是否出现卡滞故障；如果制动踏板自由行程大于规定值，应检查制动蹄是否磨损过度，接近或达到使用极限。检修后，再次测量制动踏板自由行程，直到符合规定要求为止。

（2）测量时，将直板尺保持与地板垂直，踏板处于自然状态，确认此时踏板高度值后，用手稍用力下压踏板，当感觉阻力增大时，停止下压，观察踏板上平面在直板尺上显示的数值，计算得出两个数据的差值，即为制动踏板自由行程。

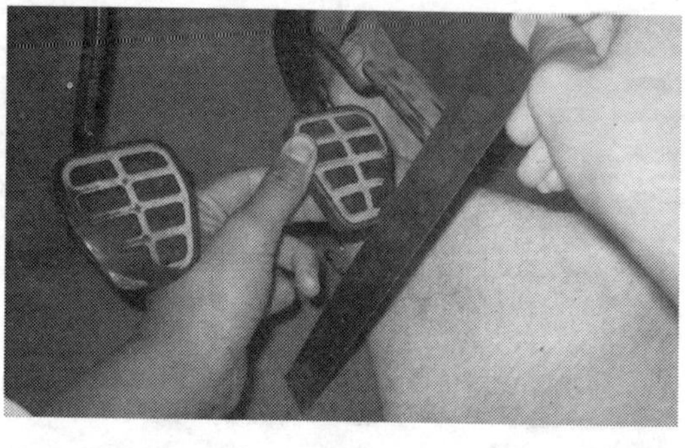

3 2号操纵举升机，将车辆举升到轮胎的最低点距离地面约20cm的高度。

提示

车轮离地，便于检查车轮制动器复位性能。

4 1号踩踏制动踏板2～3次，然后彻底放松制动踏板。

提示

连续踩踏制动踏板，使车轮制动器均工作。

5 2号用手转动各个车轮，检查车轮转动情况。

提示

如果某个车轮转动阻力过大，证明该车轮制动器复位不良，应进行拆检；如果车轮转动正常，则证明车轮制动器复位性能良好。

6 1号拉紧驻车制动器的操纵杆，检查棘爪的锁定性能。

提示

如果棘爪锁止不可靠，应更换驻车制动器总成。

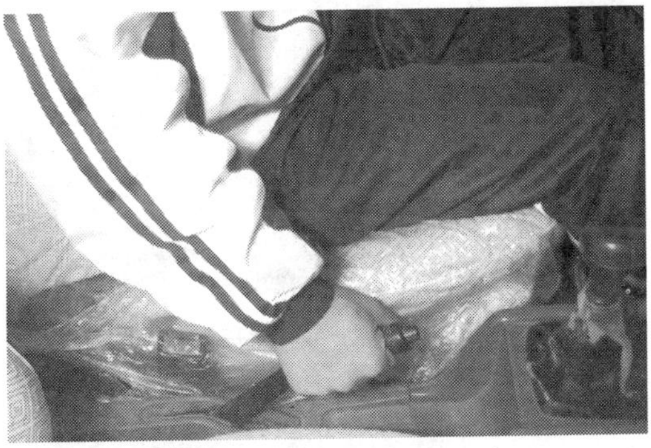

7 1号按下操纵杆前端按钮，检查制动器解除锁定性能。

提示

如果按下操纵杆前端按钮，操纵杆快速复位，证明按钮性能正常。否则，应进行检修或更换。

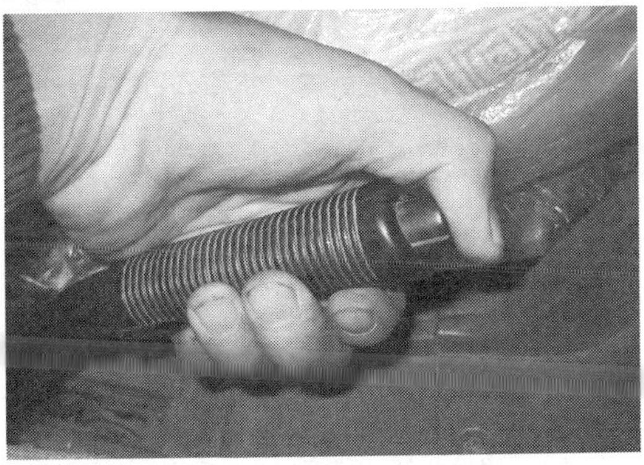

8 2号转动后两车轮，检查车轮转动情况。

提示

如果车轮转动阻力过大，证明该车轮驻车制动器复位性能不良，应予以检修。

第三步　调整驻车制动器

1 1号后拉驻车制动器操纵杆，当听到棘轮"咔咔"两响后，松开操纵杆，使操纵杆锁止于该位置。

提示

桑塔纳2000GSi型轿车驻车制动器的生效尺数为2齿。将驻车制动器操纵杆锁止于棘爪的2齿位置，然后调整驻车制动器。

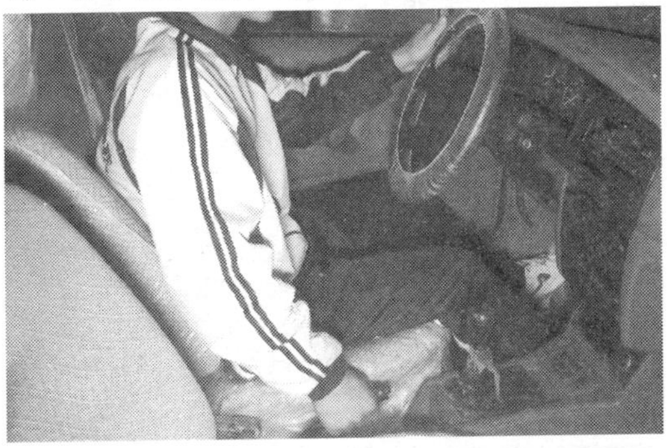

2 2号操纵举升机，将车辆举升到适当高度，并可靠锁止举升臂。

提示

(1) 举升机的安全操作规范，请参阅"举升机的使用方法"，在此不再赘述。

(2) 举升车辆前，注意安全确认，配合口令"正常"、"举升"。

3 2号将ϕ 10mm套筒、接杆、棘轮扳手组合后传递给1号。

4 1号使用ϕ 10mm套筒、接杆、棘轮扳手，适当旋入驻车制动器调整螺母。

提示

桑塔纳2000GSi型轿车，驻车制动器的调整螺栓位于车辆底板下面。

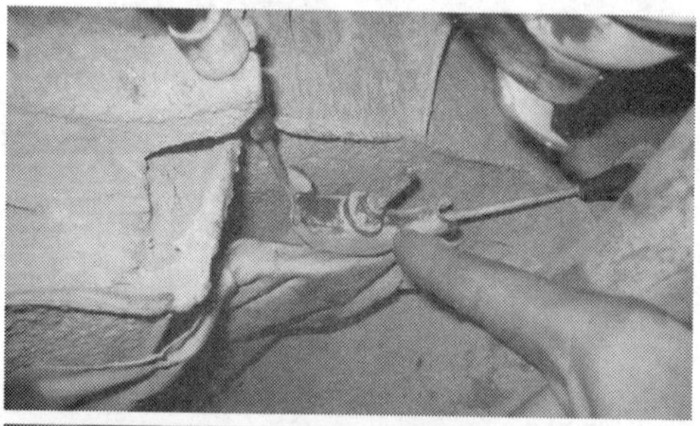

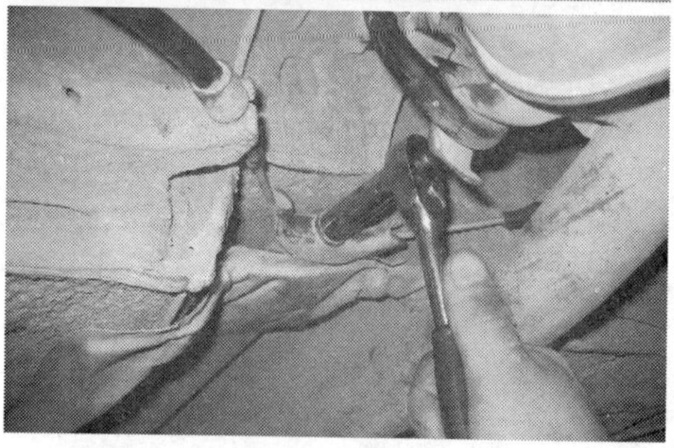

5 2号用力转动两后轮，直到车轮不能转动为止。1号停止旋入驻车制动器调整螺母。

6 2号操纵举升机，将车辆降落到轮胎最低点距离地面约20cm的高度。

7 1号进入驾驶室，彻底放松驻车制动器操纵杆。

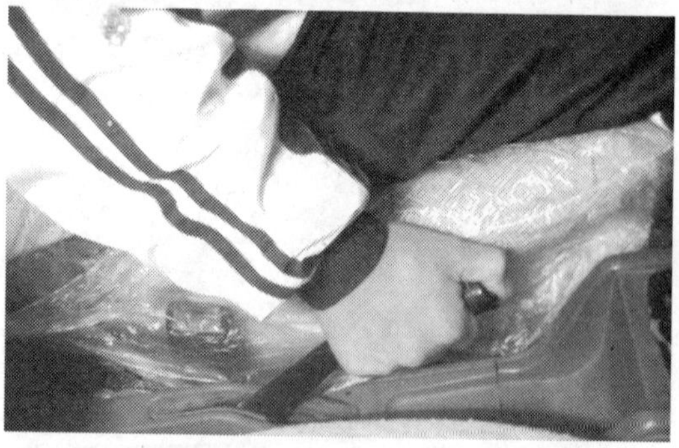

8 2号转动两后轮，检查车轮的转动阻力。

提示

如果车轮转动阻力过大或车轮不能转动，证明驻车制动器调整过紧，制动器产生制动力，应调旋松调整螺母；如果车轮转动省力且转动自如，证明驻车制动器调整适当。

第四步　车辆运行试验

1　1号进入驾驶室，打开点火开关，并起动发动机。

提示

（1）起动发动机前，要确认变速器处于空挡位，严禁带挡起动。

（2）起动发动机前，1号、2号注意安全确认，配合口令是“正常”、“起动”，防止意外事故发生。

2　发动机预热完成后，1号拉紧驻车制动器，将变速器换入1挡位，缓慢放松离合器踏板，察看发动机运转情况。

提示

当离合器踏板彻底松开后，如果发动机不熄火，说明驻车制动器工作不良。可能原因一是驻车制动器调整过松；二是制动蹄与制动鼓之间摩擦系数小而滑转。需重新调整驻车制动器或拆检制动器。

如果发动机因负载变大而熄火，证明驻车制动器工作良好。

另外，如果条件允许还可以通过坡道停车，检验驻车制动器的工作情况。

第五步　整　理　工　位

1号、2号共同拆除驾驶室内保护罩；清理工具和量具等；清洁地面卫生。

提示

作业项目完成后，要搞好工位的清扫、整理工作，培养良好的工作习惯。

八、考核标准

考 核 标 准 表

考核时间	序号	考核项目	满分	评分标准	得分
20min	1	作业前整理工位	3	酌情扣分	
	2	车辆工位停放	3	停放不当扣3分	
	3	安装汽车保护罩	3	酌情扣分	
	4	车辆工位可靠停驻	2	操作遗漏扣2分	
	5	测量制动踏板自由行程	8	操作不当扣8分	
	6	举升或降落车辆	9	操作不当扣9分	
	7	检查车轮制动器的复位情况	8	检查不当扣8分	
	8	检查驻车制动器的锁定和解锁性能	9	操作不当扣9分	
	9	检查驻车制动器的复位性能	10	检查不当扣10分	
	10	调整驻车制动器	12	操作不当扣12分	
	11	停车检查驻车制动器调整后的性能	15	操作不当扣15分	
	12	车辆运行检查驻车制动器调整后的性能	15	操作不当扣15分	
	13	作业后整理工位	3	酌情扣分	
	14	遵守相关安全规范	因违规操作造成人身和设备事故的，总分按0分计		
分数合计			100		

项目七　检查、添加或更换制动液

一、项目说明

1. 概述

汽车行车制动系统有多种类型，如机械式、气压式、液压式、电磁式及组合式等。通常，现代轿车、轻型汽车多采用液压式行车制动系统，系统中以油液作为传力介质，具有制动柔和、灵敏、摩擦阻力小等特点。

在汽车长期使用的过程中，由于制动总泵、制动分泵及油液管路自然磨损或人为损伤，会出现漏油现象，应及时进行检修。制动蹄、制动鼓（盘）磨损及制动液的自然消耗，会引起制动液面下降，所以应及时补充添加制动液，保持至正常液面位置；如果制动液达到使用期限或汽车行驶里程，制动液效能便会降低，应更换制动液。只有及时检查、添加或更换制动液，才能保证汽车液压制动系统的正常工作性能，提高行车安全性。下面以桑塔纳2000GSi型轿车为例，来说明检查、添加或更换制动液的操作步骤和技术规范。

2. 液压系统的组成和工作原理

（1）液压系统的组成。

液压制动系统由制动踏板、制动总泵、制动分泵、制动助力器及管路等组成。

（2）液压系统的工作原理。

制动时，踩下制动踏板，制动总泵的推杆推动总泵内前后活塞后移，使前后腔油压升高，制动液分别流向前后车轮制动分泵，在油压作用下，使制动分泵活塞外移，推动制动蹄压（夹）紧制动鼓（盘），产生车轮制动力。

当松开制动踏板时，制动蹄和制动分泵活塞在复位弹簧作用下回到初始位置，从而解除车轮制动。

二、技术标准与要求

1. 桑塔纳2000GSi型轿车采用交叉式双管路液压制动系统。
2. 使用桑塔纳2000GSi型轿车规定型号的制动液，不同型号的制动液不可混用(制动液的型号是VW / Audi或N052 760 XO)。
3. 制动液更换周期或行驶里程为两年或50000km。
4. 制动液有毒性和强腐蚀性，不可与皮肤、油漆接触。
5. 制动液具有吸湿性，要存放在密封容器里。
6. 储油罐中的液面应始终保持在“Max”和“Min”标记之间。
7. 液压制动系统的排气顺序为：右后车轮→左后车轮→右前车轮→左前车轮。

三、实训时间：40min

四、实训教学目标

1. 了解检查、添加或更换制动液的重要性。
2. 熟悉液压制动系统的组成与工作原理。
3. 掌握检查、添加或更换制动液的操作技能。

五、实训器材

制动液

容器及软管

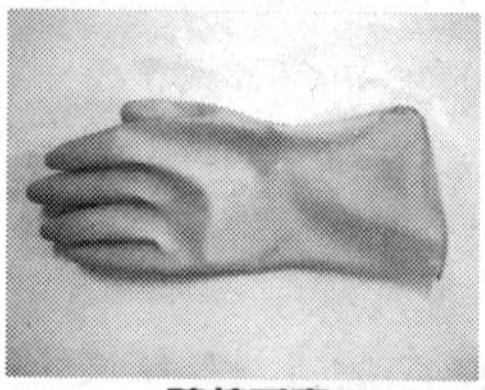
防护手套

其他工具及器材：
排气专用扳手、翼子板护裙、驾驶室内保护罩、漏斗等。

六、教学组织

1. 教学组织形式

每辆车安排六名学生参与实训，三名学生为一组。一组操作，一组观察学习。

2. 学生站位分工和要求

三名学生一组，按照1号、2号、3号进行编号，1号为主，2号、3号为辅助。

3. 实训教师职责

讲解操作步骤和注意事项；下达“操作开始”口令；工位间巡视、检查、指导和纠正错误。

4. 学生职责变换

三名学生实行职责变换制度，即第一遍1号为主，2号、3号辅助；第二遍2号为主，1号、3号辅助，依此类推。

七、操作步骤

第一步 事前准备

1 车辆进入工位前，参训学生将工位卫生清理干净，排除障碍物，准备好相关的工具、物品等。

提示

培养良好的工作习惯，做好事前准备，有利于安全操作和提高工作效率。

2 将车辆停驻在举升机平台的中央位置。

3 1号拉紧驻车制动器，并将变速器置于空挡位。

提示

为保证车辆在工位上可靠停驻，防止出现溜滑，造成安全事故，要拉紧驻车制动器并将变速器置于空挡位。

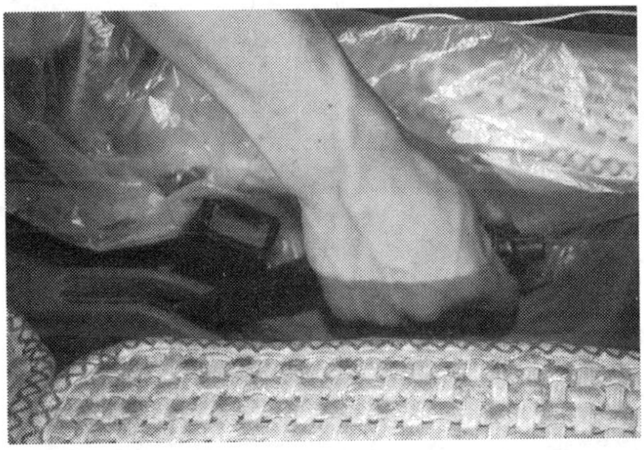

4 1号打开并可靠支撑机舱盖。

提示

将支撑杆插入机舱盖支撑孔时，要保证接触可靠，否则，机舱盖滑落会造成人身伤害。

5 1号、2号把护裙粘贴在汽车左、右侧翼子板上，要求护裙将翼子板全部覆盖。护裙的上边沿粘贴到排水槽的内侧，前端至侧灯处，后端至车门与翼子板结合缝隙。

提示

（1）粘贴护裙的主要目的是保护操作中能够接触到的翼子板车漆。

（2）护裙是通过磁铁吸附在翼子板上的，因此，在粘贴时，当护裙接近翼子板，感受到吸力后，要稍稍用力，使护裙轻轻与翼子板贴合，不允许听到接触碰撞声。

6 1号安装转向盘套、换挡手柄套、座套、铺设地板垫。

提示

保护罩是由薄塑料制成的，极易破损。所以在安装时，用力要均匀，避免因用力过大造成损坏。其主要作用是在操作过程中保持驾驶室内清洁。

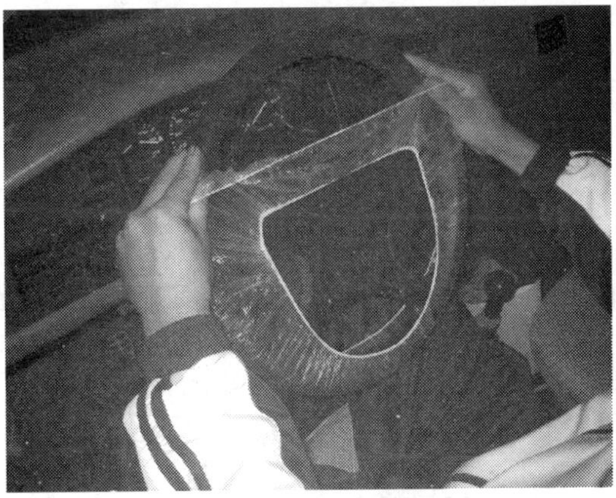

第二步　检查制动液面

1 制动系统的储油罐安装在制动总泵上，为制动总泵提供工作油液。

提示

制动系统和离合器液压系统共用一个储油罐。

2 1号检查储油罐内的制动液面是否正常。

提示

制动液面应位于储油罐上“MAX”与“MIN”刻度线之间。若液量不足，应首先对液压系统进行泄漏检查，然后再添加补充制动液至规定液位。

第三步　制动系统泄漏检查

1 1号检查制动总泵、储油罐、油管是否存在泄漏现象。

提示

主要检查制动总泵前端、油管接口处，检查储油罐有无裂纹。

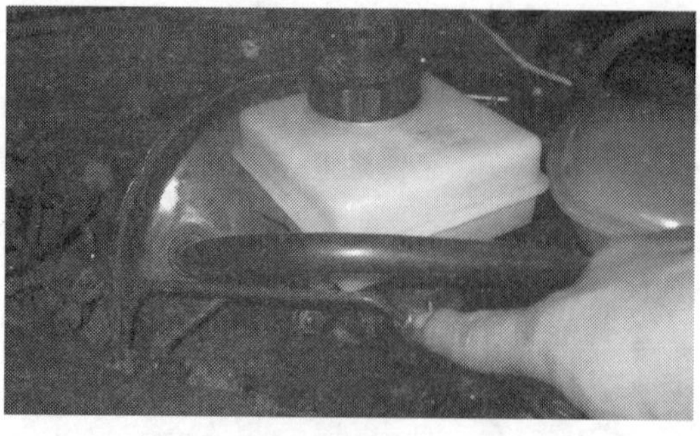

2 2号操纵举升机将车辆举升至适当高度，并可靠锁止提升臂。

提示

(1) 举升机的安全操作规范，请参阅“举升机的使用方法”，在此不再赘述。

(2) 举升车辆，便于检查制动管路及制动分泵是否存在泄漏。

3 1号检查制动管路是否存在泄漏。

提示

重点检查油管与车身底板有无摩擦，检查油管与比例阀、分泵接口处。

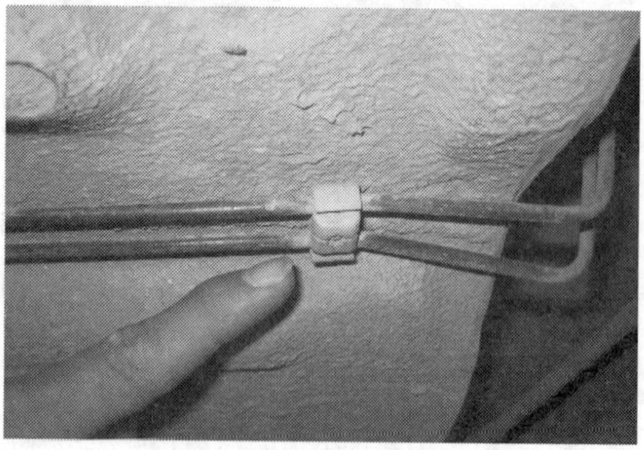

4 1号检查前后轮制动分泵是否存在泄漏。

提示

前轮为钳型分泵，便于观察；后轮分泵安装于制动鼓内，可通过制动底板上有无油渍来判断分泵是否漏油。

第四步 添加制动液

1 1号拔下安装在储液罐上的液位传感器的电插头。

提示

插拔电器元件电插头时，应保持点火开关处于关闭状态，否则，产生的电动势极易损坏电控单元。

2 1号用手旋下储液罐盖，擦净油液后传递给2号。

提示

取下储液盖时，注意不要碰伤传感器的浮子，以免造成传感器损坏；擦净浮子上的油液后再传递出去，避免油液滴落到车身上或沾附到皮肤上，导致车漆剥落或皮肤侵蚀。

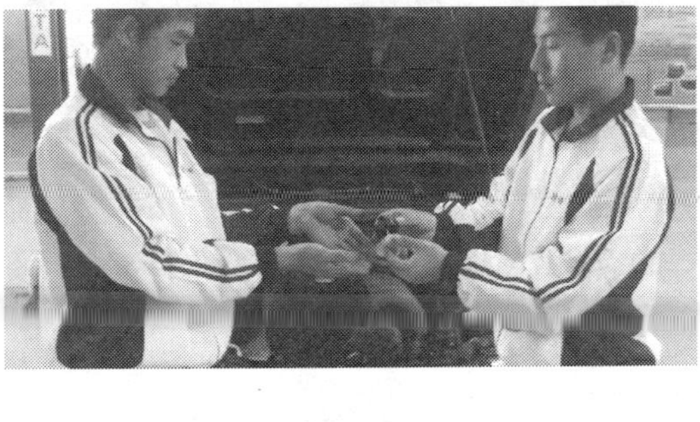

3 2号将储液罐盖摆放到零件车上之后，将加液桶传递给1号。

4 2号将漏斗放入储液罐加油口中并扶稳。1号打开加液桶盖，然后将油液缓慢倒入储液罐内，直到液面达到规定要求为止。

提示

(1) 储液罐中的液面应位于“MIN”与“MAX”刻度线中间位置。

(2) 在加注油液的同时，注意观察储液桶内液面变化，液面不得超过“MAX”刻度线。

5 2号将储液桶盖传递给1号。

6 1号用棉纱擦净加油口处油迹，并旋紧储液桶盖。

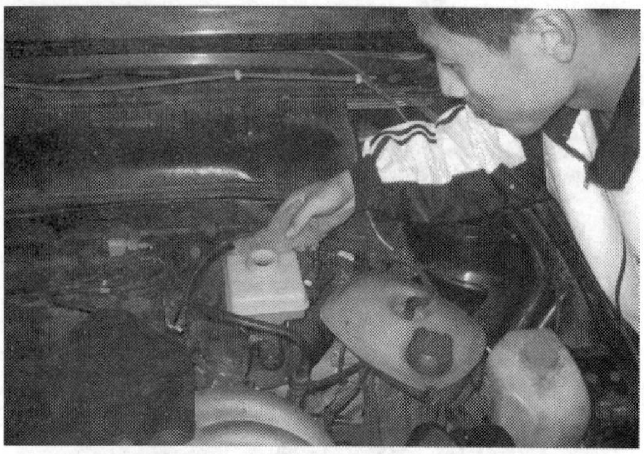

7 1号将电插头安装到液位传感器的插座上。

提示

安装电插头时，要注意其安装方向且安装到位，否则将影响传感器正常工作。

第五步　更换制动液

（一）排放制动液

1 2号进入驾驶室，端坐在驾驶座上，关闭车门，降落车窗玻璃，放松驻车制动器操纵杆。

提示

（1）常规方法更换制动液，需要2人配合进行。1人踩踏制动踏板，给液压制动系统加压；1人打开制动分泵上的放气阀，排出制动系统中的空气。

（2）降落车窗玻璃，操作人员能够相互听清发出的口令，便于配合操作。

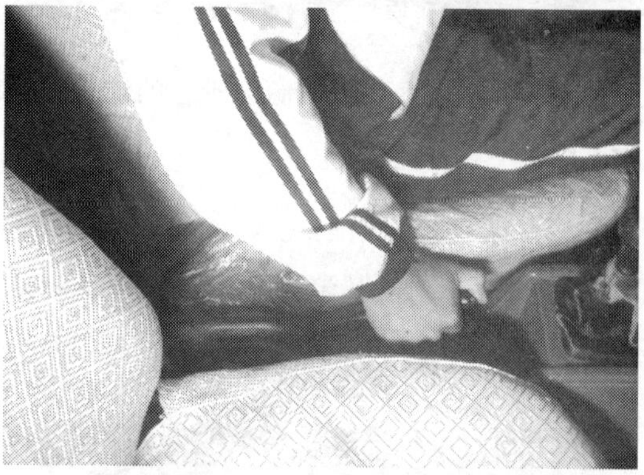

2 3号操纵举升机将车辆举升至适当高度，并可靠锁止提升臂。

提示

（1）举升机的操作要领和规范要求，请参阅“举升机的使用方法”。

（2）举升或降落车辆时，强调安全确认口令“正常”、“举升车辆”，防止意外情况发生。

3 3号将塑料软管、接油容器传递给1号。

4 1号用手取下右后车轮制动分泵放气阀上的防尘帽；3号将防尘帽放置到零件车上。

提示

制动分泵放气阀上的防尘帽，有两个作用：一是防止脏污堵塞排油孔；二是阻止潮湿空气进入制动油路。

5 1号将塑料软管一端插入制动分泵的放气阀上；一端插入接油容器中。

提示

排放制动液时，禁止将油液洒落到地面上。否则，不仅污染环境，而且影响安全操作。

6 3号将排气专用扳手传递给1号。

提示

排气专用扳手可以穿过塑料软管，拧松或紧固制动分泵放气阀。

7 1号使用专用扳手，拧松制动分泵上的放气阀；2号开始踩踏制动踏板。

提示

排放制动液时，1号、2号要密切配合。配合口令“踩”、“停”。

8 1号观察制动液排放情况，当无油液排出时，拧紧放气阀，取下塑料软管。至此，右后车轮分泵内的制动液排放完毕。

提示

（1）取下塑料软管后，使用棉纱擦净放气阀上的油滴。

（2）按照相同的操作要求，依次排放左后车轮→右前车轮→左前车轮。

（二）清洗制动管路

1 3号操纵举升机，将车辆降落到地面上。

提示

（1）举升机的操作要领和规范要求，请参阅“举升机的使用方法”。

（2）举升或降落车辆时，强调安全确认口令“正常”、“举升车辆”，防止意外情况发生。

2 1号拔下安装在储液罐上的液位传感器电插头，旋下储液器盖。

提示

操作要求和注意事项，请参阅前文。

3 3号将漏斗放入储液罐加油口中并扶稳。1号打开制动液桶盖，然后将制动液缓慢倒入储液罐内，直到液面达到规定要求为止，最后旋紧储液罐盖。

提示

（1）储液罐中的液面应位于“MIN”与“MAX”刻度线中间位置。

（2）在加注油液的同时，注意观察储液桶内液面变化，液面不得超过“MAX”刻度线。

4 3号操纵举升机，将车辆举升到适当高度，并可靠锁止提升臂。

提示

（1）举升机的操作要领和规范要求，请参阅“举升机的使用方法”。

（2）举升或降落车辆时，强调安全确认口令“正常”、“举升车辆”，防止意外情况发生。

5　1号再次通过塑料软管，将右后车轮制动分泵的放气阀和接油容器连接起来。

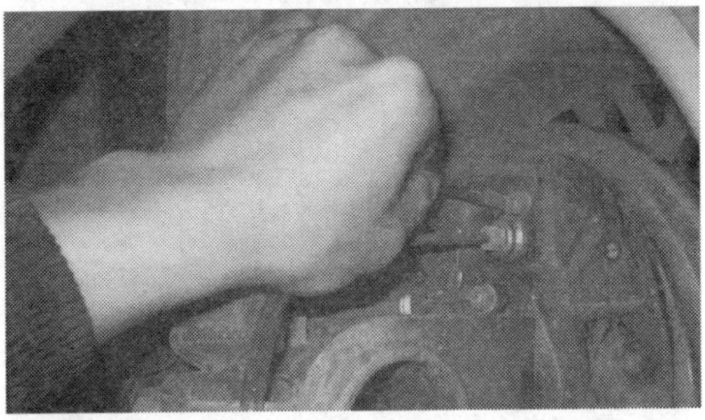

6　1号使用专用扳手，拧松制动分泵上的放气阀；2号开始踩踏制动踏板。

提示

排放制动液时，1号、2号要密切配合。配合口令“踩”、“放”。

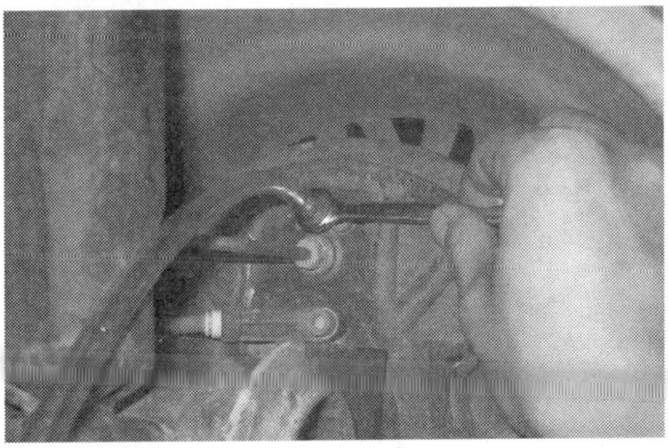

7　1号观察排出制动液的色泽，当制动液色泽鲜亮、清澈透明时，告知2号停止踩踏制动踏板。1号拧紧放气阀。

提示

（1）当从制动管路中排出来的制动液清澈透明时，证明右后车轮分泵及其管路中的污渍已经冲洗干净。

（2）按照相同操作要求，依次清洗左后车轮→右前车轮→左前车轮的制动分泵及其管路。

（3）清洗制动管路的过程中，要注意补充制动液。

（三）加注制动液

1　3号操纵举升机，将车辆降落到地面上。

提示

（1）举升机的操作要领和规范要求，请参阅“举升机的使用方法”。

（2）举升或降落车辆时，强调安全确认口令“正常”、“举升车辆”，防止意外情况发生。

2 3号将漏斗放入储液罐加油口中并扶稳。1号打开制动液桶盖，然后将制动液缓慢倒入储液罐内，直到液面达到规定要求为止，最后旋紧储液罐盖。

提示

（1）储液罐中的液面应位于“MIN”与“MAX”刻度线中间位置。

（2）在加注油液的同时，注意观察储液桶内液面变化，液面不得超过“MAX”刻度线。

（四）制动系统排气

1 3号操纵举升机，将车辆举升到适当高度，并可靠锁止提升臂。

提示

（1）举升机的操作要领和规范要求，请参阅“举升机的使用方法”。

（2）举升或降落车辆时，强调安全确认口令“正常”、“举升车辆”，防止意外情况发生。

2 1号通过塑料软管，将右后车轮制动分泵的放气阀和接油容器连接起来。

提示

（1）换用洁净的塑料软管和接油容器，以利于排出的制动液，不受污染，可以重复使用。

（2）接油容器中盛放适量新制动液，浸没塑料软管端口，便于确定排放的制动液中是否还有空气。

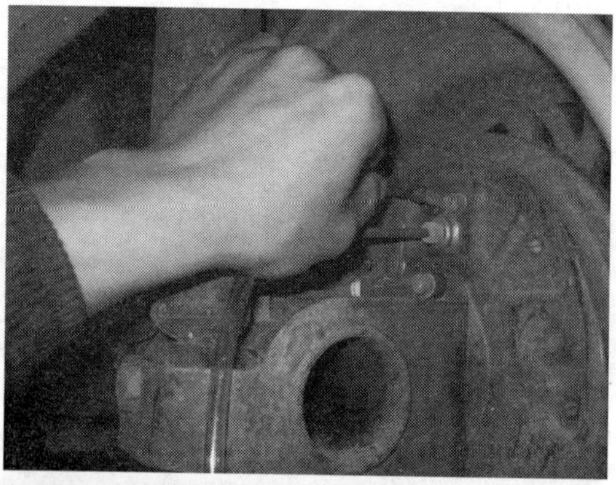

3 2号连续踩踏制动踏板数次，当感觉制动踏板下行阻力增大时，踩住并保持制动踏板位置。通知1号开始排气。

提示

（1）连续踩踏制动踏板，目的是建立油压，有利于管路中的空气快速排放。

（2）保持制动踏板位置，目的是保持管路中油压。

（3）制动系统排气时，1号、2号要密切配合。配合口令“踩”、“放”。

4 1号使用排气专用扳手，拧松制动分泵上的放气阀，制动液和空气快速排出进入接油容器中。

提示

此时接油容器中，会看到气泡，这就是制动管路中存留的空气。

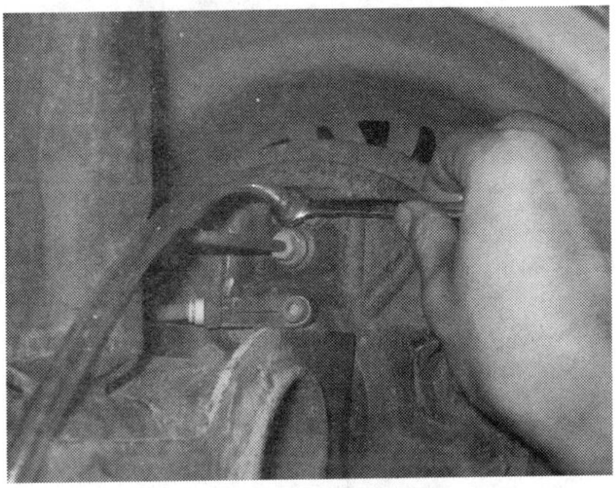

5 当制动液流动速度变慢时，1号拧紧制动分泵上的放气阀。通知2号继续踩踏制动踏板。

提示

(1) 在制动分泵的放气阀从打开到关闭这段时间内，2号要始终踩住制动踏板，并随制动踏板下行。一旦中途放松制动踏板，空气便会吸回管路中。

(2) 在制动系统排气过程中，要注意查看储油罐内制动液面，适时添加补充。避免外界空气由总泵进入，导致前功尽弃。

(3) 制动系统排气时，1号、2号要密切配合。配合口令“踩”、“放”。

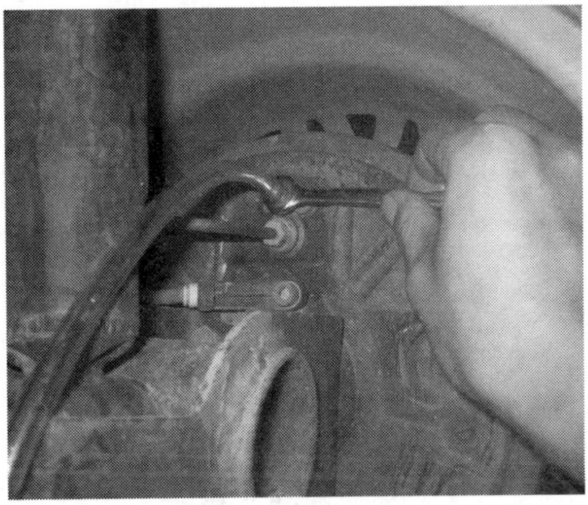

6 2号再次踩住制动踏板；1号拧松放气阀，排放管路中空气。如此重复多次，直到管路中排出的制动液，在接油容器中不再有气泡生成为止。1号拧紧放气阀，取下放气软管，擦净油迹。至此，右后车轮制动管路排气结束。

提示

按照相同的操作要求，依次排放左后车轮→右前车轮→左前车轮的制动管路中的空气。

7 2号踩踏制动踏板2~3次，间隔时间5~10s，确定制动管路中空气排放情况。

提示

每次用力踩下制动踏板，如果制动踏板的储能起始位置基本不变，并且制动踏板反压强硬，则证明制动系统中空气排放彻底。

第六步 制动性能试验

1 2号彻底放松驻车制动器操纵杆，然后用力踩下制动踏板并保持制动位置。

2 1号、3号用力转动前后车轮。

提示

（1）如果每个车轮均不能转动，说明液压制动系统工作状况基本正常。

（2）如果条件允许，进行道路试验。检查汽车的制动距离、滑移率等性能参数。

3 3号操纵举升机，将车辆降落到地面上。

提示

举升机的安全操作规范，请参阅“举升机的使用方法”，在此不再赘述。

第七步 整 理 工 位

1号、2号共同拆除护裙、驾驶室内保护罩；清理工具和量具等；清洁地面卫生。

提示

作业项目完成后，要搞好工位的清扫、整理工作，培养良好的工作习惯。

八、考核标准

考 核 标 准 表

考核时间	序号	考核项目	满分	评分标准	得分
30min	1	作业前整理工位	4	酌情扣分	
	2	打开并支撑机舱盖	3	操作不当扣3分	
	3	安装汽车保护罩	4	酌情扣分	
	4	储油罐的安装位置	4	查找错误扣4分	
	5	检查制动液面	6	检查不当扣6分	
	6	检查制动管路泄漏	7	检查遗漏扣7分	
	7	添加补充制动液	5	操作不当扣5分	
	8	举升或降落车辆	7	操作不当扣7分	
	9	连接接油容器和放气阀	5	操作不当扣5分	
	10	排放制动液	9	操作不当扣9分	
	11	清洗制动管路	9	操作不当扣9分	
	12	制动系统的排气顺序	5	操作不当扣5分	
	13	排气配合口令	4	配合不协调扣4分	
	14	制动系统排气	12	操作不当扣12分	
	15	确定制动系统排气是否彻底	6	操作不当扣6分	
	16	制动性能试验	6	操作不当扣6分	
	17	作业后整理工位	4	酌情扣分	
	18	遵守相关安全规范	因违规操作造成人身和设备事故的，总分按0分计		
分数合计			100		

项目八　更换制动助力器、制动总泵及分泵

一、项目说明

1. 概述

制动助力器、制动总泵及分泵是汽车液压制动系统的重要组成部件，分别起到减小踏板力，增大制动力、将踏板力转换成液压并挤压或扩张制动蹄产生制动力的作用。

随着汽车使用时间的延长，制动助力器会出现膜片老化破裂、膜片复位弹簧弹力下降、控制阀组件密封不良等现象，使制动助力器性能下降或失效，造成制动时制动踏板沉重，增加了驾驶员的疲劳强度；制动总泵及分泵会出现活塞、缸筒及皮碗磨损、皮碗发黏或发胀等现象，导致漏油及制动力下降等。以上故障现象，严重影响了汽车制动系统的工作性能，对行车安全构成很大威胁。因此，应及时更换相关部件，确保汽车液压制动系统能正常工作。

2. 制动助力器、制动总泵及分泵的结构和工作原理

(1) 制动助力器的结构和工作原理。

当踩下制动踏板时，控制阀关闭左右气室的通道，推杆继续推移，控制阀打开右气室与外界空气的通道。此时，右气室作用有大气压力，而左气室则作用有发动机进气歧管内的真空度。于是左右气室产生压力差，在压力差和踏板力的共同作用下，膜片带动推杆推动总泵活塞移动，产生制动液压。

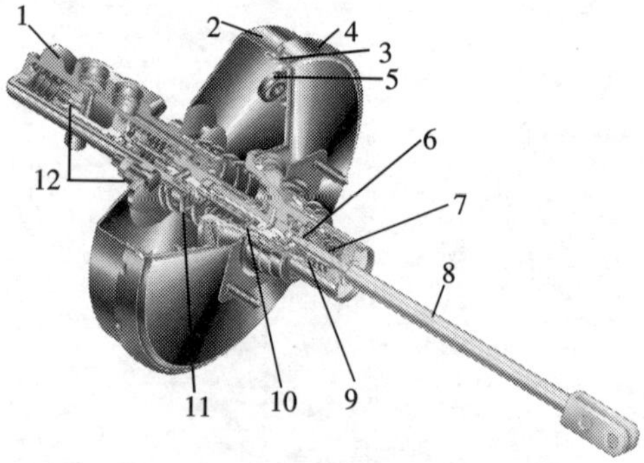

制动助力器的结构

1-制动总泵；2-制动助力器；3-膜片；4-壳体；5-膜片托板；6-橡胶反作用盘；7-控制阀；8-助力器推杆；9-控制阀组件；10-制动总泵推杆；11-膜片复位弹簧；12-单向阀

(2) 制动总泵的结构和工作原理。

踩下制动踏板，推杆推动总泵后活塞前移，使后腔中油压升高。在后腔油压和弹簧弹力作用下，前腔活塞前移，前腔油压也随之升高。当继续下踩制动踏板时，前后腔的油压不断提高，产生的油压通过管路传送给制动分泵。

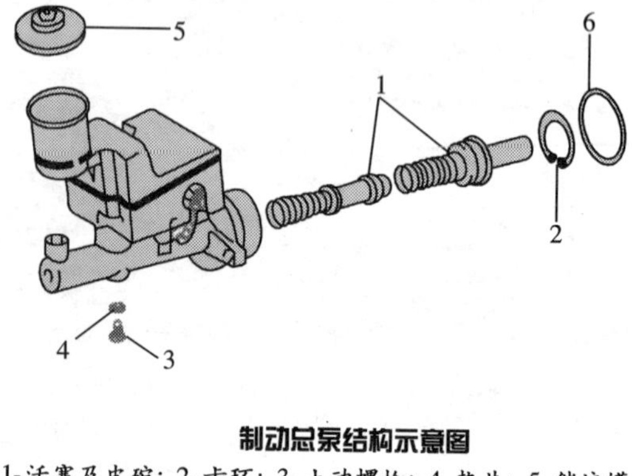

制动总泵结构示意图

1-活塞及皮碗；2-卡环；3-止动螺栓；4-垫片；5-储液罐盖；6-O形圈

放松制动踏板，在复位弹簧的作用下，前后腔活塞回到初始位置，从而解除制动。

(3) 分泵的结构和工作原理。

当承受来自制动总泵油压时，制动分泵的活塞被压出，使与之相接触的制动蹄扩张或挤压制动鼓（盘），产生车轮制动力。

当制动总泵油压消失后，在制动蹄复位弹簧或活塞橡胶密封圈的作用下，制动分泵活塞回到初始位置。

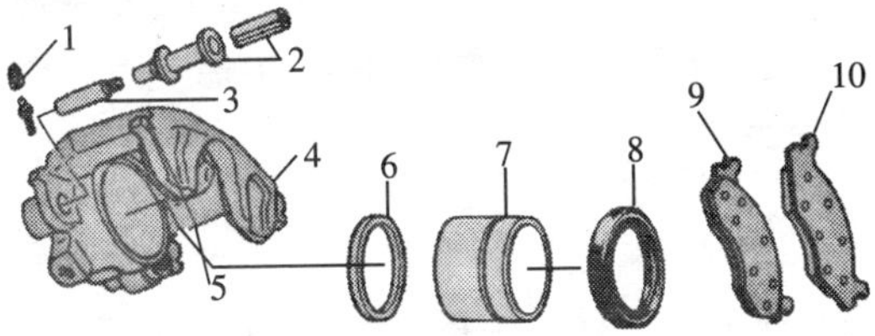

钳盘型制动分泵结构

1-放气螺栓；2-轴套；3-固定销；4-卡钳；5-导槽；6-密封圈；7-活塞；8-活塞套；9-内侧制动蹄；10-外侧制动蹄

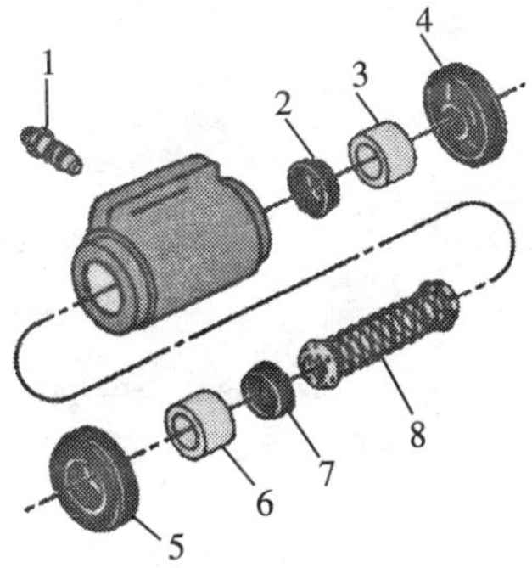

双活塞式制动分泵结构

1-放气阀；2-密封圈；3-活塞；4-保护套；5-保护套；6-活塞；7-密封圈；8-活塞弹簧

二、技术标准与要求

1.安装桑塔纳2000GSi型轿车配套使用的制动助力器、制动总泵及分泵。

2.添加桑塔纳2000GSi型轿车规定型号的制动液，不同型号的制动液不可混用（制动液的型号为VW / Audi 或 N052 760 XO）。

3.制动液有毒性和强腐蚀性，不可与皮肤、油漆接触。

4.制动液具有吸湿性，要存放在密封容器里。

5.相关螺栓规定的拧紧力矩：

(1) 车轮螺栓力矩为110N · m；

(2) 制动钳壳螺栓力矩为70N · m；

(3) 制动总泵螺母力矩为20N · m。

三、实训时间：60min

四、实训教学目标

1.了解更换制动助力器、制动总泵及分泵的重要性。

2.熟悉制动助力器、制动总泵及分泵的结构和工作原理。

3.掌握更换制动助力器、制动总泵及分泵的操作技能。

五、实训器材

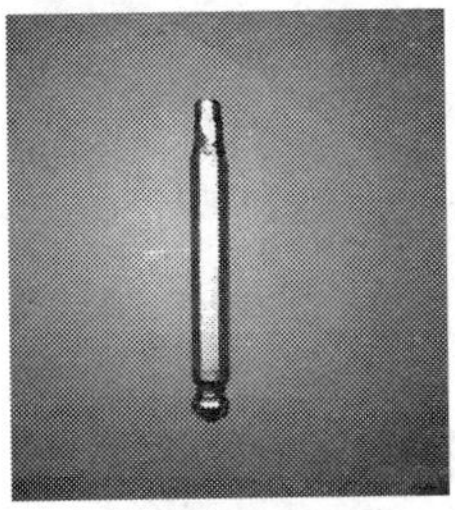

φ7mm专用接头

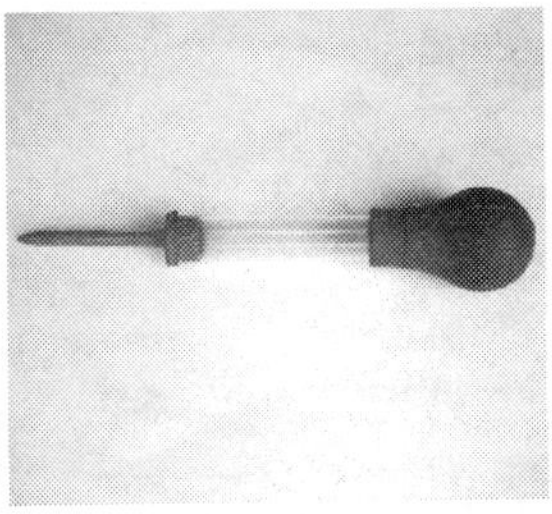

吸管

其他工具及器材：

10-11mm开口扳手、φ13mm套筒、φ15mm套筒、φ24mm套筒接杆、棘轮扳手、十字螺丝刀、车轮扳手、轮箍盖扳手、14-15mm开口扳手、5mm内六角扳手、鲤鱼钳、一字螺丝刀、制动液、防护手套、护裙、驾驶室内保护罩、漏斗、棉纱、接油容器及软管。

六、教学组织

1. 教学组织形式

每辆车安排六名学生参与实训，三名学生为一组。一组操作，一组观察学习。

2. 学生站位分工和要求

三名学生一组，按照1号、2号、3号进行编号，1号为主，2号、3号为辅助。

3. 实训教师职责

讲解操作步骤和注意事项；下达“操作开始”口令；工位间巡视、检查、指导和纠正错误。

4. 学生职责变换

三名学生实行职责变换制度，即第一遍1号为主，2号、3号辅助；第二遍2号为主，1号、3号辅助，依此类推。

七、操作步骤

事前准备

1 车辆进入工位前，参训学生将工位卫生清理干净，排除障碍物，准备好相关的工具、物品等。

提示

培养良好的工作习惯，做好事前准备，有利于安全操作和提高工作效率。

2 将车辆停驻在举升机平台的中央位置。

3 1号拉紧驻车制动器，并将变速器置于空挡位。

提示

为保证车辆在工位上可靠停驻，防止出现溜滑，造成安全事故，要拉紧驻车制动器并将变速器置于空挡位。

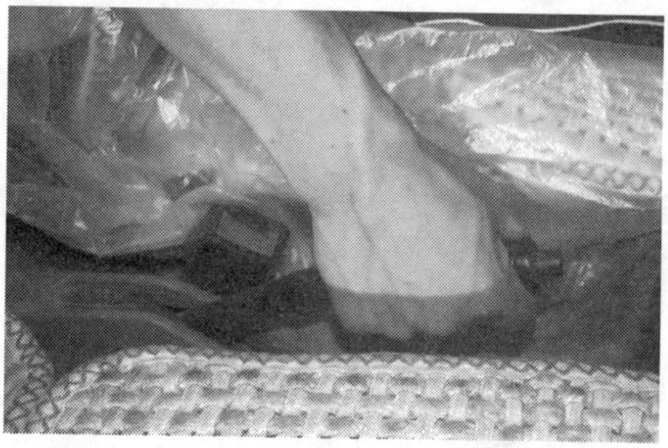

4 1号打开并可靠支撑机舱盖。

提示

将支撑杆插入机舱盖支撑孔时，要保证接触可靠，否则，机舱盖滑落会造成人身伤害。

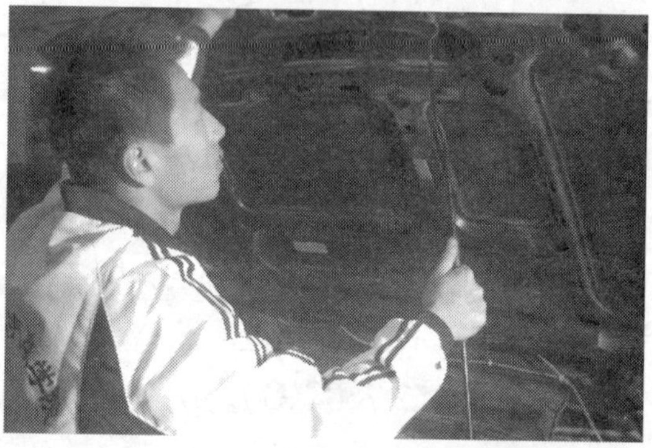

5　1号、2号把护裙粘贴在汽车左、右侧翼子板上，要求护裙将翼子板全部覆盖。护裙的上边沿粘贴到排水槽的内侧，前端至侧灯处，后端至车门与翼子板结合缝隙。

提示

（1）粘贴护裙的主要目的是保护操作中能够接触到的翼子板车漆。

（2）护裙是通过磁铁吸附在翼子板上的，因此，在粘贴时，当护裙接近翼子板，感受到吸力后，要稍稍用力，使护裙轻轻与翼子板贴合，不允许听到接触碰撞声。

6　1号安装转向盘套、换挡手柄套、座套、铺设地板垫。

提示

保护罩是由薄塑料制成的，极易破损。所以在安装时，用力要均匀，避免因用力过大造成损坏。其主要作用是在操作过程中保持驾驶室内清洁。

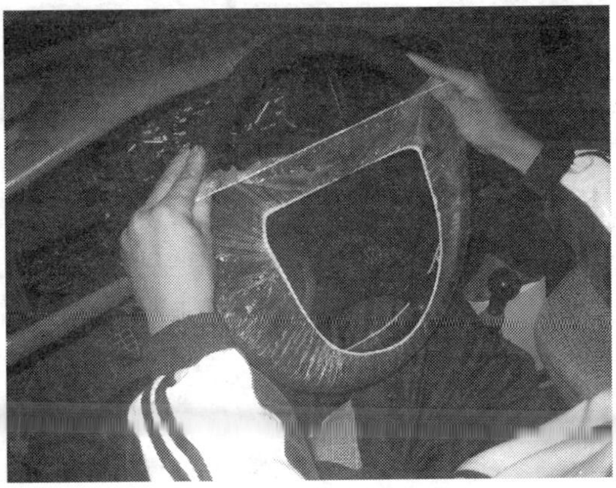

（一）更换制动总泵

第一步　拆卸制动总泵

1　1号拔下液位传感器的电插头，然后旋下储液罐盖擦净后传递给2号。

提示

取下储液罐盖时，注意不要碰伤传感器的浮子，以免造成传感器损坏；擦净浮子上的油液后再传递出去，避免油液滴落到车漆上或沾附到皮肤上，导致车漆剥落或侵蚀皮肤。

2　2号把储液罐盖摆放到零件车上之后，将吸管及接油容器传递给1号。

3　1号使用吸管将制动总泵内的制动液吸出，盛放到接油容器内。

提示

（1）尽量吸净储液罐内的制动液，减少拆卸制动总泵时的洒失量。

（2）如果制动液性能良好，要选用洁净容器盛放制动液，以备继续使用。

4 1号在供油软管下方铺设棉纱。

提示

铺设棉纱的目的是，防止残留制动液滴落到车漆、机械总成及地面上。

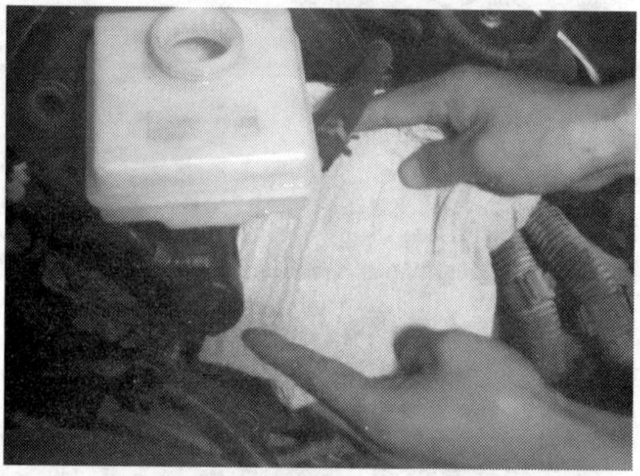

5 2号将吸管和封闭后的接油容器放到零件车上，然后将鲤鱼钳传递给1号。

6 1号使用鲤鱼钳，将离合器总泵的供油软管与制动总泵连接端的卡箍，向后拉离压紧位置。

7 1号用手取下离合器供油软管，并将油管堵头安装到管口上。

提示

(1) 取下供油软管时，用力转动并后拉，使油管脱出。禁止使用螺丝刀等类似器具别撬油管，否则容易造成油管损伤。

(2) 拆卸后的供油软管，为防止水分、灰尘及杂物进入，引起制动液污染及加剧机件磨损，需要安装合适油管堵头。

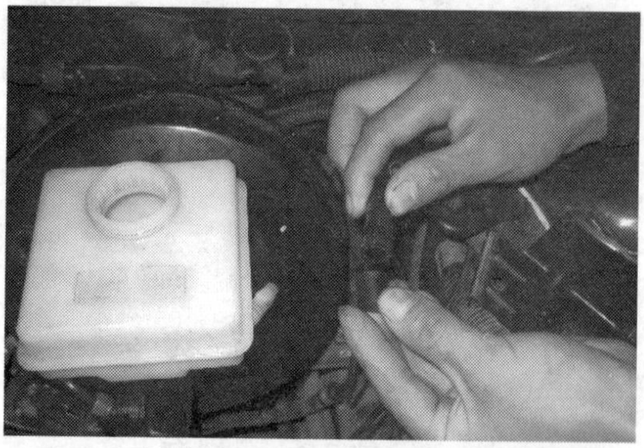

8 2号将10-11mm开口扳手传递给1号。

9 1号使用10-11mm开口扳手，拧松制动总泵两出油管压紧螺母。

提示

(1)拧松制动总泵出油管压紧螺母时，严禁使用磨损过度的开口扳手。否则，会导致螺母滑方，给拆卸出油管带来更大的难度。

(2)在出油管的下方铺设棉纱，防止残留制动液滴落到车漆、机械总成及地面上。

10 1号用手旋出制动总泵出油管压紧螺母后，稍用力将出油管拉离制动总泵。

11 1号将油管堵头安装到两出油管口上。

提示

拆卸后的油管，为防止水分、灰尘及杂物进入，引起制动液性能下降、污染及加剧机件磨损，要安装合适的油管堵头。

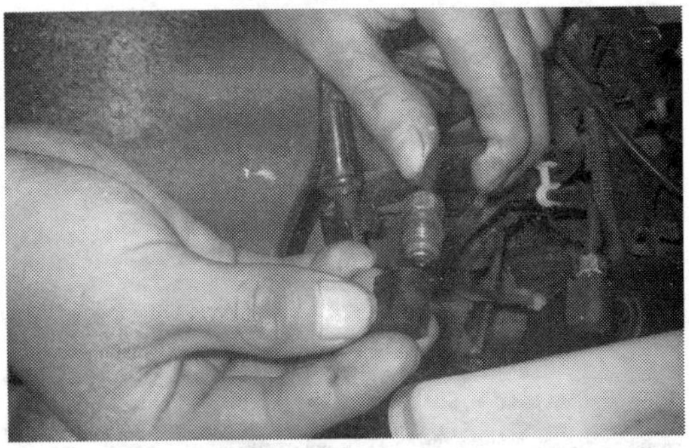

12 2号将ϕ13mm套筒、接杆、棘轮扳手组合后传递给1号。

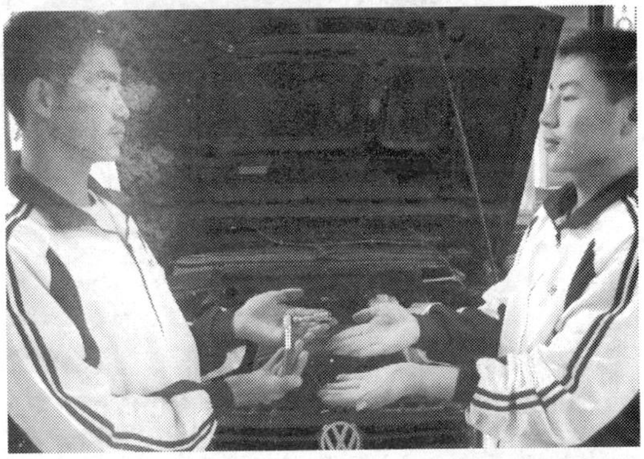

13 1号使用将ϕ13mm套筒、接杆、棘轮扳手，将制动总泵的2条固定螺母拧松。

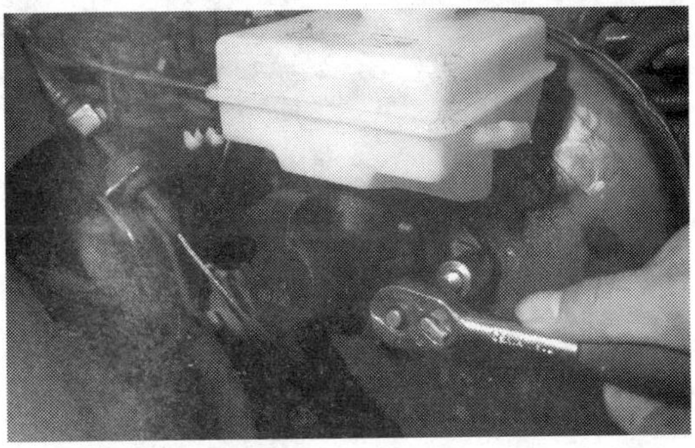

14 将工具递还2号后，1号一手扶住制动总泵，一手旋下固定螺母，并传递给2号。

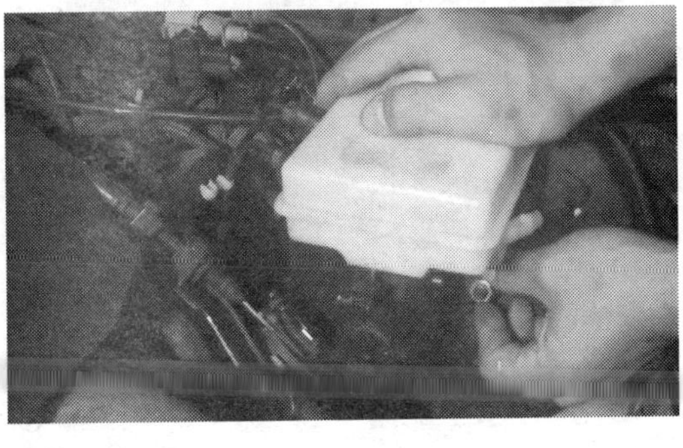

15 1号用手取下制动总泵传递给2号。

提示

传递制动总泵时，要将制动总泵放在棉纱上。避免残留制动液滴落到车漆、总成及地面上。

16 2号将制动总泵摆放到零件车上。

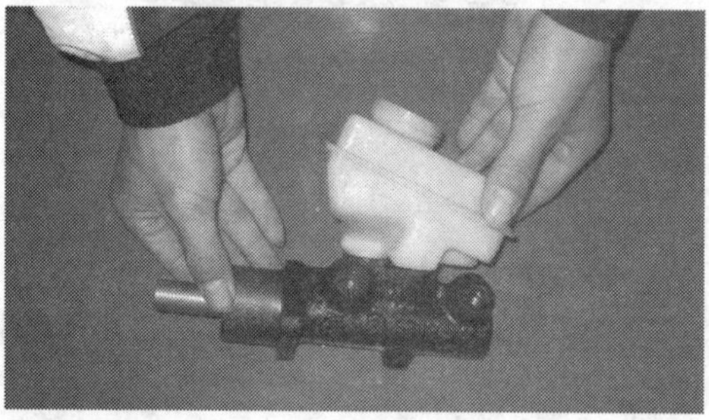

第二步　安装制动总泵

1 1号取下储液罐，并检查储液罐与制动总泵间的密封圈。

提示

该密封圈用于保证储油罐与制动总泵间的密封。如出现裂纹、发胀、发黏、扭曲变形，应更换新品。否则，将导致漏油。

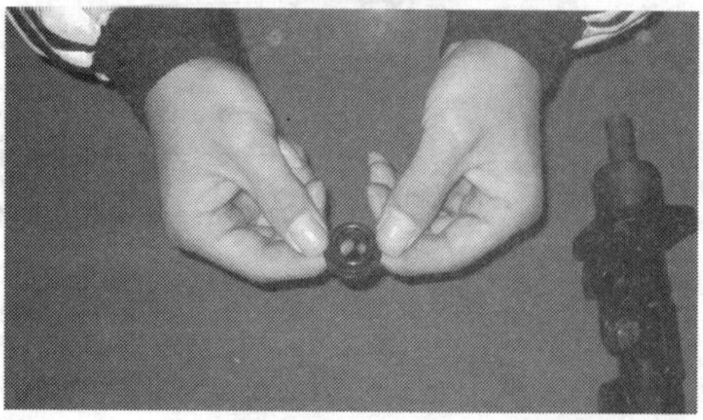

2 1号将密封圈上均匀涂抹一薄层制动液。

提示

(1) 安装密封圈时，确保密封圈呈自然状态，不允许有扭曲现象。

(2) 在密封圈上涂抹制动液，可以起到方便安装和加强密封的作用。

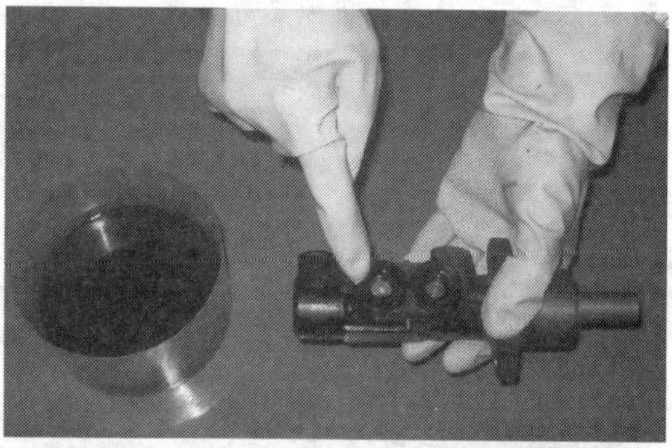

3 1号将储油罐安装到制动总泵上。

提示

确保储油罐安装到位，否则将会引起漏油。

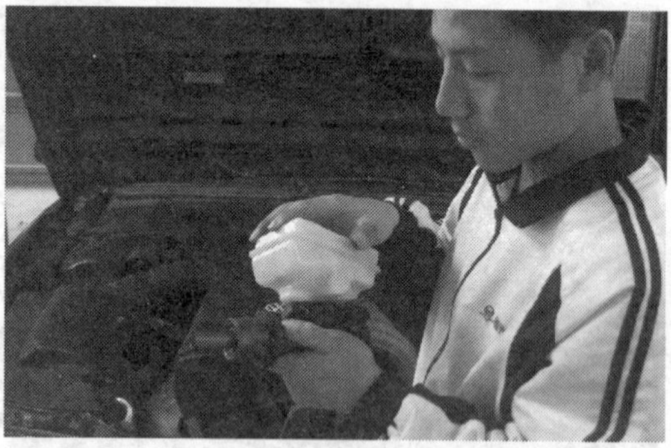

4 1号检查并安装制动总泵和制动助力器间的密封圈。

提示

(1) 该密封圈安装在制动总泵的前端凸缘上，用于封闭制动总泵和制动助力器之间接合面的缝隙，形成内部密封空间，从而保证制动助力器的使用性能。

(2) 密封圈的检查方法相同，不再赘述。

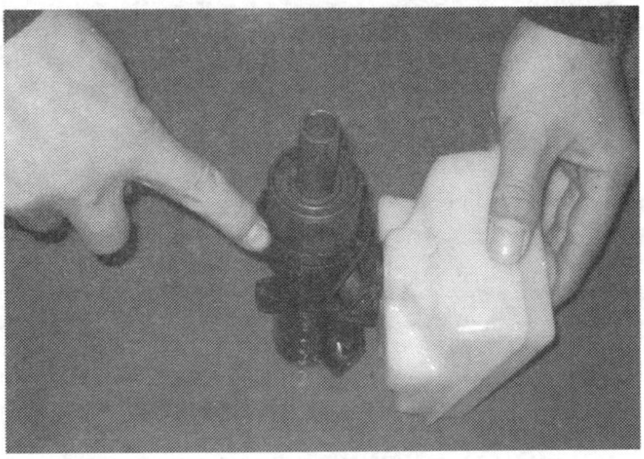

5　1号在制动总泵后活塞凹坑中涂抹适量润滑脂。

提示

制动总泵活塞凹坑与其推杆间因相互摩擦而产生磨损，因此，安装时需要在接触部位进行润滑。

6　1号将制动总泵的活塞凹坑与推杆对齐；将制动总泵壳体上的螺栓孔与制动助力器壳上的螺栓对齐。然后，将制动总泵用手安装到制动助力器上。

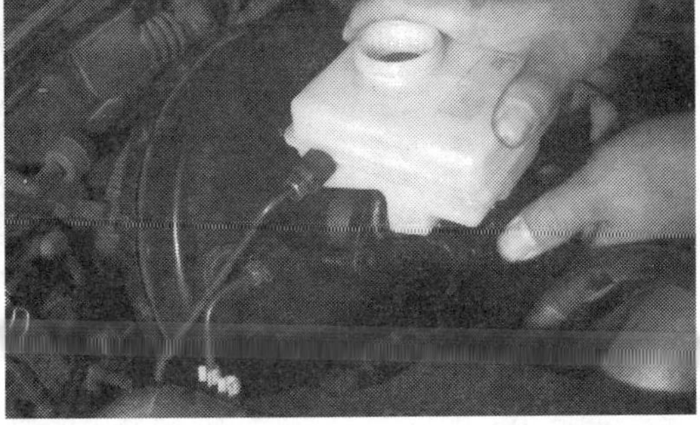

7　1号一手扶住制动总泵；一手将2号传递来的螺母用手旋到螺栓上。

提示

禁止使用工具旋入螺母，防止螺母偏斜，造成螺纹损伤。

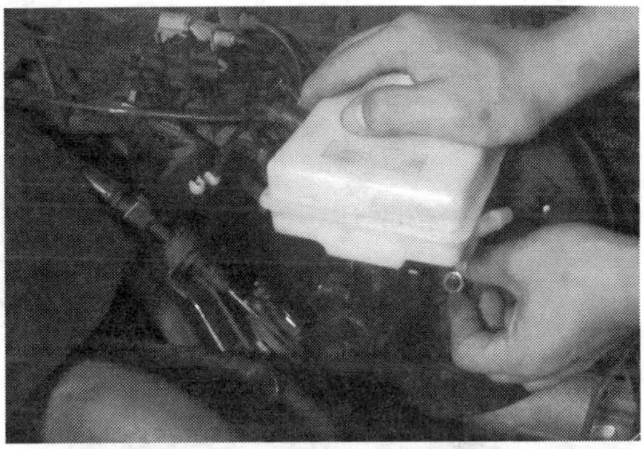

8　2号将ϕ13mm套筒、接杆、棘轮扳手组合后传递给1号。

9　1号使用工具，拧紧制动总泵2个固定螺母。螺母规定力矩为20N·m。

提示

拧紧制动总泵的2个螺母时，要按照“交替多遍”的要求进行。

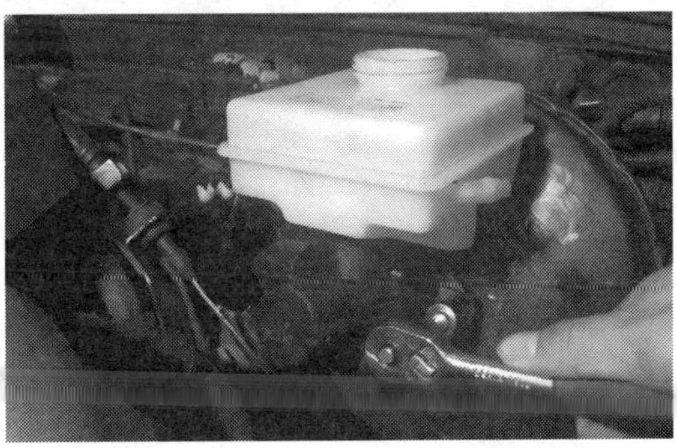

10 1号取下油管堵头后，用手将制动总泵的两出油管的压紧螺母旋入螺纹孔中。

提示

确保对正螺纹，严禁使用工具旋入压紧螺母。否则，螺纹损伤将导致漏油，严重时会造成制动总泵、出油管的报废。

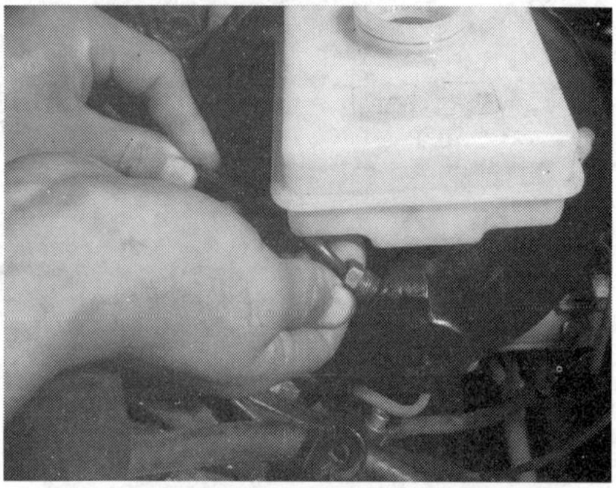

11 2号将10-11mm开口扳手传递给1号。

12 1号使用10-11mm开口扳手，拧紧制动总泵两出油管的压紧螺母。螺母规定力矩25N · m。

提示

拧紧制动总泵出油管压紧螺母时，严禁使用磨损过度的开口扳手。否则，会导致螺母滑方，因压紧力小而导致漏油。

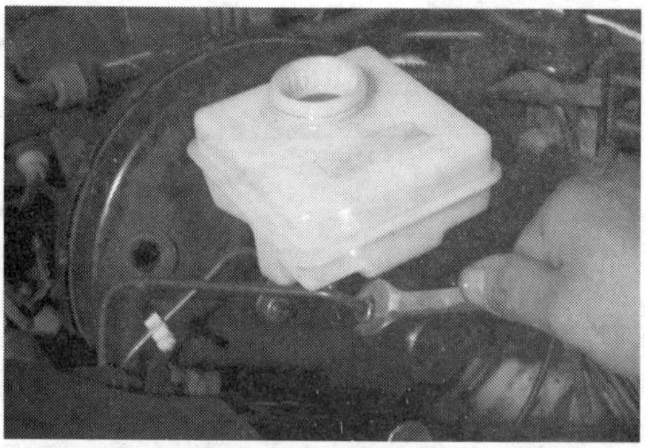

13 1号将离合器总泵的供油软管，用手安装到储液罐的管接头上。

提示

（1）检查供油软管是否有裂纹、脱层、橡胶老化等现象，视情更换新品。

（2）供油软管要安装到位，有利于防止漏油。

14 1号使用2号传递来的鲤鱼钳，将卡箍压紧在软管和管接头结合部分的中间位置。

第三步　加注制动泵

1　2号将制动液桶传递给1号。

2　2号将漏斗放入储液罐加油口中并扶稳。1号打开制动液桶盖，然后将制动液缓慢倒入储液罐内，直到液面达到规定要求为止。

提示

在加注油液的同时，注意观察储液罐内液面的变化，液面不得超过“MAX”刻度线。

3　1号检查储液罐中液面的高度，不得高于“MAX”刻度线，最后旋紧储液罐盖，插上液位传感器电插头。

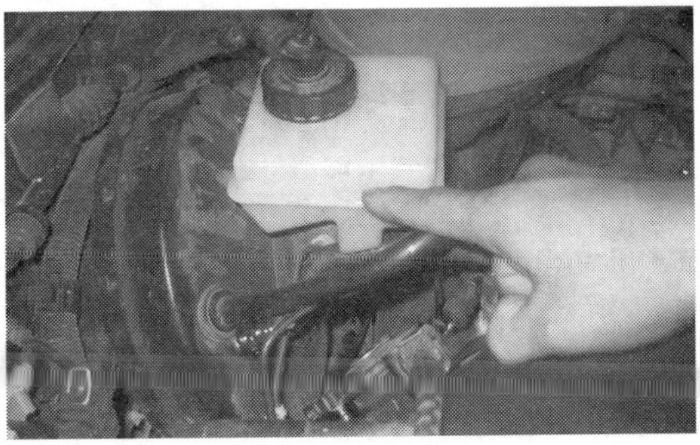

第四步　制动系统排气

1　3号操纵举升机将车辆举升至适当高度，并可靠锁止提升臂。

提示

举升机的安全操作规范，请参阅“举升机的使用方法”，在此不再赘述。

2　1号、2号、3号共同配合，将制动系统中存留的空气排放彻底。

提示

液压制动系统排气的详细操作步骤和规范要求，请参阅“检查、添加或更换制动液”，在此不再赘述。

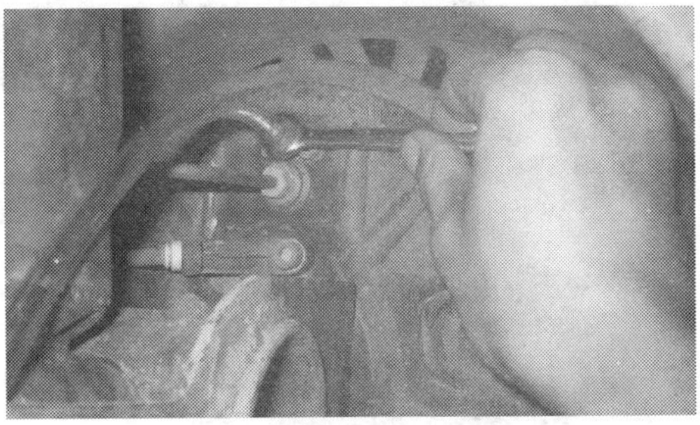

（二）更换制动助力器

第一步　拆卸制动总泵

1　1号、2号配合拆下制动总泵。

提示

拆卸制动总泵的操作步骤和规范要求，请参阅前文说明，在此不再赘述

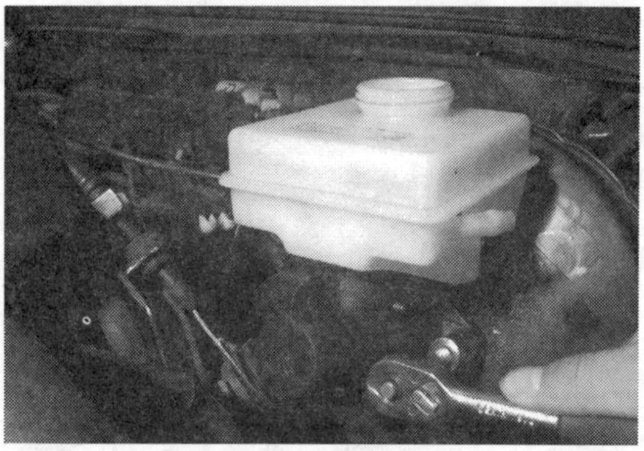

2 1号用手拔下制动助力器的真空管及止回阀。

提示

真空软管连接发动机进气歧管和止回阀，止回阀安装在制动助力器外壳上，并与制动助力器的左气室相通。制动助力器的左气室承受发动机进气歧管内的真空度，为汽车制动时提供助力。

第二步　拆卸转向盘下方保护罩

1 2号将十字螺丝刀传递给1号。

2 1号使用螺丝刀旋下组合开关下防护罩的3条自攻丝固定螺钉，并传递给2号。

提示

螺钉拆卸后，应摆放在零件车上，以防丢失。

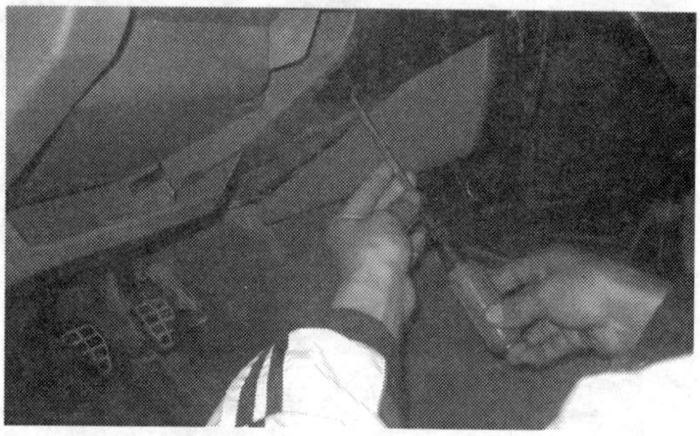

3 1号将组合开关下防护罩取下并传递给2号。2号将其摆放在零件车上。

提示

将组合开关下防护罩与其固定螺钉摆放在一起，可避免安装时出现螺钉错乱。

4 1号使用十字螺丝刀旋下转向盘下防护罩的5条自攻丝固定螺钉，并传递给2号。

提示

螺钉拆卸后，应摆放在零件车上，以防丢失。

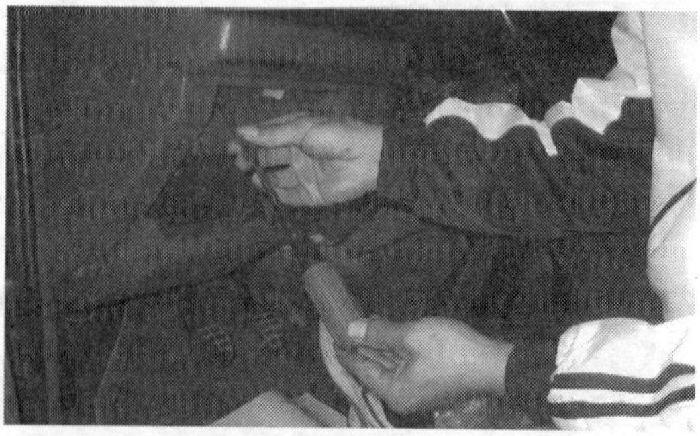

5　1号将转向盘下防护罩取下并传递给2号。2号将其摆放到零件车上。

提示

将转向盘下防护罩与其固定螺钉摆放在一起，可避免安装时出现螺钉错乱，有利于提高工作效率。

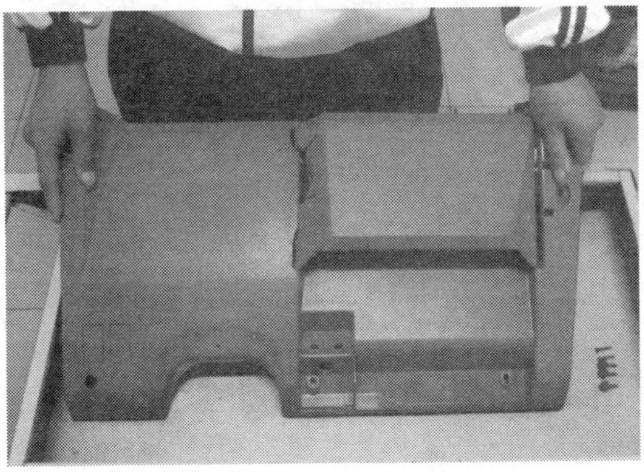

6　1号使用十字螺丝刀旋下防尘罩的1条自攻丝固定螺钉，并传递给2号。

提示

螺钉拆卸后，应摆放在零件车上，以防丢失。

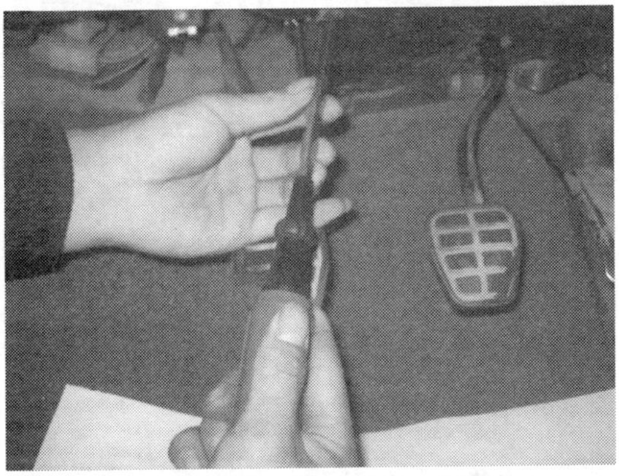

7　1号取下防尘罩并传递给2号，2号将其摆放到零件车上。

提示

将防尘罩与其固定螺钉摆放在一起，可避免安装时出现螺钉错乱，有利于提高工作效率。

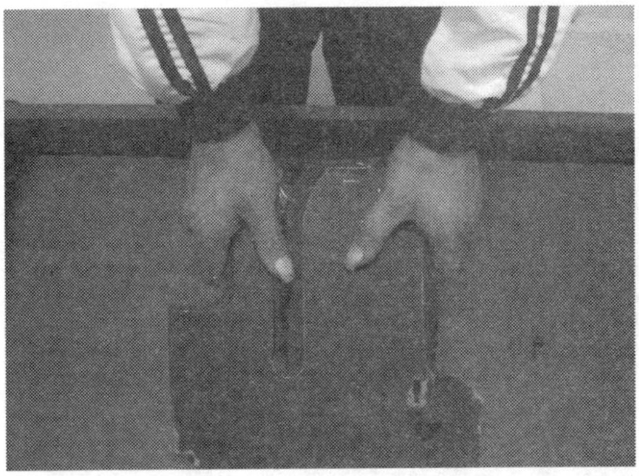

第三步　拆卸制动助力器

1　2号将尖嘴钳传递给1号。

2　1号使用尖嘴钳，取出连接制动踏板与制动助力器推杆的连接销上的保险装置，然后取出连接销，断开推杆与制动踏板连接。

提示

连接销和保险装置所处位置较隐蔽，拆卸或安装时难度较大，最好配合灯光照明。

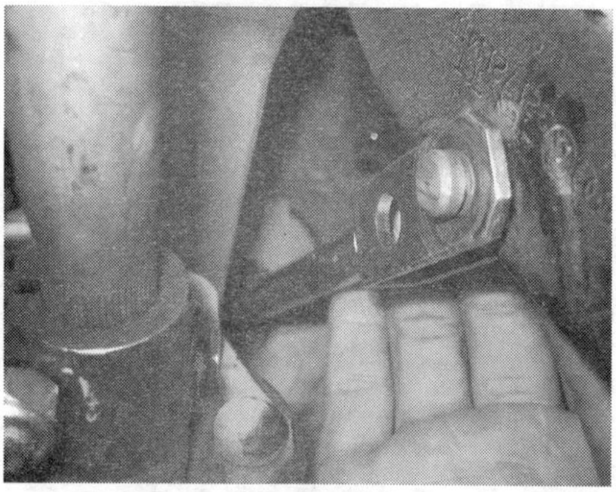

3 2号将ϕ13mm套筒、接杆、棘轮扳手组合后传递给1号。

4 1号使用工具，拧松制动助力器的3条压紧螺母。

提示

制动助力器的3个压紧螺母，需要在驾驶室内拆卸。位置隐蔽，空间狭小，最好配合灯光照明。

5 2号接收工具并摆放到工具车上。

提示

工具擦拭后，再摆放到工具车上，注意工具维护。

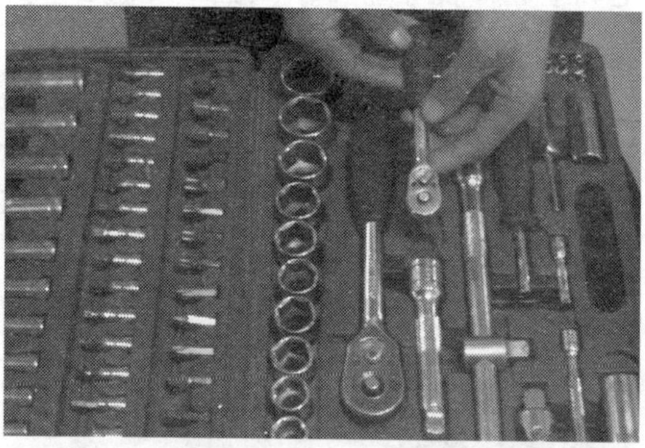

6 2号用手扶住发动机舱内的制动助力器；1号在驾驶室内用手旋下制动助力器的3个压紧螺母。

提示

2号扶住制动助力器，是为了防止压紧螺母取下后，制动助力器掉落损伤其他部件。

7 2号取出制动助力器，并摆放到零件车上。

提示

（1）制动助力器的前端凸缘上，有一个橡胶垫圈。取下制动助力器时，不要脱落丢失。橡胶垫圈用于保持制动助力器与车身的弹性固定，并且有减轻振动作用。

（2）制动总泵的推杆，为两段插入式。更换不同厚度的垫片，可用来调整推杆和制动总泵活塞之间的间隙，其间隙值为0～1mm。

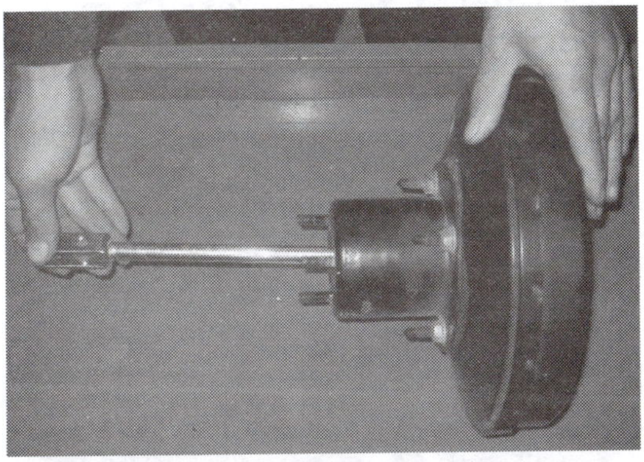

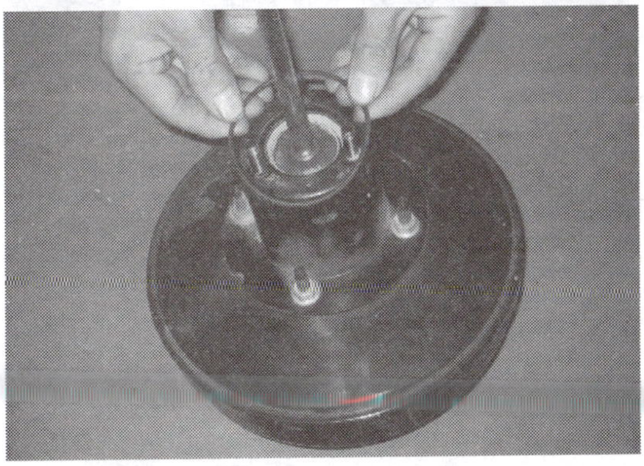

第四步 安装制动助力器

1 2号将橡胶垫圈贴合于制动助力器的前端凸缘上。

提示

为保证橡胶垫圈的可靠贴合，可在橡胶垫圈上涂抹适量润滑脂。这样在安装制动助力器时，橡胶垫圈便不易脱落。

2 2号将制动助力器3条螺栓和车身上的安装孔对齐后，将制动助力器前端面贴合在身上，并用手扶住制动助力器。

3 1号用手将3个螺母，旋入制动助力器的固定螺栓上。

提示

为防止损伤螺栓螺纹，要用手旋入螺母。

4 1号使用2号传递来的 ϕ 13mm 套筒、接杆、棘轮扳手，拧紧制动助力器的3条压紧螺母。压紧螺母的规定力矩为20N · m。

提示

拧紧3条紧固螺母时，要按照“交叉多遍”的要求进行。防止制动助力器壳体变形，而影响其使用性能。

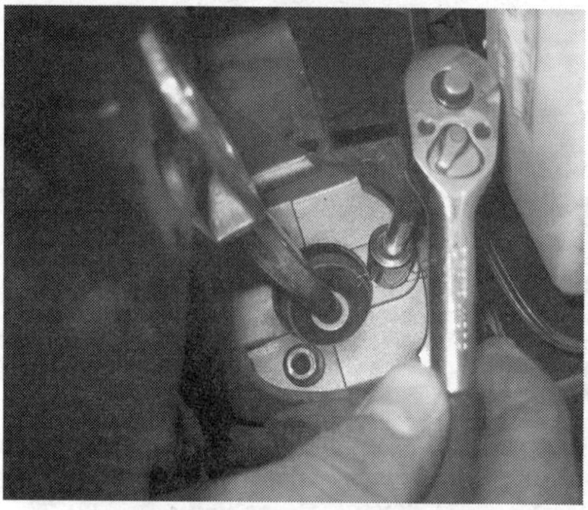

5 2号将连接销和保险装置传递给1号。1号对齐制动助力器的推杆和制动踏板上的销孔后，将连接销插入销孔中，把推杆和制动踏板连接起来。最后，将保险装置插入连接销上的环槽内。

提示

在安装保险装置时，要确认其安装方向，并且将钢片插入连接轴上的环槽中。

第五步　安装转向盘下方保护罩

1 2号将转向盘下方防护罩传递给1号。

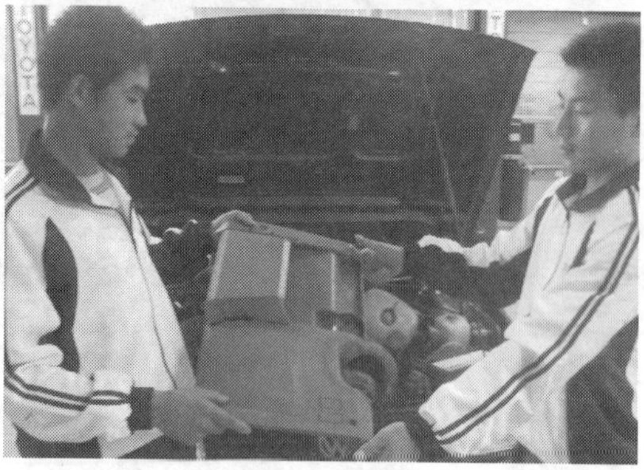

2 1号将防护罩上的锁扣对齐仪表台上的锁孔，并推入到位，这样防护罩便安装在仪表台上。

提示

安装时，不要剧烈弯折防护罩，否则易造成损坏。

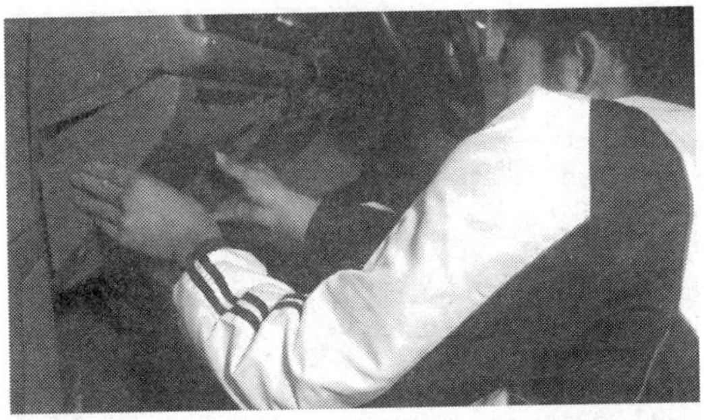

3　2号将十字螺丝刀、螺钉分次传递给1号。

4　1号使用工具将转向盘下防护罩的5条固定螺钉旋紧。

提示

自攻丝螺钉在旋紧时，用力不要过大，否则容易滑扣，压紧力反而变小。

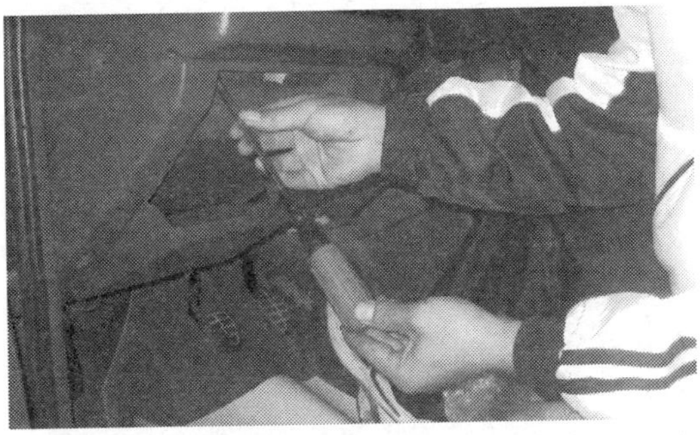

5　2号将防尘罩、螺钉分次传递给1号。

6　1号将防尘罩上的开槽穿过制动踏板臂和加速踏板臂，其右端与防护罩搭连起来，左端通过螺钉固定在仪表台上。

提示

自攻丝螺钉在旋紧时，用力不要过大，否则容易滑扣，压紧力反而变小。

7　2号将组合开关下防护罩、螺钉分次传递给1号。

8　1号将组合开关下防护罩与上防护罩对齐后，使用螺丝刀将3条螺钉旋紧。

提示

自攻丝螺钉在旋紧时，用力不要过大，否则容易滑扣，压紧力反而变小。

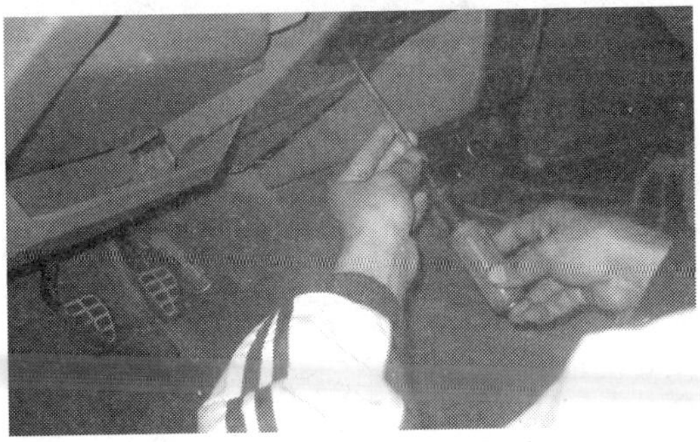

第六步 安装制动总泵

1 1号、2号共同配合，将制动总泵安装完毕。

提示

安装制动总泵的操作步骤和规范要求，请参阅“更换制动总泵”，在此不再赘述。

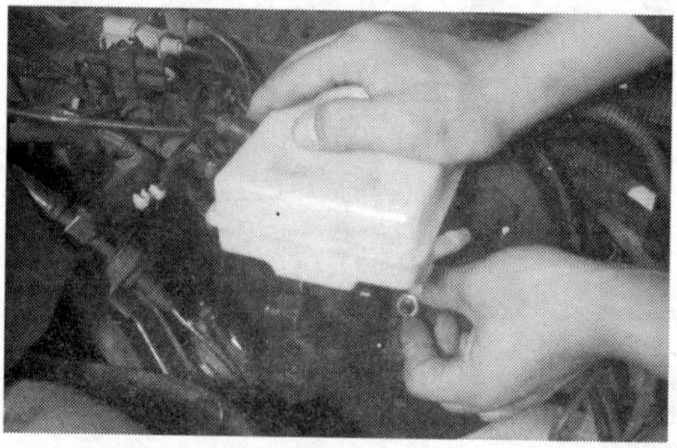

2 1号、2号、3号共同配合，将制动系统中存留的空气排放彻底。

提示

液压制动系统排气的详细操作步骤和规范要求，请参阅“检查、添加或更换制动液”，在此不再赘述。

3 1号检查止回阀的性能是否正常。

提示

止回阀应具有良好的单向导通性，即按照图示方向吹气畅通，吸气则不通为正常。否则，应更换止回阀。

4 1号将真空管插入制动助力器上的安装孔中。

第七步 制动助力器性能试验

1 1号进入驾驶室，连续踩踏制动踏板数次后，用力踩住制动踏板并保持踏板制动位置不变。

提示

连续踩踏制动踏板，目的是排出制动助力器真空气室中残留真空度。在检验制动助力器性能时，助力效果会更加显著。

2　1号打开点火开关，起动发动机。如果制动踏板稍有下降感觉。证明制动助力器工作性能正常。反之，制动助力器失效。

提示

起动发动机之前，踩住制动踏板，系统中产生的液压完全是踏板力的转换。发动机起动后，制动系统产生的液压是进气歧管内的真空度与踏板力之和。因此，在踏板力保持不变的情况下，发动机起动后，制动踏板应稍有下降现象。

（三）更换前轮制动分泵

第一步　拆卸前左右车轮

1　2号将一字螺丝刀传递给1号。

2　1号将一字螺丝刀插入车轮装饰罩拆卸缺口中，撬起装饰罩，然后用手将装饰罩取下，并传递给2号。

提示

拆卸车轮装饰罩时，用力要适当，不要过猛，以免造成车轮装饰罩损坏。

3　2号将车轮装饰罩摆放到零件车上。

4　2号将车轮扳手传递给1号。

5　1号使用车轮扳手，拧松车轮的4条固定螺栓。

提示

（1）拧松车轮固定螺栓时，要按照“对角多遍”的要求进行，防止车轮变形。

（2）车轮螺栓以拧松2~3个丝扣为宜，避免车轮负重倾斜，造成螺栓螺纹损伤。

6 2号操纵举升机，将车辆举升至轮胎最低点距离地面约20cm的高度。

提示

（1）车辆举升高度，以便于拆卸车轮及制动分泵为标准。

（2）举升机的操作要领和规范要求，请参阅“举升机的使用方法”。

（3）举升车辆时，强调安全确认口令“正常”、“举升车辆”，防止意外情况发生。

7 2号扶住车轮，1号使用车轮扳手，快速旋出车轮固定螺栓。

提示

1号、2号配合拆卸车轮，可以防止车轮因歪斜而损伤螺栓螺纹和车轮脱落。

8 2号接收工具，擦净后摆放到工具车上。

9 1号用手旋下车轮固定螺栓，并传递给2号。

10 2号将车轮固定螺栓摆放到零件车上。

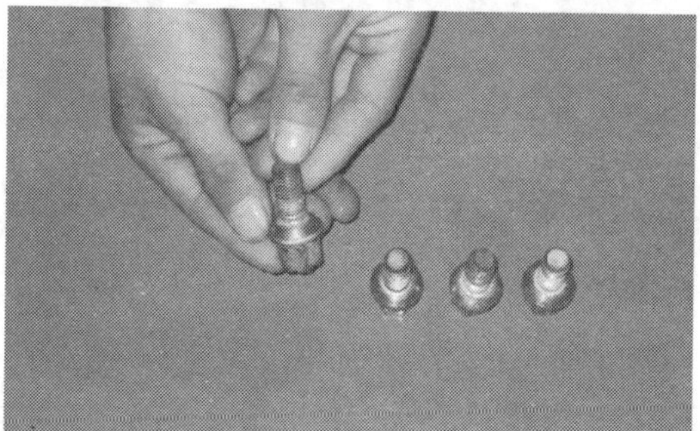

11 1号取下车轮，并将其放置到车轮支架上。

提示

（1）按照相同的操作步骤和规范要求，拆卸另一侧车轮，不再赘述。

（2）两侧车轮作好区分标记，不要混装。

第二步　排放制动液

1号、2号配合，将系统中的制动液彻底排放。

提示

排放制动液的操作步骤和规范要求，请参阅“检查、添加或更换制动液”，在此不再赘述。

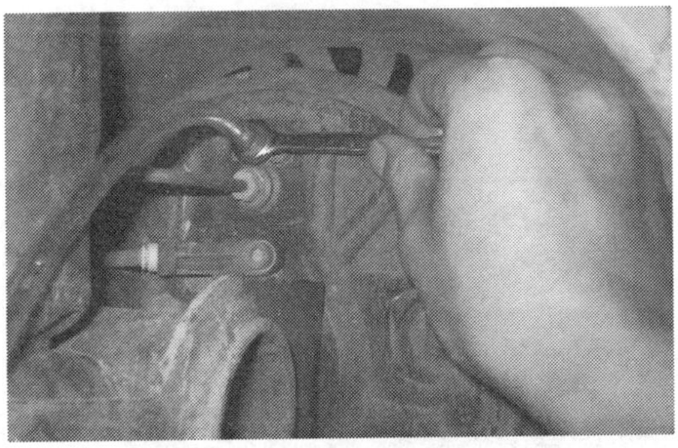

第三步　拆卸制动分泵

1 2号将13-14mm开口扳手传递给1号。

2 1号使用13-14mm开口扳手，拧松制动分泵的进油管压紧螺栓。

提示

(1) 拧松进油管压紧螺栓时，严禁使用磨损过度的开口扳手。否则，将导致螺栓滑方，给拆卸制动分泵带来更大难度。

(2) 在制动分泵进油管下方铺设棉纱，防止残留制动液滴落到地面上。

3 2号将ϕ7mm专用接头、接杆、棘轮扳手组合后，传递给1号。

4 1号使用工具，拧松制动分泵的2条定位螺栓。

提示

拧松制动分泵定位螺栓时，要保持专用接头垂直且与螺栓内螺方可靠配合。

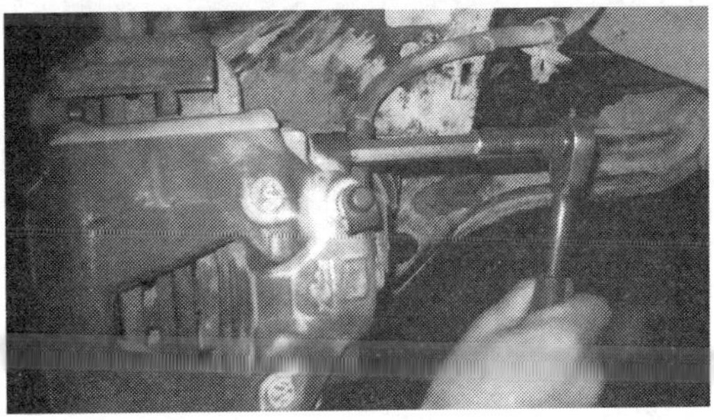

5 2号接收工具，擦净后摆放到工具车上。

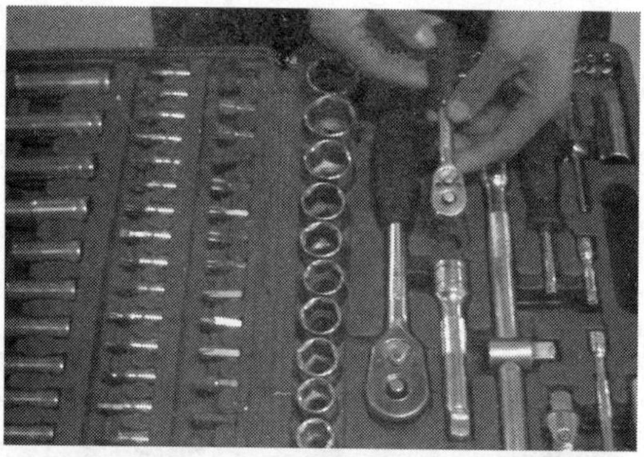

6 1号用手旋出制动分泵的定位螺栓。

提示

2条固定螺栓，可保持在制动分泵的支架上，不必取下，但必须拉离制动分泵的螺栓孔。

7 2号将一字螺丝刀传递给1号。

8 1号将一字螺丝刀插入制动蹄与制动盘之间的缝隙中，撬别制动蹄，使之离开制动盘。

提示

钳型盘式制动器的制动蹄和制动盘之间的间隙很小，在这种情况下，很难将制动分泵直接取下来。所以，应加大制动蹄和制动盘间的距离，才能顺利取下制动分泵。

9 1号从支架上取下制动分泵，然后取出内外制动蹄。

提示

注意区分内外制动蹄，内制动蹄底板上有弹性卡片，弹性卡片支撑于制动分泵活塞的凹坑内。

10　1号一手转动制动分泵，一手扶住进油管，旋出进油管压紧螺栓，然后将制动分泵传递给2号。

提示

旋出进油管压紧螺栓时，禁止转动进油管。否则，容易导致进油管破裂。

11　2号将制动分泵摆放到零件车上。

提示

制动分泵内有残留制动液，在传递和摆放中，不要将制动液沾附到皮肤上和滴落到地面上。

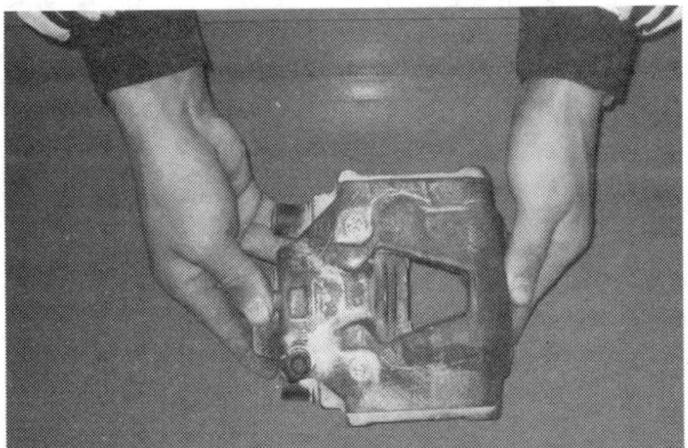

第四步　安装制动分泵

1　1号使用粗纱布，砂磨制动盘和制动蹄摩擦表面。

提示

保持制动蹄和制动盘摩擦表面洁净、粗糙，可防止制动打滑，提高制动性能。

2　2号将制动分泵传递给1号。

3　1号用手将进油管压紧螺栓旋入制动分泵的螺纹孔中。

提示

保证对正螺纹，严禁使用工具旋入进油管压紧螺栓。防止因螺纹孔和螺栓的螺纹损伤，而导致制动分泵和进油管报废。

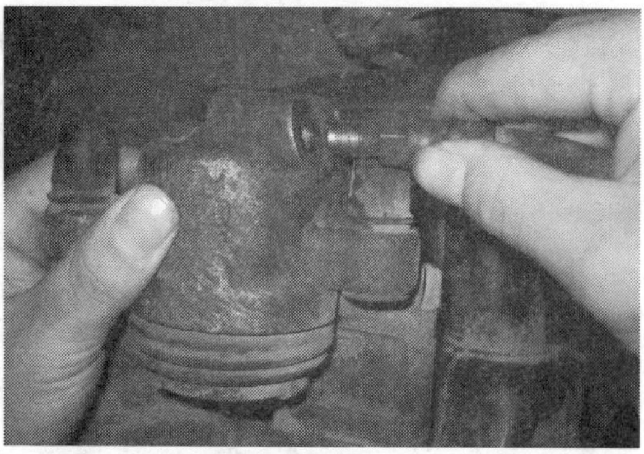

4 1号一手转动制动分泵，一手捏住进油管螺栓，将进油管固定螺栓旋紧。

提示

注意在旋紧进油管固定螺栓时，要保持进油管呈自然状态。

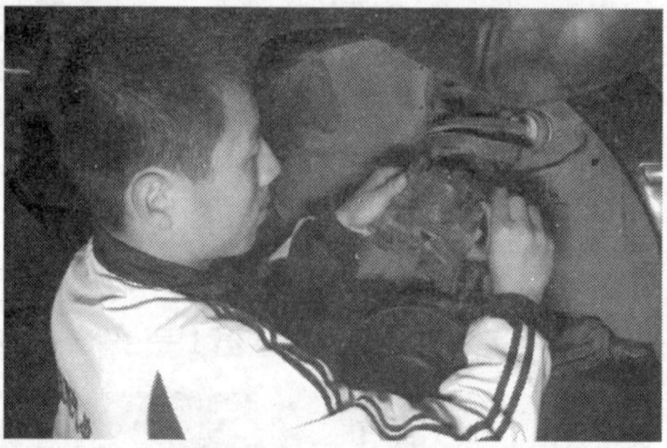

5 1号将制动蹄安装到制动分泵上。

提示

注意区分内外制动蹄，内制动蹄底板上有弹性卡片，弹性卡片应安装到制动分泵活塞凹坑内。

6 1号将制动分泵安放到支架上。

提示

安放制动分泵时，防止外制动蹄脱落。

7 1号将制动分泵上的定位孔与支架上的螺栓孔对齐后，将螺栓穿过制动分泵，并旋入螺栓孔中。

8 1号使用2号传递来的ϕ7mm专用接头、接杆、棘轮扳手，拧紧制动分泵的2条定位螺栓。

9 1号使用2号传递来的扭力扳手，将制动分泵的定位螺栓的力矩拧紧到70N·m。

10 1号使用2号传递来的13-14mm开口扳手，拧紧制动分泵压紧螺栓。最后使用棉纱擦净管接头处油渍。

提示

按照相同的操作步骤和规范要求，安装另一侧的制动分泵。

第五步　制动系统排气

1号、2号共同配合，将制动系统中的空气排放彻底。

提示

添加制动液、制动系统排气的操作步骤和规范要求，请参阅“检查、添加或更换制动液”，在此不再赘述。

第六步　安装车轮

1 1号将车轮安放到制动盘凸缘上，对齐螺栓孔后，用手将车轮固定螺栓旋入螺纹孔内。

2 2号扶住车轮。1号使用车轮扳手，将车轮4条固定螺栓拧紧到适当力矩。

提示

(1) 拧紧车轮固定螺栓时，要按照“对角多遍”的要求进行，防止车轮变形。

(2) 按照相同要求，安装另一侧车轮。

第七步　前轮制动分泵性能试验

1　2号进入驾驶室，连续踩踏制动踏板数次后，踩住制动踏板保持制动位置不变。

提示

连续踩踏制动踏板数次，目的是使制动器自动将制动盘和制动蹄间的间隙调整到最佳。

2　1号用力转动车轮。

提示

如果车轮不能够转动，证明制动分泵制动效果良好。否则，对制动系统进行检查。

3　2号放松制动踏板，1号再次转动车轮。

提示

（1）如果车轮转动自如，轻便顺畅，证明制动分泵复位性能良好。否则，对制动系统进行检查。

（2）如果条件允许，可进行道路试验，以检验制动系统性能。

4　1号操纵举升机，将车辆降落到地面上。

5　1号使用2号传递来的扭力扳手，将车轮固定螺栓力矩拧紧至110N · m。

提示

（1）拧紧车轮固定螺栓时，要按照“对角多遍”的要求进行，防止车轮变形。

（2）按照相同要求，拧紧另一侧车轮固定螺栓。

（四）更换后轮制动分泵

第一步　排放制动液

1号、2号配合，将系统中的制动液彻底排放。

提示

排放制动液的操作步骤和规范要求，请参阅“检查、添加或更换制动液”，在此不再赘述。

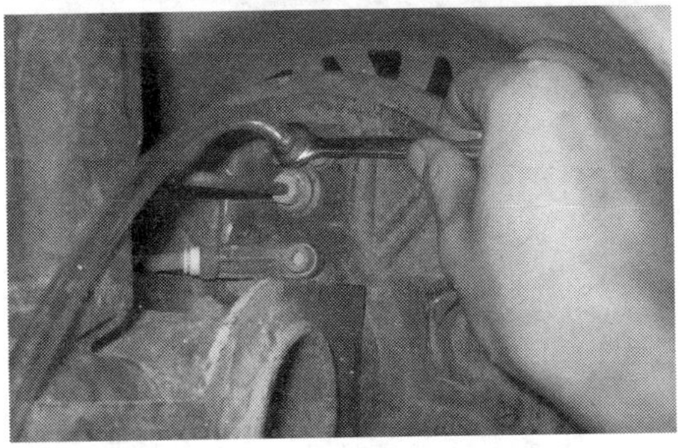

第二步　拆卸后左右车轮

1　2号操纵举升机，将车辆举升到轮胎最低点距离地面约20cm的高度。

提示

将车辆举升到距离地面适当高度，目的是便于拆卸两后车轮。

2　1号取下车轮装饰罩并传递给2号。

提示

取下车轮防护罩时，使用螺丝刀插入防护罩上的拆卸孔中，撬出防护罩。

3　2号将车轮装饰罩摆放到零件车上。

4　2号将尖嘴钳传递给1号。

5　1号使用尖嘴钳，取下车轮轴承压紧螺母开口销，然后取下开槽垫圈。2号将尖嘴钳、开口销、开槽垫圈分别摆放到工具车、零件车上。

6 2号将 ϕ 24mm套筒、棘轮扳手组合后传递给1号。

7 1号使用 ϕ 24mm套筒、棘轮扳手，旋出车轮轴承调整螺母。

提示

由于采用圆锥滚子轴承，所以轴承调整螺母拧紧力矩较小。

8 1号用手旋下调整螺母、取出止推垫圈、车轮外轴承，传递给2号。

9 2号将螺母、轴承及止推垫圈摆放到零件车上。

提示

轴承取出后，要注意清洁和防尘，最好放置在可封闭的器具内。

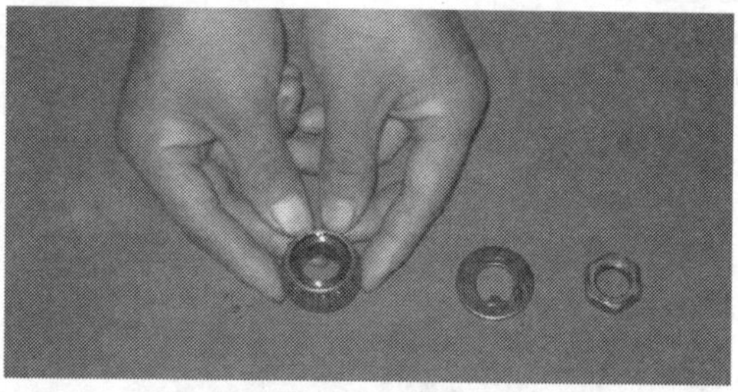

10 1号取下车轮及制动鼓。

提示

(1) 取下车轮及制动鼓时，要整体水平外移，这样会省力些。

(2) 如果车轮及制动鼓取下非常困难，可使用螺丝刀，插入制动鼓观察孔中，拨动驻车制动推杆上的楔形件，使制动蹄收缩，便可轻松取下车轮及制动鼓。

11 1号将车轮及制动鼓放置在车轮支架上。

第三步　拆卸制动分泵

1　2号将10-11mm开口扳手传递给1号。

2　1号使用10-11mm开口扳手，拧松制动分泵的进油管压紧螺栓。

提示

(1)拧松进油管压紧螺栓时，严禁使用磨损过度的开口扳手。否则，将导致螺栓滑方，给拆卸制动分泵带来更大难度。

(2)在制动分泵进油管的下方铺设棉纱，防止残留制动液滴落到地面上。

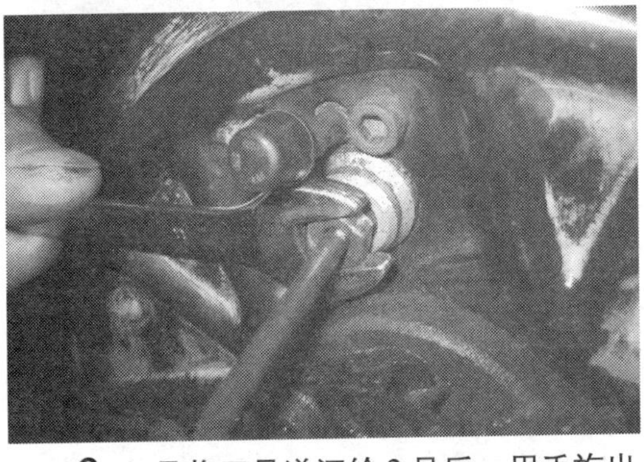

3　1号将工具递还给2号后，用手旋出制动分泵进油管压紧螺栓，并将进油管拉离制动分泵进油口。

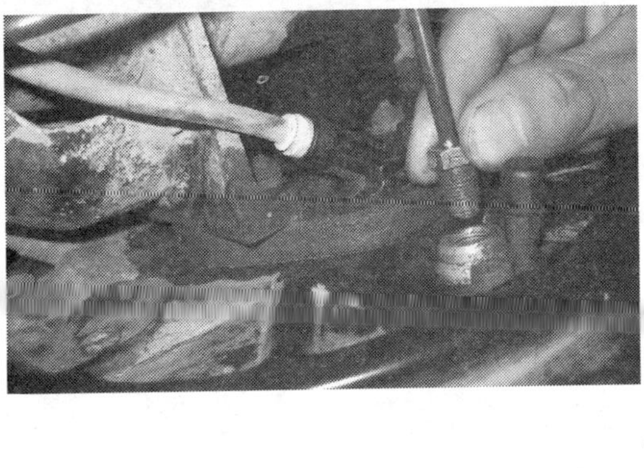

4　1号将2号传递来的油管堵头插入进油管口上。

提示

将进油管口堵塞，目的是防止空气、尘埃、杂物等进入油管，降低制动液性能、污染制动液和加剧制动分泵磨损。

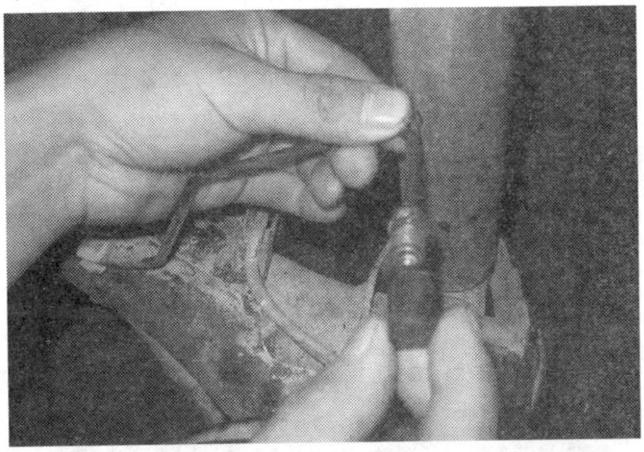

5　2号将ϕ5mm内六角扳手传递给1号。

6　1号使用ϕ5mm内六角扳手，拧松制动分泵的1条固定螺栓。2号接收工具，擦净后摆放到零件车上。

7　1号用手旋下制动分泵的固定螺栓后，从制动底板的后方，推出制动分泵。

提示

(1) 桑塔纳2000GSi型轿车采用双活塞制动分泵，活塞与制动蹄连接部位为单面顶块。所以，不必拆卸制动蹄便可以取出制动分泵。

(2) 拆卸制动分泵时，注意安全操作，不要碰伤手。

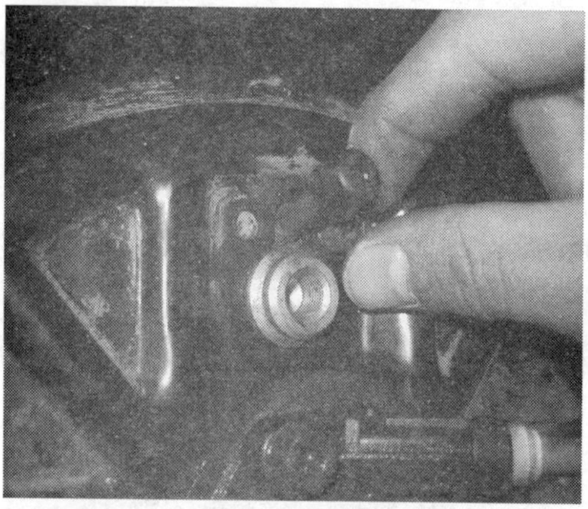

8　2号将制动分泵摆放到零件车上。

提示

制动分泵内有残留制动液，在传递、摆放制动分泵时，不要将制动液沾附到皮肤上和滴落到地面上。

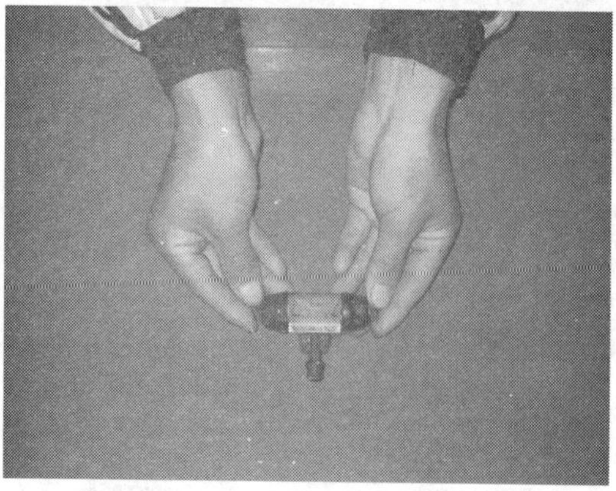

第四步　安装制动分泵

1　2号将制动分泵传递给1号。

2　1号将制动分泵的两活塞，压入油腔内极限位置。

提示

活塞伸出量最小时，便于安装制动分泵。

3　1号倾斜制动分泵，并将一端活塞上的顶块，与一制动蹄底板顶端相抵触。之后，双手用力向左右方向推动制动蹄，使制动分泵的另一端活塞上的顶块与制动蹄顶端抵触。

提示

安装制动分泵时，用力要均匀，注意操作安全，不要碰伤手。

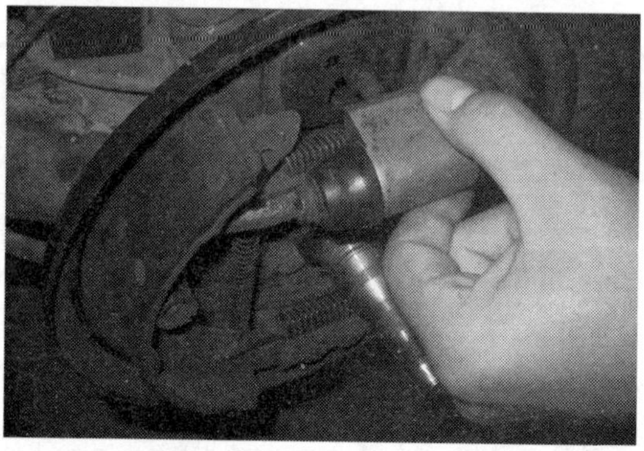

4　1号将制动分泵的两端活塞顶块，与制动蹄连接起来之后，用手调整制动分泵的位置，使制动分泵上的定位销对正底板上的定位孔，将制动分泵安装到底板上。

提示

制动分泵由1个定位销定位，1条螺栓固定。

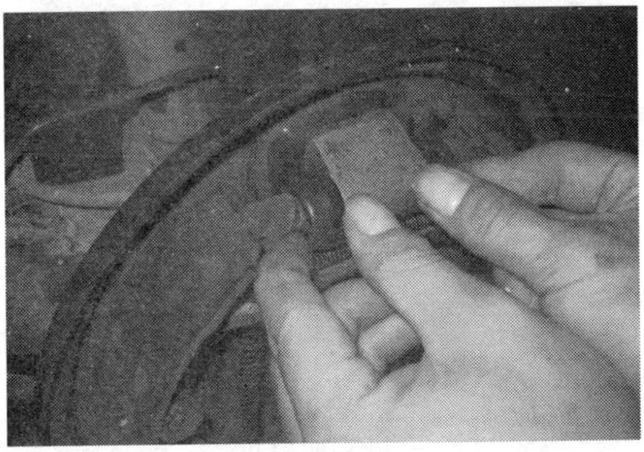

5　1号将2号传递来的制动分泵固定螺栓，用手旋入螺栓孔中。

提示

保证螺栓和螺栓孔中的螺纹对正，严禁使用工具旋入固定螺栓。一旦制动分泵的螺纹损伤，将导致制动分泵报废。

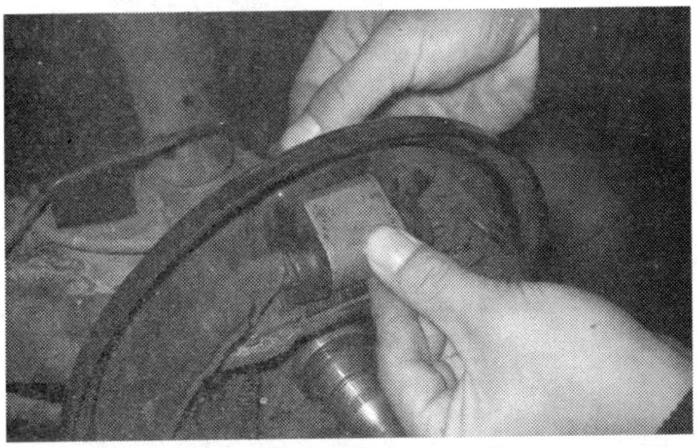

6　1号使用2号传递来的 ϕ 5mm内六角扳手，拧紧制动分泵的1条固定螺栓。螺栓规定力矩为20N · m。

提示

内六方扳手的使用方法，握长柄拧松或拧紧螺栓时，省力；握短柄，旋入或旋出螺栓时，快速。

7　1号取下进油管口上的堵头后，将进油管压紧螺栓，用手旋入制动分泵的螺栓孔中。

提示

保证螺栓和螺栓孔中的螺纹对正，严禁使用工具旋入压紧螺栓。一旦制动分泵的螺纹损伤，将导致制动分泵报废。

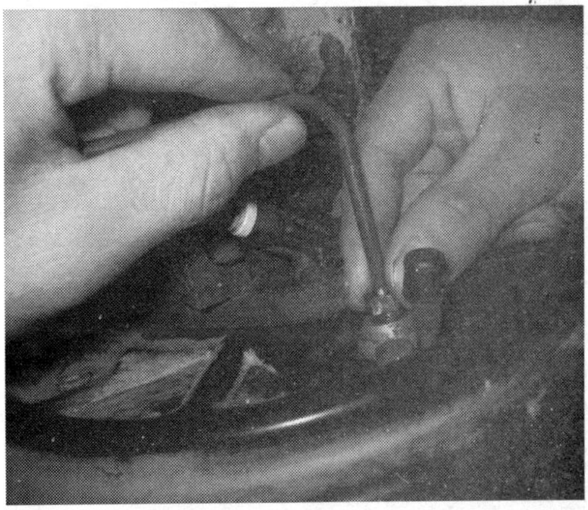

8　1号使用2号传递来的10-11mm开口扳手，拧紧进油管压紧螺栓。螺栓规定力矩为25N · m。

提示

（1）螺栓紧固力矩要符合规定要求。否则，力矩过大，螺栓滑口；力矩过小，压紧力不足。

（2）按照相同的操作步骤和规范要求，安装另一侧车轮制动分泵，不再赘述。

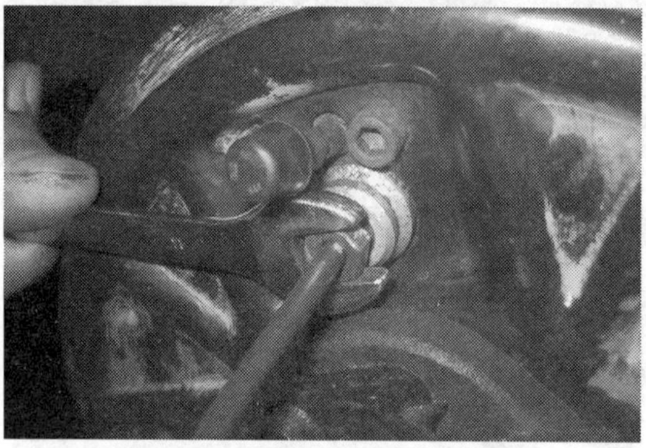

第五步 安装后左右车轮

1 1号使用粗砂布砂磨制动鼓和制动蹄的工作表面。

提示

保持制动蹄和制动鼓工作表面洁净、粗糙，可防止制动打滑，提高制动性能。

2 1号使用2号传递来的尖嘴钳，将驻车制动推杆上的楔形件向上推，使制动蹄收缩。

提示

调整制动推杆上的楔形件的目的是，收缩制动蹄，便于安装制动鼓。

3 1号对正制动鼓轴承内孔和车轮支撑短轴后，将车轮及制动鼓一起安装到支撑短轴上。

提示

安装车轮及制动鼓时，要使车轮纵向平面垂直于心轴，水平前移。

4 1号将车轮外轴承安装到心轴上。

提示

(1) 安装外轴承时，带锥度的一端朝向车轮。

(2) 检查润滑脂质量状况，如果已脏污或变质，则清洗轴承及其承孔后，加注新的高性能润滑脂。

5　1号将2号传递来的止推垫圈安装到短轴上，再将调整螺母旋入短轴螺纹上。

6　2号将 ϕ 24mm套筒、棘轮扳手组合后传给1号。

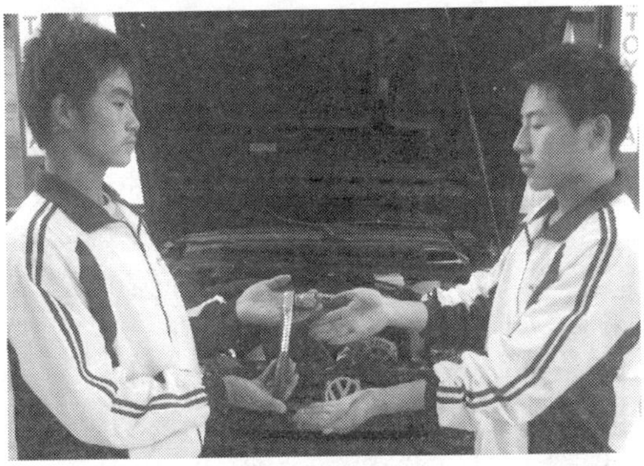

7　1号使用将 ϕ 24mm套筒、棘轮扳手，旋紧调整螺母，然后将调整螺母后退1/4圈。

提示

(1) 锥度轴承的压紧力矩应适当。若力矩过大，轴承会早期损坏；若力矩过小，轴承松旷，车轮行驶摇摆。

(2) 轴承预紧力的调整方法：

①边转动车轮，边拧紧调整螺栓，直到车轮不能够转动为止。这样既使锥度轴承处于正确位置，又使轴承压紧力达到最大。

②将调整螺母后退1/4圈，然后用开槽垫圈和开口销锁止调整螺母。

③如果车轮转动自如、无摇摆，并且上下方向扳动车轮无明显旷量，则证明轴承预紧力调整适当。

8　1号将开槽垫圈安装到压紧螺母上，然后将开口销穿过开槽垫圈和短轴上的销孔，最后将开口销锁止在短轴上。

9　1号将2号传递来的车轮装饰罩，对正定位销和定位孔后，将装饰罩安装到车轮承座上。

第六步　制动系统排气

1号、2号共同配合，将制动系统中的空气排放彻底。

提示

添加制动液、制动系统排气的操作步骤和规范要求，请参阅“检查、添加或更换制动液”，在此不再赘述。

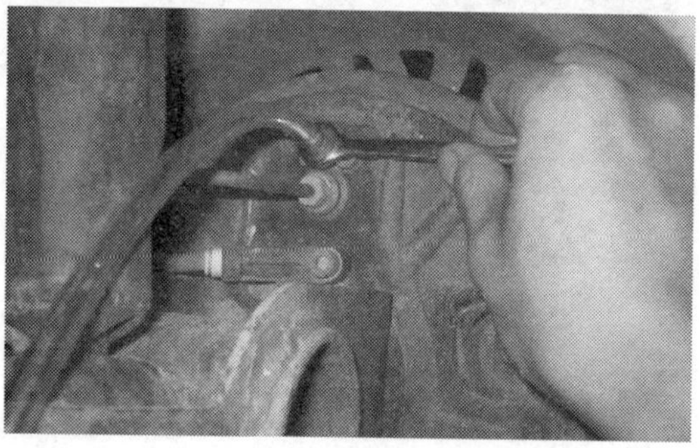

第七步　后轮制动分泵性能试验

1　2号进入驾驶室，连续踩踏制动踏板数次后，踩住制动踏板保持制动位置不变。

提示

(1) 连续踩踏制动踏板数次，目的是使制动器自动将制动盘和制动蹄间的间隙调整到最佳。

(2) 保持驻车制动器处于释放状态。

2　1号用力转动两个后车轮，检查车轮转动情况。

提示

如果车轮不能够转动，证明制动分泵制动效果良好。否则，对制动系统进行检查。

3　2号放松制动踏板，1号再次转动车轮。

提示

(1) 如果车轮转动自如、轻便顺畅，证明制动分泵复位性能良好。否则，应对制动系统进行检查。

(2) 如果条件允许，可进行道路试验，以检验制动系统性能。

4　2号操纵举升机，将车辆降落到地面上。

5 1号使用2号传递来的扭力扳手，将车轮固定螺栓力矩拧紧至110N·m。

提示

(1) 拧紧车轮固定螺栓时，要按照对角多遍的要求进行，防止车轮变形。

(2) 按照相同要求，拧紧另一侧车轮的固定螺栓。

第八步 整理工位

1号、2号共同拆除护裙、驾驶室内保护罩；清理工具和量具等；清洁地面卫生。

提示

作业项目完成后，要搞好工位的清扫、整理工作，培养良好的工作习惯。

八、考核标准

考核标准表

考核时间	序号	考核项目	满分	评分标准	得分
30min	1	作业前整理工位	1	酌情扣分	
	2	打开并支撑机舱盖	1	操作不当扣1分	
	3	安装汽车保护罩	2	酌情扣分	
	4	检查制动液面	2	查找错误扣2分	
	5	排放制动液	4	操作不当扣4分	
	6	安装油管堵头	3	操作不当扣3分	
	7	拆装油管	5	操作不当扣5分	
	8	拆装制动总泵	6	操作不当扣6分	
	9	拆装制动分泵	12	操作不当扣12分	
	10	拆装制动助力器	7	操作不当扣7分	
	11	安装制动总泵和助力器间的密封圈	3	操作不当扣3分	
	12	制动总泵的推杆涂油	2	操作遗漏扣2分	
	13	制动系统排气	5	配合不协调扣5分	
	14	检查止回阀性能	3	检查不当扣3分	
	15	拆装转向盘下方保护罩	4	操作不当扣4分	
	16	制动助力器性能试验	6	操作不当扣6分	
	17	制动总泵性能试验	6	操作不当扣6分	

续上表

考核时间	序号	考核项目	满分	评分标准	得分
30min	18	制动分泵性能试验	6	操作不当扣6分	
	19	拆装前车轮	5	操作不当扣5分	
	20	拆装后车轮及制动鼓	7	操作不当扣7分	
	21	举升或降落车辆	4	操作不当扣4分	
	22	调整后轮轴承预紧力	5	操作不当扣5分	
	23	作业后整理工位	1	酌情扣分	
	24	遵守相关安全规范	因违规操作造成人身和设备事故的，总分按0分计		
分数合计			100		

项目九　检查或更换制动蹄（片）

一、项目说明

1. 概述

制动蹄（片）承受制动系统的液压、气压或机械力，产生挤压或扩张动作，与制动盘（鼓）强力摩擦，产生车轮制动力。制动蹄（片）的磨损状况，直接影响到汽车制动性能的正常发挥，可能造成制动不良或失效、制动跑偏等故障，给汽车行驶带来安全隐患。为保持或恢复汽车制动系统的工作性能，保证行车安全，必须定期检查或更换制动蹄（片）。下面以桑塔纳2000GSi型轿车为例，来说明检查或更换制动蹄（片）的技术规范和操作要领。

2. 制动蹄（片）的工作原理

根据车轮制动器中旋转元件不同，车轮制动器分为鼓式和盘式两大类型。鼓式制动是制动蹄（片）压紧制动鼓内侧产生制动，盘式制动是由制动蹄（片）夹紧制动盘产生制动。其工作原理是，固定在轮毂上并同车轮一起旋转的制动盘(鼓)与制动蹄（片）摩擦材料，在制动系统液压、气压或机械力的作用下，产生摩擦作用，使汽车减速或停车。

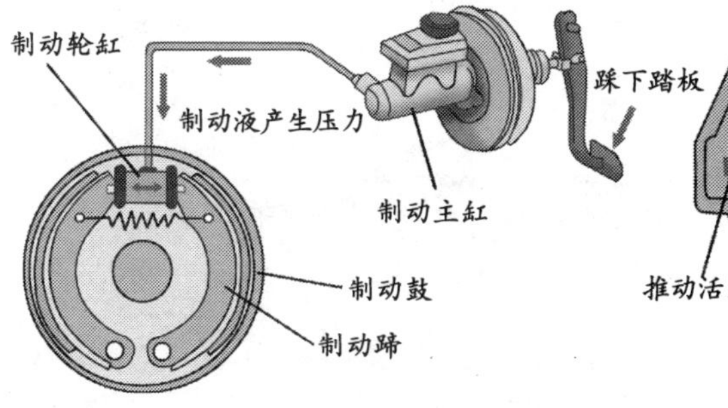

鼓式制动器

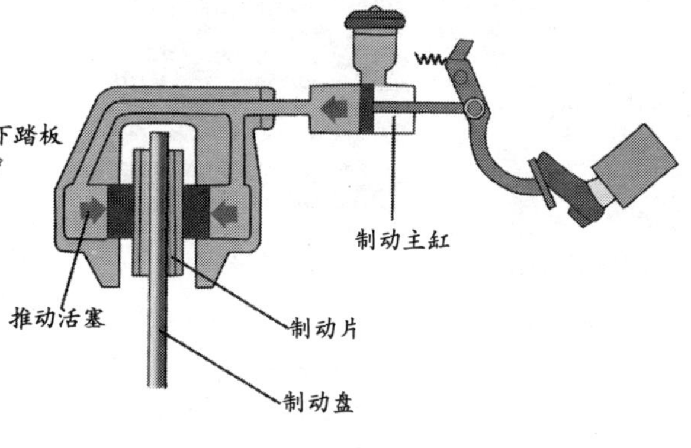

盘式制动器

二、技术标准与要求

1. 安装桑塔纳2000GSi型轿车配套使用的制动蹄（片）。
2. 制动蹄（片）检查或更换周期规定：
   检查周期为7500km；
   更换周期为前轮4万～5万km，后轮6万～8万km。
3. 前轮制动蹄（片）标准厚度值为14mm，磨损极限为7mm。
   注：包含底板厚度值
4. 后轮制动蹄（片）标准厚度值为5mm，磨损极限为2.5mm。
   注：不含底板厚度值
5. 安装时，禁止将油液、油脂和水等粘附到制动蹄（片）上。

6. 车轮螺栓力矩为110N · m；制动钳壳螺栓力矩为70N · m。

三、实训时间：40min

四、实训教学目标

1. 了解检查或更换制动蹄（片）的重要性。
2. 熟悉制动蹄（片）工作原理。
3. 掌握检查或更换制动蹄（片）操作技能。

五、实训器材

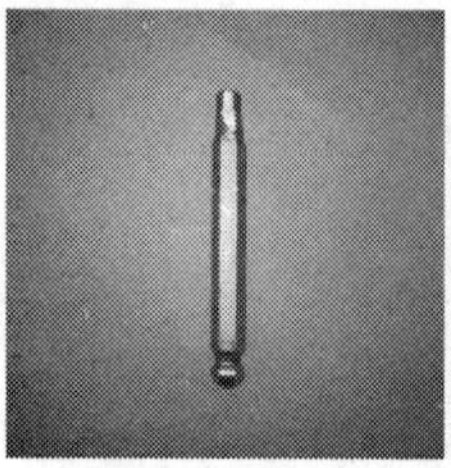

ϕ7mm专用接头

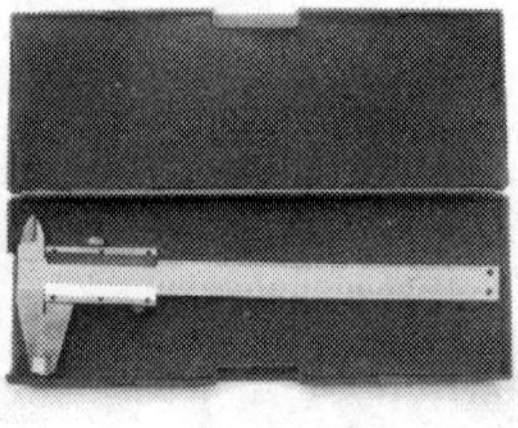

游标卡尺

其他工具及器材：

车轮扳手、一字螺丝刀、接杆、棘轮扳手、扭力扳手、尖嘴钳、鲤鱼钳、粗砂布、防护手套、驾驶室内保护罩、车轮支架、棉纱等。

六、教学组织

1. 教学组织形式

每辆车安排4名学生参与实训，两名学生为一组。一组操作，一组观察学习。

2. 学生站位分工和要求

两名学生一组，按照1号、2号进行编号，1号为主，2号为辅助。

3. 实训教师职责

讲解操作步骤和注意事项；下达“操作开始”口令；工位间巡视、检查、指导和纠正错误。

4. 学生职责变换

两名学生实行职责变换制度，即第一遍1号为主，2号辅助；第二遍2号为主，1号辅助。

七、操作步骤

第一步　事前准备

1 车辆进入工位前，参训学生将工位卫生清理干净，排除障碍物，准备好相关的工具、物品等。

提示

培养良好的工作习惯，做好事前准备，有利于安全操作和提高工作效率。

2 将车辆停驻在举升机平台的中央位置。

3 1号拉紧驻车制动器，并将变速器置于空挡位。

提示

为保证车辆在工位上可靠停驻，防止出现溜滑，造成安全事故，要拉紧驻车制动器并将变速器置于空挡位。

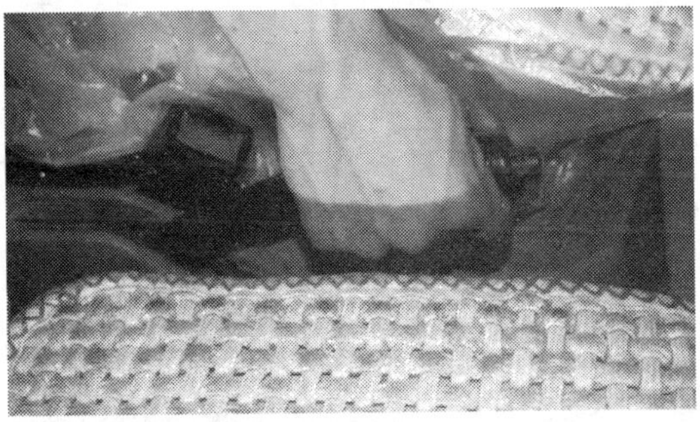

4 1号安装转向盘套、换挡手柄套、座套、铺设地板垫。

提示

保护罩是由薄塑料制成的，极易破损。所以在安装时，用力要均匀，避免因用力过大造成损坏。其主要作用是在操作过程中保持驾驶室内清洁。

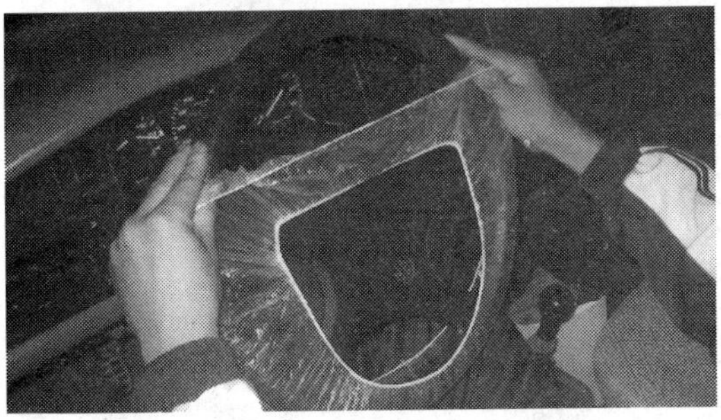

第二步　拆卸前左右车轮

1 2号将一字螺丝刀传递给1号。

2 1号将一字螺丝刀插入车轮装饰罩拆卸缺口中，撬起装饰罩，然后用手将装饰罩取下，并传递给2号。

提示

拆卸车轮装饰罩时，用力要适当，不要过猛，以免造成车轮装饰罩损坏。

3 2号将车轮装饰罩，摆放到零件车上。

4 2号将车轮扳手传递给1号。

5 1号使用车轮扳手，拧松车轮的4条固定螺栓。

提示

(1) 拧松车轮固定螺栓时，要按照“对角多遍”的要求进行，防止车轮变形。

（2）车轮螺栓以拧松2~3个丝扣为宜，避免车轮负重倾斜，造成螺栓螺纹损伤。

6 2号操纵举升机，将车辆举升至轮胎最低点距离地面约20cm的高度。

提示

（1）将车辆举升高度，以便于拆卸车轮及制动分泵为标准。

（2）举升机的操作要领和规范要求，请参阅“举升机的使用方法”。

（3）举升车辆时，强调安全确认口令“正常”、“举升车辆”，防止意外情况发生。

7 2号扶住车轮，1号使用车轮扳手，快速旋出车轮固定螺栓。

提示

1号、2号配合拆卸车轮，可以防止车轮倾斜损伤螺栓螺纹和车轮脱落。

8 2号接收工具，擦净后摆放到工具车上。

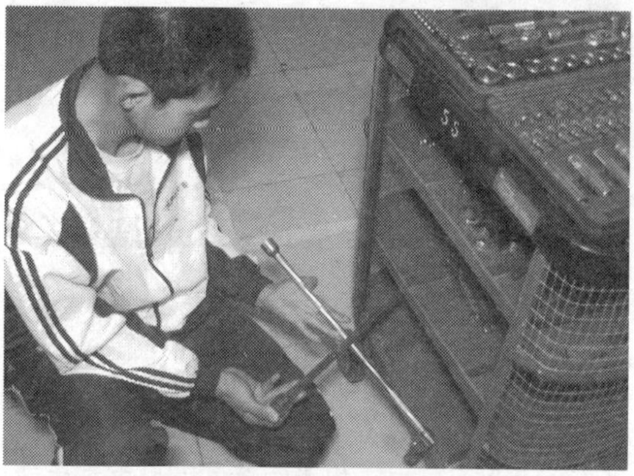

9 1号用手旋下车轮固定螺栓，并传递给2号。

10 2号将螺栓摆放到零件车上。

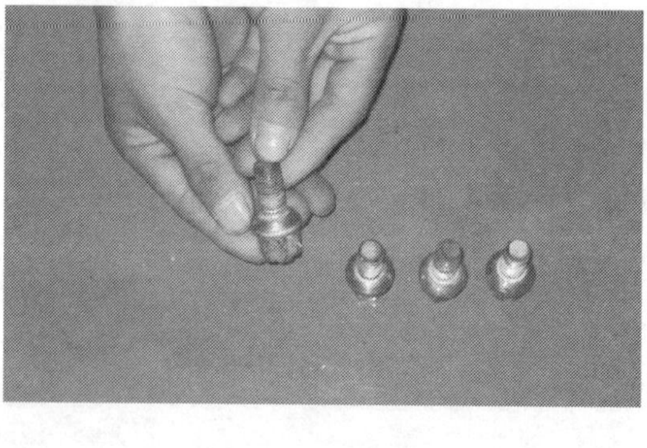

11　1号取下车轮，并将其放置到车轮支架上。

提示

(1) 按照相同的操作步骤和规范要求，拆卸另一侧车轮，不再赘述。

(2) 两侧车轮作好区分标记，不要混装。

第三步　拆卸制动分泵

1　2号将 ϕ7mm 专用接头、接杆、几轮扳手组合后传递给1号。

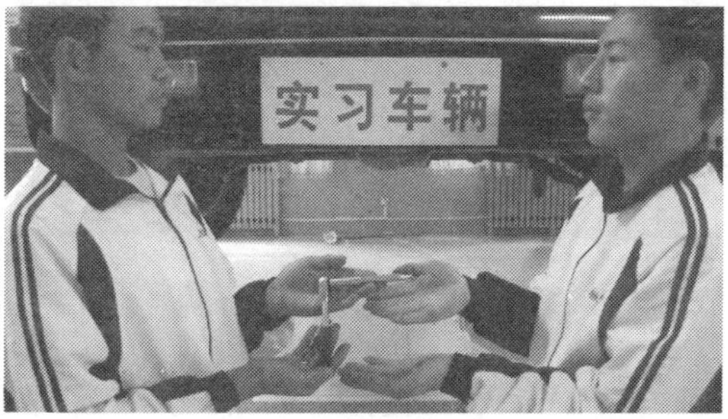

2　1号使用工具，拧松制动分泵的2条定位螺栓。

提示

拧松制动分泵定位螺栓时，要保持专用接头垂直且与螺栓可靠配合。

3　2号接收工具，擦净后摆放到工具车上。

4　1号用手旋出制动分泵的定位螺栓。

提示

2条固定螺栓，可保持在制动分泵的支架上，不必取下，但必须拉离制动分泵的螺栓孔。

5　2号将一字螺丝刀传递给1号。

6　1号将一字螺丝刀插入制动蹄与制动盘之间的缝隙中，撬别制动蹄，使之离开制动盘。

提示

钳型盘式制动器的制动蹄和制动盘之间的间隙很小，在这种情况下，很难将制动分泵直接取下来。所以，应加大制动蹄和制动盘间的距离，才能顺利取下制动分泵。

7 1号从支架上取下制动分泵，然后取出内外制动蹄。

提示

(1) 注意观察制动蹄的安装位置。

(2) 先取下外侧制动蹄的压紧弹簧，然后从支架上取下制动分泵，再从制动分泵上取下内制动蹄，最后取下外侧制动蹄。

(3) 注意区分内外制动蹄，内制动蹄底板上有弹性卡片，弹性卡片支撑于制动分泵活塞的凹坑内。

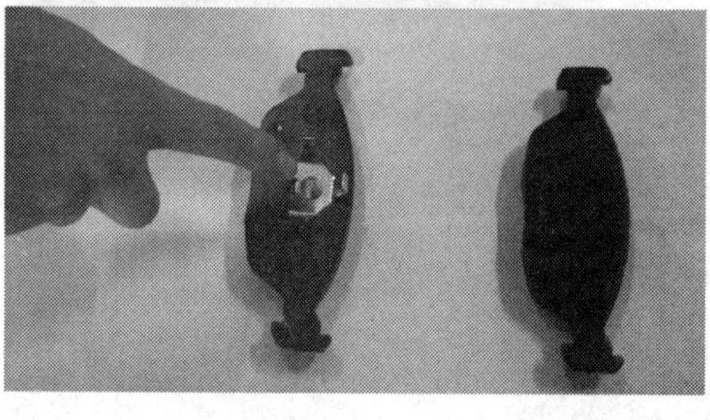

8 1号将制动分泵通过挂钩悬挂于车身上。

提示

制动分泵拆卸后，不得放置在下控制臂上，一旦脱落会拉伤进油管。建议将制动分泵可靠悬挂在车身上，并且保持进油管处于自然状态。

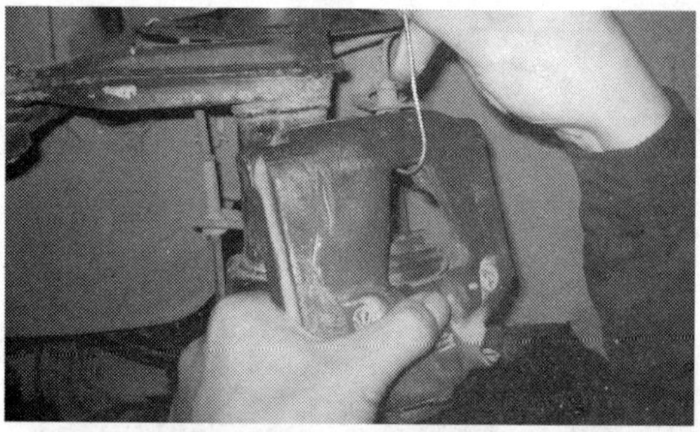

9 2号将制动蹄摆放到零件车上。

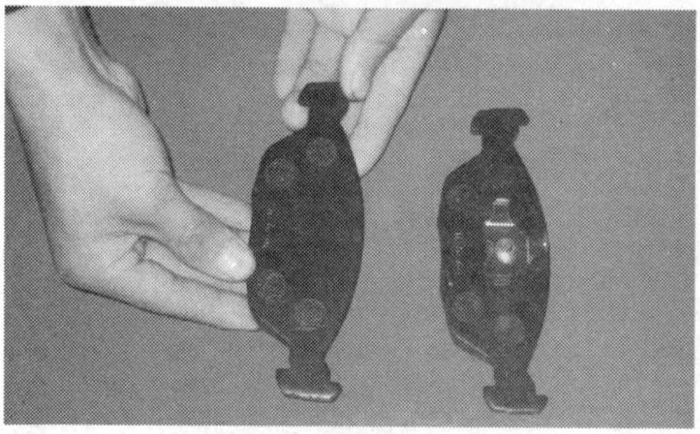

第四步 检查制动蹄

1 1号目视检查，制动蹄摩擦片是否有裂纹、油渍、脱胶现象。

提示

如果制动蹄摩擦片，出现裂纹、脱胶现象，应更换制动蹄。如果制动蹄摩擦表面有油渍，应予以清洁。

2　1号目视检查，制动蹄摩擦表面，与制动盘的接触面积和接触位置。

提示

制动蹄摩擦表面的接触面积和接触位置，应符合规定要求。否则，证明制动盘、制动蹄，甚至制动分泵及其支架已经变形。

3　1号使用游标卡尺，测量制动蹄厚度值，如果接近或达到极限值，应更换新件。

提示

制动蹄的标准厚值度为14mm（含底板），磨损极限值为7mm（含底板）。若测量尺寸接近或达到极限值，应更换制动蹄。

第五步　更换制动蹄

1　1号用粗纱布砂磨制动盘和制动蹄摩擦表面。

提示

（1）保持制动蹄和制动盘摩擦表面洁净、粗糙，可防止制动打滑，提高制动性能。

（2）严禁将油液、油脂及水沾附到摩擦表面上，容易引起制动打滑。

2　1号将2号传递来的外侧制动蹄安装到制动分泵支架上。

提示

将制动蹄底板的两端凸块，安装到支架上的滑动槽内，并且使制动蹄紧贴于制动盘上。

3　1号从挂钩上取下制动分泵，然后使用木质锤柄或专用工具，将制动分泵活塞压入缸筒内。

提示

（1）将制动分泵的活塞压入缸筒内，增大

活塞外端面与前端钳体之间的距离，便于安装制动分泵及制动蹄。

(2) 如果压入制动分泵活塞困难时，可拧松分泵放气阀，排出少量制动液。但必须安装接油装置，防止制动液喷溅到车漆、皮肤或地面上。另外，制动分泵安装完毕，需要进行制动系统排气。

4 1号将2号传递来的内侧制动蹄安装到制动分泵上。

提示

(1) 内侧制动蹄上固定安装一个3爪钢制卡片，钢制卡片弹性支撑在制动分泵的活塞凹坑内。

(2) 安装内侧制动蹄时，将钢制卡片前端对正活塞凹坑后，用力平推制动蹄，即可把制动蹄安装到位。

5 1号将外侧制动蹄罩在制动分泵的钳体内，然后垂直下落制动分泵，将其落座在支架上。

提示

如果制动分泵不能够顺利落座，可用木质锤柄再次挤压活塞，使内侧制动蹄的底板贴合在制动分泵上，便可以顺利安装制动分泵。

6 1号对正制动分泵及其支架上的螺栓孔后，将2条固定螺栓用手旋入螺栓孔内。

7 1号使用2号传递来的ϕ7mm接头、棘轮扳手，拧紧2条固定螺栓至适当力矩。

8 1号使用2号传递来的扭力扳手，将固定螺栓力矩拧紧至70N·m。

提示

(1) 制动分泵固定螺栓的拧紧力矩，要符合规定要求，以免给行车安全带来安全隐患。

(2) 按照相同的操作步骤和规范要求，更换另一侧车轮制动器的制动蹄。

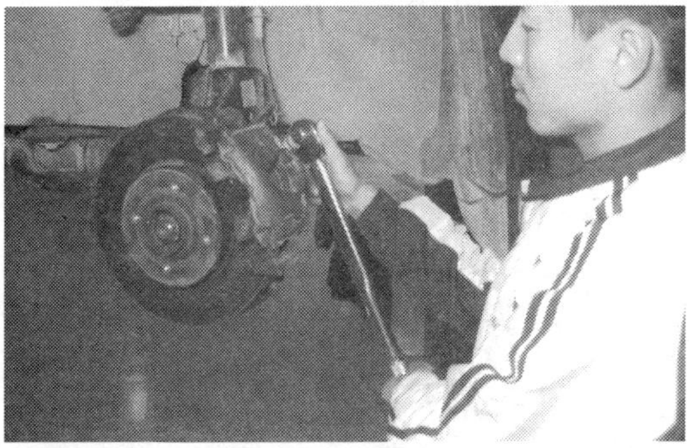

第六步　安装左前、右前车轮

1　1号将车轮安放到制动盘凸缘上，对齐螺栓孔后，用手将车轮固定螺栓旋入螺纹孔内。

2　2号扶住车轮。1号使用车轮扳手，将车轮4条固定螺栓拧紧到适当力矩。

提示

(1) 拧紧车轮固定螺栓时，要按照“对角多遍”的要求进行，防止车轮变形。

(2) 按照相同要求，安装另一侧车轮。

第七步　拆卸左后、右后车轮

1　1号取下车轮装饰罩并传递给2号。

提示

取下车轮装饰罩时，使用螺丝刀插入装饰罩上的拆卸孔中，撬出装饰罩。

2　2号将车轮装饰罩摆放到零件车上。之后，将尖嘴钳传递给1号。

3　1号使用尖嘴钳，取下车轮支撑短轴上的开口销，然后取下开槽垫圈。

4 2号将尖嘴钳擦净后摆放到工具车上，将开口销、开槽垫圈摆放到零件车上。

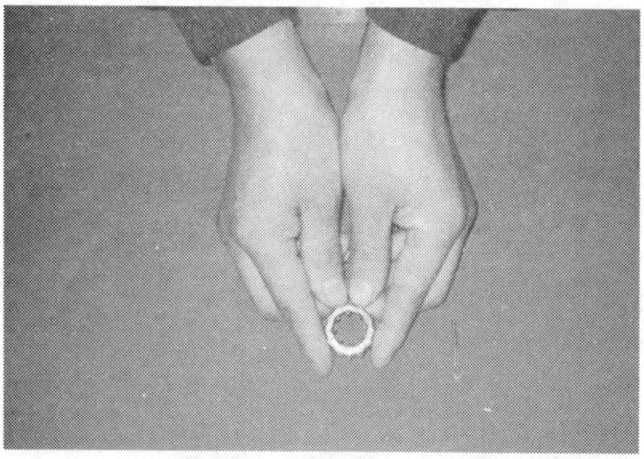

5 2号将 ϕ24mm 套筒、棘轮扳手组合后传递给1号。

6 1号使用 ϕ24mm 套筒、棘轮扳手旋出车轮轴承的固定螺母。

提示

由于采用圆锥滚子轴承，所以其调整螺母的拧紧力矩比较小。

7 1号用手旋下调整螺母、取出止推垫圈、外轴承，传递给2号。

提示

轴承取出后，要注意清洁和防尘，最好放置在密闭器具内。

8 2号将螺母、轴承及止推垫圈摆放到零件车上。

9 1号取下车轮及制动鼓。

提示

(1) 取下车轮及制动鼓时，要整体水平外移，这样会省力些。

(2) 如果车轮及制动鼓取下非常困难，可使用一字螺丝刀，插入制动鼓的观察孔中，拨动驻车制动推杆上的楔形件，使制动蹄收缩，便可轻松取下车轮及制动鼓。

10　1号将车轮及制动鼓放置在车轮支架上。

第八步　拆卸后轮制动蹄

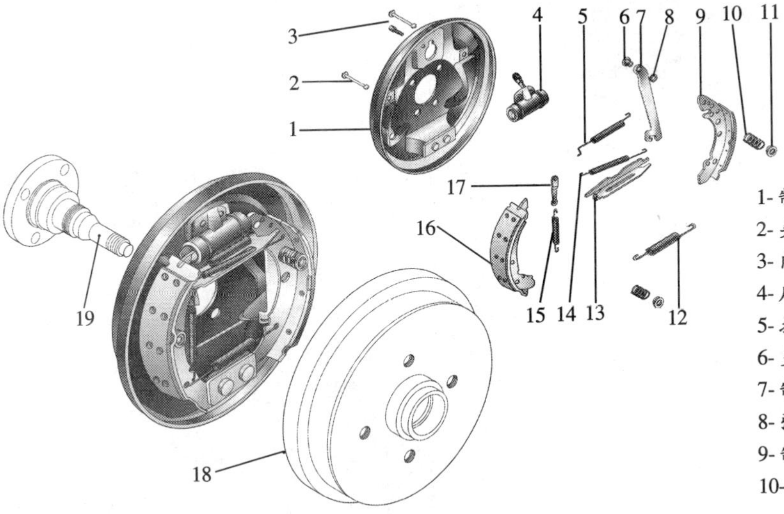

1- 制动底板；　11- 弹簧座；
2- 夹紧销；　12- 下拉力弹簧；
3- 内六角螺钉；　13- 压杆；
4- 后制动轮缸；　14- 上拉力弹簧；
5- 拉力弹簧；　15- 拉力弹簧；
6- 支承销；　16- 带楔形支座的制动蹄；
7- 制动杆；　17- 楔形块；
8- 弹性垫片；　18- 制动鼓；
9- 制动蹄；　19- 后轮轴
10- 压缩弹簧；

1　1号使用2号传递来的尖嘴钳，取下楔形件复位弹簧。2号将复位弹簧摆放到零件车上。

2　1号使用尖嘴钳，将楔形件上拉至极限位置。

提示

(1) 楔形件呈上大下小，用于自动调整后轮制动器的制动蹄与制动鼓之间的间隙。

(2) 上拉楔形件，目的是减小压力杆外推力，收缩制动蹄，减小上下复位弹簧拉力，使拆卸制动蹄更省力。

3 2号接收尖嘴钳后，将鲤鱼钳传递给1号。

4 1号一手从制动底板后面，按住制动蹄定位销钉；一手使用鲤鱼钳，下压并转动定位销钉上的弹簧座，取下弹簧座，然后取下定位销钉。

提示

定位销钉在径向一定范围内，对制动蹄起到定位作用。

5 2号将鲤鱼钳、定位销钉、弹簧分别摆放到工具车、零件车上。

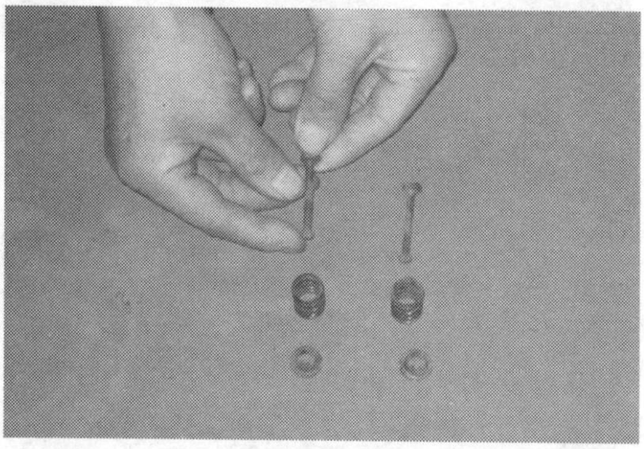

6 1号将2号传递来的一字螺丝刀插入一侧制动蹄底板下端与固定板连接处，撬动制动蹄，使之脱开固定板。

提示

撬动制动蹄时，由于下复位弹簧弹力较大，用力不要过猛，以免发生危险。

7 1号将工具递还2号后，用手脱开制动蹄上端与制动分泵间的连接，取下制动蹄。

8　1号使用鲤鱼钳，从制动杆上取出驻车制动器拉索。

提示

取出驻车制动器拉锁时，使用鲤鱼钳用力拉拉索的前端，压缩压紧弹簧，然后从制动杆的卡槽中脱出拉索。

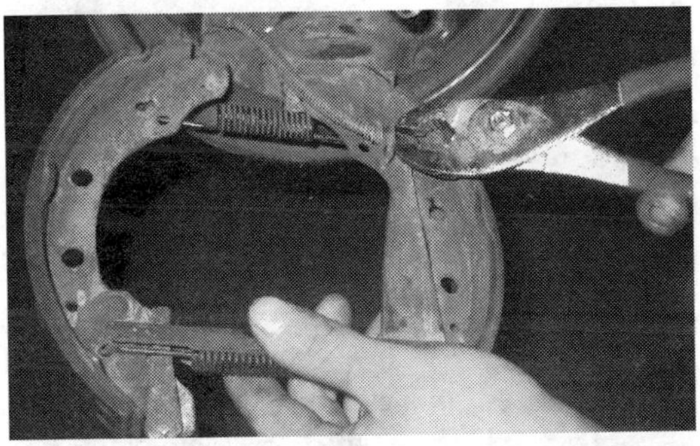

9　1号确认制动蹄及其相关联零件的安装位置。

提示

与制动蹄相关联零件较多，注意确认安装位置，可以避免安装时出现错误。

10　1号使用一字螺丝刀，取下制动蹄上、下复位弹簧，并按照次序摆放在零件车上。

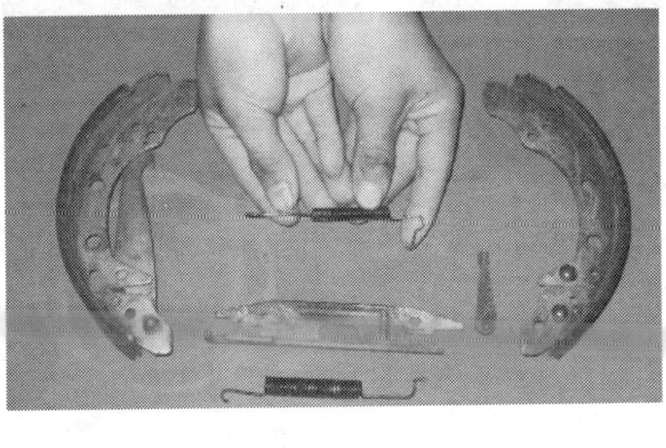

第九步　检查后轮制动蹄

1　1号目视检查，制动蹄的摩擦片是否有裂纹、油渍、脱胶现象。

提示

如果制动蹄的摩擦片，出现裂纹、脱胶现象，应更换制动蹄。如果制动蹄摩擦表面有油渍，应予以清洁。

2　1号检查制动蹄与制动盘的接触面积和接触位置。

提示

(1) 划线法：

①用粉笔在制动鼓的摩擦表面均匀划线。

②将制动蹄压紧在制动鼓摩擦表面上，并转动制动蹄。

③检查制动蹄与制动鼓接触面积和接触位置。

(2) 制动蹄摩擦表面的接触面积和接触位置，应符合规定要求。否则，进行研磨修理或更换制动蹄。

3 1号使用游标卡尺，测量制动蹄厚度值，如果测量值接近或达到极限值，应更换新件。

提示

制动蹄的标准厚值度为5mm(不含底板)，磨损极限值为2.5mm（不含底板）。若测量尺寸接近或达到极限值，应更换制动蹄。

第十步　更换后轮制动蹄

1 1号用粗纱布砂磨制动鼓和制动蹄摩擦表面。

提示

（1）保持制动蹄和制动鼓摩擦表面洁净、粗糙，可防止制动打滑，提高制动性能。

(2) 严禁将油液、油脂及水沾附到摩擦表面上，容易引起制动打滑。

2 1号组装制动蹄及其相关零件。

提示

整体安装制动蹄及其相关零件，既快捷，又相对省力。将楔形件调整到最上端位置，安装制动蹄时会更省力。

3 1号使用2号传递来的鲤鱼钳、尖嘴钳，压缩弹簧后，将驻车制动器拉索安装到制动杆上。

提示

尖嘴钳卡住拉索压缩弹簧，鲤鱼钳拉出拉索，将拉索安放到制动杆的卡槽中。

4　1号将一侧制动蹄的下端，置入固定杆的挡块内；上端置入制动分泵的活塞挡块内。

提示

首先将一侧制动蹄安装到位。

5　1号一手扶住已安装到位的制动蹄；一手拉动另一侧制动蹄，使制动蹄的上端置入制动分泵的活塞挡块内，下端植入固定杆的挡块内。

提示

安装另一侧制动蹄时，需要克服复位弹簧弹力。因此，用力要大，但不要过猛，以免发生危险。

6　1号将制动蹄的定位销钉穿过底板和制动蹄。

7　1号将弹簧套入定位销钉外面，然后使用鲤鱼钳压下并转动弹簧座，使定位销钉扁平端卡在弹簧座凹槽中。

提示

确保弹簧座的凹槽与定位销钉扁平端可靠配合，制动蹄可靠定位。否则，制动器失效，行车安全难以保证。

第十一步　安装后车轮及制动鼓

1　1号对正制动鼓轴承内孔和车轮支撑短轴后，将车轮及制动鼓一起安装到短轴上。

(1) 调整楔形件位于最上端，使制动蹄外圆最小，便于安装车轮及制动鼓。

(2) 安装车轮及制动鼓时，要使车轮纵向平面垂直于短轴，不可前倾。

2 1号将车轮外轴承安装到车轮支撑短轴上。

提示

(1)安装外轴承时,带锥度一端朝向车轮。

(2)检查润滑脂质量状况,如果已脏污或变质,则清洗轴承及其承孔,加注新的高性能润滑脂。

3 1号将2号传递来的轴承止推垫圈安装到短轴上;将调整螺母旋入短轴螺纹上。

4 2号将ϕ24mm套筒、棘轮扳手组合后传给1号。

5 1号使用将ϕ24mm套筒、棘轮扳手,旋紧压紧螺母,然后将压紧螺母后退1/4圈。

提示

锥度轴承的压紧力矩应适当。若力矩过大,轴承会早期损坏;若力矩过小,轴承松旷,车轮行驶摇摆。

轴承预紧力的调整方法:

(1)一边转动车轮,一边拧紧调整螺栓,直到车轮不能够转动为止。这样既使锥度轴承处于正确位置,又使轴承压紧力达到最大。

(2)将调整螺母后退1/4圈,之后,用开槽垫圈和开口销锁止调整螺母。

(3)如果车轮转动自如、无摇摆,并且上下方向扳动车轮无明显旷量,则证明轴承预紧力调整适当。

6 1号将开槽垫圈安装到调整螺母上，然后将开口销穿过开槽垫圈和短轴上的销孔，最后将开口销锁止在短轴上。

7 1号将2号传递来的车轮装饰罩，对正定位销和定位孔后，安装到车轮承座上。

第十二步 制动蹄性能试验

1 2号进入驾驶室，连续踩踏制动踏板数次后，踩住制动踏板保持制动位置不变。

提示

(1) 连续踩踏数次制动踏板，目的是使制动器自动将制动盘和制动蹄间的间隙调整到最佳。

(2) 保持驻车制动器处于不工作状态。

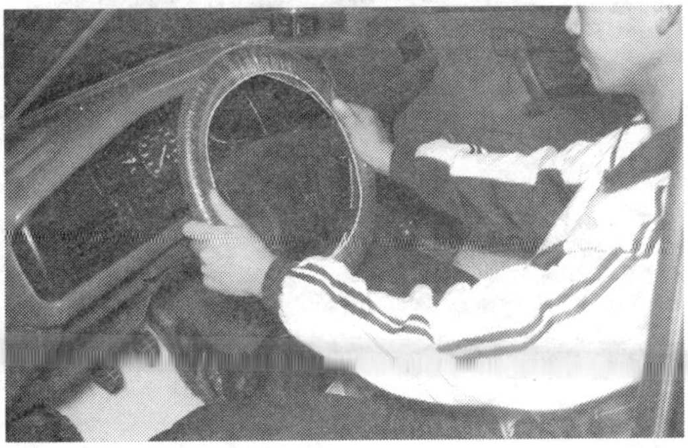

2 1号用力转动前后车轮。

提示

如果车轮不能够转动，证明制动车轮制动效果良好。否则，应对制动系统进行检查。

3 2号放松制动踏板，1号再次转动前后车轮。

提示

如果车轮转动自如、轻便顺畅，证明车轮制动器复位性能良好。

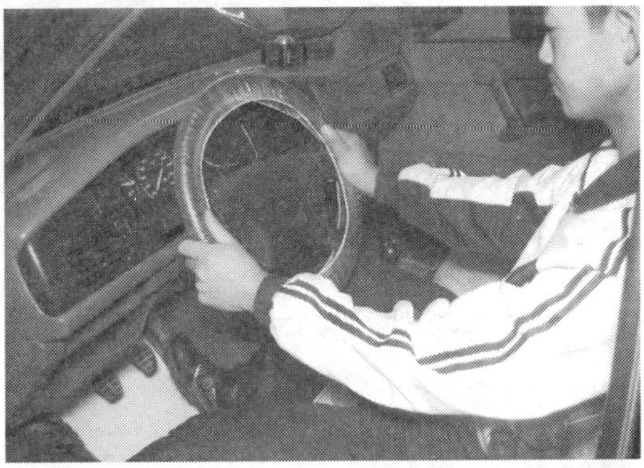

4 2号拉紧驻车制动器操纵杆，并保持制动状态。

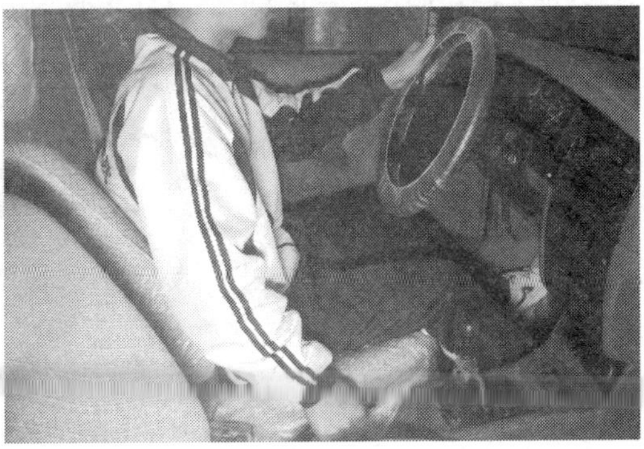

5 1号用力转动后车轮，检查驻车制动器的制动性能。

提示

如果后车轮不能够转动，证明驻车制动器的制动性能良好。否则，应对驻车制动系统进行检查。

6 2号彻底放松驻车制动器操纵杆，释放驻车制动器。

7 1号再次转动后车轮，检查车轮的转动情况。

提示

如果车轮转动自如、轻便顺畅，证明驻车制动器复位性能良好。否则，应对驻车制动系统进行检查。

第十三步　紧固车轮螺栓

1 1号操纵举升机，将车辆降落到地面上。

提示

（1）举升机的安全操作规范，请参阅“举升机的使用方法”，在此不再赘述。

（2）举升车辆前，注意安全确认，配合口令“正常”、“举升”。

2 1号使用2号传递来的扭力扳手，将前左右车轮固定螺栓的力矩拧紧至110N · m。

提示

（1）拧紧车轮固定螺栓时，要按照“对角多遍”的要求进行，防止车轮变形。

（2）按照相同要求，将另一侧车轮的固定螺栓拧紧至规定值。

3　1号将2号传递来的车轮装饰罩，对正定位销和定位孔后，安装到车轮承座上。

第十四步　整理工位

1号、2号共同拆除护裙、驾驶室内保护罩；清理工具和量具等；清洁地面卫生。

提示

作业项目完成后，要搞好工位的清扫、整理工作，培养良好的工作习惯。

八、考核标准

考核标准表

考核时间	序号	考核项目	满分	评分标准	得分
30min	1	作业前整理工位	3	酌情扣分	
	2	安装汽车保护罩	3	酌情扣分	
	3	拆装车轮装饰罩	3	操作不当扣3分	
	4	拆装前车轮	5	操作不当扣5分	
	5	拆装前车轮制动分泵	6	操作不当扣6分	
	6	拆装前车轮制动蹄（片）	6	操作不当扣6分	
	7	检查前车轮制动蹄（片）的摩擦面	4	检查遗漏扣4分	
	8	测量前车轮制动蹄（片）的厚度值	5	操作不当扣5分	
	9	砂磨制动盘及蹄（片）	4	操作遗漏扣4分	
	10	拆装后车轮及制动鼓	7	操作不当扣7分	
	11	拆卸后轮制动蹄（片）	8	操作不当扣8分	
	12	检查后车轮制动蹄（片）的摩擦面	4	检查遗漏扣4分	
	13	测量后车轮制动蹄（片）的厚度值	5	操作不当扣5分	
	14	安装后车轮制动蹄（片）	9	操作不当扣9分	
	15	拆装驻车制动器拉索	4	操作不当扣4分	
	16	调整后轮轴承预紧力	6	调整不当扣6分	
	17	更换制动蹄（片）后的性能试验	6	操作不当扣6分	
	18	紧固车轮螺栓	5	操作不当扣5分	
	19	举升或降落车辆	4	操作不当扣4分	
	20	作业后整理工位	3	酌情扣分	
	21	遵守相关安全规范	因违规操作造成人身和设备事故的，总分按0分计		
分数合计			100		

项目十　检查或更换制动盘（鼓）

一、项目说明

1. 概述

车轮制动器中的旋转元件，有制动盘和制动鼓两种。制动盘多用于前轮制动器，制动鼓多用于后轮制动器。制动盘或制动鼓安装在轮毂或支撑短轴上，随车轮一起转动，并夹在内外制动蹄中间或压在前后制动蹄外部。

在车轮制动器长期使用过程中，制动盘（鼓）会产生磨损、变形、螺栓孔损坏等损伤，造成制动力下降、制动抖振、行驶跑偏、行驶摇摆及轮胎磨损加剧等。为保持或恢复汽车制动性能，保证行车安全，减轻轮胎磨损，必须及时检查或更换制动盘（鼓）。下面以桑塔纳2000GSi型轿车为例，来说明检查或更换制动盘（鼓）的技术规范和操作要领。

2. 制动盘（鼓）的工作原理

制动时，制动蹄（片）夹紧或压紧制动盘或制动鼓，产生摩擦作用，使制动盘（鼓）及车轮旋转速度下降或停转，即实现汽车的减速、停车。

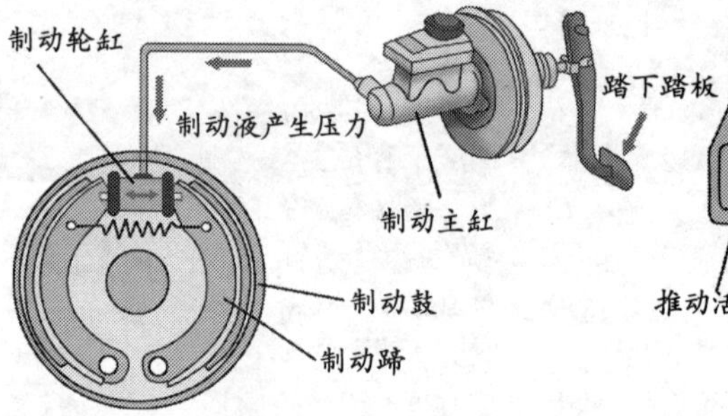

盘式制动器原理

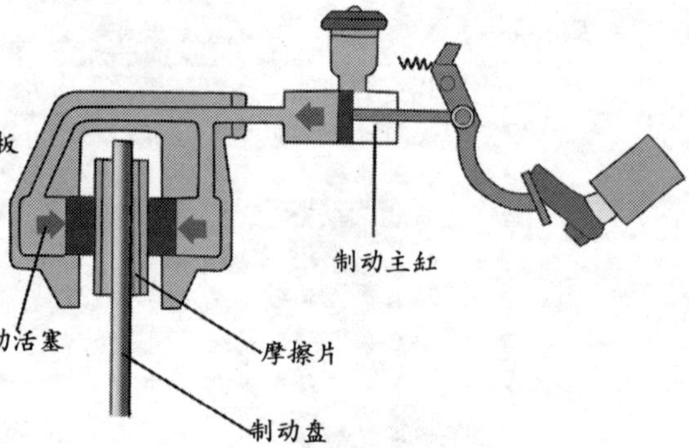

鼓式制动器原理

二、技术标准与要求

1. 安装桑塔纳2000GSi型轿车配套使用的制动盘（鼓）。
2. 前轮制动器制动盘厚度值为20mm，极限值为17.8mm。
3. 前轮制动器制动盘端面跳动量≤0.06mm。
4. 后制动器制动鼓内径为200mm，磨损极限≤1mm，圆度误差≤0.10mm。
5. 安装时，禁止将油液、油脂和水等沾附到制动盘（鼓）及制动蹄（片）摩擦表面上。
6. 相关螺栓规定力矩为：车轮螺栓力矩为110N·m；制动钳壳螺栓力矩为70N·m。

三、实训时间：50min

四、实训教学目标

1. 了解检查或更换制动盘（鼓）的重要性。
2. 熟悉制动盘（鼓）的工作原理。
3. 掌握检查或更换制动盘（鼓）的操作技能。

五、实训器材

外径千分尺（0~25mm）

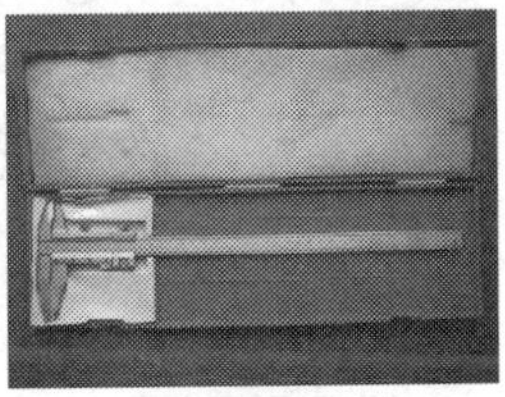

游标卡尺

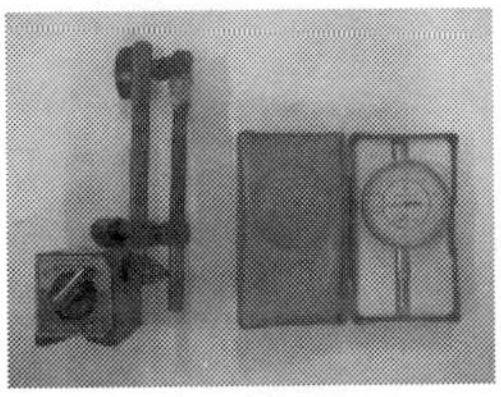

百分表及座

其他工具及器材：

车轮扳手、一字螺丝刀、接杆、棘轮扳手、扭力扳手、尖嘴钳、鲤鱼钳、粗砂布、防护手套、驾驶室内保护罩、车轮支架、棉纱、ϕ7mm专用接头、ϕ15mm套筒、冲击螺丝刀、铁锤、弓形内径规。

六、教学组织

1. 教学组织形式

每辆车安排4名学生参与实训，两名学生为一组。一组操作，一组观察学习。

2. 学生站位分工和要求

两名学生一组，按照1号、2号进行编号，1号为主，2号为辅助。

3. 实训教师职责

讲解操作步骤和注意事项；下达“操作开始”口令；工位间巡视、检查、指导和纠正错误。

4. 学生职责变换

两名学生实行职责变换制度，即第一遍1号为主，2号辅助；第二遍2号为主，1号辅助。

七、操作步骤

第一步　事前准备

1 车辆进入工位前，参训学生将工位卫生清理干净，排除障碍物，准备好相关的工具、物品等。

提示

培养良好的工作习惯，做好事前准备，有利于安全操作和提高工作效率。

2 将车辆停驻在举升机平台的中央位置。

3 1号拉紧驻车制动器，并将变速器置于空挡位。

提示

为保证车辆在工位上的可靠停驻，防止出现溜滑，造成安全事故。因此，要拉紧驻车制动器并将变速器置于空挡位。

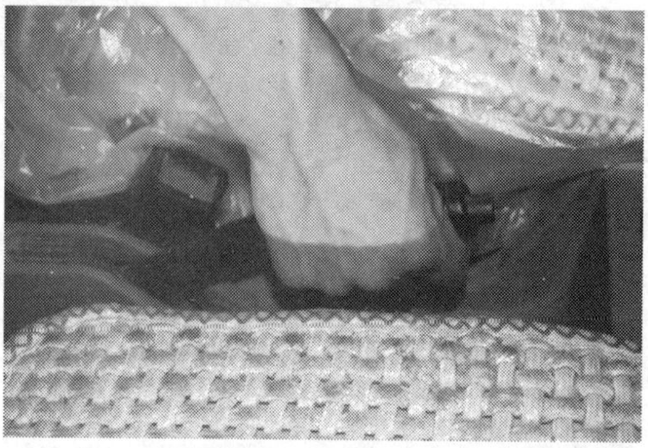

4 1号安装转向盘套、换挡手柄套、座套、铺设地板垫。

提示

保护罩是由薄塑料制成的，极易破损。所以在安装时，用力要均匀，避免因用力过大造成导致损坏。其主要作用是在操作过程中保持驾驶室内清洁。

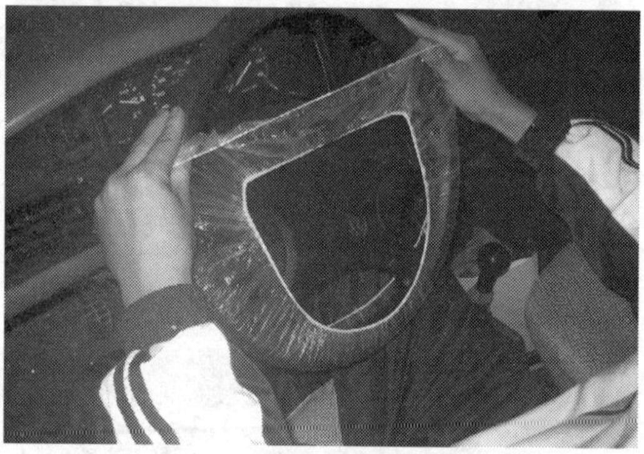

第二步　拆卸前后车轮

1 1号、2号配合，拆卸前两车轮。

提示

拆卸前车轮的操作步骤和规范要求，请参阅“检查或更换制动蹄（片）”，在此不再赘述。

2 1号、2号配合，拆卸后两车轮。

提示

拆卸后车轮的要求与前车轮相同，请参阅前文说明。

第三步　拆卸前轮制动分泵及制动蹄

1号、2号配合，将前轮制动分泵及制动蹄取下。

提示

（1）制动蹄可靠悬挂于车身，制动蹄摆放在零件车上。

（2）具体操作步骤，请参阅“检查或更换制动蹄（片）”，在此不再赘述。

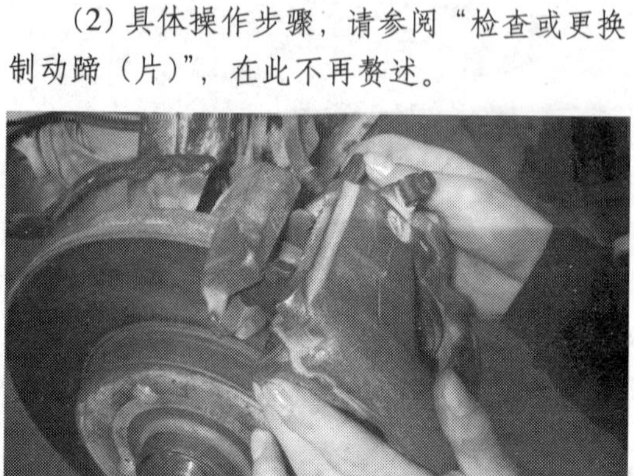

第四步　拆卸前轮制动分泵的支架

1 2号将ϕ15mm套筒、棘轮扳手传递给1号。

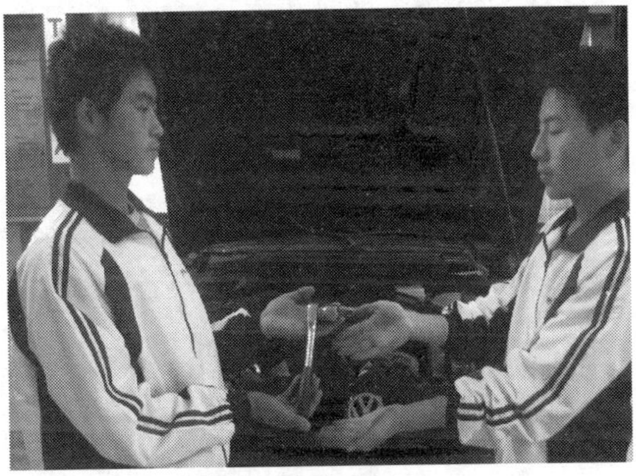

2 1号使用ϕ15mm套筒、棘轮扳手拧松制动分泵支架的2条固定螺栓。

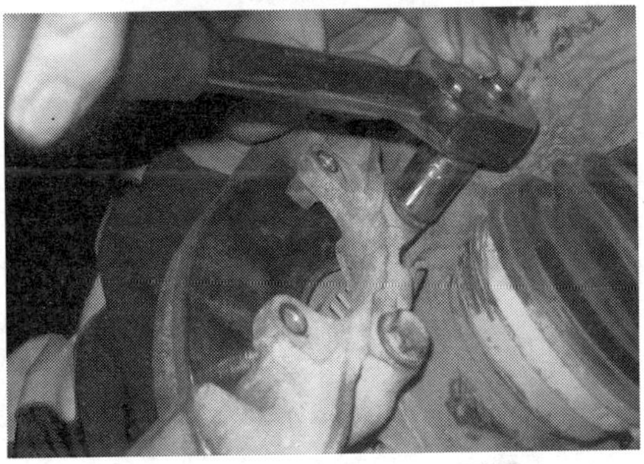

3 2号接收工具，擦拭后摆放到工具车上。

提示

注意维护工具。

4 1号用手旋下2条固定螺栓后，取下制动分泵支架。

5 2号将支架及其螺栓摆放到零件车上。

提示

部件及其固定螺栓，要整齐摆放在一起，可提高安装效率。

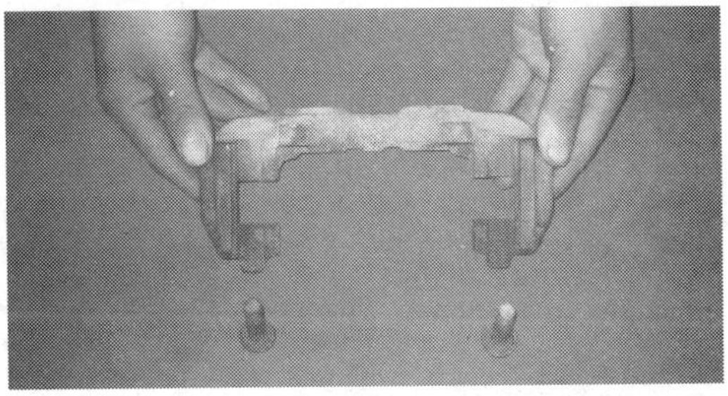

第五步　拆卸后车轮制动鼓

1 1号、2号配合，将后车轮制动鼓的轴承及锁止件取下。

提示

拆卸后车轮制动鼓的轮毂盖、开口销、开槽垫圈、止推垫圈、调整螺母及锥度轴承的操作步骤和规范要求，请参阅“检查或更换制动蹄(片)”，在此不再赘述。

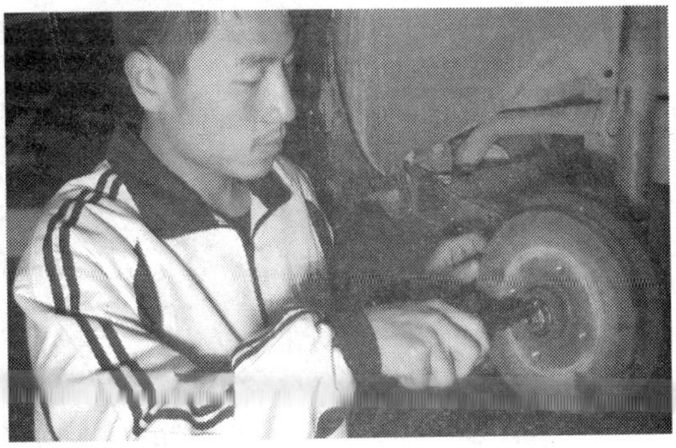

2 2号将一字螺丝刀传递给1号。

3 1号转动制动鼓，通过观察孔查找楔形件的安装位置。

提示

(1) 楔形件安装于压力杆和后制动蹄之间，呈上大下小，用于自动调整后轮制动器的制动蹄与制动鼓之间的间隙。

(2) 为便于查找楔形件，应配合灯光照明。

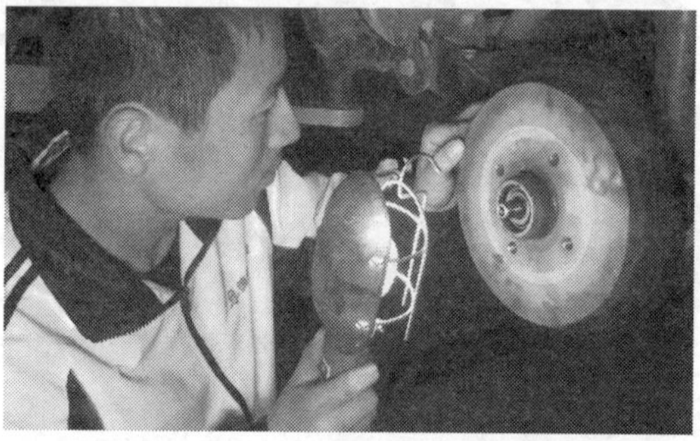

4 1号使用一字螺丝刀，将楔形件最大限度向上拨动。

提示

向上拨动楔形件，目的是减小压力杆外推力，收缩制动蹄，取出制动鼓省力些。

5 1号双手端平制动鼓，将其水平外移，取下制动鼓。

提示

(1) 保持整体水平外移，会较省力取下制动鼓。

(2) 制动鼓较沉重，拆卸、安装或传递过程中，注意不要掉落砸伤。

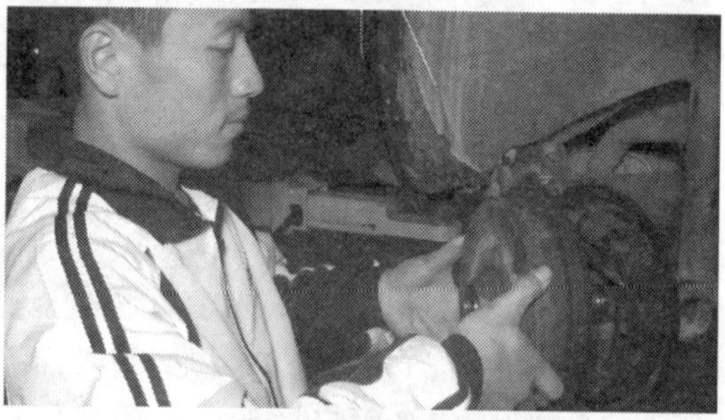

6 2号将制动鼓摆放到零件车上。

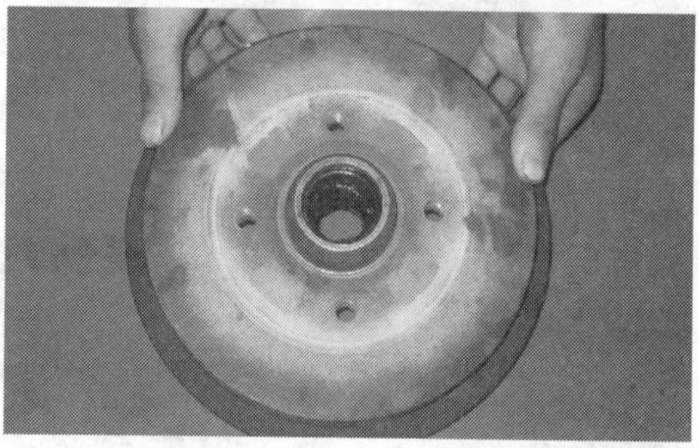

第六步　检查前轮制动盘

1 1号使用干净棉纱，将前轮制动盘摩擦表面擦拭干净。

提示

保持测量面洁净，可以提高测量精度。

2　2号将外径千分尺传递给1号。

提示

外径千分尺是一种精密测量仪器，在传递、使用及存放时，要小心谨慎、规范操作，合理存放。否则，将影响其测量精度。

3　1号使用外经千分尺，测量前轮制动盘的厚度值。

提示

(1) 测量前，使用干净棉纱擦净测砧。并校正外径千分尺。

(2) 测量时，保持测砧与制动盘摩擦表面相垂直。

(3) 从套筒刻度盘上，读出制动盘的厚度值。将测量值与桑塔纳2000型轿车的制动盘标准值和极限值相对照。如果制动盘已达到或接近使用极限，应更换新品。

桑塔纳2000GSi型轿车的制动盘厚度值为20mm，极限值为17.8mm。

4　测量完毕，2号将外径千分尺擦净涂油后，放置到包装盒内。

提示

注意外径千分尺的保养与维护。

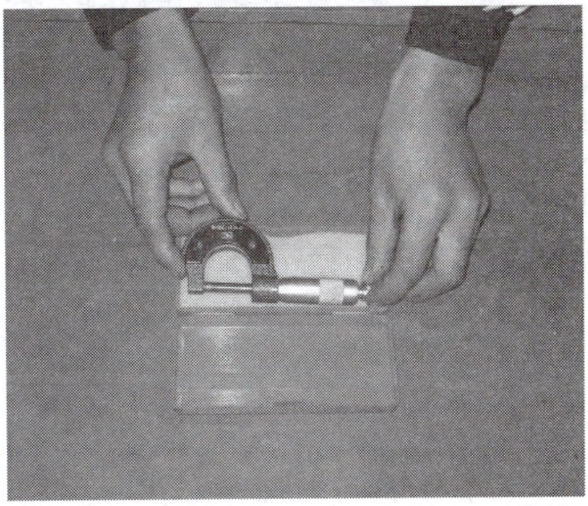

5　2号将百分表及磁性表座传递给1号。

提示

百分表是一种精密测量仪器，在传递、使用及存放时，要小心谨慎、规范操作，合理存放。否则，将影响其测量精度。

6　1号将百分表座吸附在转向节的适当位置。

提示

确定百分表座安装位置，以便于测量制动盘端面跳动量为标准。

7　1号调整百分表，使百分表触头抵住前轮制动盘摩擦表面。

提示

（1）擦净百分表触头。

（2）调整百分表杆，使百分表预压缩1～2mm。

（3）保持测杆与测量面垂直。

8　1号转动百分表表盘，将指针指向"0"刻度线。

提示

为便于记忆指针偏摆量，可以调整百分表表盘，将指针指向"0"刻度线。

9　1号用手缓慢转动前轮制动盘一周，同时观察百分表指针摆动情况。

提示

缓慢转动制动盘，便于观察指针摆动量。

10　1号根据百分表指针的最大偏摆量，计算前轮制动盘端面跳动量。

提示

制动盘端面跳动量的计算方法：

（1）将百分表指针的最大偏摆量，换算成格数。

（2）制动盘的跳动量(mm)=格数 × 0.01mm

将测量值与桑塔纳2000GSi型轿车的制动盘端面跳动量允许值相对照。如果制动盘的端面跳动量已接近或超过允许值范围，应更换新品。

桑塔纳2000Gsi型轿车前轮制动器制动盘端面跳动量≤0.06mm。

11　2号将百分表及座分解，擦净涂油后，放回包装盒。

提示

注意维护百分表。

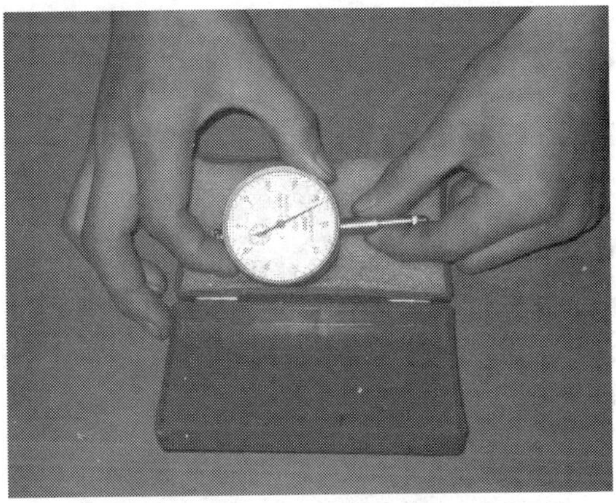

第七步　拆卸前轮制动盘

1　1号将冲击螺丝刀、铁锤传递给1号。

2　1号使用冲击螺丝刀、铁锤拧松前轮制动盘的定位螺栓。

提示

(1) 压缩并转动冲击头部,便可改变冲击螺丝刀松紧方向。

(2) 制动盘上有一个十字头定位螺栓。使用普通螺丝刀拆卸，难以松动且容易滑方。而选用冲击螺丝刀则变得快速、省力。

3　2号接收工具,擦拭后摆放到工具车上。

4　1号用手旋下定位螺栓，然后取下制动盘，并传递给1号。

提示

拆卸、传递及安装制动盘时,要注意安全。防止掉落砸伤。

5　1号将制动盘、定位螺栓，摆放到零件车上。

第八步 检查后轮制动鼓

1 1号使用汽油、毛刷，将制动鼓清理干净。

提示

(1) 使用汽油刷洗制动鼓时，要佩戴耐油防护手套，保护皮肤不受侵蚀。

(2)保持制动鼓洁净，可以提高测量精度。

2 制动鼓晾干后，1号使用干净棉纱，将制动鼓内部擦拭一遍。

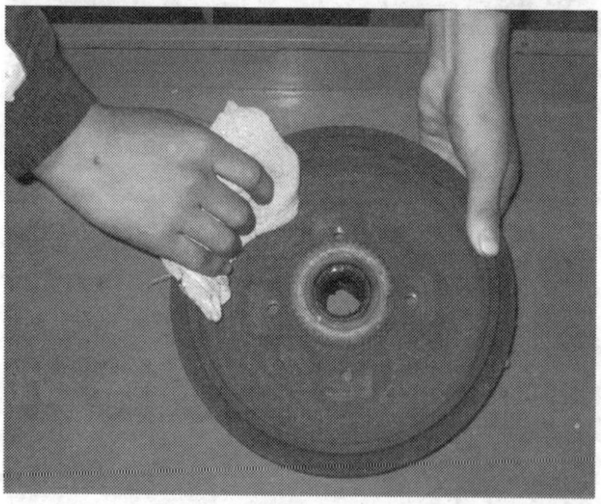

3 2号将游标卡尺传递给1号。

提示

游标卡尺是一种精密量具，在传递、使用及存放时，要小心谨慎、规范操作，合理存放。否则，将影响其测量精度。

4 1号使用游标卡尺，测量制动鼓的内径。

提示

将测量值与规定值进行比较，如果测量值接近或超过规定值允许范围，应更换制动鼓。

桑塔纳2000GSi型轿车后轮制动鼓内径200mm，磨损极限≤1mm。

5 2号将游标卡尺擦净涂油后放置到包装盒内。

提示

注意游标卡尺的保养与维护。

6　1号使用弓形内径规，在同一截面的不同方向上测得3～5个制动鼓内径值，然后计算出制动鼓的圆度误差。

提示

圆度误差（mm）=（最大值－最小值）÷2

将测量值与规定值进行比较，如果测量值接近或超过规定值允许范围，应更换制动鼓。

桑塔纳2000型轿车后轮制动鼓的圆度误差≤0.10mm。

第九步　安装前轮制动盘

1　2号将前轮制动盘传递给1号。

2　1号将前轮制动盘上的定位孔对正轮毂上的螺栓孔，之后，用手将定位螺栓旋入螺栓孔中。

3　1号使用2号传递来的冲击螺丝刀和铁锤，将定位螺栓拧紧至适当力矩。

提示

调整冲击螺丝刀的方法，请参阅前文说明。

第十步　安装前轮制动分泵和制动蹄

1号、2号配合，将前轮制动分泵及制动蹄安装完毕。

提示

具体操作步骤，请参阅“检查或更换制动蹄（片）”，在此不再赘述。

第十一步　安装后轮制动鼓

1号、2号配合，将后车轮制动鼓安装完毕。

提示

（1）安装后轮制动鼓、锥度轴承、止推垫圈、调整螺母、开槽垫圈、开口销及轮毂盖的操作步骤和规范要求，请参阅“检查或更换制动蹄（片）”，在此不再赘述。

（2）特别强调两点：

①把楔形件调整到最上端，便于安装制动鼓。

②轴承预紧力的调整要适当，否则，会加剧零部件的磨损和影响到行车安全。

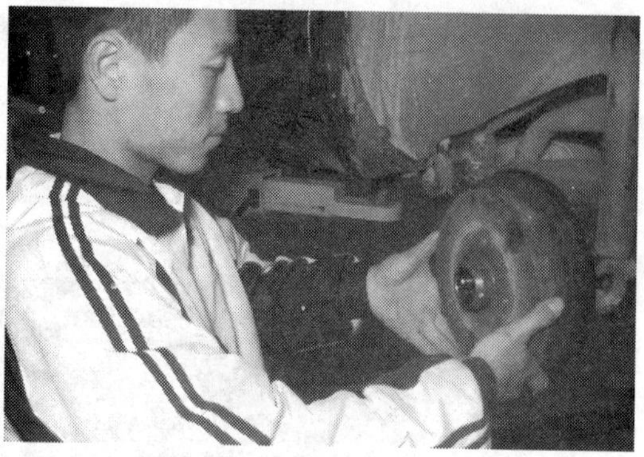

第十二步　车轮制动器性能试验

1 2号进入驾驶室，连续踩踏制动踏板数次后，踩住制动踏板保持制动位置。

提示

(1) 连续踩踏数次制动踏板，目的是使制动器自动将制动盘和制动蹄间的间隙调整到最佳。

(2) 保持驻车制动器处于不工作状态。

2 1号用力转动前后车轮的制动盘和制动鼓。

提示

如果制动盘和制动鼓无法转动，证明制动效果良好。否则，对制动系统进行检查。

3 2号放松制动踏板，1号再次转动制动盘和制动鼓。

提示

如果制动盘和制动鼓转动自如，轻便顺畅，证明制动系统复位性能良好。

4 2号拉紧驻车制动器操纵杆，并保持在制动状态。

5 1号用力转动后车轮制动鼓，检查驻车制动器的制动性能。

提示

如果后轮制动鼓不能转动，证明驻车制动

器的制动性能良好。否则，应对驻车制动系统进行检查。

6　2号彻底放松驻车制动器操纵杆，释放驻车制动。

7　1号再次转动后车轮制动鼓，检查制动鼓的转动情况。

提示

如果制动鼓转动自如，轻便顺畅，证明驻车制动器复位性能良好。否则，应对驻车制动系统进行检查。

第十三步　安装车轮

1　1号将车轮安放到制动盘凸缘上，对齐螺栓孔后，用手将车轮固定螺栓旋入螺纹孔内。

2　2号扶住车轮。1号使用车轮扳手，将4条固定螺栓拧紧到适当力矩。

提示

拧紧车轮固定螺栓时，要按照“对角多遍”的要求进行，防止车轮变形。

3　2号操纵举升机，将车辆降落到地面上。

提示

(1) 举升机的安全操作规范，请参阅“举升机的使用方法”，在此不再赘述。

(2) 举升车辆前，注意安全确认，配合口令“正常”、“举升”。

4 1号使用2号传递来的扭力扳手，将车轮固定螺栓的力矩拧紧至110N·m。

提示

（1）拧紧车轮固定螺栓时，要按照“对角多遍”的要求进行，防止车轮变形。

（2）按照相同要求，安装其他车轮。

第十四步　整理工位

1号、2号共同拆除护裙、驾驶室内保护罩；清理工具和量具等；清洁地面卫生。

提示

作业项目完成后，要搞好工位的清扫、整理工作，培养良好的工作习惯。

八、考核标准

考核标准表

考核时间	序号	考核项目	满分	评分标准	得分
40min	1	作业前整理工位	2	酌情扣分	
	2	安装汽车保护罩	1	酌情扣分	
	3	拆装车轮	4	操作不当扣4分	
	4	拆装前车轮制动分泵及制动蹄	5	操作不当扣5分	
	5	拆装前车轮制动分泵的支架	2	操作不当扣2分	
	6	摆放零部件	3	酌情扣分	
	7	工具、量具的使用与维护	3	操作不当扣3分	
	8	拆装后车轮制动鼓	7	操作不当扣7分	
	9	测量前车轮制动盘的厚度	8	操作不当扣8分	
	10	测量前车轮制动盘的端面跳动量	10	操作不当扣10分	
	11	拆装前车轮制动盘	4	操作不当扣4分	
	12	测量后车轮制动鼓的磨损	7	操作不当扣7分	
	13	测量后轮制动鼓的圆度误差	10	操作不当扣10分	
	14	检查制动器的制动性能	5	操作不当扣5分	
	15	检查制动器的复位性能	5	操作不当扣5分	
	16	检查驻车制动器的性能	5	调整不当扣5分	
	17	后车轮轴承预紧力的调整	6	操作不当扣6分	
	18	检查制动蹄与制动鼓的接触面和接触位置	8	操作不当扣8分	
	19	举升或降落车辆	3	操作不当扣3分	
	20	作业后整理工位	2	酌情扣分	
	21	遵守相关安全规范	因违规操作造成人身和设备事故的，总分按0分计		
分数合计			100		

项目十一　检查、添加或更换手动变速器油

一、项目说明

变速器具有变速、变矩和变向功能，使汽车能够满足各种复杂路况下的行驶需要。但由于频繁换挡、长期在高转速、大负荷工况下工作，变速器的零件会产生磨损或损伤，致使其使用性能下降。为了减轻零件磨损、延长变速器使用寿命，应定期对变速器进行维护。定期检查、添加或更换变速器油，是维护变速器的重要措施之一。下面以桑塔纳2000GSi型轿车为例，来说明检查、添加或更换手动变速器油的操作步骤和技术规范。

二、技术标准与要求

1. 加注桑塔纳2000GSi型轿车规定型号变速器油（变速器油型号APIGL-5或SAE75W-90）。
2. 变速器油检查或更换周期规定：30000km检查变速器油位；变速器油不需要更换或视情更换。
3. 变速器油液容量为2L。
4. 加油塞、放油塞拧紧力矩为25N · m。
5. 变速器油面应位于放油口下边沿。

三、实训时间：30min

四、实训教学目标

1. 了解检查、添加或更换变速器油的重要性。
2. 掌握检查、添加或更换变速器油的操作技能。

五、实训器材

加油机

ϕ17mm专用接头

回收桶

其他工具及器材：
驾驶室内保护罩、棉纱、防护手套及防护帽、变速器油等。

六、教学组织

1. 教学组织形式

每辆车安排4名学生参与实训，两名学生为一组。一组操作，一组观察学习。

2. 学生站位分工和要求

两名学生一组，按照1号、2号进行编号，

1号为主，2号辅助。

3. 实训教师职责

讲解操作步骤和注意事项；下达“操作开始”口令；工位间巡视、检查、指导和纠正错误。

4. 学生职责变换

两名学生实行职责变换制度，即第一遍1号为主，2号辅助；第二遍2号为主，1号辅助。

七、操作步骤

第一步 事前准备

1 车辆进入工位前，参训学生将工位卫生清理干净，排除障碍物，准备好相关的工具、物品等。

提示

培养良好的工作习惯，做好事前准备，有利于安全操作和提高工作效率。

2 将车辆停驻在举升机平台的中央位置。

3 1号拉紧驻车制动器，并将变速器置于空挡位。

提示

为保证车辆在工位上可靠停驻，防止出现溜滑，造成安全事故，要拉紧驻车制动器并将变速器置于空挡位。

4 1号安装转向盘套、换挡手柄套、座套、铺设地板垫。

提示

保护罩是由薄塑料制成的，极易破损。所以在安装时，用力要均匀，避免因用力过大造成损坏。其主要作用是在操作过程中保持驾驶室内清洁。

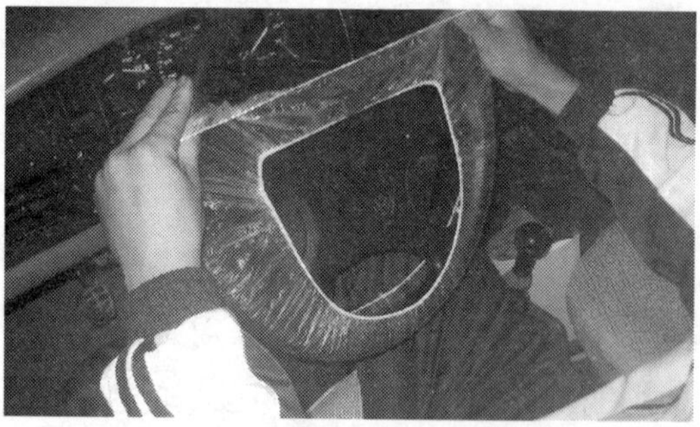

第二步 检查变速器油面

1 2号操纵举升机，将车辆举升至适当高度，并可靠锁止提升臂。

提示

(1) 举升机操作规范，请参阅“举升的使用方法”，在此不再赘述。

(2)特别强调，在举升机举升或降落前，要注意安全确认，配合口令“正常”、“举升车辆”。

2 2号将ϕ17mm专用接头、棘轮扳手，传递给1号。

3 1号使用ϕ17mm专用接头、棘轮扳手，拧松变速器放油塞。然后，2号接收工具并摆放到工具车上。

提示

(1) 拧松放油塞时，保持工具与螺帽内螺方配合可靠到位。

(2) 禁止使用已严重磨损的工具，拆卸放油塞。否则，容易造成滑方，给拆卸带来更大困难。

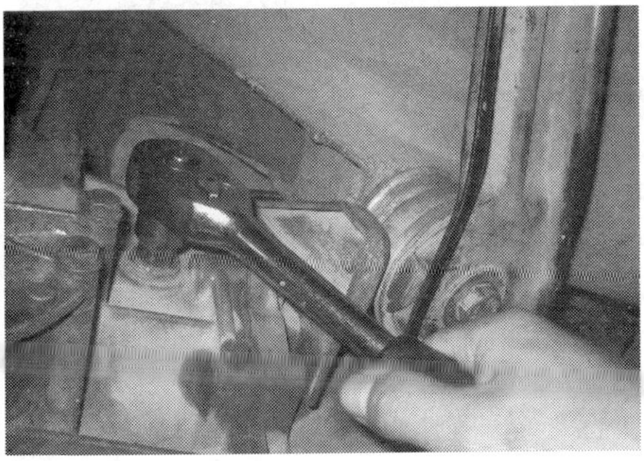

4 1号用手旋下放油塞并传递给2号。

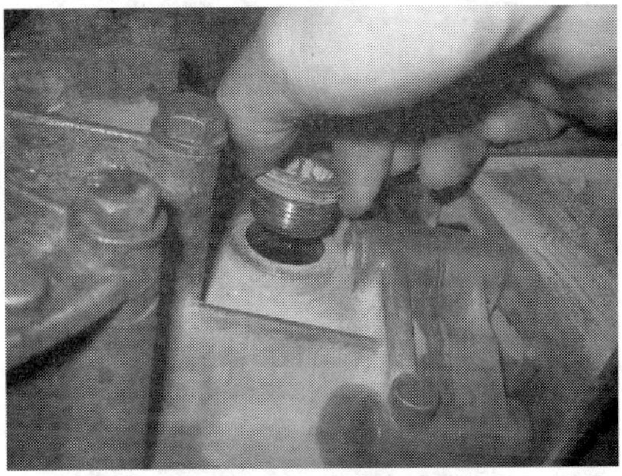

5 2号将放油塞摆放到零件车上。

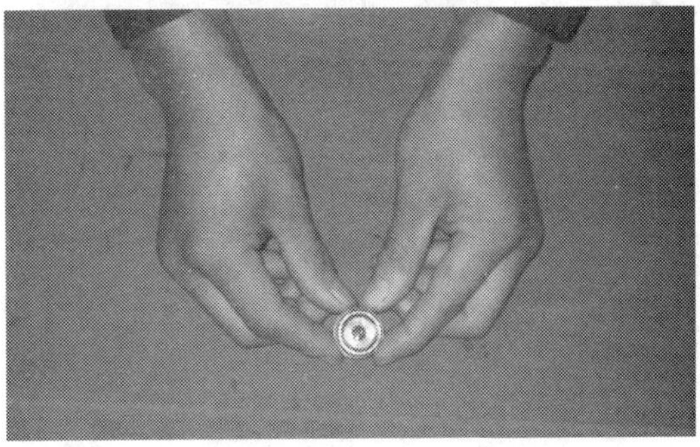

6 1号察看变速器内的油面位置。

提示

(1) 为便于看清油面位置，可配合灯光照明。

(2) 变速器油面应位于放油口下边沿。如果油面低于放油口下边沿，应添加补充变速器油，直到油面达到规定要求为止。

(3) 如果变速器油面正常，则将放油塞按照规定力矩拧紧。

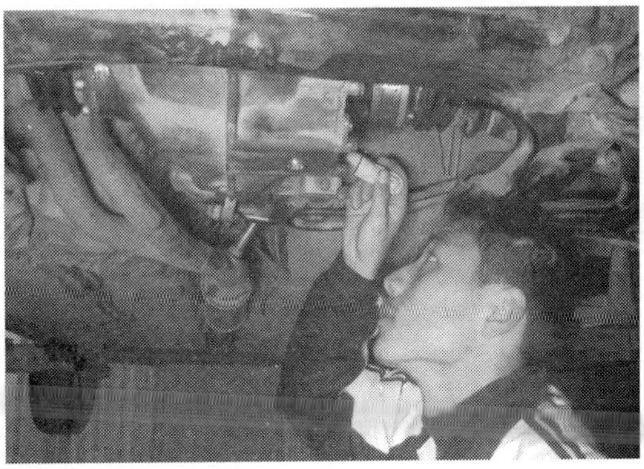

第三步　变速器漏油检查

1　1号检查变速器内换挡杆油封处是否有漏油现象。

提示

(1) 内换挡杆操纵换挡拨叉，实现变速器挡位变换。变速器后端盖上安装有橡胶油封，保证变速器与内换挡杆之间可靠密封，防止变速器油泄漏。

(2)如有泄漏现象，应更换内换挡杆油封。

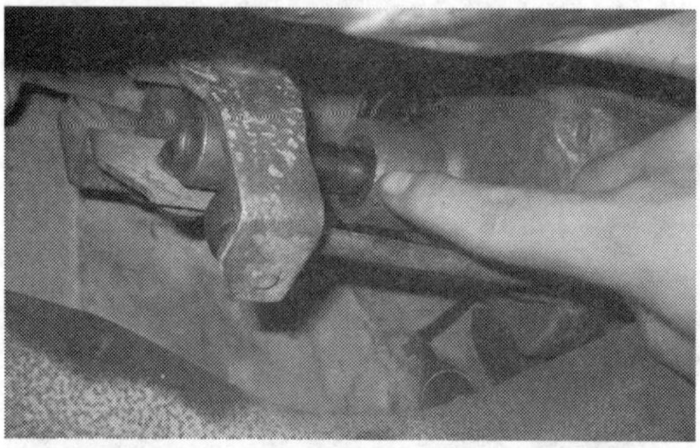

2　1号检查变速器壳体接合处是否有漏油现象。

提示

(1) 桑塔纳2000GSi型轿车变速器壳体分为三部分，壳体接合面上安装有衬垫，用于保证接合面间可靠密封。

(2) 如果变速器壳体接合处存在漏油现象，应更换衬垫。

3　1号检查变速器前油封是否有漏油现象。

提示

(1) 变速器前油封，用于保证变速器输入轴与壳体之间可靠密封。

(2) 检查变速器前油封漏油，可通过离合器防护板下端有无油滴来判断。

(3) 如果变速器前油封存在漏油现象，应更换前油封。

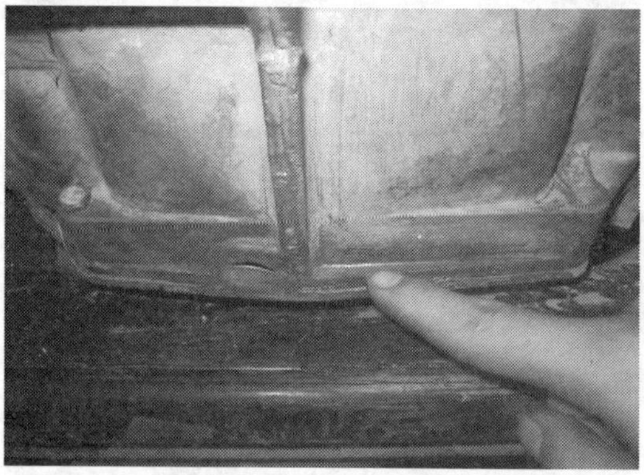

4　1号检查两侧半轴油封处是否存在漏油现象。

提示

(1)半轴油封，用于保证半轴连接凸缘与主减速器和差速器壳体之间可靠密封。

(2) 如果有漏油现象，应更换半轴油封。

第四步　添加变速器油

1　1号将变速器放油塞旋下后，2号将加油机，推移到变速器下方。

2 1号将加油管插入变速器加油口中。

3 2号反复按压加油机加压手柄，将油液注入变速器中。

提示

按压加油机加压手柄时，操作频率不要过快。防止过量油液洒落损失。

4 1号观察变速器加油口，如有油液溢出，则告知2号停止注油。

提示

(1) 变速器油面应位于加油口下边沿。

(2) 添加变速器油时，为便于确定油面是否达到规定位置，以变速器加油口油液刚刚溢出作为判断依据。

(3) 在加油口下方放置棉纱，防止油液滴落到地面上。

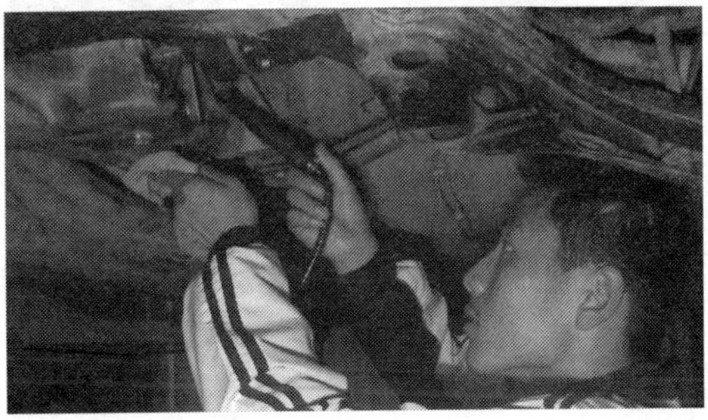

5 2号接收加油管，并将其管口插入加油机上的承孔内，最后将加油机移至规定位置。

提示

接收加油管时，在管口要覆以棉纱，避免油液滴落到地面上。

6 1号用手将放油塞旋入变速器加油口螺纹孔内。

提示

(1) 加油管取下后，迅速旋入加油塞，避免油液滴落到地面上。

(2) 旋入加油塞时，确保对正螺纹。防止螺纹损伤，导致漏油。

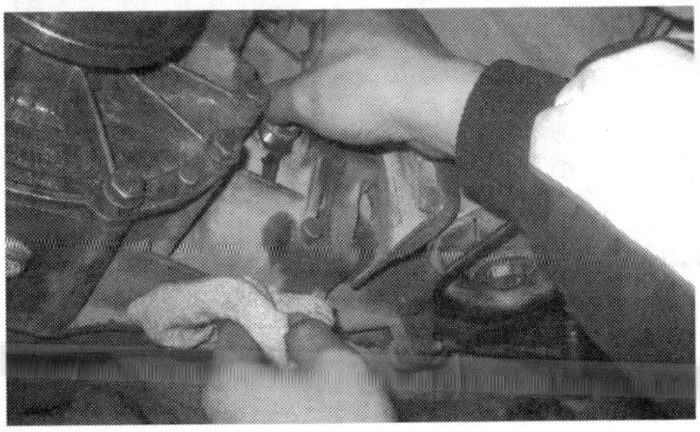

7 2号将ϕ17mm专用接头、棘轮扳手传递给1号。

8 1号使用ϕ17mm专用接头、棘轮扳手，将加油塞拧紧至适当力矩。加油塞拧紧力矩为25N·m。

提示

加油塞拧紧力矩要符合规定要求。若力矩过大，造成加油塞滑扣；若力矩过小，导致加油塞处漏油。

9 2号接收工具，擦拭后摆放到零件车上。

提示

注意维护工具。

10 1号使用棉纱擦净加油塞周围的油迹。

提示

加油塞安装完毕，注意擦净其周围油迹，便于检查漏油。

第五步　更换变速器油

1 2号操纵举升机，将车辆举升到轮胎最低点距离地面约20cm的高度，并可靠锁止提升臂。

提示

（1）举升机的操作要领和规范要求，请参阅“举升机的使用方法”。

（2）举升车辆时，强调安全确认口令“正常”、“举升车辆”，防止意外情况发生。

2 1号进入驾驶室，打开点火开关并起动发动机，保持发动机怠速运转。

3 1号操纵变速手柄，将变速器挂入1挡，保持车辆带挡运行状态。2~3min后，将变速器置于空挡，并关闭点火开关，停止发动机运转。

提示

(1) 车辆带挡短时间空载运行，目的是提高变速器温度，降低油液黏稠度，有利于彻底排放变速器油，减少变速器内残余油量。

(2) 寒冷季节，预热变速器油，尤其重要。

4 2号操纵举升机，将车辆举升止适当高度后，可靠锁止提升臂。

提示

举升机的使用规范，请参阅前文说明。

5 2号将回收桶，推移至变速器下方，并对正放油塞。

6 1号使用2号传递来的ϕ17mm专用接头、棘轮扳手，拧松变速器放油塞和加油塞。

提示

同时拧松加油塞和放油塞，可以减少操作时间。

7 2号接收工具，擦拭后摆放到零件车上。

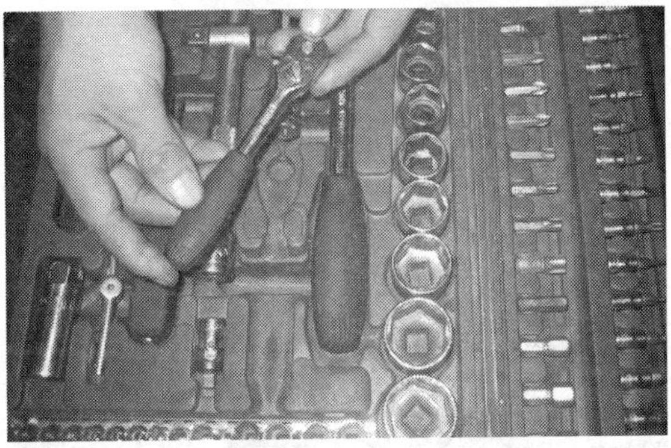

8 1号用手旋下变速器放油塞。

提示

旋下放油塞时，注意感觉剩余螺纹多少。当感知剩余1~2圈螺纹时，转动并同时上推放油塞，螺纹全部旋出后，快速移开放油塞，油液急速流入回收桶。如此操作，可以防止油液流到手上和身上。

9 1号用手旋下加油塞，并传递给2号。

提示

排放变速器油时，同时取下加油塞，可以加快油液排放速度。

10 待变速器放油口处，油液不再滴落时，1号用手旋上放油塞。

提示

旋入放油塞时，确保对正螺纹。防止螺纹损伤，导致漏油。

11 2号将回收桶，移至规定位置。

12 1号使用2号传递来的ϕ17mm专用接头、棘轮扳手，将放油塞拧紧至适当力矩。放油塞拧紧力矩为25N·m。

提示

放油塞拧紧力矩要符合规定要求。若力矩过大，造成放油塞滑扣；若力矩过小，导致加放油塞处漏油。

13 2号接收工具，擦拭后摆放到零件车上。之后，将加油机推移至变速器下方。

14 1号、2号配合，将变速器油加注到规定液位，并将加油塞拧紧至规定力矩。加油塞的拧紧力矩为25N · m。

提示

加注变速器油的详细操作步骤和注意事项，请参阅第四步“添加变速器油”，不再追述。

15 1号使用棉纱，擦净放油塞和加油塞周围的油迹。

提示

擦净放油塞和加油塞周围的油迹，便于检查漏油。

第六步　检查油液泄漏

1 2号操纵举升机，将车辆降落到轮胎最低点距离地面约20cm的高度，并可靠锁止提升臂。

提示

举升机的使用规范，请参阅前文说明。

2 1号进入驾驶室，起动发动机，操纵变速手柄，变换变速器挡位，并保持车辆带挡运行状态。3～5min后，将变速器置于空挡，并关闭点火开关，停止发动机运转。

提示

车辆带挡运行，一是检验变速器换挡性能；二是提高变速器油温，便于检查泄漏。

3 2号操纵举升机，将车辆举升至适当高度，并可靠锁止提升臂。

提示

举升机的使用规范，请参阅前文说明。

4 1号检查变速器的放油塞和加油塞处，是否存在油液泄漏。

提示

如果存在泄漏现象，应修复后，车辆再投入使用。

5 2号操纵举升机，将车辆降落到地面上。

提示

举升机的使用规范，请参阅前文说明。

第七步 整 理 工 位

1号、2号共同拆除护裙、驾驶室内保护罩；清理工具和量具等；清洁地面卫生。

提示

作业项目完成后，要搞好工位的清扫、整理工作，培养良好的工作习惯。

八、考核标准

考 核 标 准 表

考核时间	序号	考核项目	满分	评分标准	得分
30min	1	作业前整理工位	5	酌情扣分	
	2	安装汽车保护罩	6	酌情扣分	
	3	举升或降落车辆	8	操作不当扣8分	
	4	检查变速器油面	10	检查不当扣10分	
	5	内换挡杆油封漏油检查	7	检查不当扣7分	
	6	变速器壳体接合面漏油检查	7	检查不当扣7分	
	7	变速器前油封漏油检查	7	检查不当扣7分	
	8	半轴油封漏油检查	7	检查不当扣7分	
	9	添加变速器油	10	操作不当扣10分	
	10	擦拭加、放油塞周围油迹	6	操作遗漏扣6分	
	11	带挡运行车辆	8	操作不当扣8分	
	12	拆装加油塞、放油塞	8	操作不当扣8分	
	13	工具维护	6	维护不当扣6分	
	14	作业后整理工位	5	酌情扣分	
	15	遵守相关安全规范	因违规操作造成人身和设备事故的，总分按0分计		
分数合计			100		

项目十二　检查、添加或更换转向助力液

一、项目说明

1. 概述

目前，汽车上安装的动力转向装置有液压式和电动式两种。采用动力转向装置的汽车，转向操纵性能大幅度提高，使汽车转向变得既轻便又灵活。液压式动力转向装置广泛应用于高速轿车和重型载货汽车。

对于液压动力转向装置而言，在使用过程中会出现助力油变白、起泡、浑浊、液位下降等现象，致使动力转向装置性能下降或丧失，造成汽车转向沉重。其主要原因是助力油与空气混合、转向助力液达到更换周期和管路存在泄漏。因此，应定期检查、添加或更换转向助力液，保证转向助力装置能够正常工作。下面以桑塔纳2000GSi型轿车为例，来说明检查、添加或更换转向助力液的操作步骤和技术规范。

2.液压式动力转向装置的组成和工作原理

（1）液压式动力转向装置的组成。

液压式动力转向装置是在原有机械式转向系统基础上，增设了一套液压助力装置，主要由转向盘、转向柱、转向器、转向油泵、储液罐、油管等组成。

（2）液压式动力转向装置的工作原理。

汽车转向时，驾驶员只需作用在转向盘上较小的力，此时，由发动机驱动的转向油泵建立的高油压，便在控制阀的控制下进入动力油缸，推动转向轮偏转，实现汽车转向。

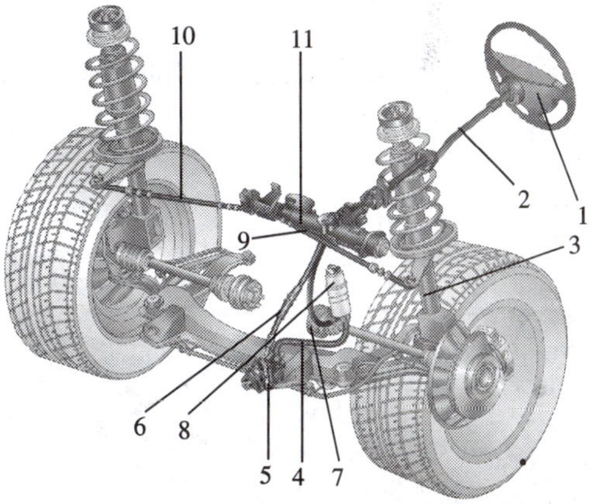

液压式动力转向装置

1-转向盘；2-转向轴；3-转向臂（焊接在前悬架支柱上）；4-吸油管；5-叶片泵；6-高压油管；7-低压油管；8-储油罐；9-左横拉杆；10-右横拉杆；11-动力转向器

二、技术标准与要求

1. 加注桑塔纳2000GSi型轿车规定型号转向助力液。
2. 助力液在工作温度下（50℃），液面应位于标尺的“MAX”和“MIN”刻度线之间。
3. 转向助力油检查周期为7500km或6个月。

4. 液压动力转向装置的助力油容量为0.7～0.9L。

三、实训时间：30min

四、实训教学目标

1. 了解检查、添加或更换助力油的重要性。
2. 熟悉转向助力系统的组成和工作原理。
3. 掌握检查、添加或更换转向助力油的操作技能。

五、实训器材

接油容器

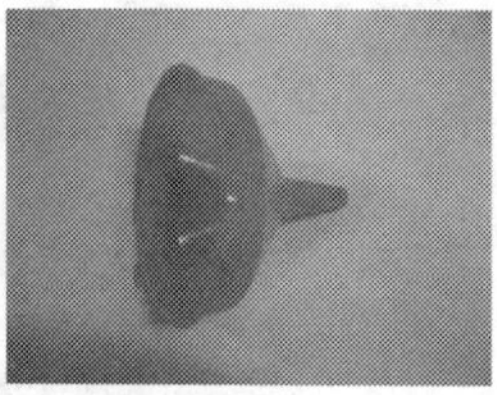

漏斗

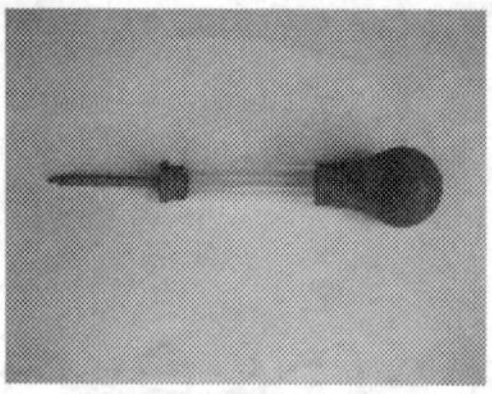

吸管

其他工具及器材：

鲤鱼钳、棉纱、防护手套、油管、护裙、转向助力油、驾驶室内保护罩等。

六、教学组织

1. 教学组织形式

每辆车安排4名学生参与实训，两名学生为一组。一组操作，一组观察学习。

2. 学生站位分工和要求

两名学生一组，按照1号、2号进行编号，1号为主，2号为辅助。

3. 实训教师职责

讲解操作步骤和注意事项；下达“操作开始”口令；工位间巡视、检查、指导和纠正错误。

4. 学生职责变换

两名学生实行职责变换制度，即第一遍1号为主，2号辅助；第二遍2号为主，1号辅助。

七、操作步骤

第一步　事前准备

1　车辆进入工位前，参训学生将工位卫生清理干净，排除障碍物，准备好相关的工具、物品等。

提示

培养良好的工作习惯，做好事前准备，有利于安全操作和提高工作效率。

2　将车辆停驻在举升机平台的中央位置。

3　1号拉紧驻车制动器，并将变速器置于空挡位。

提示

为保证车辆在工位上可靠停驻，防止出现溜滑，造成安全事故，要拉紧驻车制动器并将变速器置于空挡位。

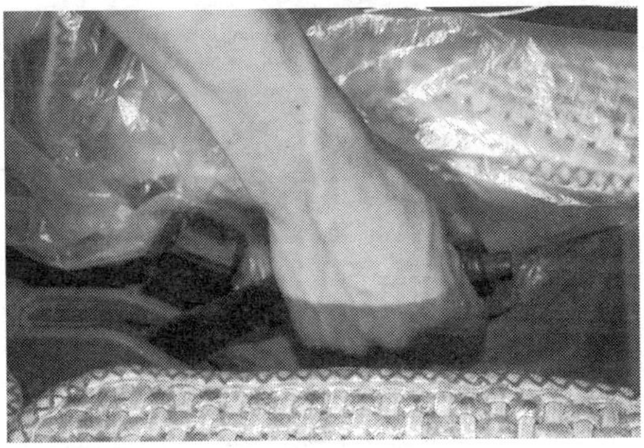

4　1号打开并可靠支撑机舱盖。

提示

将支撑杆插入机舱盖支撑孔时，要保证接触可靠，否则，机舱盖滑落会造成人身伤害。

5　1号、2号把护裙粘贴在汽车左、右侧翼子板上，要求护裙将翼子板全部覆盖。护裙的上边沿粘贴到排水槽的内侧，前端至侧灯处，后端至车门与翼子板结合缝隙。

提示

(1) 粘贴护裙的主要目的是保护操作中能够接触到的翼子板车漆。

(2) 护裙是通过磁铁吸附在翼子板上的，因此，在粘贴时，当护裙接近翼子板，感受到吸力后，要稍稍用力，使护裙轻轻与翼子板贴合，不允许听到接触碰撞声。

6　1号安装转向盘套、换挡手柄套、座套、铺设地板垫。

提示

保护罩是由薄塑料制成的，极易破损。所以在安装时，用力要均匀，避免因用力过大造成损坏。其主要作用是在操作过程中保持驾驶室内清洁。

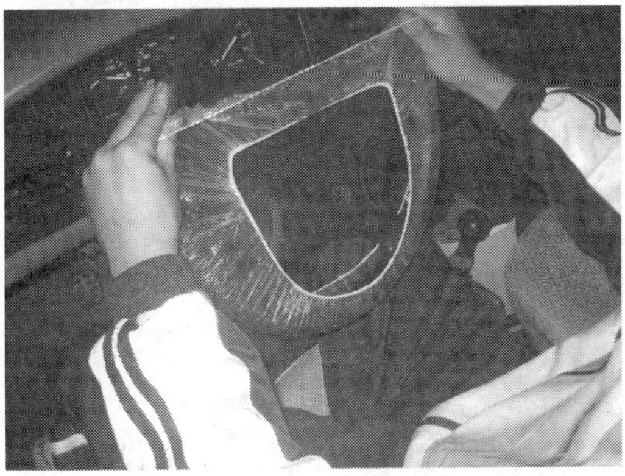

第二步　检查助力液面

1　2号进入驾驶室，将转向盘调正，使转向盘上的车标朝向正前方向。

提示

调整转向盘时，可将转向盘从一端极限位置旋转到另一端极限位置，然后退回到中间位置。此时，转向盘上的车标应朝向车辆正前方向。

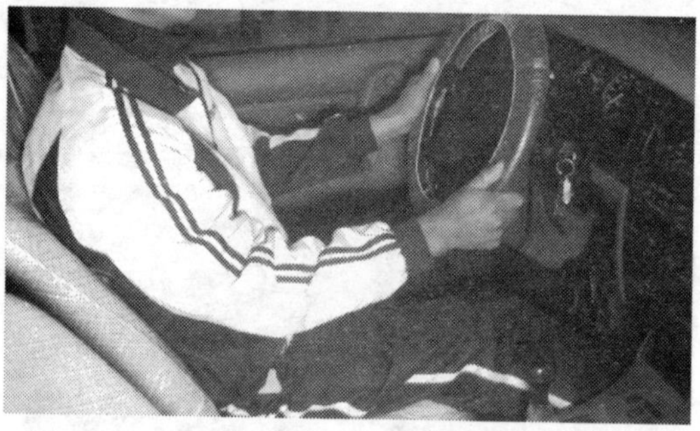

2 1号在车辆前方，观察车辆两前车轮应保持直线行驶状态。

提示

车辆在直线行驶状态下，液压动力转向系统不工作，系统内助力液不受挤压。只有在此条件下，方可进行液压动力转向系统内的液面检查作业。

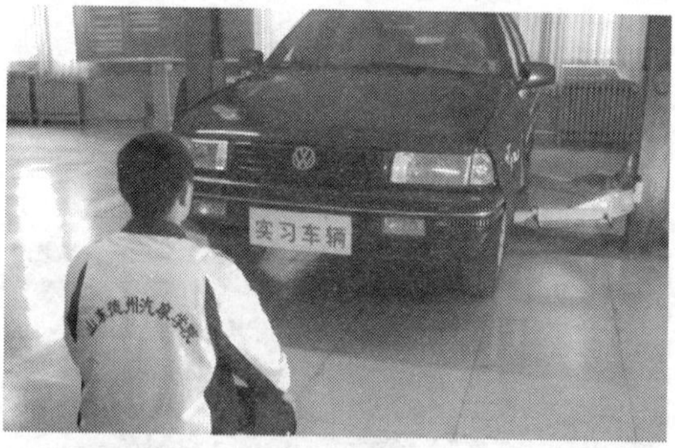

3 转向助力系统的储液罐，安装在发动机舱内靠近蓄电池的位置。

4 1号用手旋下储液罐盖，使用棉纱擦净标尺上的油迹。

提示

擦净标尺上的油迹，防止油液滴落到车身、地面上。同时为检查油面位置做好准备。

5 1号观察标尺上的刻度线。

提示

标尺与储液罐盖制成一体，标尺上标注有“MAX”和“MIN”刻度线，指示液面的最高和最低极限位置。

6 1号先将盖旋紧在储液罐上，然后将盖旋下，察看标尺上显示的液面位置。

提示

(1) 旋下储液罐盖后，在标尺下方放置一块棉纱，防止油液滴落到车身和地面上。

(2) 助力液在冷态下，液面应位于标尺的“MIN”刻度线附近；助力液在工作温度下(50℃)，液面应位于标尺的“MAX”与“MIN”刻度线之间。

若液面高于规定刻度线，应吸出多余助力油；若液面低于规定刻度线，应进行系统泄漏检查，然后添加适量助力油。

第三步　系统泄漏检查

1　2号进入驾驶室，起动发动机并保持怠速运转。

2　2号转动转向盘至极限位置并保持不变。

提示

发动机运转，转向盘处于转向极限位置。此时液压动力转向系统中的油压最大，便于进行泄漏检查。

3　1号操纵举升机，将车辆举升至适当高度，并可靠锁止提升臂。

提示

(1) 举升机的操作要领和规范要求，请参阅“举升机的使用方法”。

(2) 举升或降落车辆时，强调安全确认口令“正常”、“举升车辆”，防止意外情况发生。

4　1号检查转向器壳及各油管接头处是否有漏油现象。

提示

(1) 转向器上有两根油管。一根是来自转向油泵的高压油管，一根是通向储液罐的回油管。

(2) 造成转向器壳破裂的重要因素之一，在发动机运转情况下，转向盘处于极限位置并保持较长时间，使动力油缸内油压过大所致。

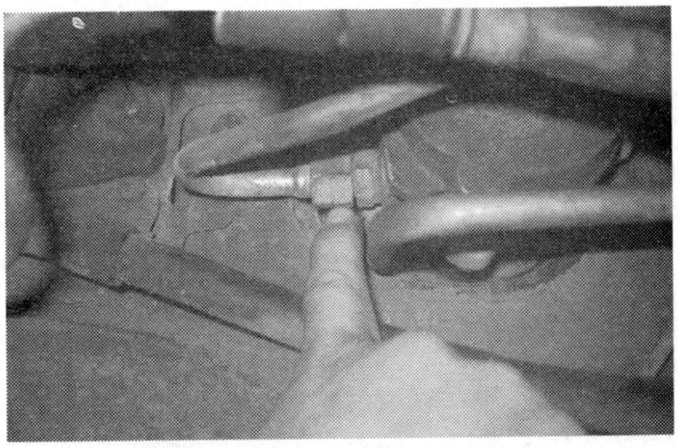

5　1号检查转向油泵及各管接头处是否有漏油现象。

提示

转向油泵上有高低压两根油管。一根是来

自储液罐的进油软管；一根是通向转向器的高压油管。转向油泵漏油，主要是轴承及油封损坏所致。

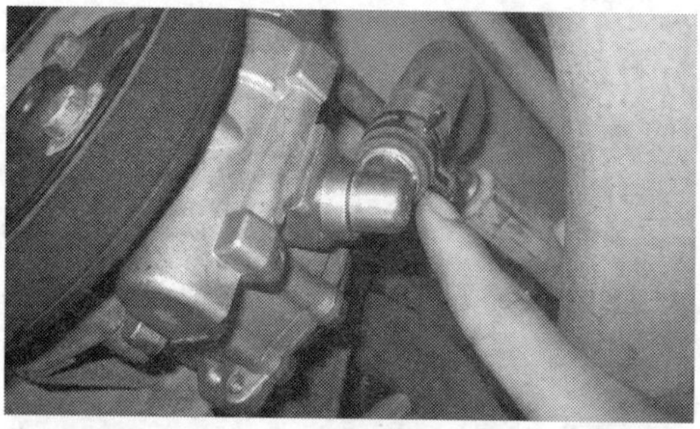

6 1号检查储液罐及各管接头处是否有漏油现象。

提示

储液罐上有两根油管。一根是为转向油泵提供助力油的供油软管；另一根是转向器的回油管。

7 2号将转向盘回正，发动机熄火后使用尖嘴钳，拆卸转向器上的波纹管卡箍。

8 1号拨开波纹管与转向器连接端，检查波纹管内是否存留助力液。

提示

如果波纹管内存留助力液，证明转向器的动力油缸漏油，应更换转向器总成。

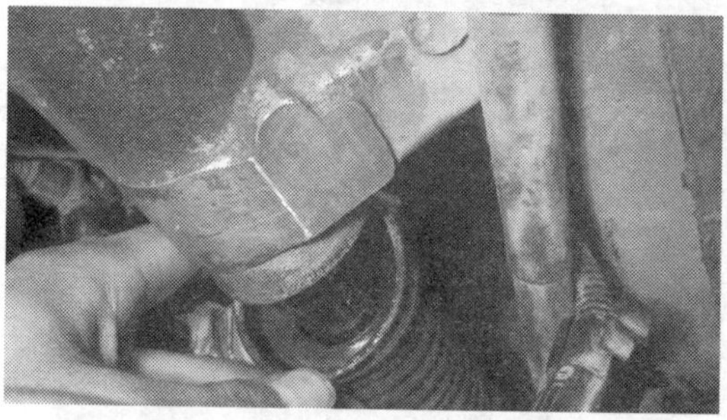

第四步 添加助力液

1 车辆停驻在平坦地面上，保持前转向车轮处于直线行驶状态。

提示

液压助力系统不工作的情况下，可保证储液罐中显示液面的可靠性。

2 1号用手旋下储液罐盖，用棉纱擦净标尺上的油迹后，传递给2号。

提示

擦净标尺上的油迹，防止油液滴落到车身、地面上。

3 2号将储液罐盖摆放到零件车上。

提示

传递和摆放储液罐盖的过程中，注意不要掉落和重压，避免损坏标尺和储液罐盖。

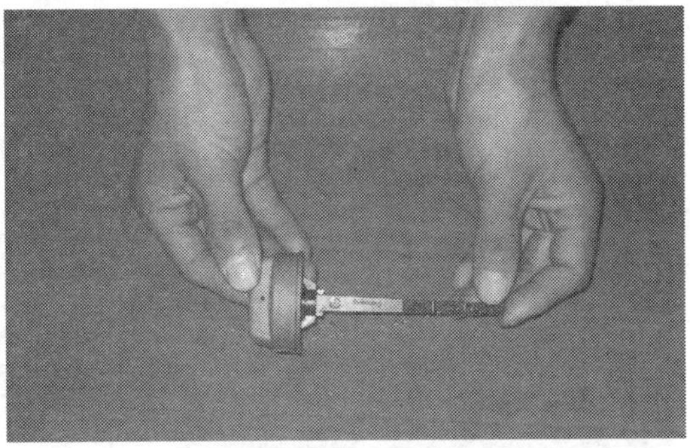

4 2号将转向助力液桶传递给1号。

5 2号将漏斗插入储液罐内；1号旋下助力液桶盖，稍稍倾斜油桶，将加油口对准漏斗，缓缓地将助力液加入储液罐内。

提示

在加注助力液时，油流不要过急，同时注意观察液面高度变化，防止油液溢出损失。

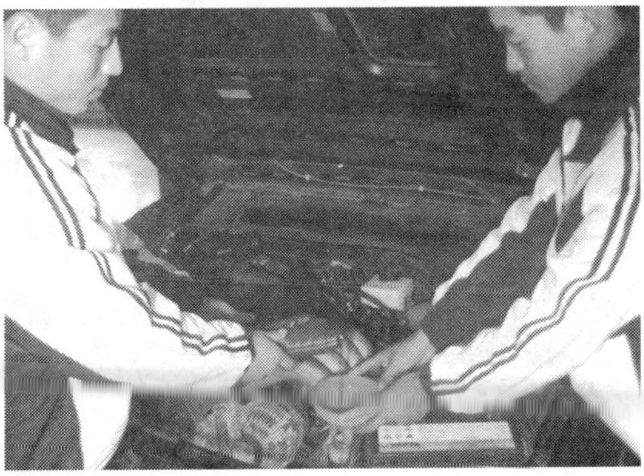

6 加注一定数量助力液后，1号将盖旋紧在储液罐上，然后再旋下储液罐盖，察看标尺上显示的液面位置。若液量不足，则继续添加；若液量超出，则用吸管吸出。如此反复操作，直到液面符合规定要求为止。

提示

(1) 旋下储液罐盖后，在标尺下方放置一块棉纱，防止油液滴落到车身和地面上。

(2) 助力液在冷态下，液面应位于标尺的"MIN"刻度线附近；助力液在工作温度下(50℃)，液面应位于标尺的"MAX"与"MIN"刻度线之间。

第五步　排放助力液

如果助力液出现变白、起泡、浑浊等现象，应及时更换助力液。

1 1号用手旋下储液罐盖，擦净标尺上的油迹后，传递给2号。2号将储液罐盖摆放到零件车上。

2 2号将吸管和接油容器传递给1号。

3 1号使用吸管，吸出储液罐内的助力液，盛放到接油容器内。

提示

尽量吸净储液罐内的助力液，减少拆卸油管时的洒失量。

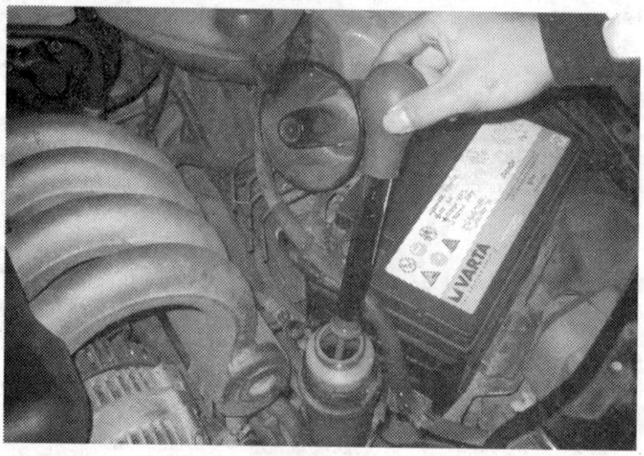

4 2号接收吸管和接油容器，并摆放到零件车上。

提示

注意不要将油液洒落到身上和地面上。

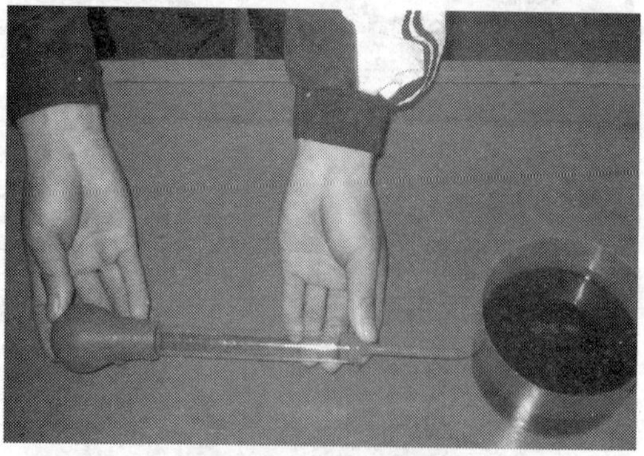

5 2号操纵举升机，将车辆举升至轮胎最低点距离地面约30cm的高度，并可靠锁止提升臂。

提示

(1) 举升机的操作要领和规范要求，请参阅“举升机的使用方法”。

(2) 举升或降落车辆时，强调安全确认口令“正常”、“举升车辆”，防止意外情况发生。

6 2号将鲤鱼钳传递给1号。

7 1号使用鲤鱼钳，将转向器回油管与储液罐连接端的压紧卡箍，拉离油管与管接头接触部位。

提示

(1) 回油管压紧卡箍，弹力较大，张开和移动时，注意保持用力持久均衡。

(2) 压紧卡箍所处空间狭小，拆卸难度较大，应佩戴防护手套，防止碰伤手。

8 2号将接油容器置于助力油泵下方；1号用手转动并拉出回油管，助力液注入接油容器中。

提示

(1) 此时排放的是回油管中的助力液。

(2) 进油软管即将拉出时，2号注意调整接油容器位置，避免助力液洒落到地面上。

9 待回油管中的助力液排放完后，1号将一适当长度软管与回油管和接油容器连接起来。

提示

通过一根软管将回油管和接油容器连接起来，这样便于接收助力系统中的剩余助力液。

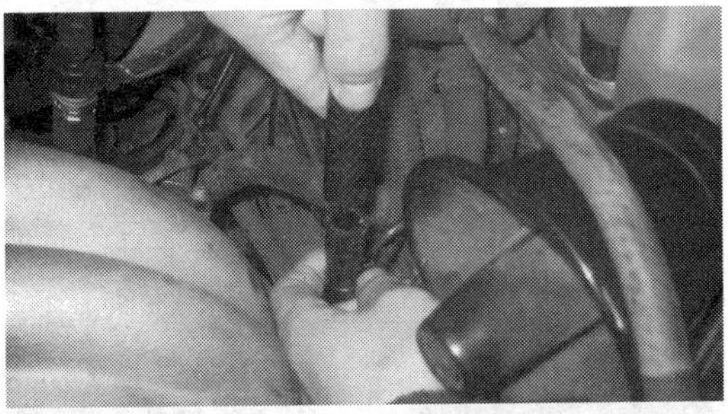

10 将管路连接完毕。2号进入驾驶室，起动发动机并保持怠速运转，同时左右转动转向盘至极限位置10次左右。

提示

通过转动转向盘，可以将转向油泵和转向器动力油缸内的助力液排放出来。

11 1号观察接油容器内无助力液排出后，告知2号停止发动机运转和转动转向盘。

提示

此时液压助力系统中的助力油排放完毕。

第六步 清洗系统油路

1 1号将适当的堵头安装到储液罐的回油管接口上。

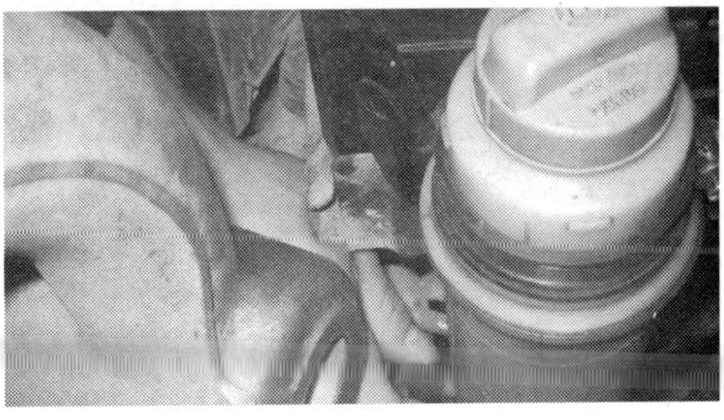

2 1号、2号配合，将新的助力液加注到储液罐内，直到液面达到标尺的“MAX”刻度线。

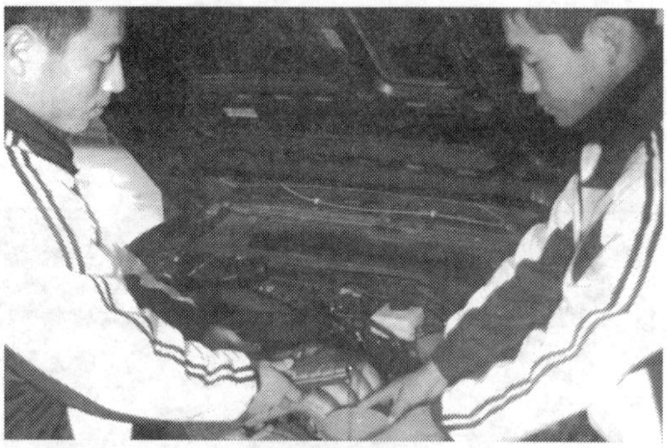

3 2号进入驾驶室，起动发动机并保持怠速运转，同时左右转动转向盘至极限位置10次左右。

提示

(1) 通过新的助力液在液压管路内循环流动，可将系统中残留助力液和管路、动力油缸内的油渍等冲洗干净。

(2) 1号注意观察储液罐内助力液存量，不足时及时添加。

4 1号观察接油容器内，系统中排出的助力液状况。如果助力液呈清亮透明色泽，则证明系统油路已清洗干净。告知2号停止发动机运转和转动转向盘。

提示

至此液压助力系统的油路清洗完毕。

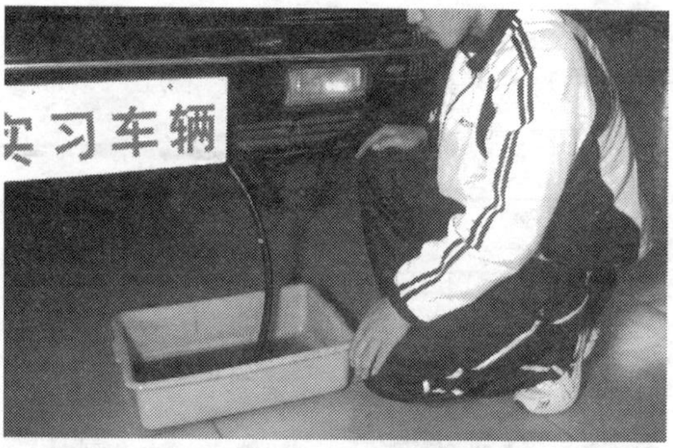

第七步 加注助力液

1 1号取下连接油管堵头后，将转向器的回油管用手安插到储液罐的管接头上。

2 1号使用2号传递来的鲤鱼钳，将回油管卡箍安装到位。

1号、2号共同配合，将助力液加注到储液罐内，并保持液面达到“MAX”刻度线。

提示

加注助力液的操作步骤和规范要求，请参阅前文。

第八步　系统排气

1　2号进入驾驶室，左右转动转向盘至极限位置10次左右。

提示

(1) 保持车轮离地状态，排放系统内空气，使转向省力。

(2) 发动机不运转，转向助力系统不工作，更有利于系统内大量空气排放。

(3) 注意观察储液罐中的油量变化，必要时添加补充。

2　1号观察储液罐中空气排放情况。

提示

当系统中存有空气时，随着转向盘的转动，储液罐内会有气泡冒出。

3　当储液罐中不再有气泡出现后，1号操纵举升机，将车辆降落到地面上。

提示

(1) 举升机的操作要领和规范要求，请参阅“举升机的使用方法”。

(2) 举升或降落车辆时，强调安全确认口令“正常”、“举升车辆”，防止意外情况发生。

4　2号起动发动机并保持怠速运转。

提示

起动发动机前注意3点：

(1) 确认驻车制动器操纵杆已拉紧。

(2) 变速器处于空挡位置。

(3) 安全确认口令“起动”、“正常”。

5 2号再次左右转动转向盘至极限位置10次左右。

提示

起动发动机后，液压助力系统建立起油压。转动转向盘时，既有利于排出系统内的残余空气，又可以检验系统的工作性能。

6 1号检查储液罐内助力液面，应位于“MAX”和“MIN”刻度线之间。若液面过低，应添加补充助力油；若液面高于“MAX”刻度线，应吸出多余助力液。

提示

系统中还存留极少量空气，但在行车10~20km后，空气会自动溢出。

第九步　整理工位

1号、2号共同拆除护裙、驾驶室内保护罩；清理工具和量具等；清洁地面卫生。

提示

作业项目完成后，要搞好工位的清扫、整理工作，培养良好的工作习惯。

八、考核标准

考核标准表

考核时间	序号	考核项目	满分	评分标准	得分
30min	1	作业前整理工位	2	酌情扣分	
	2	打开并支撑机舱盖	2	操作不当扣2分	
	3	安装汽车保护罩	2	酌情扣分	
	4	车辆工位可靠停驻	2	停驻不到位扣2分	
	5	检查助力液面	7	检查不当扣7分	
	6	保持前转向车轮直线行驶状态	5	调整不当扣5分	
	7	调整转向盘于中间位置	5	调整不当扣5分	
	8	举升或降落车辆	6	操作不当扣6分	
	9	建立最大转向助力油压	6	操作不当扣6分	

续上表

考核时间	序号	考核项目	满分	评分标准	得分
30min	10	检查油泵及管接头密封性	5	检查遗漏扣5分	
	11	检查储液罐及管接头密封性	5	检查遗漏扣5分	
	12	检查转向器及管接头密封性	5	检查遗漏扣5分	
	13	添加助力液	7	操作不当扣7分	
	14	排放助力液	8	操作不当扣8分	
	15	清洗系统管路	8	操作不当扣8分	
	16	加注助力液	6	操作不当扣6分	
	17	液压系统排气	12	操作不当扣12分	
	18	说明助力液面高度标准	5	说明错误扣5分	
	19	作业后整理工位	2	操作不当扣2分	
	20	遵守相关安全规范		因违规操作造成人身和设备事故的，总分按0分计	
分数合计			100		

项目十三　检查或更换前后轮轴承

一、项目说明

1. 概述

汽车前后轮轴承承载汽车质量并承受来自车轮的旋转力和地面的冲击力。一般，车轮轴承有推力球轴承和圆锥滚柱轴承两种，安装在轮毂轴承孔中或车轮支撑轴上。推力球轴承采用扭矩紧固，圆锥滚柱轴承采用预紧力调整。

在车辆使用过程中，因摩擦、拆装及润滑等因素，会使车轮轴承产生磨损或损伤，造成车辆行驶摇摆、振动、异响、轮胎异常磨损等故障，给车辆行驶安全性、乘坐舒适性及使用经济性带来严重影响。因此，应定期对车轮轴承进行检查与维护，并及时更换已损坏的轴承，以恢复和提高车辆使用性能。下面以桑塔纳2000GSi型轿车为例，说明检查或更换前后轮轴承的操作步骤和技术规范。

2. 前后轮轴承安装位置

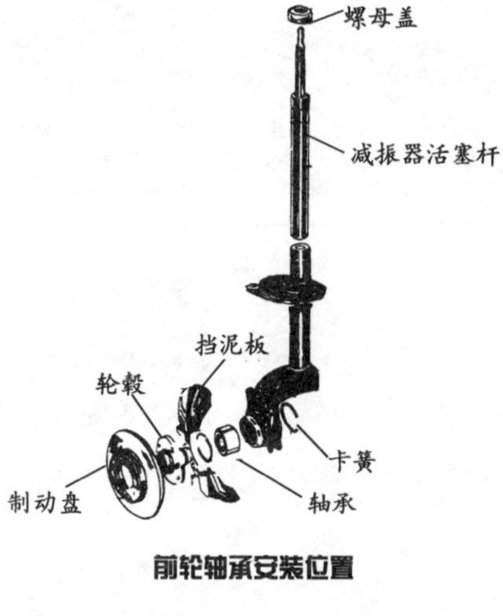

前轮轴承安装位置

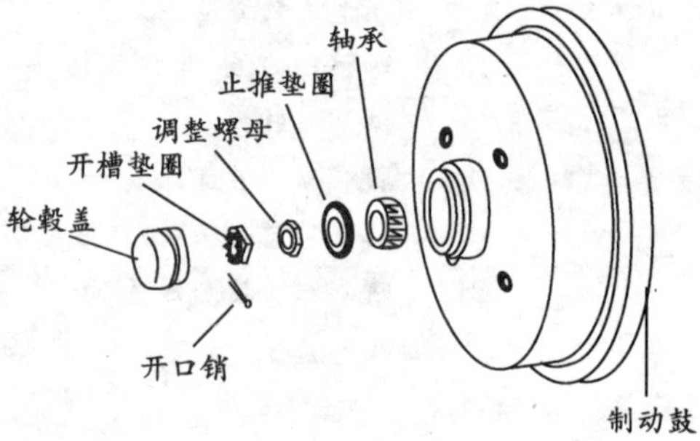

后轮轴承安装位置

二、技术标准与要求

1. 安装桑塔纳2000GSi型轿车配套车轮轴承。
2. 后轮轴承预紧力标准为，在手指压力下用一字形螺丝刀刚好能够拨动止推垫圈。
3. 使用铜棒冲出后轮轴承外圈。
4. 使用压力机具压出或安装前轮轴承和轮毂；使用压力机安装后轮轴承外圈。
5. 前轮轴承自锁螺母拧紧力矩230N · m；车轮螺栓拧紧力矩110N · m。

三、实训时间：40min

四、实训教学目标

1. 了解检查或更换前后轮轴承的重要性。

2. 掌握检查或更换前后轮轴承的操作技能。

五、实训器材

压力机

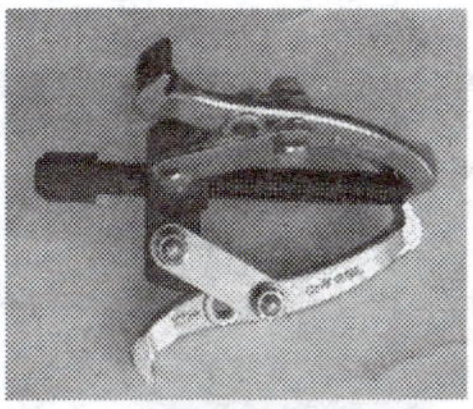

顶拔器

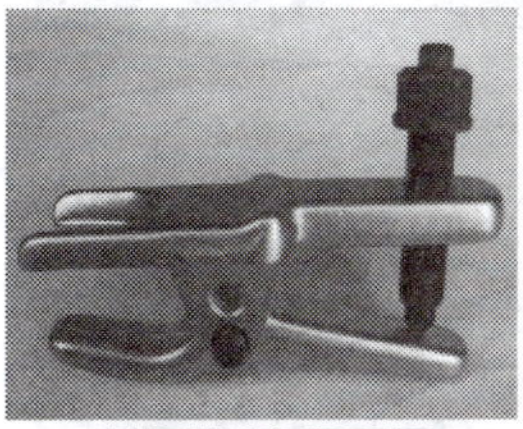

拆卸球头专用工具

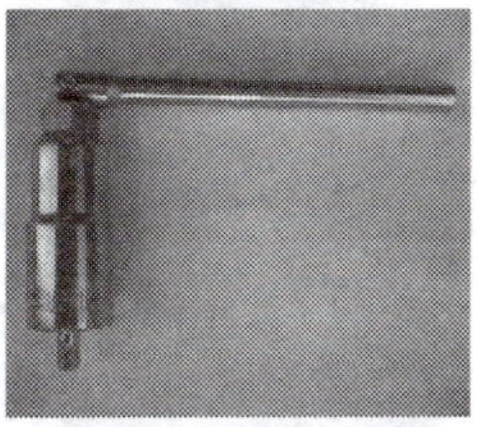

拆装减振器专用工具

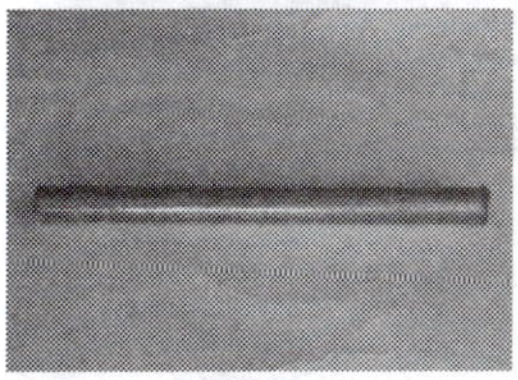

铜棒

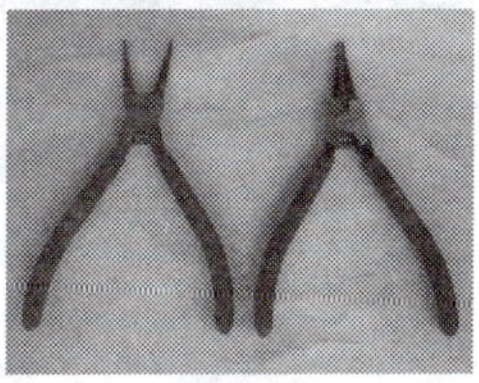

卡簧钳

其他工具及器材：

ϕ30mm套筒、ϕ15mm套筒、ϕ17mm套筒、ϕ24mm套筒、扭力扳手、接杆、棘轮扳手、20-22mm开口扳手、ϕ7mm内六角扳手、ϕ5mm内六角扳手、铁锤、一字螺丝刀、冲击螺丝刀、车轮扳手、铁锤、撬棒、棉纱、清洗油、毛刷、防护手套、粗砂布等。

六、教学组织

1. 教学组织形式

每辆车安排4名学生参与实训，两名学生为一组。一组操作，一组观察学习。

2. 学生站位分工和要求

两名学生一组，按照1号、2号进行编号，1号为主，2号为辅助。

3. 实训教师职责

讲解操作步骤和注意事项；下达“操作开始”口令；工位间巡视、检查、指导和纠正错误。

4. 学生职责变换

两名学生实行职责变换制度，即第一遍1号为主，2号辅助；第二遍2号为主，1号辅助。

七、操作步骤

第一步　事前准备

1 车辆进入工位前，参训学生将工位卫生清理干净，排除障碍物，准备好相关的工具、物品等。

提示

培养良好的工作习惯，做好事前准备，有利于安全操作和提高工作效率。

2 将车辆停驻在举升机平台的中央位置。

3 1号拉紧驻车制动器，并将变速器置于空挡位。

提示

为保证车辆在工位上可靠停驻，防止出现溜滑，造成安全事故，要拉紧驻车制动器并将变速器置于空挡位。

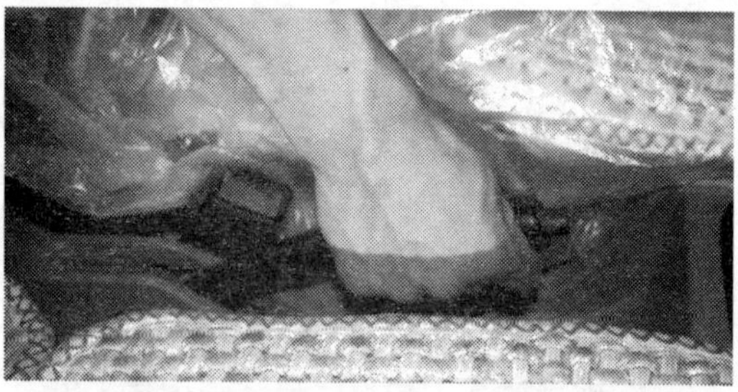

4 1号安装转向盘套、换挡手柄套、座套、铺设地板垫。

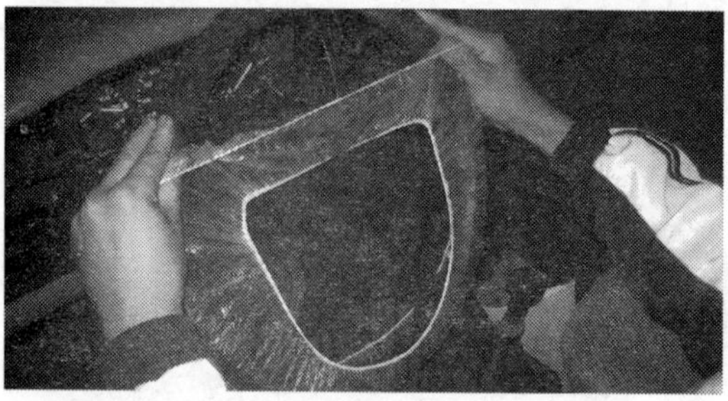

提示

保护罩是由薄塑料制成的，极易破损。所以在安装时，用力要均匀，避免因用力过大造成损坏。其主要作用是在操作过程中保持驾驶室内清洁。

第二步　拧松前车轮轮毂固定螺母

1 2号将一字螺丝刀传递给1号。

2 1号使用一字螺丝刀，取下两前车轮装饰罩并传递给2号。

提示

取下车轮防护罩时，使用螺丝刀插入防护罩上的拆卸孔中，撬出防护罩。

3 2号将车轮装饰罩摆放到零件车上之后，将 ϕ30mm 套筒、扭力扳手传递给1号。

4 1号使用将 ϕ30mm 套筒、扭力扳手，拧松两前车轮轮毂固定螺母。

提示

轮毂固定螺母拧紧力矩为230N · m。拧松螺母时，要使车轮着地，使用符合扭矩要求的扭力扳手。

第三步　拆卸前后车轮

1　1号、2号配合，拆卸前轮。

提示

拆卸前轮的操作步骤和规范要求，请参阅“检查或更换制动蹄（片）”。

2　1号、2号配合，拆卸后轮。

提示

拆卸后轮的要求与前轮相同，请参阅前文说明。

3　1号将拆卸后的车轮摆放到车轮支架上。

第四步　拆卸前轮制动分泵及制动蹄

1　1号、2号配合，将前轮制动分泵及制动蹄取下。

提示

具体操作步骤，请参阅“检查或更换制动蹄（片）”。

2　1号将制动分泵可靠悬挂于车身的适当位置。2号将制动蹄摆放到零件车上。

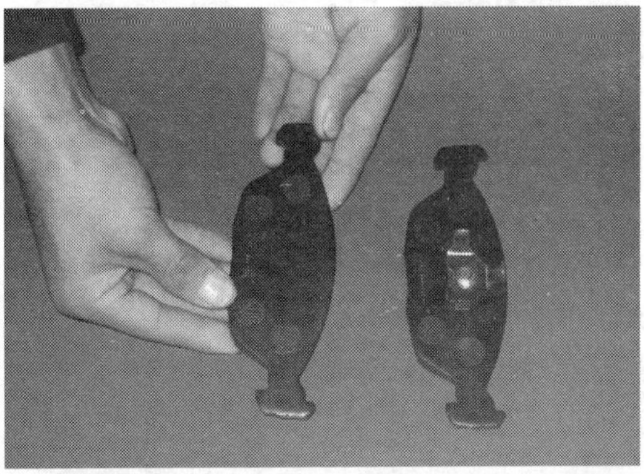

第五步　拆卸前轮制动分泵支架

1　2号将ϕ15mm套筒、棘轮扳手传递给1号。

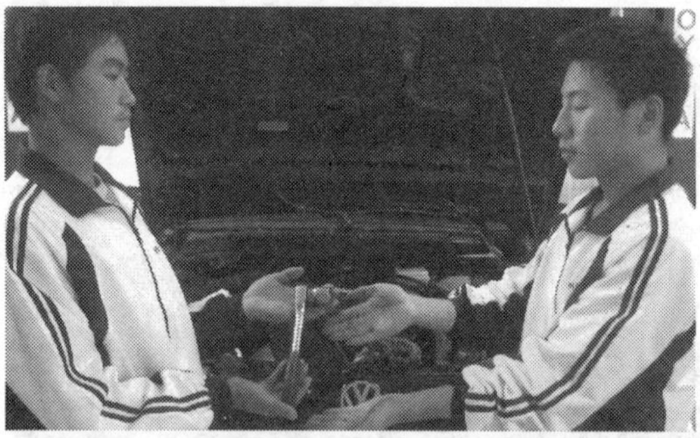

2　1号使用ϕ15mm套筒、棘轮扳手，拧松制动分泵支架的2条固定螺栓。

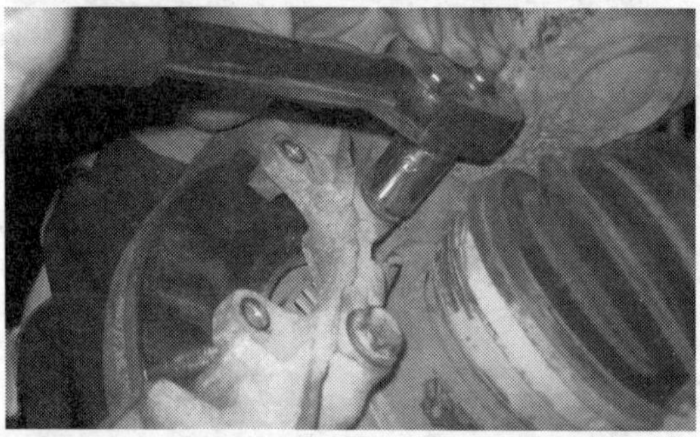

3　2号将支架及其螺栓摆放到零件车上。

提示

部件及其固定螺栓，要整齐地摆放在一起，可提高安装效率。

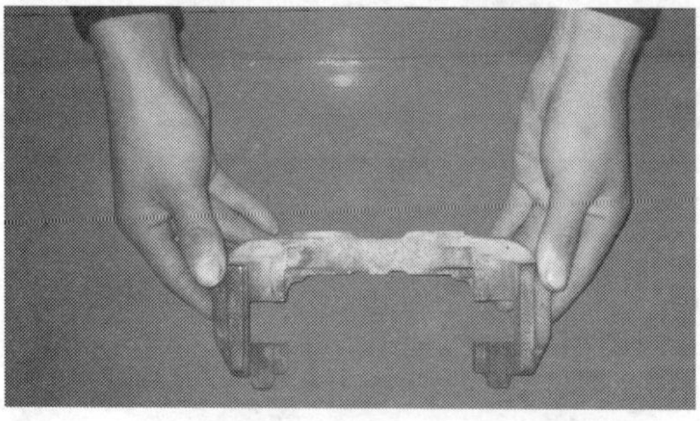

第六步　拆卸前轮制动盘

1　1号使用冲击螺丝刀、铁锤，拧松前轮制动盘的定位螺栓。

提示

(1) 压缩并转动冲击头部，便可改变冲击螺丝刀松紧方向。

(2) 制动盘上有一个十字头定位螺栓。使用普通螺丝刀拆卸，难以松动且容易滑方。而选用冲击螺丝刀则变得快速、省力。

(3) 详细操作步骤，请参阅“检查或更换制动蹄”。

2　2号将制动盘、定位螺栓摆放到零件车上。

第七步　拆卸轮速传感器

1　1号用手拔下轮速传感器电插头，并从减振器卡箍内脱出传感器线束。

提示

(1) 插拔电器元件电插头时，保持点火开关处于关闭状态，避免产生的电动势损坏电控单元。

(2) 拔下电器元件电插头时，严禁使用螺丝刀等类似器具撬别，防止损伤电插头和电器元件。

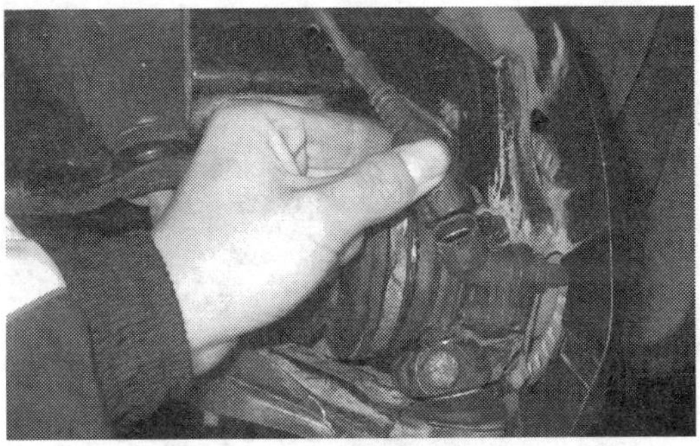

2　1号使用1号传递来的ϕ5mm内六角扳手，拧松轮速传感器上的1条固定螺栓。2号接收工具，擦拭后摆放到工具车上。

3　1号取下固定螺栓后，用手转动并拔出轮速传感器，并传递给2号。

提示

取下轮速传感器时，禁止使用螺丝刀等类似器具撬别，防止损伤传感器。

4　2号将轮速传感器摆放到零件车上。

提示

传感器在拆卸、传递及安装过程中，严禁敲击、掉落和重压。否则，容易导致传感器损坏。

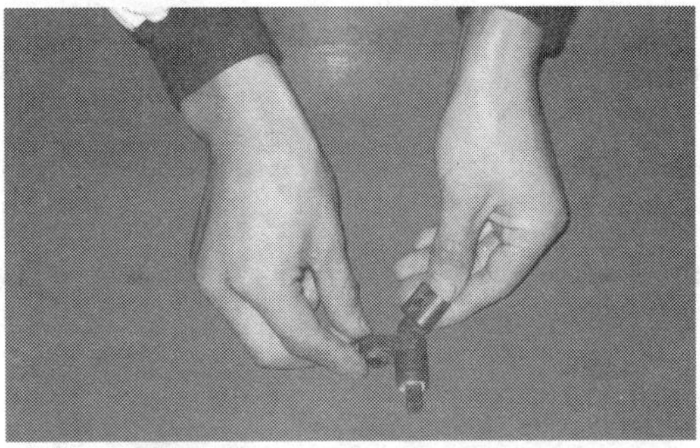

第八步　拆卸悬架下摆臂球头

1　2号将ϕ17mm套筒、短接杆、棘轮扳手组合后传递给1号。

2　2号使用16-17mm梅花扳手将螺栓固定，1号使用工具拧松螺母。

提示

将固定螺栓穿过转向节下端螺栓孔，使螺杆与球头销轴上加工的周向凹槽相配合，将安装于承孔中的球头固定在转向节上。

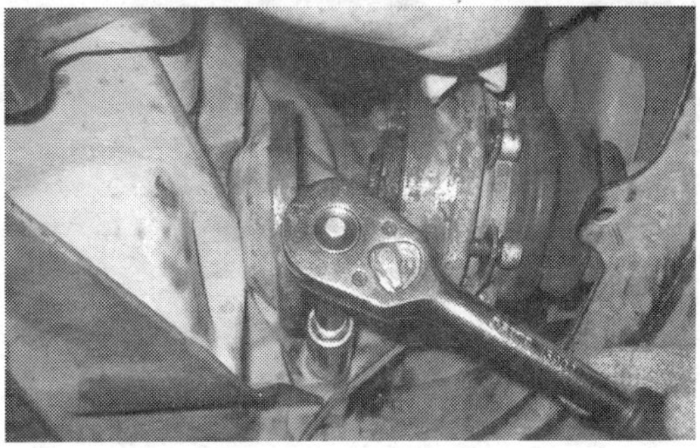

3　1号取出固定螺栓并传递给2号，2号将工具、螺栓摆放到工具车、零件车上。

提示

如果固定螺栓取出困难时，可用铜锤等软金属器具敲击螺杆尾部，使其松动后，便容易取出螺栓。严禁使用铁锤等直接敲击螺栓尾部，否则将造成螺栓损伤。

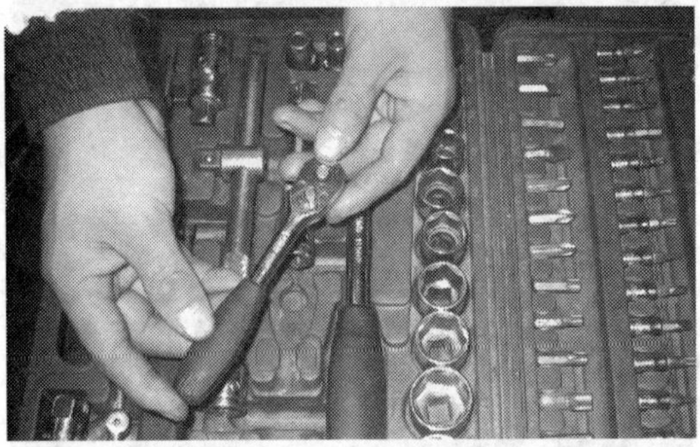

4 1号将2号传递来的一字螺丝刀插入球头销轴承孔的立槽中，用力扩张承孔。

提示

承孔扩张后，球头销轴在承孔内变得松旷，取出时会省力些。

5 1号双手用力下拉悬架下摆臂，2号内外推拉制动盘，调整转向节位置。1号、2号配合取出悬架下摆臂球头。

提示

如果球头取下困难时，可使用铁锤适当用力敲击球头壳，然后再配合拆卸。

第九步　拆卸转向横拉杆球头

1 2号将16-17mm梅花扳手传递给1号。

2 1号使用16-17mm梅花扳手，拧松转向横拉杆球头固定螺母。2号接收工具擦拭后摆放到工具车上。

3 1号用手旋下球头固定螺母，并传递给2号。2号将螺母摆放到零件车上。

提示

球头固定螺母，只作一次性使用，拆卸后更换新品。

4 2号将球头拆卸工具传递给1号。

提示

(1) 使用专用工具压出球头，既安全又省力。同时可避免机件损伤。

(2) 拆卸球头时，严禁捶击球头销轴及转向节臂。否则，将导致销轴螺纹损伤和转向节臂变形。

5 1号将球头拆卸工具，固定在球头销和转向节上。

提示

球头拆卸工具的使用方法：

(1) 调整丝杆长度，使拉爪抓住转向节边沿。

(2)旋入丝杆，使压头与球头销端面接触。

(3) 使用工具旋入丝杆，将球头销压出承孔。

6 1号一手扶住球头拆卸工具，另一手使用19-21mm梅花扳手旋入丝杆，直到压出球头为止。

提示

拆卸球头时，注意以下4点：

(1) 球头拆卸工具连接可靠。

(2) 要保持压头与球头销端面接触良好。

(3) 缓慢旋转丝杆。

(4) 用手扶住拆卸工具，防止掉落砸伤。

7 球头取出后，1号取下拆卸工具。2号将拆卸工具，擦拭后摆放到工具车上。

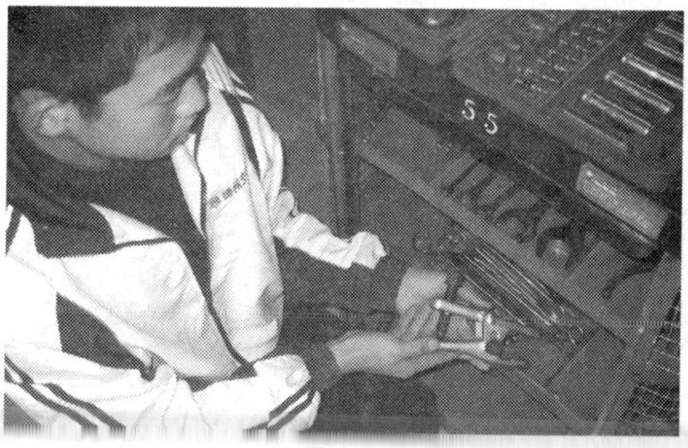

第十步 拆卸左右半轴

1 2号将ϕ30mm套筒、棘轮扳手传递给1号。

2 1号使用ϕ30mm套筒、棘轮扳手，旋出轮毂固定螺母。2号接收工具擦拭后摆放到工具车上。

3 1号用手取下螺母、垫片。2号将螺母、垫片摆放到零件车上。

提示

固定螺母只作一次性使用，拆卸后应更换新品。

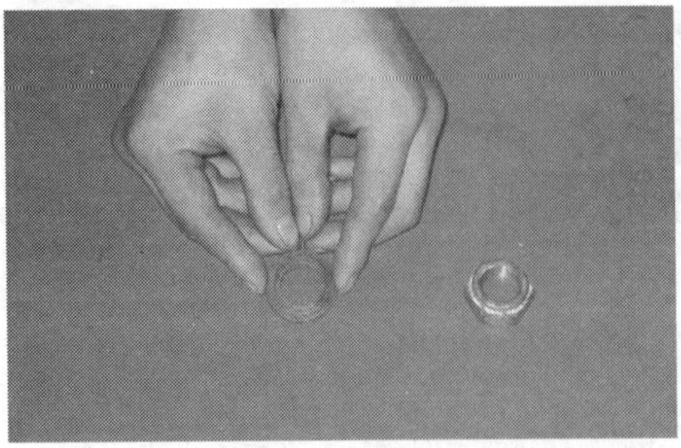

4 2号将顶拔器传递给1号。

5 1号将顶拔器固定到轮毂上。

提示

顶拔器使用方法：

(1) 调整丝杆长度，使拉爪抓住轮毂边沿。

(2) 旋入丝杆，使丝杆圆锥端抵住轴类端面圆孔内。

(3) 使用工具旋转丝杆，将轴类压出承孔。

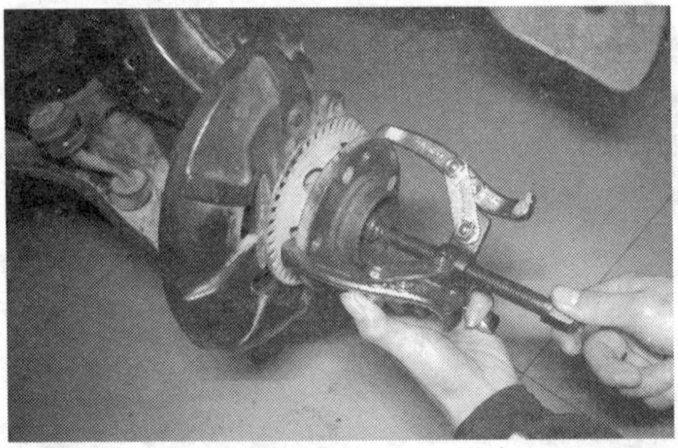

6 1号使用2号传递来的16-17mm梅花扳手，转动丝杆。直到将传动轴压出轮毂内孔为止。

提示

拆卸传动轴时，注意以下4点：

(1) 顶拔器与轮毂连接可靠。

(2) 要保持丝杆与传动轴的外万向节轴同心。

(3) 缓慢旋入丝杆。

(4) 用手扶住顶拔器，防止掉落砸伤。

第十一步 拆卸前轮减振器总成

1 2号将拆卸减振器活塞杆固定螺母的专用工具传递给1号。

2 2号将专用工具套装到减振器活塞杆固定螺母上。

提示

专用工具为内六角和套筒的组合工具，两者可相对转动。内六角有连接手柄；套筒上端加工有螺方。

使用时，将内六角插入减振器活塞杆的内螺方中，通过手柄将其固定。套筒套装到固定螺母上，通过工具旋转套筒，将固定螺母旋松或拧紧。

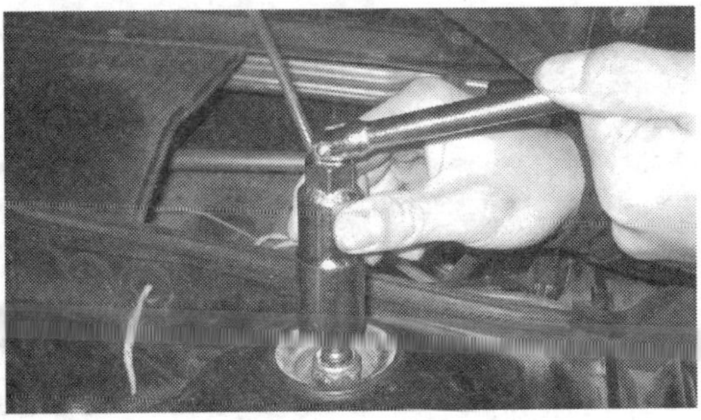

3 2号将20-22mm开口扳手传递给1号。

4 1号一手握住手柄；一手使用开口扳手转动套筒，拧松活塞杆固定螺母。2号托住减振器总成。

提示

为防止减振器总成掉落到地面上，1号拧松固定螺母的同时，2号要托住减振器。

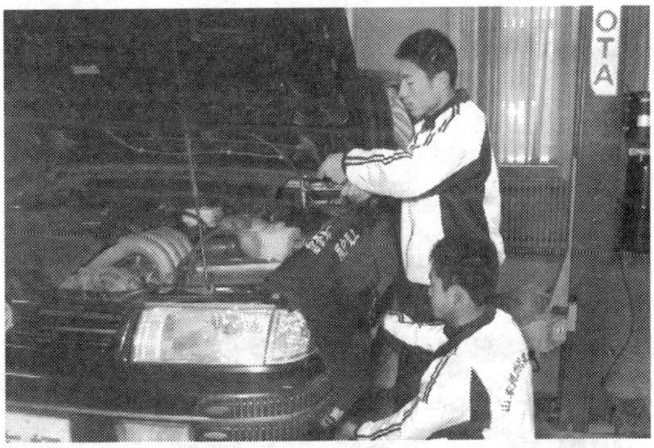

5 将减振器取下后，1号将固定螺母及垫片安装到活塞杆上。

提示

防止固定螺母和垫片丢失。

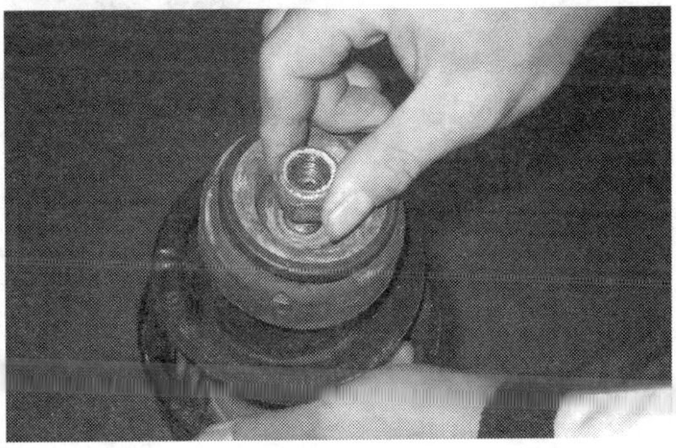

6 2号将减振器总成放置到零件车上。

提示

减振器总成质量较大，在拆卸、搬抬及安装过程中要注意安全，防止掉落砸伤。

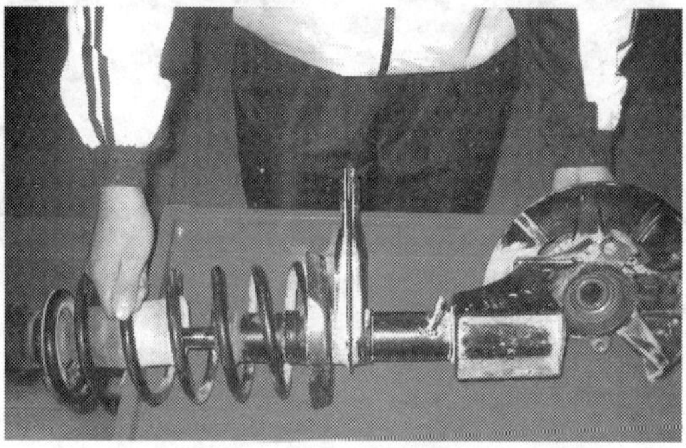

第十二步　拆卸后轮制动鼓

1 1号、2号配合，取下后车轮制动鼓的轴承及垫片。

提示

拆卸后车轮制动鼓的轮毂盖、开口销、开槽垫圈、止推垫圈、调整螺母及锥度轴承的操作步骤和规范要求，请参阅“检查或更换制动蹄（片）”。

2 1号转动制动鼓，通过观察孔查找楔形件的安装位置。

提示

(1) 楔形件安装于压力杆和后制动蹄之间，呈上大下小，用于自动调整后轮制动器的制动蹄与制动鼓之间的间隙。

(2)为便于查找楔形件，应配合灯光照明。

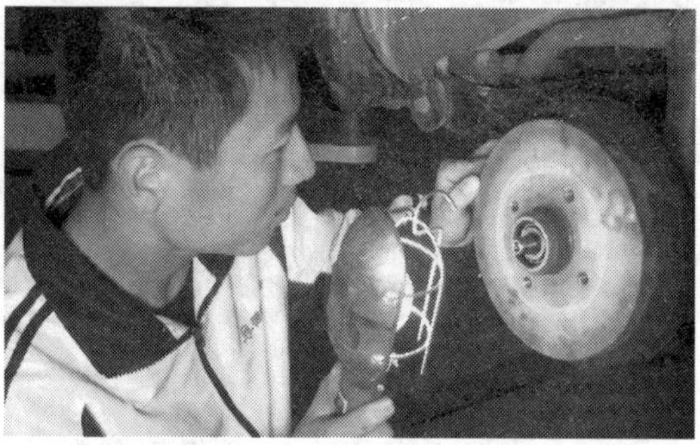

3 1号使用一字螺丝刀，将楔形件最大限度向上拨动。

提示

向上拨动楔形件，目的是减小压力杆外推力，收缩制动蹄，取出制动鼓省力些。

4 1号双手端平制动鼓，将其水平外移，取下制动鼓。

提示

(1) 保持整体水平外移，会比较省力地取下制动鼓。

(2) 制动鼓较沉重，拆卸、安装或传递过程中，注意不要掉落砸伤。

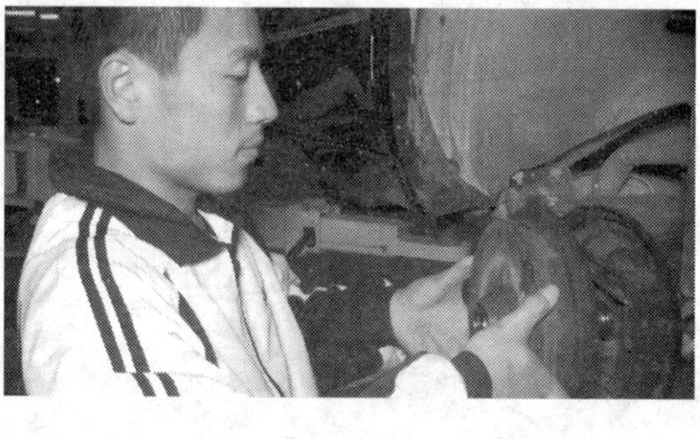

5 2号将制动鼓，摆放到零件车上。

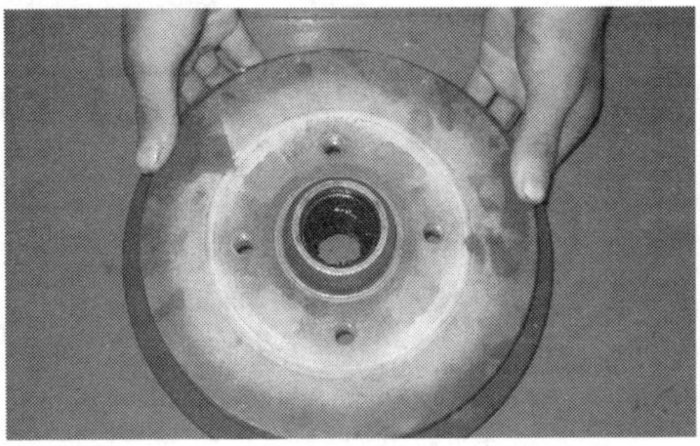

第十三步 取出前轮轴承及轮毂

1 1号将报废的下摆臂球头安装到转向节上。

提示

将下摆臂球头安装到转向节上，增加转向节承压点，便于使用压力机压出轴承。

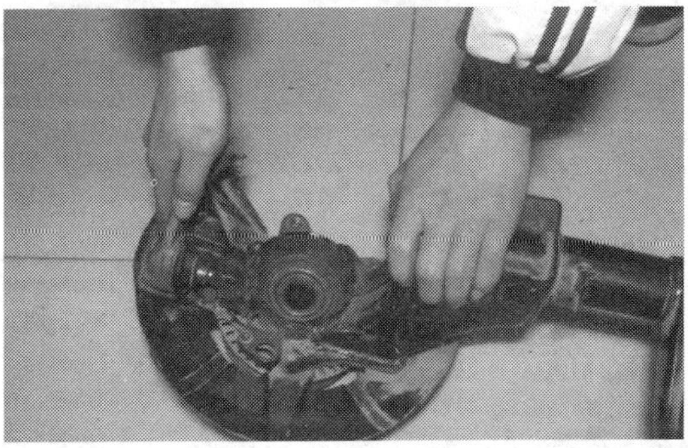

2 2号将转向节放置到压力机的承压梁上。

提示

转向节放置在压力机上后，转向节和球头分别横搭在承压梁上，并且轮毂和ABS齿圈位于两承压梁之间。

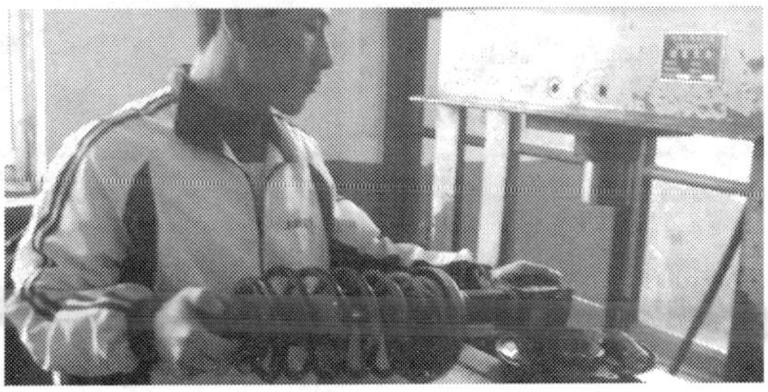

3 1号选择合适压具，放置到轴承孔与压力机的压头之间。

提示

(1)所选择压具的外圆应略小于轮毂轴套的外圆，这样可先压出轮毂。

(2)调整压具、压头及轮毂轴套在同一轴线上。

4 2号扶稳转向节。1号操纵压力机，将轮毂缓缓压出。

提示

操纵压力机使压头缓慢下行，并注意观察压具是否保持正直。否则，放松压头进行调整，防止发生危险。

5 当轮毂即将被压出时，2号用手托住轮毂，摆放到零件车上。

6 2号将转向节放置到操作台上。1号选择适当压具放置到轴承孔内。

提示

选择压具的外圆略小于车轮轴承外圆。

7 1号使用铁锤敲击压具上端面，使轴承挡圈松动。

提示

通过敲击使挡圈松动，便于取下挡圈。

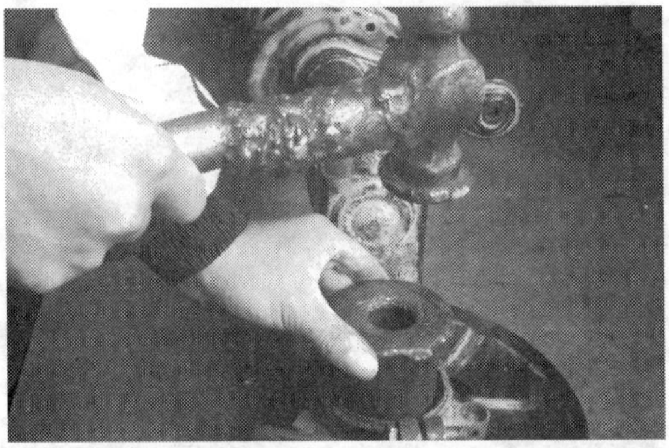

8 取出压具后，1号使用卡簧钳取出轴承内挡圈。

提示

卡簧钳分为内卡簧钳和外卡簧钳两种。其使用方法为：

(1) 将两钳锥端插入挡圈拆装孔中。

(2) 缓慢用力握紧手柄，使钳口张开或收缩，压缩挡圈，将挡圈脱出或嵌入环槽，从而取出或装入挡圈。

9 2号翻转转向节，1号用相同的方法取出轴承外挡圈。

提示

振动使挡圈松动，便于取出挡圈。

10 1号将垫板安放到压力机上。

提示

垫板上加工有圆孔，便于压出轴承。

11 2号将转向节安放到压力机的垫板上，使轴承孔与垫板的圆孔对正。

提示

对正轴承孔和垫板上的圆孔，使轴承被压出时不受阻挡。

12 1号选择合适压具，安放到轴承孔内。

提示

所选压具的外圆应略小于轴承外套。否则，在压出轴承时，会损伤轴承内孔。

13 1号选择合适压具，使压力机的压头与下方压具连接起来。

提示

调整压具、压头及轴承外圈在同一轴线上。

14 2号扶稳转向节。1号操纵压力机，将轴承缓缓压出。

提示

操纵压力机使压头缓慢下行，并注意观察压具是否保持正直。否则，放松压头进行调整，防止发生危险。

15 当轴承即将被压出时，2号用手接住轴承；1号操纵压力机将轴承缓慢压出。2号将轴承摆放到零件车上。

第十四步　检查前轮轴承

1 1号检查轴承壳体是否有裂纹，油封是否有变形损伤。

提示

如果轴承存在裂纹、油封变形损伤，应更换新品。

2 2号缓慢转动轴承，检查是否存在卡滞现象。

提示

如果轴承存在转动卡滞现象，证明钢球和滚道之间有麻点、斑痕或拉伤等，应更换新品。

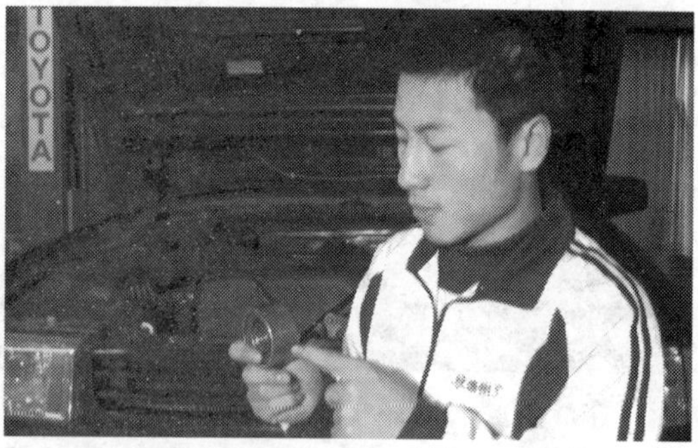

3 1号固定轴承外圈，用手扳动内圈。如果有明显旷量，证明轴承存在严重磨损，应更换新品。

提示

如果轴承存在明显旷量并继续使用，那么车轮滚动时就会产生噪声，同时轮胎会异常磨损。

第十五步　安装前轮轴承

1 1号使用卡簧钳，将轴承外挡圈安装到环槽中。

提示

(1) 如果轴承孔内壁上有脏物或毛刺，要用细砂布清理干净。

(2) 确保挡圈安装到位。挡圈安装后，可用一字螺丝刀拨动，确认可靠落入环槽。

(3) 轴承内外挡圈，作一次性使用，拆卸后应更换新品。

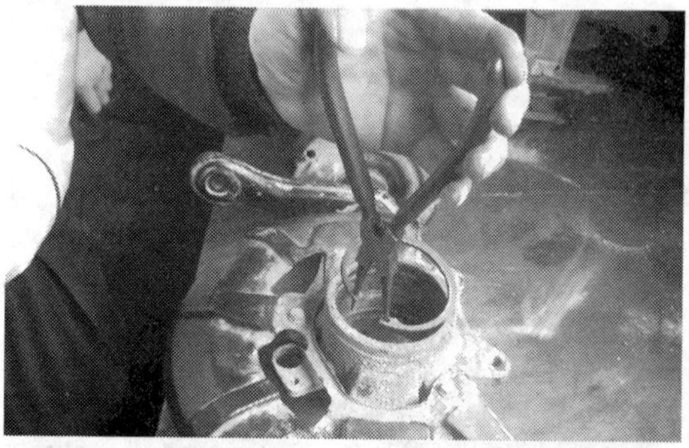

2 1号在轴承外圆面上均匀涂抹一薄层润滑脂。

提示

在轴承外圆面上涂抹润滑脂，有利于减小轴承下行时的摩擦阻力。

3 1号将轴承平放于承孔上部，然后使用铜锤周向敲击轴承外圈上边沿。

提示

通过敲击轴承外圈上边沿，可使轴承下端微量进入承孔，将轴承在承孔中正确定位。

4 2号将转向节放置在压力机的垫板上。

5 1号选择合适的压具将轴承和压力机的压头连接起来。

提示

与轴承接触压具的外圆应略小于轴承外圈。

6 2号扶稳转向节。1号操纵压力机，将轴承缓缓压入承孔中。

提示

操纵压力机使压头缓慢下行，并注意观察压具是否保持正直。否则，放松压头进行调整，防止发生危险。

7 1号确认轴承安装到位后，使用卡簧钳将轴承内挡圈安装到承孔内的环槽中。

提示

(1) 确保挡圈安装可靠。可用一字螺丝刀转动挡圈来检验。

(2) 将轴承内、外挡圈的开口，调整为相互错开180°。

8 1号在轮毂轴套的外圆面上均匀涂抹一层润滑脂后，将轮毂定位于轴承内孔，然后翻转转向节，使轮毂平放在压力机垫板上。

提示

(1) 在轮毂轴套的外圆面上涂抹润滑脂，有利于减小轴套压入时的摩擦阻力。

(2) 轮毂的定位方法，请参阅“轴承定位”。

9　1号选择合适压具将压头和轴承内圈连接起来。

提示

选择压具时，与轴承接触的压具外圆应略小于轴承内圈，即压具应抵在轴承内圈上。

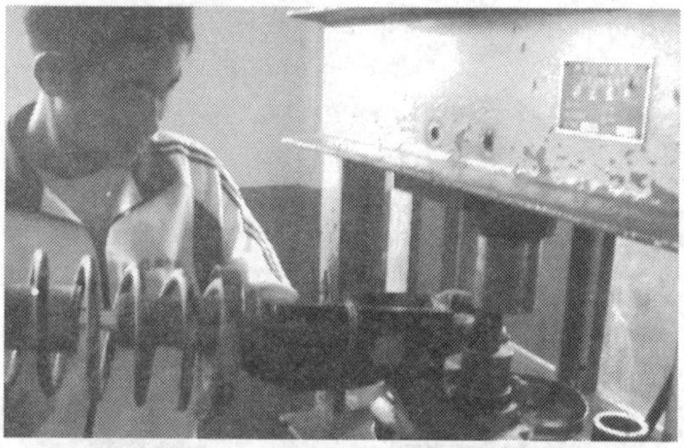

10　2号扶稳转向节。1号操纵压力机，将轮毂缓缓压入到位。

提示

操纵压力机使压头缓慢下行，并注意观察压具是否保持正直。否则，放松压头进行调整，防止发生危险。

11　1号确认轮毂是否安装到位。

提示

轮毂轴套外端面与轴承内圈保持基本平齐，则证明轮毂安装到位。

第十六步　拆卸后轮轴承外圈及油封

1　2号将一字螺丝刀传递给1号。

2　1号使用一字螺丝刀，撬出后轮油封。2号将油封置入废件回收桶内。

提示

(1) 油封只作一次性使用，拆卸后应更换新品。

(2) 油封失效后，因润滑脂缺失，会导致轴承润滑不良而加剧磨损。

(3) 油封失效后，使轴承承孔内的润滑脂甩出沾附到制动鼓和制动蹄的摩擦表面上，造成制动打滑或失效。

3 1号取出车轮内轴承，擦拭油脂后并传递给2号。2号将轴承摆放到零件车上。

提示

后轮安装内外两个圆锥滚柱轴承。两个轴承型号不同，外轴承小，内轴承大，要注意区分。

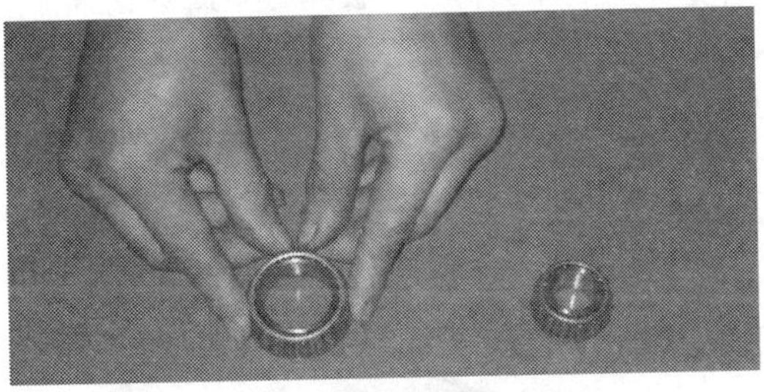

4 1号使用棉纱，擦净轴承内孔中的油脂后。2号将铜冲头、铁锤传递给1号。

5 1号使用铜冲头、铁锤，冲出后轮内外轴承的外圈。

提示

(1) 轴承外圈的承座上加工有两个缺口，便于拆卸轴承外圈。

(2) 冲出轴承外圈时，要保持轴承外圈水平移动。否则，轴承外圈偏斜，将造成承孔内壁损伤，甚至制动鼓报废。

(3) 使用铜冲头，可保证不会造成轴承孔内壁损伤。

6 2号将内外轴承的外圈摆放到零件上。

第十七步 检查后轮轴承

1 1号使用汽油、毛刷，将轴承及其外圈清洗干净。

提示

轴承清洗干净后，便于检查损伤情况。

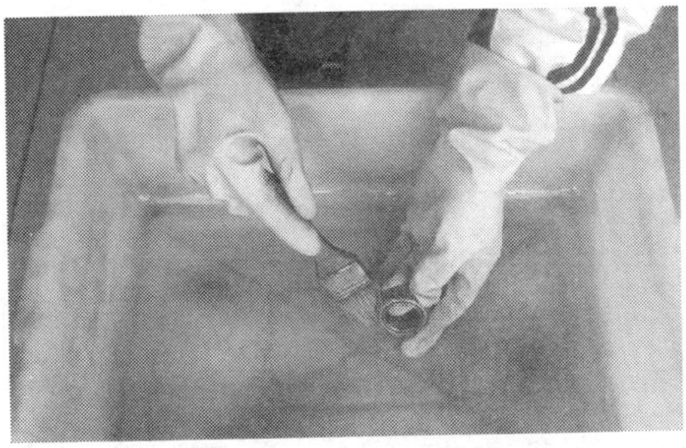

2 1号检查轴承的外圈是否存在裂纹，工作表面上是否有麻点、斑痕及划痕等。

提示

如果外圈有裂纹，工作表面存在麻点、斑痕等，应更换轴承。

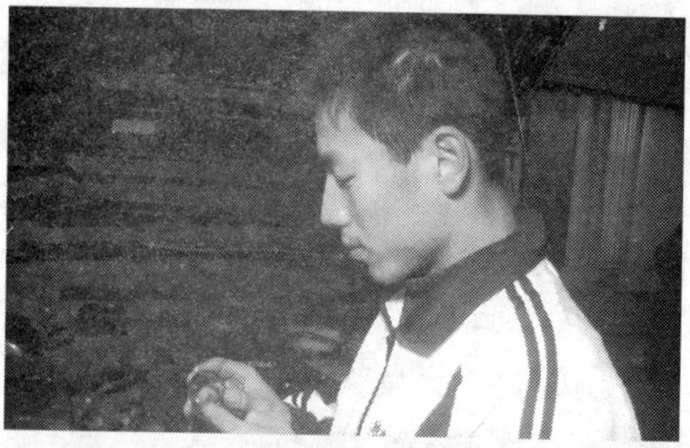

3 1号检查轴承内滚柱架是否断裂变形；转动轴承滚柱，检查滚柱圆面上是否有麻点、斑痕及划痕等。

提示

如果滚柱圆面上有麻点、斑痕等，应更换轴承。

第十八步　安装后轮内外轴承外圈

1 2号将制动鼓平放到压力机上。

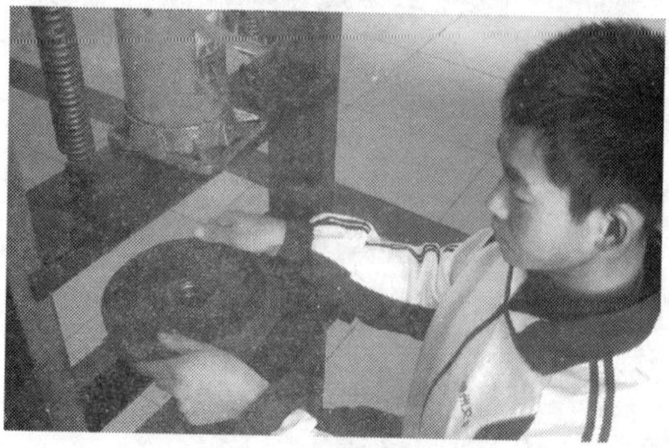

2 1号将轴承孔内壁上均匀涂抹一层润滑脂。

提示

在轴承孔内壁上涂抹润滑脂，有利于减小外圈下行时的摩擦阻力。

3 1号将轴承外圈平放于承孔上部，然后一手扶住外圈，一手使用轻金属锤或铜棒周向敲击轴承外圈上边沿。

提示

通过敲击轴承外套上边沿，可使其下端微量进入承孔，将轴承外圈在承孔中正确定位。

4 1号选择合适的压具，将轴承外圈和压力机的压头连接起来。

提示

选择压具的外圆应略小于轴承外圈。

5 2号扶稳制动鼓。1号操纵压力机，将轴承外圈缓缓压入承孔中。

提示

操纵压力机使压头缓慢下行，并注意观察压具是否保持正直。否则，放松压头进行调整，防止发生危险。

6 释放压力机后，1号翻转制动鼓，观察轴承外圈是否安装到位。否则，再次压入，直到轴承外圈完全落座为止。

提示

(1) 通过轴承孔底座上的缺口，可以观察轴承外圈落座情况。如果轴承外圈下端面与其承孔底座之间可靠接触无缝隙，则证明轴承外圈落座。

(2) 如果轴承外圈没有落座，那么在汽车使用过程中，会导致车轮滚动摇摆和轴承加剧磨损，甚至是轴承外圈滑转，制动鼓报废。

(3) 用相同的方法和要求，安装制动鼓外轴承的外圈。

第十九步　安装后轮油封

1 1号将适量锂基润滑脂涂抹到内轴承的滚柱上。

提示

(1) 使用高性能润滑脂，确保轴承得到良好润滑。

(2) 保证清洁安装，严禁将沙粒、尘土等杂物混入润滑脂。

2 1号将涂油后的内轴承安放到轴承外圈的锥面上。

3 1号将后轮油封平放在安装孔上部，然后使用橡皮锤周向轻敲油封上端面，使油封定位于安装孔中。

4 1号一手扶住油封，一手使用橡皮锤对称敲击油封上部边沿，使油封直线下行，直到油封上端面与轴承承孔边沿平齐为止。

提示

安装油封时，要对称敲击，保持油封直线下行，防止油封变形报废。

第二十步　安装前轮减振器总成

1 1号在半轴花键齿前端圆周上涂抹一层D6防护剂。然后，2号托起减振器总成，1号将半轴花键插入轮毂花键槽中。

提示

D6防护剂用于防止半轴与轮毂花键之间产生锈蚀，主要起到防护作用。

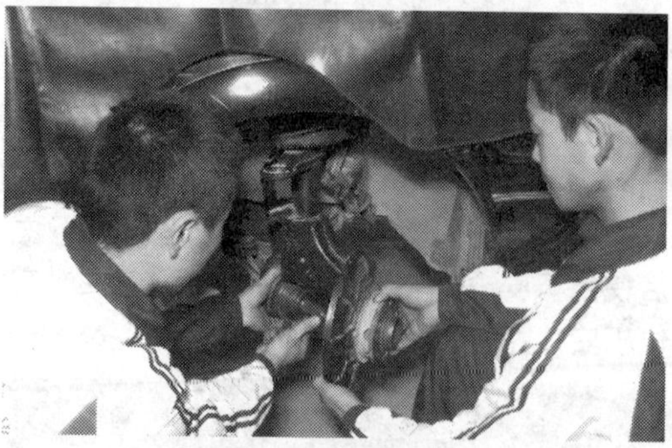

2 2号调整减振器位置，将活塞杆插入车身上的安装孔中。

提示

安插减振器活塞杆时，1号、2号配合进行。1号在上方观察指挥，2号调整减振器位置。

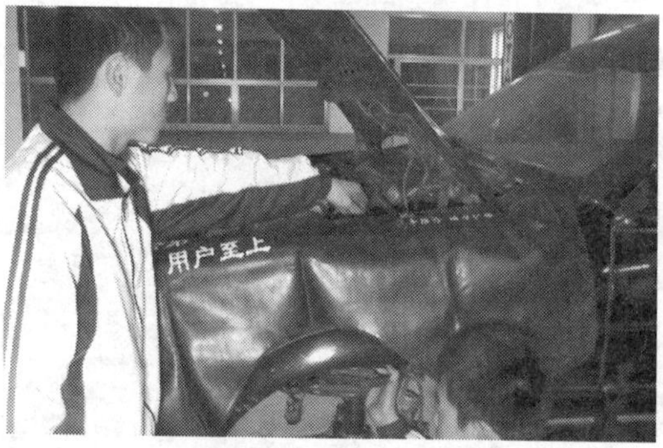

3 1号将垫圈套装到活塞杆上，然后用手旋入固定螺母。2号松开减振器。

提示

减振器活塞杆固定螺母，只作一次性使用，拆卸后应更换新品。

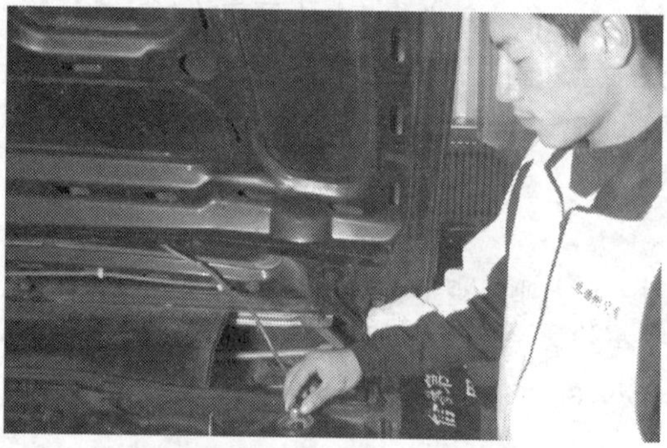

4 2号将拆装活塞杆固定螺母的专用工具传递给1号。

5 1号使用专用工具，将活塞杆固定螺母拧紧到适当力矩。螺母规定力矩为60N · m。

6 1号将2号传递来的垫圈套装到半轴螺杆上，将固定螺母用手旋入半轴螺杆上。

提示

用手旋入螺母，确保对正螺纹。严禁使用工具直接旋入螺母，容易造成螺纹损伤。

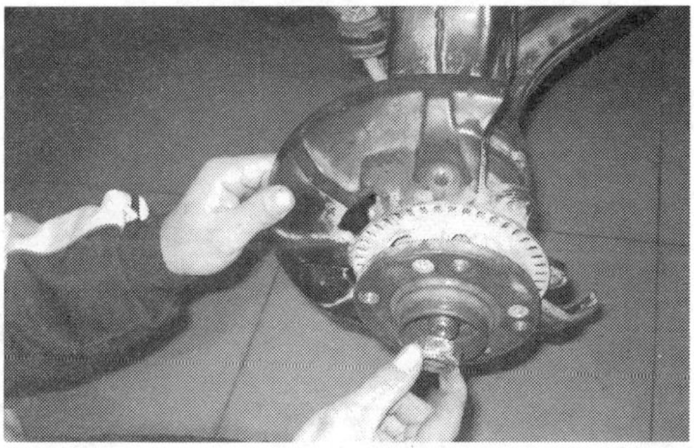

7 1号使用2号传递来的 ϕ30mm 套筒、棘轮扳手，旋入半轴固定螺母。

提示

(1) 旋入半轴固定螺母时，2号扶住制动鼓。

(2) 此时螺母旋入到位即可，无拧紧力矩要求。

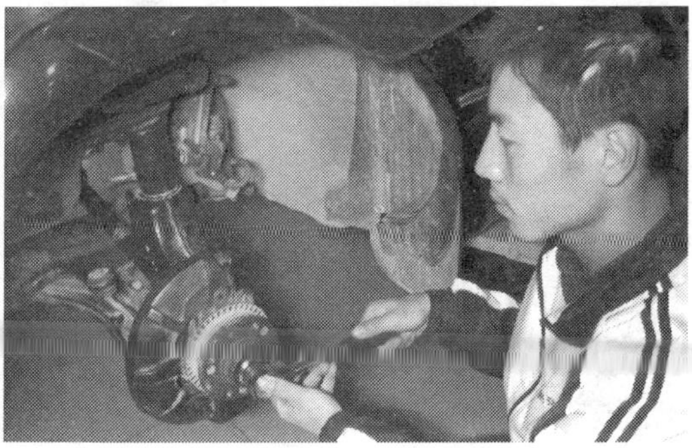

第二十一步　安装转向横拉杆球头

1 2号调整减振器位置，1号将球头销轴插入承孔内。

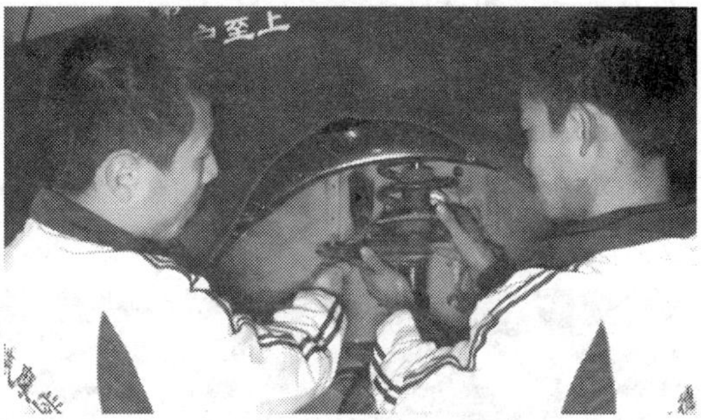

2 1号将球头固定螺母，用手旋到销轴上。

提示

(1) 球头固定螺母，仅作一次性使用，拆卸后应更换新品。

(2) 用手旋入螺母，确保对正螺纹。严禁使用工具直接旋入螺母，容易造成螺纹损伤。

3 1号使用2号传递来的16-17mm梅花扳手，将螺母拧紧到适当力矩。螺母规定力矩为30N · m。

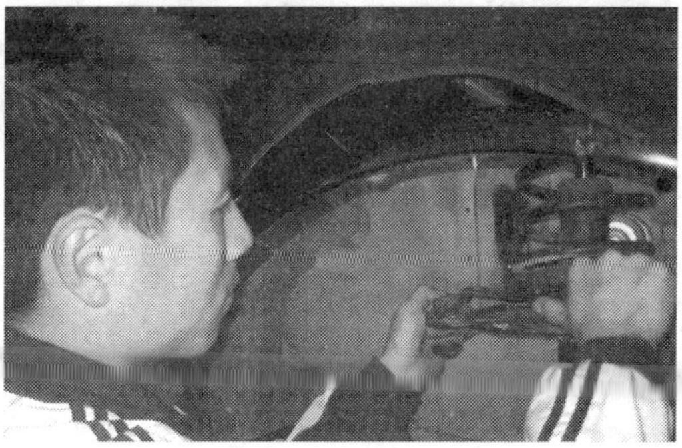

第二十二步　安装悬架下摆臂球头

1　2号下拉悬架下摆臂；1号调整球头销轴和转向节的相对位置，使销轴对正转向节上的承孔，将销轴安装到承孔内。

提示

安装球头时，1号、2号要配合默契，用力大小应适当。

2　1号观察球头销轴上的周向凹槽是否与承孔上的螺栓孔对正。否，进行调整。

提示

(1) 必须保证销轴上的凹槽与螺栓孔对正，才能够穿过锁紧螺栓。

(2) 调整球头销轴位置时，可用铁锤敲击球头外壳。

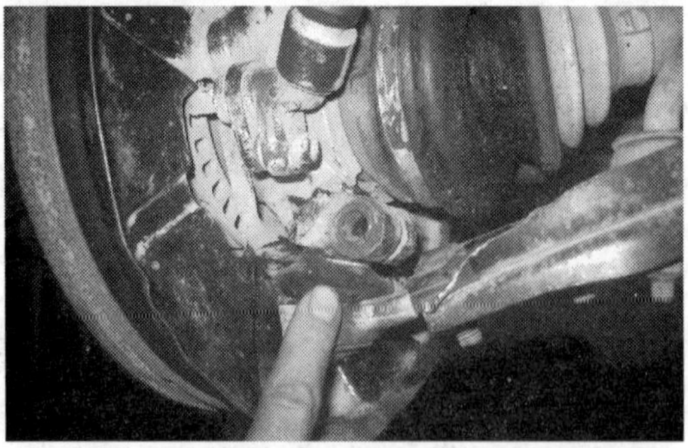

3　1号将2号传递来的螺栓穿过螺栓孔，旋上螺母。

提示

如果螺栓的螺纹上有锈蚀，可在螺纹上涂抹适量润滑油或润滑脂。

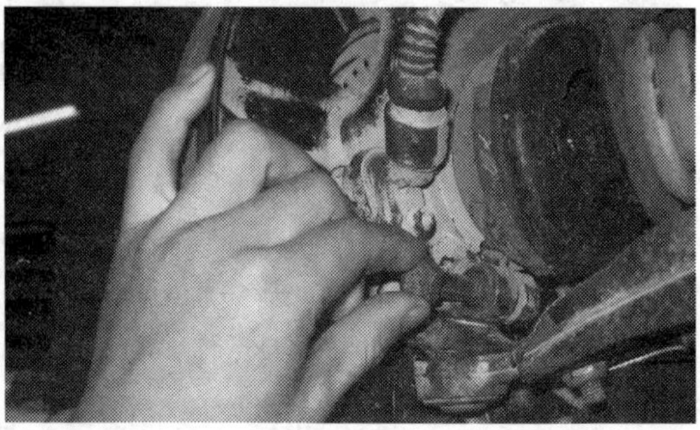

4　2号使用16-17mm梅花扳手将螺栓固定，1号使用工具拧紧螺母。最后使用扭力扳手将螺栓力矩拧紧至65N · m。

提示

(1) 螺栓力矩要达到规定值。控制臂及其球头性能状况，将直接影响到车辆行驶安全。

(2) 按照相同操作和要求，安装另一侧悬架下摆臂球头。

第二十三步　安装轮速传感器

1　1号使用棉纱，擦净轮速传感器触头。

提示

保持轮速传感器触头洁净，保证触发信号可靠产生。

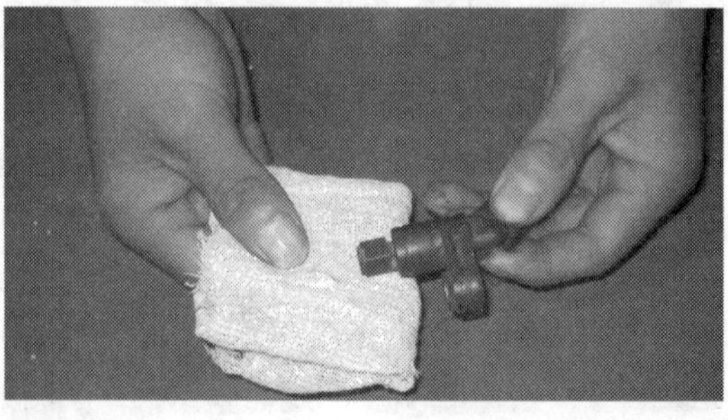

2 1号将轮速传感器插入转向节上的安装孔中。

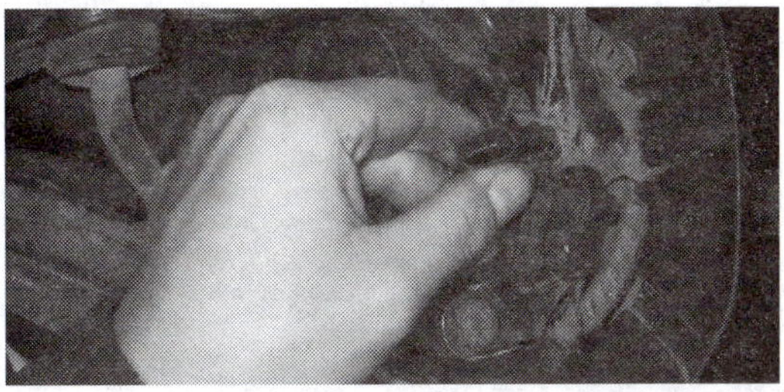

3 1号用手旋入传感器固定螺栓。

4 1号使用2号传递来的 ϕ5mm 内六角扳手，将螺栓拧紧到适当力矩。

5 1号将传感器电插头，安插到传感器插座上。

提示

电插头要安插到位并锁止可靠，否则，影响传感器正常工作。

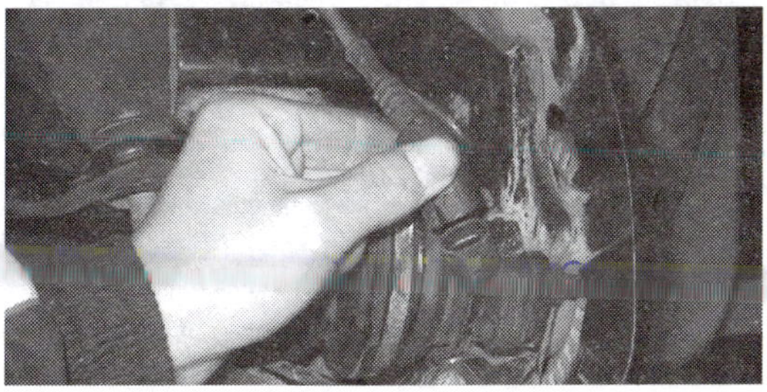

6 1号将轮速传感器的导线安装到减振器的支架上。

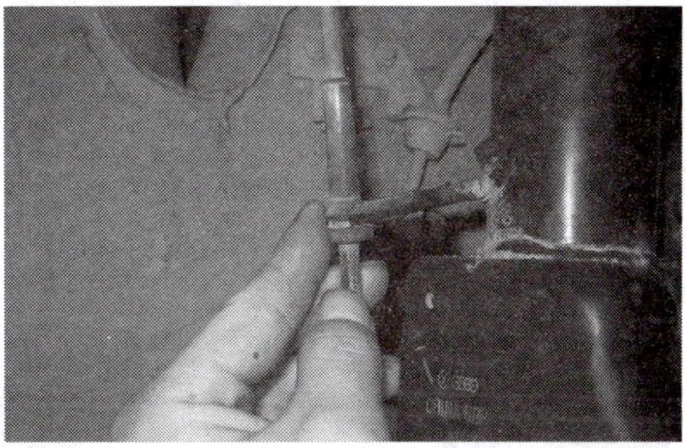

第二十四步　安装前轮制动盘

1 1号将前轮制动盘上的定位孔对正轮毂上的螺栓孔，然后用手将定位螺栓旋入螺栓孔中。

2 1号使用2号传递来的冲击螺丝刀和铁锤，将定位螺栓拧紧至适当力矩。

提示

压缩并转动冲击头部，便可改变冲击螺丝刀松紧方向。

第二十五步　安装前轮制动分泵和制动蹄

1号、2号配合，将前轮制动分泵及制动蹄安装完毕。

提示

具体操作步骤，请参阅“检查或更换制动蹄（片）”。

第二十六步　安装后轮制动鼓

1号、2号配合，将后车轮制动鼓安装完毕。

提示

(1) 安装后轮制动鼓、锥度轴承、止推垫圈、调整螺母、开槽垫圈、开口销及轮毂盖的操作步骤和规范要求，请参阅“检查或更换制动蹄（片）”。

(2) 特别强调3点：

①把楔形件调整到最上端，便于安装制动鼓。

②安装制动鼓之前，应在轴承承孔中注入适量锂基润滑脂，确保轴承得到良好润滑。

③轴承预紧力的调整要适当，否则，会加剧零部件的磨损和影响到行车安全。

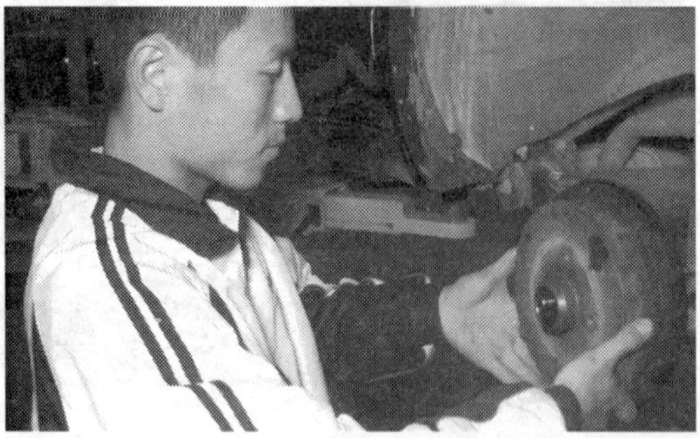

第二十七步　安装前后车轮

1　1号将车轮安放到制动盘凸缘上，对齐螺栓孔后，用手将车轮固定螺栓旋入螺纹孔内。

2　2号扶住车轮。1号使用车轮扳手，将车轮4条固定螺栓拧紧到适当力矩。

提示

拧紧车轮固定螺栓时，要按照“对角多遍”的要求进行，防止车轮变形。

3　2号操纵举升机，将车辆降落到地面上。

提示

(1) 举升机的安全操作规范，请参阅“举升机的使用方法”。

(2) 举升车辆前，注意安全确认，配合口令“正常”、“举升”。

4 1号使用2号传递来的扭力扳手，将车轮固定螺栓的力矩拧紧至110N·m。

提示

(1) 拧紧车轮固定螺栓时，要按照“对角多遍”的要求进行，防止车轮变形。

(2) 按照相同要求，安装其他车轮。

第二十八步　紧固轮毂螺母

1 2号将ϕ30mm套筒、扭力扳手传递给1号

2 1号使用ϕ30mm套筒、扭力扳手，将轮毂固定螺母拧紧力矩至230N·m。

提示

轮鼓固定螺栓要按照规定力矩拧紧。否则，将给行车安全带来严重危险。

3 1号将2号传递来的车轮装饰罩，对正定位销和定位孔后，安装到车轮承座上。

第二十九步　整理工位

1号、2号共同拆除护裙、驾驶室内保护罩；清理工具和量具等；清洁地面卫生。

提示

作业项目完成后，要搞好工位的清扫、整理工作，培养良好的工作习惯。

八、考核标准

考 核 标 准 表

考核时间	序号	考核项目	满分	评分标准	得分
30min	1	作业前整理工位	1	酌情扣分	
	2	打开并支撑机舱盖	1	操作不当扣1分	
	3	安装汽车保护罩	1	酌情扣分	
	4	拧松或紧固轮毂固定螺母	5	操作不当扣5分	
	5	拆装车轮	5	操作不当扣5分	
	6	拆装前轮制动分泵和制动蹄	5	操作不当扣5分	
	7	拆装前轮制动分泵支架	4	操作不当扣4分	
	8	部件摆放	2	酌情扣分	
	9	工具维护与摆放	2	酌情扣分	
	10	拆装前轮制动盘	3	操作不当扣3分	
	11	拆装轮速传感器	3	操作不当扣3分	
	12	拆装悬架控制臂球头	6	操作不当扣6分	
	13	拆装转向横拉杆球头	5	操作不当扣5分	
	14	拆装左右半轴	5	操作不当扣5分	
	15	拆装前轮减振器总成	7	操作不当扣7分	
	16	拆装后轮制动鼓	6	操作不当扣6分	
	17	检查前轮轴承	4	检查不当扣4分	
	18	取出或安装前轮轮毂	7	操作不当扣7分	
	19	取出或安装前轮轴承	10	操作不当扣10分	
	20	检查后轮轴承	4	检查不当扣4分	
	21	拆装后轮轴承外圈	8	操作不当扣8分	
	22	拆装后轮油封	5	操作不当扣5分	
	23	作业后整理工位	1	酌情扣分	
	24	遵守相关安全规范	因违规操作造成人身和设备事故的，总分按0分计		
分数合计			100		

项目十四　检查或更换传动轴、等速万向节及橡胶护套

一、项目说明

1. 概述

发动机前置、前轮驱动的汽车，驱动桥和驱动轮之间通过两根较短的传动轴连接起来，每根传动轴两端均由等速万向节分别连接驱动轮和驱动桥，传动系统结构简单，工作可靠。这种结构形式广泛应用于中高级轿车上。

随着汽车行驶里程的增加，传动轴相关部件会产生磨损或损伤，这会给车辆行驶稳定性、乘坐舒适性及安全驾驶带来严重影响。例如：传动轴变形或动不平衡，会导致汽车共振；等速万向节松旷，将造成传动发响，特别是在车辆颠簸或车速急剧变化时尤为明显；橡胶护套老化、破裂，导致润滑脂流失与变质，使等速万向节磨损加剧。因此，应定期对传动轴进行检查与维护，并及时更换已损坏的部件，保持车辆正常使用性能。下面以桑塔纳2000GSi型轿车为例，来说明检查或更换传动轴、等速万向节及橡胶护套的操作步骤和技术规范。

2. 传动轴的结构

桑塔纳2000GSi型轿车传动轴，外端是固定式等速万向节，内端是补偿轴距式等速万向节，传动轴两端分别与2个等速万向节的球毂花键连接，在等速万向节外面有橡胶护套。外等速万向节通过花键轴与驱动轮连接，内等速万向节通过螺栓与差速器凸缘盘连接，并具有补偿轴距的作用。

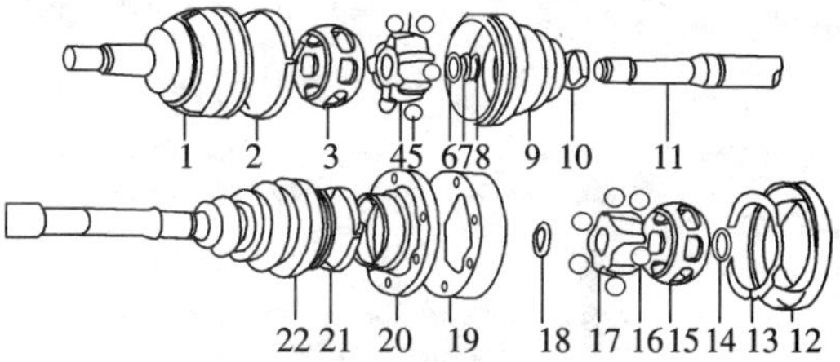

传动轴分解图

1-外等速万向节；2、21-夹箍；3、15-球笼；4、17-球毂；5、16-钢球；6、14-弹簧挡圈；7-隔离套；8、18-碟形座圈；9、22-橡胶护套；10-卡箍；11-花键轴；12-塑料护套；13-密封垫片；19-内等速万向节；20-防护套

二、技术标准与要求

1. 安装桑塔纳2000GSi型轿车配套传动轴、等速万向节及橡胶护套。
2. 安装传动轴时，应保持传动轴与轮毂花键的齿面清洁。
3. 涂抹D6防护剂的传动轴，60min后车辆方可使用。
4. 螺栓和螺母紧固力矩应符合规定，自锁螺母必须更换新件。

三、实训时间：40min

四、实训教学目标

1. 了解检查或更换传动轴、等速万向节

及橡胶护套的重要性。

2. 熟悉传动轴的结构特点。

3. 掌握检查或更换传动轴、等速万向节及橡胶护套的操作技能。

五、实训器材

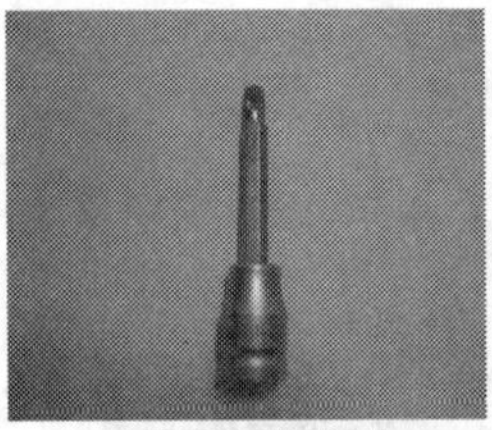

凸缘盘拆装接头

卡簧钳

橡胶锤

其他工具及器材：

一字螺丝刀、ϕ17mm套筒、ϕ30mm套筒、接杆、棘轮扳手、扭力扳手、顶拔器、16-17mm梅花扳手、鲤鱼钳、棉纱、防护手套、传动轴挡块、D6防护剂、润滑脂、清洗油、毛刷、洗件盒等。

六、教学组织

1. 教学组织形式

每辆车安排4名学生参与实训，两名学生为一组。一组操作，一组观察学习。

2. 学生站位分工和要求

两名学生一组，按照1号、2号进行编号，1号为主，2号为辅助。

3. 实训教师职责

讲解操作步骤和注意事项；下达“操作开始”口令；工位间巡视、检查、指导和纠正错误。

4. 学生职责变换

两名学生实行职责变换制度，即第一遍1号为主，2号辅助；第二遍2号为主，1号辅助。

七、操作步骤

第一步 事前准备

1 车辆进入工位前，参训学生将工位卫生清理干净，排除障碍物，准备好相关的工具、物品等。

提示

培养良好的工作习惯，做好事前准备，有利于安全操作和提高工作效率。

2 将车辆停驻在举升机平台的中央位置。

3 1号拉紧驻车制动器，并将变速器置于空挡位。

提示

为保证车辆在工位上的可靠停驻，防止出现溜滑，造成安全事故。因此，要拉紧驻车制动器并将变速器置于空挡位。

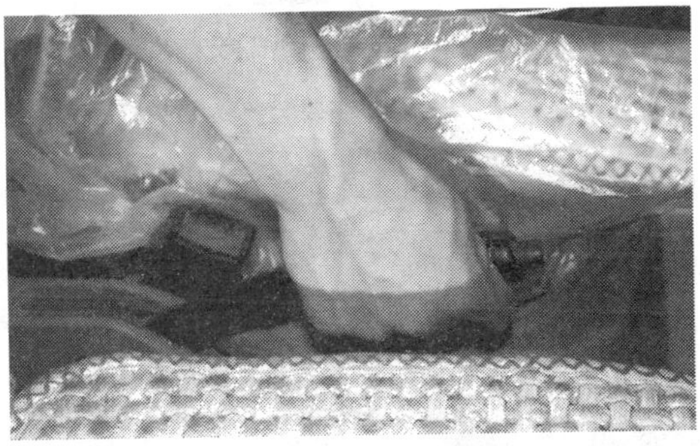

4 1号安装转向盘套、换挡手柄套、座套、铺设地板垫。

提示

保护罩是由薄塑料制成的，极易破损。所以在安装时，用力要均匀，避免因用力过大造成损坏。其主要作用是在操作过程中保持驾驶室内清洁。

第二步 拆卸轮毂固定螺母

1 2号将一字螺丝刀传递给1号。

2 1号将一字螺丝刀插入车轮装饰罩拆卸缺口中，撬起装饰罩，然后用手将装饰罩取下，并传递给2号。

提示

拆卸车轮装饰罩时，用力要适当，不要过猛，以免造成装饰罩损坏。

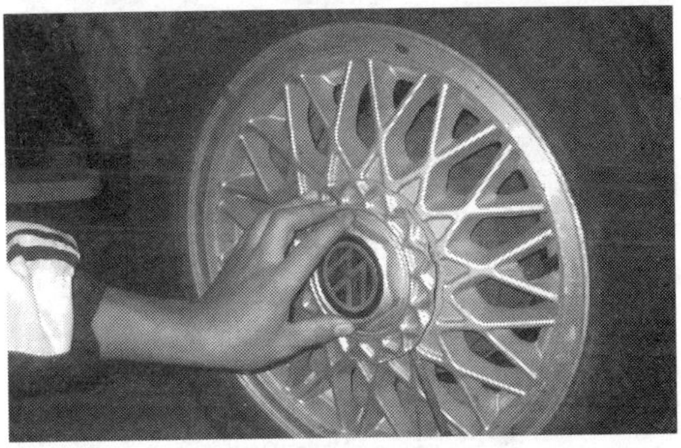

3 2号接收工具、装饰罩，分别摆放到工具车、零件车上。

4 2号将ϕ30mm套筒、接杆、扭力扳手组合后传递给1号。

5 1号使用ϕ30mm套筒、接杆、扭力扳手，拧松轮毂固定螺母。

提示

轮毂固定螺母拧紧力矩较大，拧松或旋紧时选择工具要符合扭矩要求。

6 1号用手旋出螺母、取下垫圈，并传递给2号。

7 2号将螺母、垫圈摆放到零件车上。

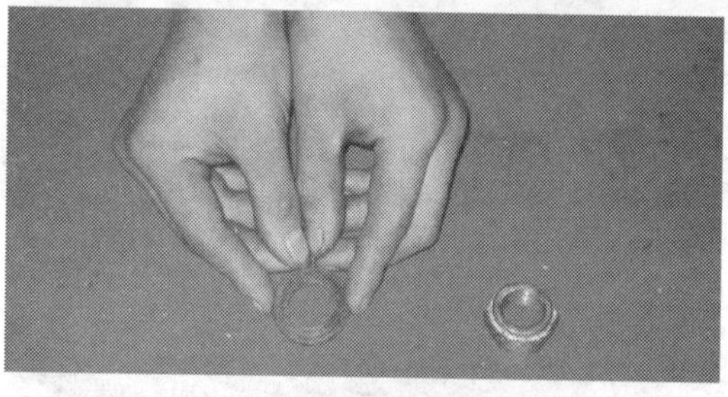

第三步 拆卸前左右车轮

1 2号将车轮扳手传递给1号。

2 1号使用车轮扳手，拧松车轮的4条固定螺栓。

提示

(1) 拧松车轮固定螺栓时，要按照“对角多遍”的要求进行，防止车轮变形。

(2) 车轮螺栓以拧松2~3个丝扣为度，避免车轮负重倾斜，造成螺栓螺纹损伤。

3 2号操纵举升机，将车辆举升至轮胎最低点距离地面约20cm的高度。

提示

(1) 举升机的操作要领和规范要求，请参阅“举升机的使用方法”。

(2) 举升车辆时，强调安全确认口令“正常”、“举升车辆”，防止意外情况发生。

4 2号扶住车轮，1号使用车轮扳手，快速旋出车轮固定螺栓，然后将工具、螺栓传递给2号。

提示

1号、2号配合拆卸车轮，可以防止车轮倾斜损伤螺栓螺纹和不慎车轮脱落。

5　2号接收工具、螺栓，并摆放到工具车、零件车上。

6　1号取下车轮，并将其放置到车轮支架上。

提示

(1) 按照相同的操作步骤和规范要求，拆卸另一侧车轮，不再赘述。

(2) 两侧车轮作好区分标记，不要混装。

第四步　拆卸悬架控制臂球头

1　2号操纵举升机，将车辆再次举升到适当高度后，可靠锁止提升臂。

提示

(1) 举升机的操作要领和规范要求，请参阅“举升机的使用方法”。

(2) 举升车辆时，强调安全确认口令“正常”、“举升车辆”，防止意外情况发生。

2　2号将ϕ17mm套筒、短接杆、棘轮扳手组合后传递给1号。

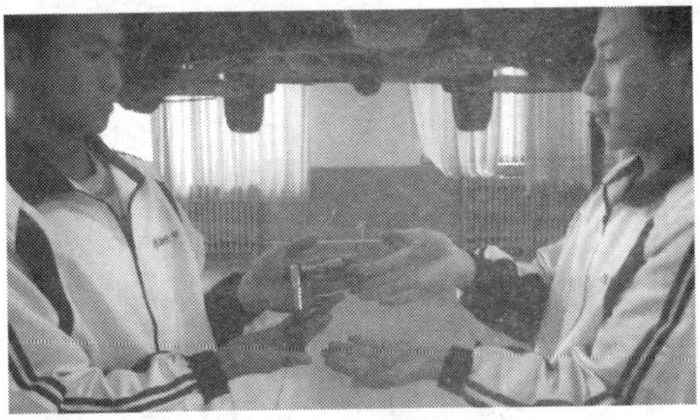

3　2号使用16-17mm梅花扳手将螺栓固定，1号使用工具拧松螺母。

提示

固定螺栓穿过转向节下端螺栓孔，使螺杆与悬架控制臂球头销轴上加工的周向凹槽相配合，将安装于承孔中的悬架控制臂球头固定在转向节上。

4 1号取出固定螺栓并传递给2号，2号将工具、螺栓摆放到工具车、零件车上。

提示

如果固定螺栓取出时较困难，可用铜锤等软金属器具敲击螺杆尾部，使其松动后，便容易取出螺栓。严禁使用铁锤等直接敲击螺栓尾部，否则将造成螺栓损伤。

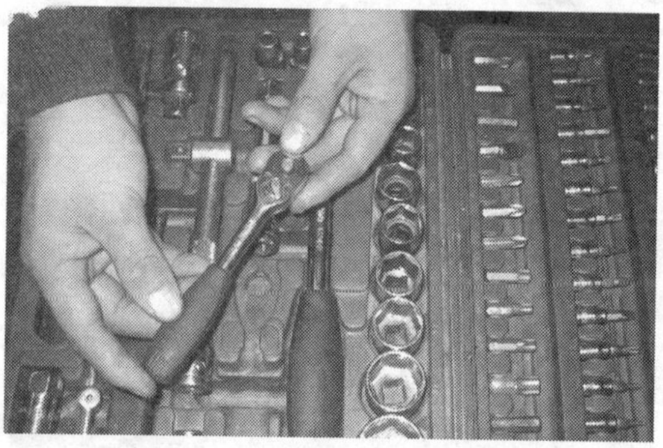

5 1号将2号传递来的一字螺丝刀插入球头销轴承孔的立槽中，用力扩张承孔。

提示

承孔扩张后，球头销轴在承孔内变得松旷，取出时会省力些。

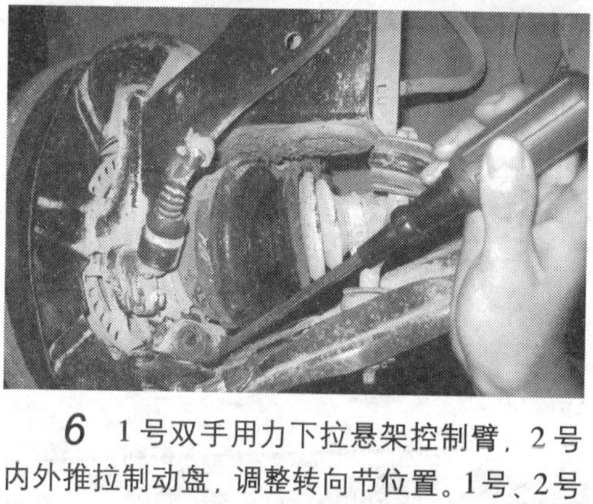

6 1号双手用力下拉悬架控制臂，2号内外推拉制动盘，调整转向节位置。1号、2号配合取出悬架控制臂球头。

提示

如果取下球头比较困难，可使用铁锤适当用力敲击球头壳，然后再配合拆卸。

第五步　断开传动轴与驱动桥连接

1 2号将挡块插入制动盘一散热孔内，转动制动盘使挡块与制动钳体支架接触，限制传动轴单向转动。

提示

安装挡块的目的是，在拆卸传动轴凸缘固定螺栓时限制传动轴单向转动，便于拧松固定螺栓。

2 2号将ϕ8mm专用接头、接杆、扭力扳手组合后传递给1号。

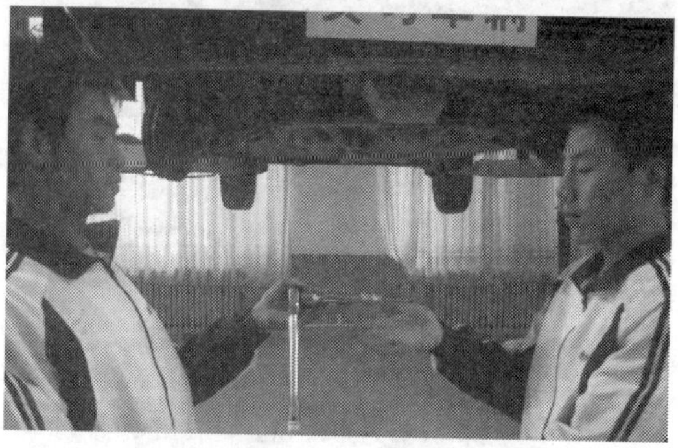

3 1号将工具从翼子板下方穿过，2号将ϕ8mm专用接头插入传动轴凸缘螺栓的螺

方孔内，并用手扶住专用接头。

提示

拆卸传动轴凸缘固定螺栓时，1号、2号共同配合，防止出现因工具歪斜，造成螺栓螺方损坏，给拆卸作业带来更大难度。

4　1号使用工具将传动轴凸缘上的6条固定螺栓拧松后，换用棘轮扳手快速旋出固定螺栓。

提示

拧松传动轴凸缘固定螺栓时，要适时变换传动轴固定位置，保持工具位置基本不变。

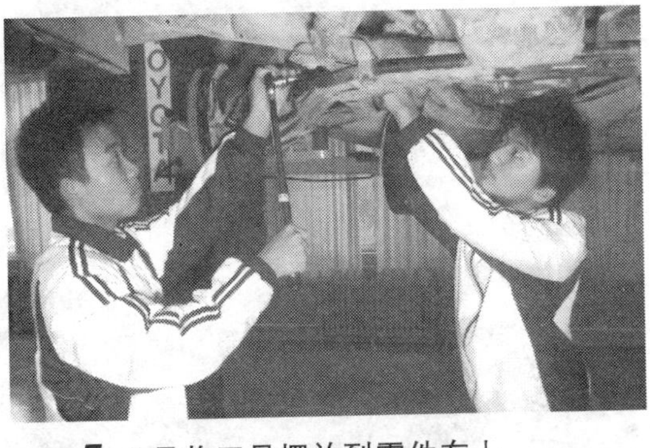

5　2号将工具摆放到零件车上。

6　1号向外拉动制动盘，使传动轴断开与驱动桥的连接。

提示

用相同方法拆卸另一根传动轴凸缘固定螺栓。

第六步　取下左右传动轴

1　2号将顶拔器传递给1号。

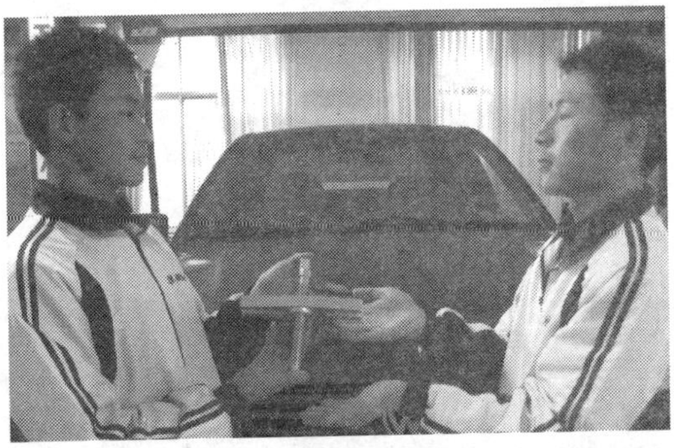

2　1号将顶拔器的螺杆旋入车轮螺栓孔中，然后调整丝杆长度使丝杆锥端顶住传动轴中心孔，最后将螺杆紧固。

3　1号使用2号传递来的16-17mm开口扳手，转动顶拔器的丝杆，顶出传动轴。

提示

(1) 顶出传动轴时，要保证传动轴的内等速万向节与驱动桥之间有足够空间。否则，将造成传动轴和万向节损伤。

(2) 拆卸传动轴时，严禁捶击传动轴或加热轮毂。否则，将造成外等速万向节轴损伤或轮毂变形。

4 1号取出传动轴，并摆放到操作台上。

提示

(1) 用相同方法和要求，拆卸另一侧传动轴，此处不再重复。

(2) 左右传动轴的长度不同，注意区分。左传动轴长，右传动轴短。

第七步　拆卸内外等速万向节

1 2号将鲤鱼钳传递给1号。

2 1号使用鲤鱼钳，拆卸外等速万向节橡胶护罩上的2个夹箍。

提示

拆卸夹箍时，将调整片拉起，从锁孔中脱出锁片，即可松开夹箍。

3 1号从外等速万向节的球壳上脱出橡胶护罩，并将橡胶护罩沿传动轴拉离万向节。

4 2号将橡胶锤传递给1号。

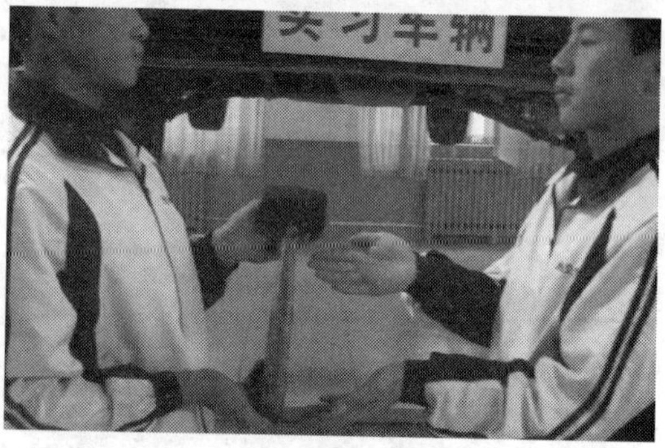

5 2号抬起传动轴，1号一手握住并外拉万向节轴，一手使用橡胶锤敲击万向节球壳，将外万向节取下。

提示

(1) 禁止使用硬金属器具敲击球壳，以免损伤万向节。

(2) 外万向节，通过安装在传动轴外端轴向槽中的弹簧挡圈定位于传动轴上。敲击万向节球壳时，弹簧挡圈被压入槽中，从而可取下外万向节。

6 1号从传动轴上取下隔套圈、蝶形座圈及橡胶护罩，摆放到操作台上。

提示

(1) 蝶形座圈用于衰减外万向节的窜动能量。

(2) 隔套圈用于吸收万向节的窜动能量，并消除冲击噪声。

(3) 橡胶护罩用于防止润滑脂变质和流失，保证万向节得到可靠润滑。

7 1号使用鲤鱼钳，取下内等速万向节橡胶护罩的夹箍，然后将橡胶护罩沿传动轴拉离万向节。

提示

橡胶护罩夹箍的拆卸方法，请参阅前文说明。

8 1号使用2号传递来的卡簧钳，取下内等速万向节的弹簧挡圈。

提示

(1) 弹簧挡圈安装在传动轴外端环槽中，起到对内等速万向节轴向定位作用。

(2) 拆卸弹簧挡圈时，使用外卡簧钳。

(3) 卡簧钳分为内卡簧钳和外卡簧钳两种。其使用方法为：

①将两钳锥端插入挡圈拆装孔中。

②缓慢用力握紧手柄，使钳口张开或收缩，压缩挡圈，将挡圈脱出或嵌入环槽，从而取出或装入挡圈。

9 1号从传动轴上取下内等速万向节、蝶形座圈、橡胶护罩，并摆放在操作台上。

提示

蝶形座圈、橡胶护罩的作用请参阅前文说明。

第八步 清洗零部件

1号将传动轴、内外等速万向节、蝶形座圈、弹簧挡圈放入盛有清洗油的洗件盒中清洗干净。

提示

(1) 清洗传动轴花键轴上的油脂与污物。

(2) 清洗内外万向节内外部的油脂与污物。

要求零部件清洗干净彻底，显露出金属本色。目的是便于进行零部件损伤检查。

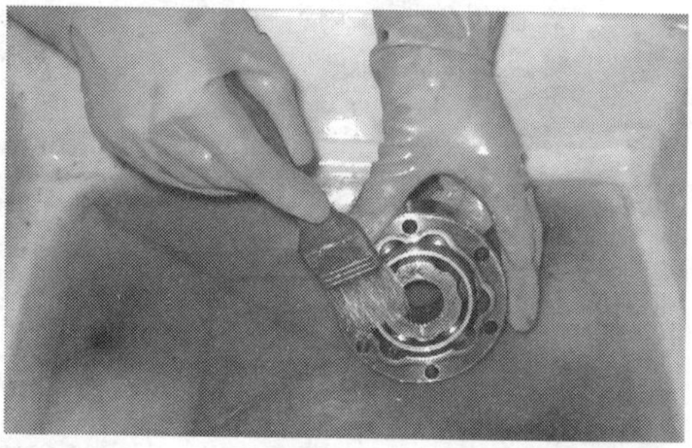

第九步 等速万向节损伤检查

1 1号检查球壳是否有破裂等损伤。

提示

(1) 如果球壳存在裂痕，应更换万向节总成。

(2) 球壳与球毂是配合组件，不可单独更换。

2 1号使用记号笔，在球壳与球毂上做好安装标记。

提示

安装万向节有方向性要求。因此，分解万向节之前，应做好球毂与球壳之间的配合标记，有利于快速正确组装万向节。

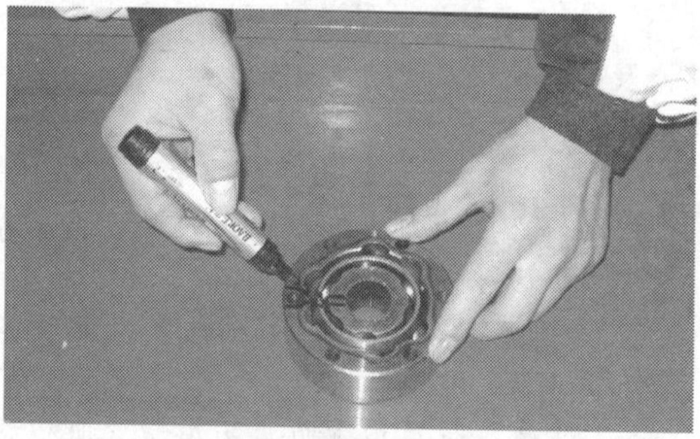

3 1号下压球毂及球笼使之倾斜，取出外露钢球，然后转动并倾斜球毂，再次取出外露钢球。如此操作，将6个钢球全部取出并摆放好。

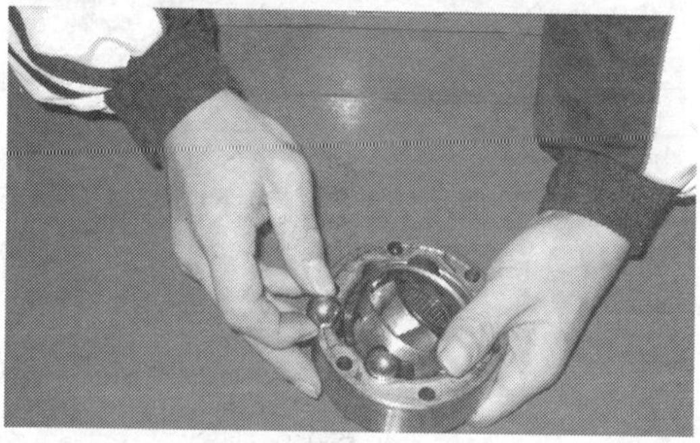

4 1号检查钢球圆面是否有斑点、凹陷、划痕及不规则磨损等。

提示

钢球圆面如果存在上述损伤，应更换万向节总成。

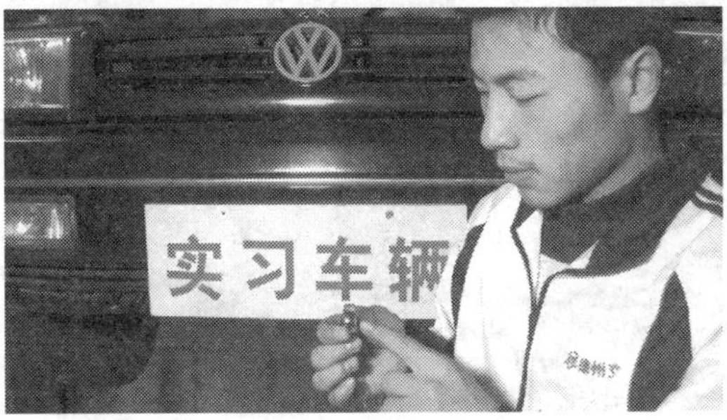

5 1号检查球笼是否有开裂、变形等。

提示

球笼如果存在上述损伤，应更换万向节总成。

6 1号检查球毂轨道是否有斑点、凹陷、划痕及不规则磨损等。

提示

钢球圆面如果存在上述损伤，应更换万向节总成。

7 等速万向节检查完毕。1号按照安装记号，将球毂和球笼一起垂直安装到球壳内，然后转动球毂保持倾斜状态。

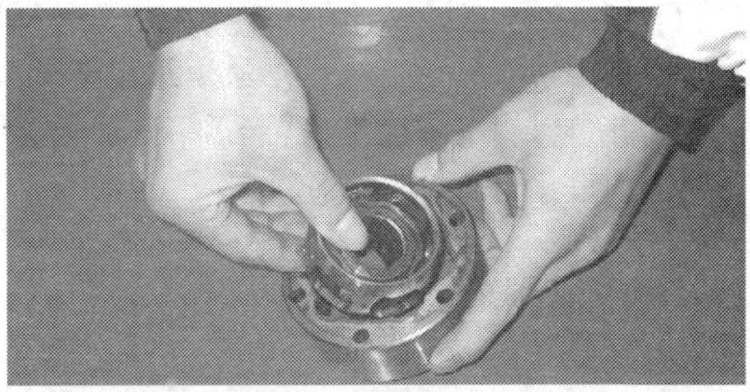

8 1号将粘有润滑脂的钢球安放到球毂与球壳相对应的轨道内。

提示

注意球毂安装方向，带有凸台的一面，朝外安装。

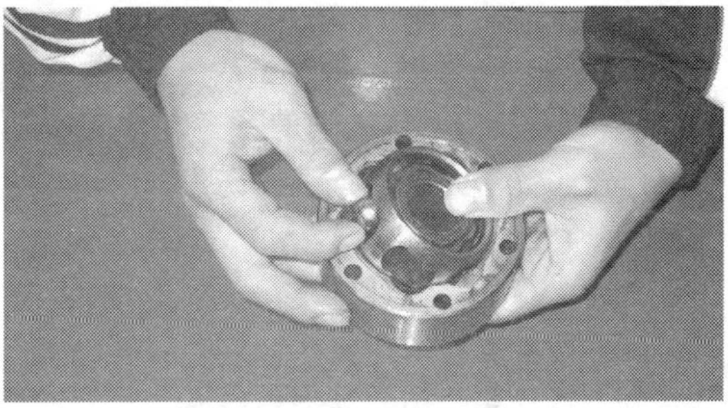

9 1号转动球毂，使已安装钢球位于轨道中下部，然后倾斜球毂，安装相邻轨道中的钢球。如此操作，安装其余的钢球。

提示

(1) 转动球毂时，使已安装钢球在轨道中的位置不要过低。否则，钢球容易掉落。

(2) 顺序安装钢球，便于调整球毂位置。

(3) 严禁采用敲击方法安装钢球。

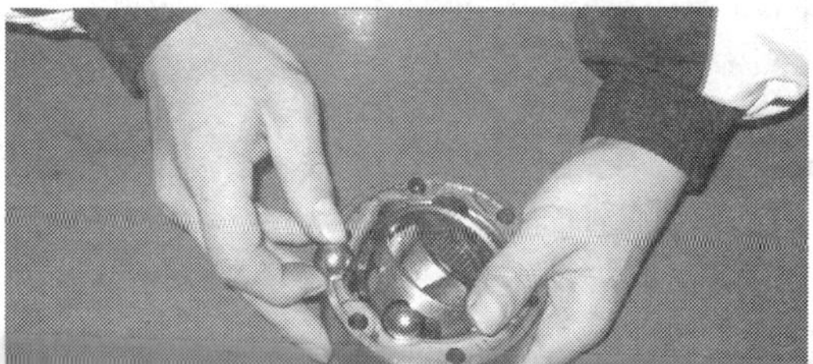

10 钢球全部安装完毕。1号内外扳动球毂，检查安装情况。

提示

如果扳动球毂时，球毂摆动顺滑无卡滞，则证明等速万向节安装正确。否则，重新组装等速万向节。

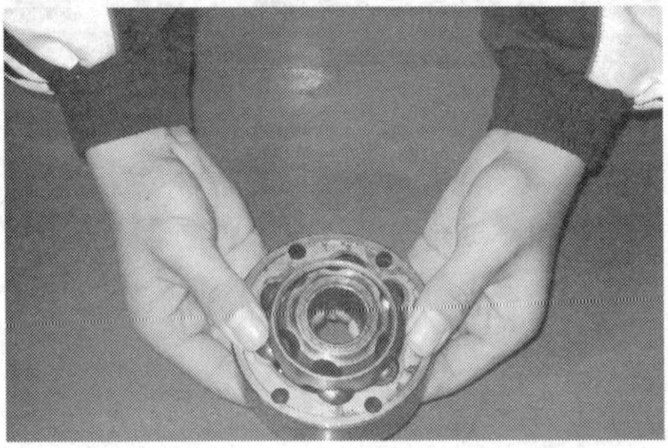

第十步　传动轴损伤检查

1号目视检查，传动轴是否有碰撞或敲击痕迹、较明显弯曲以及花键损伤等。

提示

（1）如果存在上述损伤，应更换传动轴。必要时，进行传动轴动平衡检验。

（2）传动轴损伤后，其动平衡被破坏，传动时导致车辆共振发生。

第十一步　橡胶护罩损伤检查

1号检查橡胶护罩是否有橡胶老化、破裂现象。

提示

如果存在上述损伤，应更换橡胶护罩。

第十二步　安装外等速万向节

1 1号将橡胶护罩安装到传动轴上。

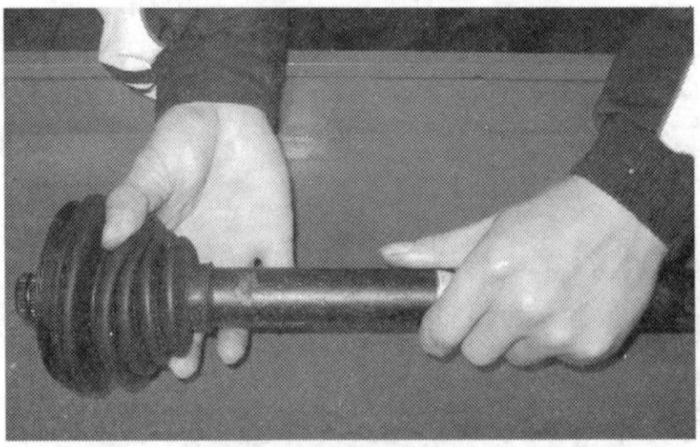

2 1号将蝶形座圈、隔套圈安装到传动轴上。

提示

（1）注意蝶形座圈的安装方向，其凹面应朝向万向节。

（2）注意隔套圈的安装方向，其平面应朝向蝶形座圈。

3　1号使用卡簧钳，将弹簧挡圈安装到传动轴的花键轴上的环槽内。

提示

(1) 卡簧钳使用方法，请参阅前文说明。

(2) 弹簧挡圈用于将外等速万向节定位在传动轴上。

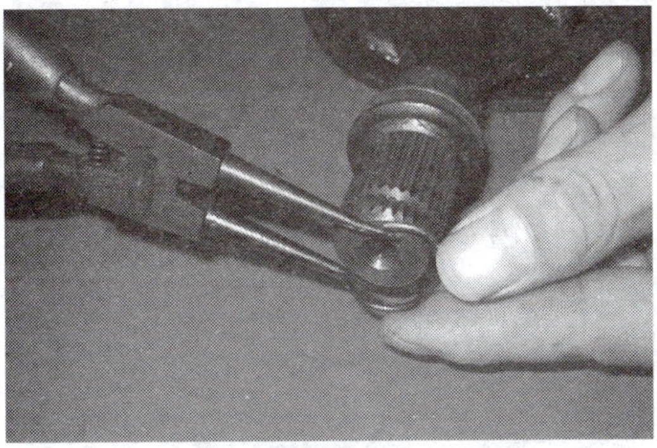

4　1号在花键轴上涂抹适量润滑脂。

提示

在花键轴上涂抹润滑脂，安装外等速万向节时可减小滑动阻力。

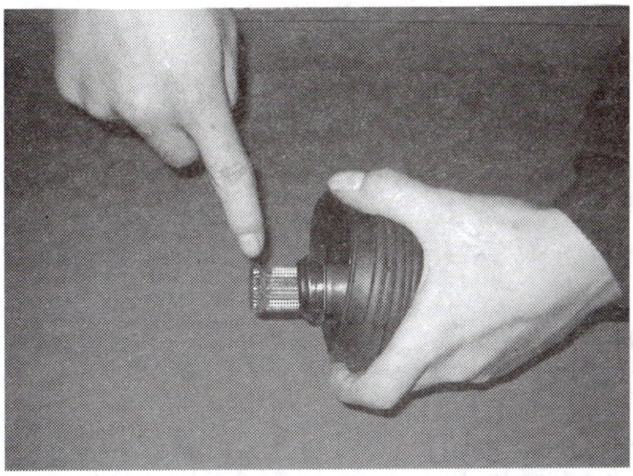

5　1号将适量润滑脂注入外等速万向节球壳内。

提示

(1) 加注润滑脂时，注意保持清洁。

(2) 润滑脂分两次加注。一次在万向节安装前，一次在万向节安装后。每次加注量约为45g。

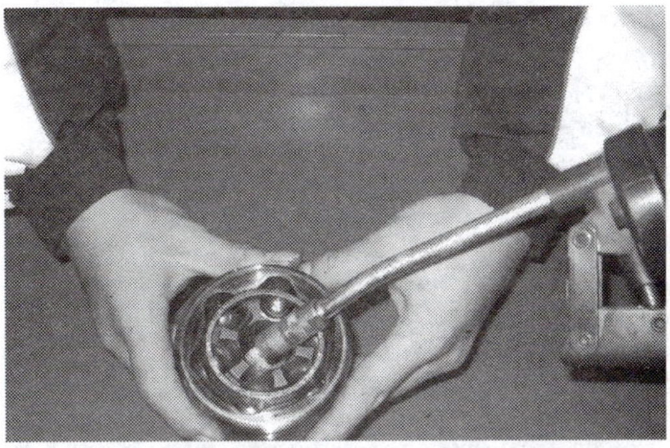

6　1号对齐传动轴与球毂的花键，将外等速万向节安装到传动轴上。

7　1号将传动轴竖直于操作台上，使用橡胶锤敲击外万向节球壳，使之安装到位。

提示

用力外拉万向节轴，来确定外万向节是否安装到位。

8　1号将适量润滑脂加注到万向节上。

提示

(1) 加注润滑脂时，注意保持清洁。

(2) 润滑脂分两次加注。一次在万向节安装前，一次在万向节安装后。每次加注量约为45g。

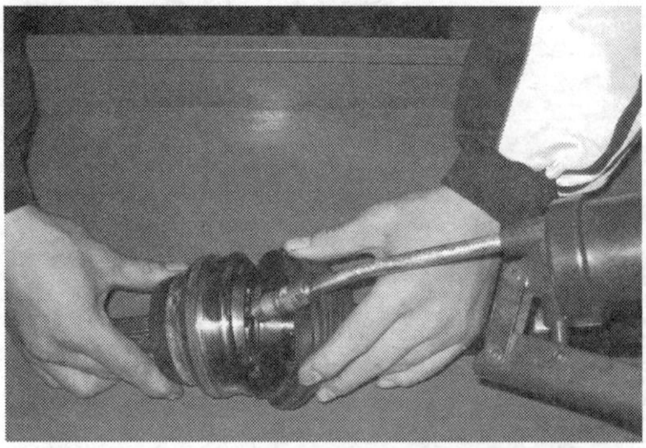

9 1号使用鲤鱼钳，将夹箍安装到橡胶护罩的小端。

10 1号将橡胶护罩套装到外等速万向节的球壳上。

提示

为防止橡胶护罩安装后形成内部真空，行车时产生内吸折痕，应在封闭橡胶护罩前充入少量空气，保持内外压力平衡。

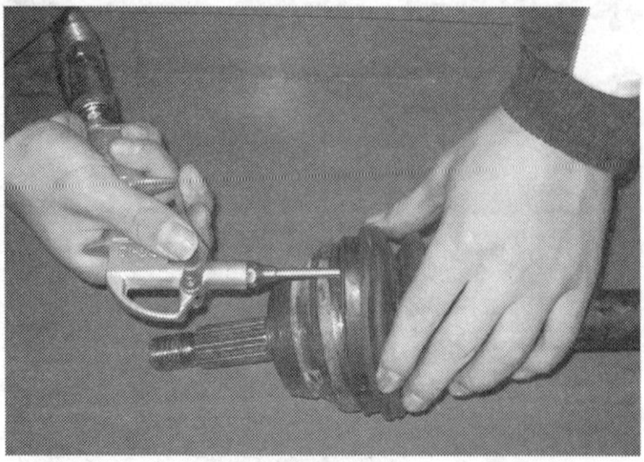

11 1号使用鲤鱼钳，将夹箍安装到橡胶护罩的大端。

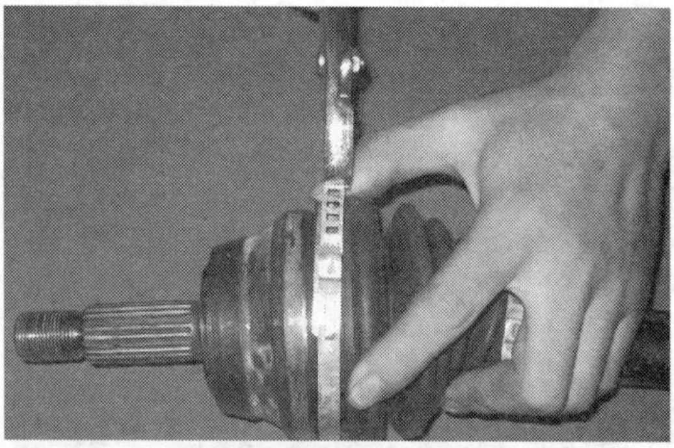

第十三步　安装内等速万向节

1 1号将橡胶护罩安装到传动轴上。

2 1号将蝶形座圈安装到传动轴上。

提示

注意蝶形座圈的安装方向，其凹面应朝向万向节。

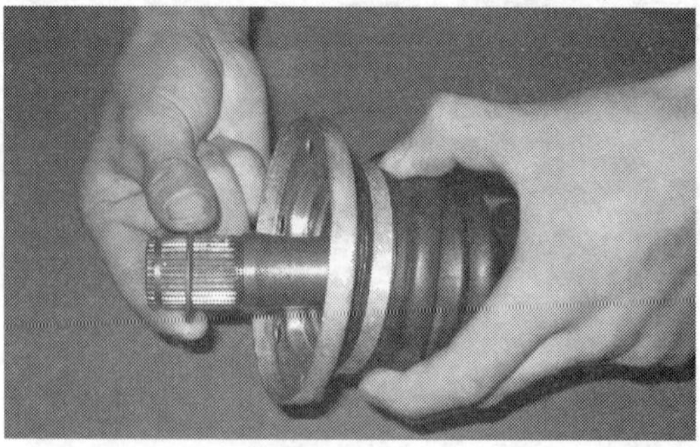

3 1号在内等速万向节的朝向橡胶护罩一面，加注适量润滑脂。

提示

(1) 加注润滑脂时，注意保持清洁。

(2) 润滑脂分两次加注。一次在万向节

安装前；一次在万向节安装后。每次加注量约为45g。

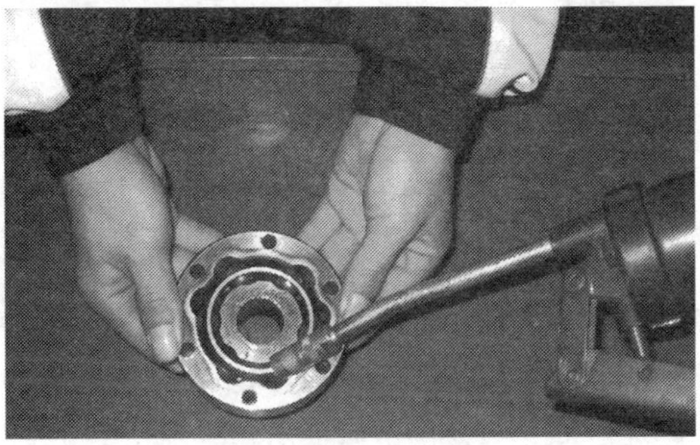

4 1号在传动轴的花键轴上涂抹适量润滑脂。

提示

在花键轴上涂抹润滑脂，安装内等速万向节时可减小滑动阻力。

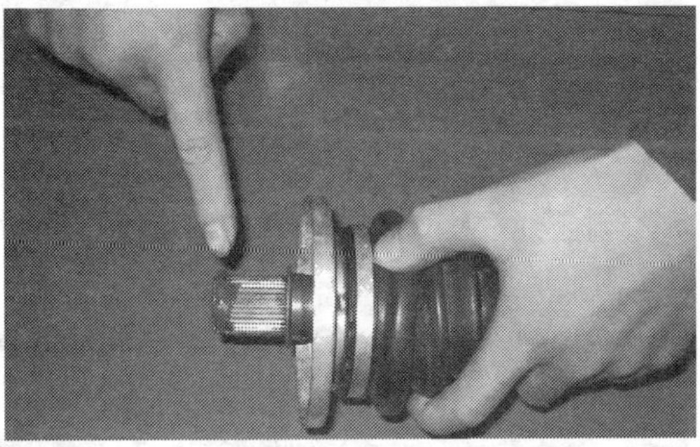

5 1号将内等速万向节的球毂花键与传动轴上的花键对齐后，将内等速万向节安装到传动轴上。

提示

注意内等速万向节的安装方向，其球壳的凹面应朝向驱动桥，平面朝向橡胶护罩。

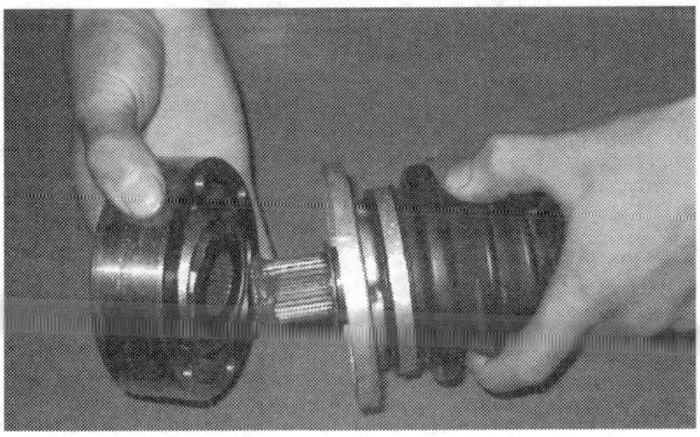

6 1号使用卡簧钳，将弹簧挡圈安装到传动轴的环槽内。

提示

如果弹簧挡圈难以进槽，可使用橡胶锤敲击内等速万向节使之到位。

7 1号使用鲤鱼钳，将夹箍安装到橡胶护罩的小端。

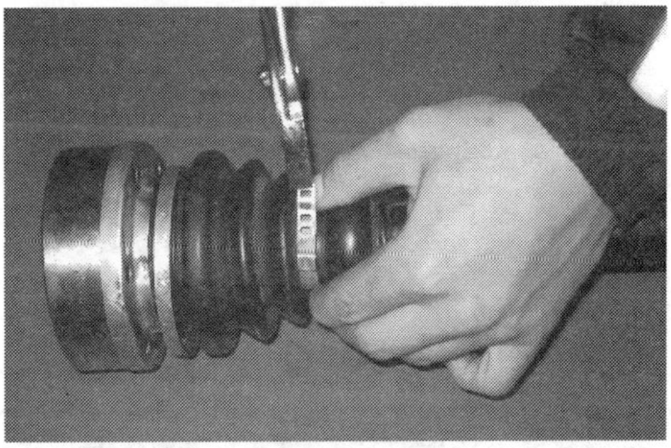

8 1号将橡胶护罩的金属圈套装到内万向节球壳上。

提示

安装金属圈时，注意对正螺栓孔。

9 1号将适量润滑脂加注到万向节内。

提示

(1) 加注润滑脂时，注意保持清洁。

(2) 润滑脂分两次加注。一次在万向节安装前；一次在万向节安装后。每次加注量约为45g。

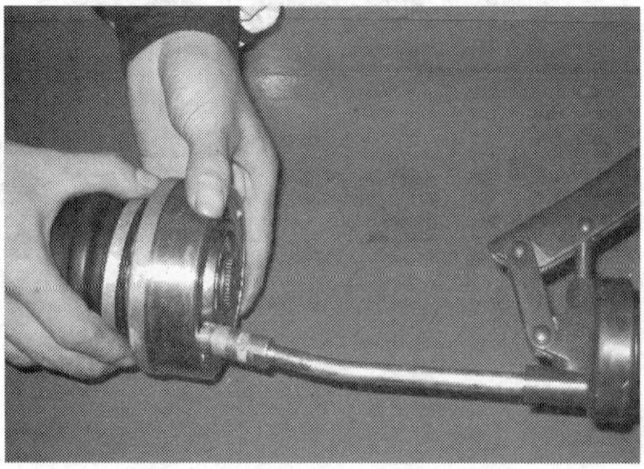

第十四步　安装传动轴

1 1号用棉纱将传动轴连接凸缘盘内的润滑脂清理干净。

提示

防止旧油污染新油。

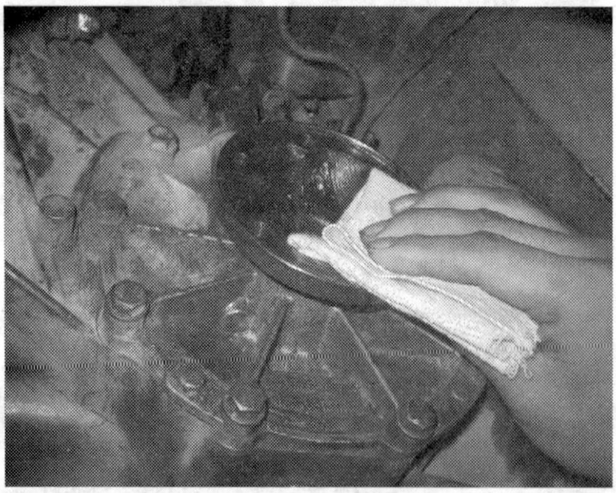

2 1号在外等速万向节轴的前端，涂上一周宽度约5mm的D6防护剂。

提示

防护剂起到防松动、防锈蚀作用。

3 1号对齐外等速万向节轴与轮毂孔内的花键后，将万向节轴插入轮毂内孔中。

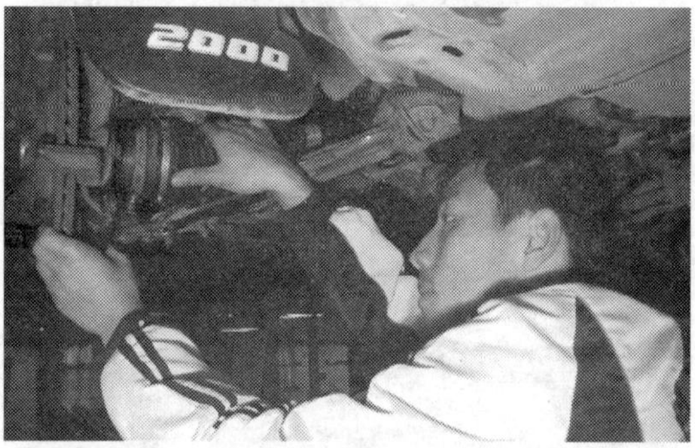

4 1号对齐传动轴内万向节球壳与连接凸缘盘上的螺栓孔后，用手旋入2号传递来的6条固定螺栓，将两者连接起来。

5 2号将ϕ8mm专用接头、接杆、棘轮扳手组合后传递给1号。

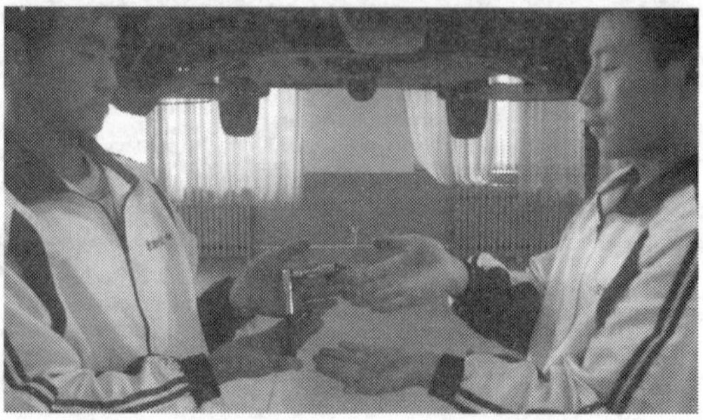

6 2号将挡块插入制动盘一散热孔内，转动制动盘使挡块与制动钳体支架接触，限制传动轴转动。

提示

挡块用于限制传动轴转动，便于拧紧固定螺栓。

7 1号将工具从翼子板下方穿过，2号将 ϕ 8mm 专用接头插入传动轴固定螺栓的螺方孔内，并用手扶住专用接头。

提示

安装传动轴固定螺栓时，1号、2号共同配合，避免因工具歪斜，造成螺栓螺方损坏。

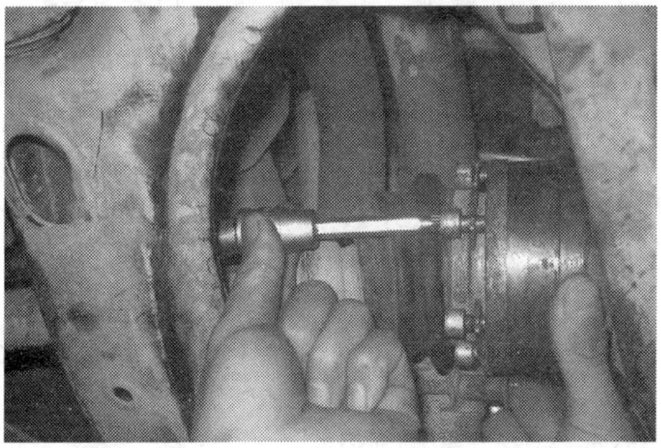

8 1号使用工具将传动轴的6条固定螺栓拧紧后，换用扭力扳手将固定螺栓力矩拧紧至40N·m。

提示

拧松传动轴固定螺栓时，要适时变换传动轴的固定位置，保持工具位置基本不变。

9 2号将工具摆放到工具车上。

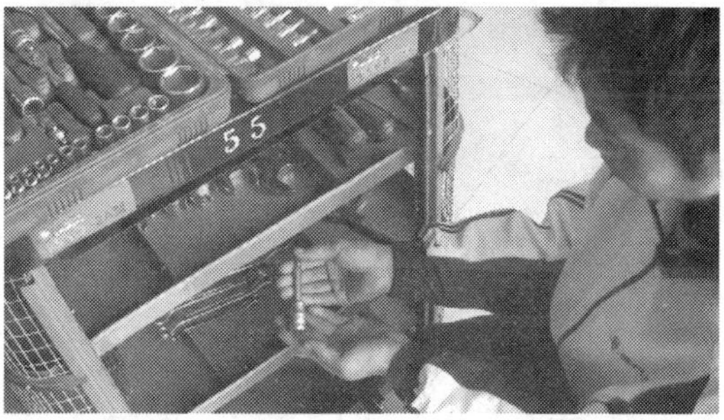

第十五步　安装悬架控制臂球头

1 2号下拉悬架控制臂；1号调整球头销轴和转向节的相对位置，使销轴对正转向节上的承孔，将销轴安装到承孔内。

提示

安装球头时，1号、2号要默契配合，用力大小应适当。

2 1号观察球头销轴上的周向凹槽是否与承孔上的螺栓孔对正。否，进行调整。

提示

(1) 必须保证销轴上的凹槽与螺栓孔对正，才能够穿过锁紧螺栓。

(2) 调整球头销轴位置时，可用铁锤敲击球头外壳。

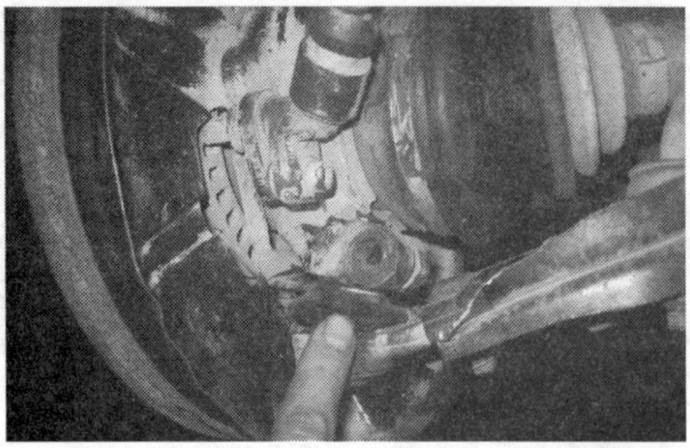

3 1号将2号传递来的螺栓穿过螺栓孔，旋上螺母。

提示

如果螺栓的螺纹上有锈蚀，可在螺纹上涂抹适量润滑油或润滑脂。

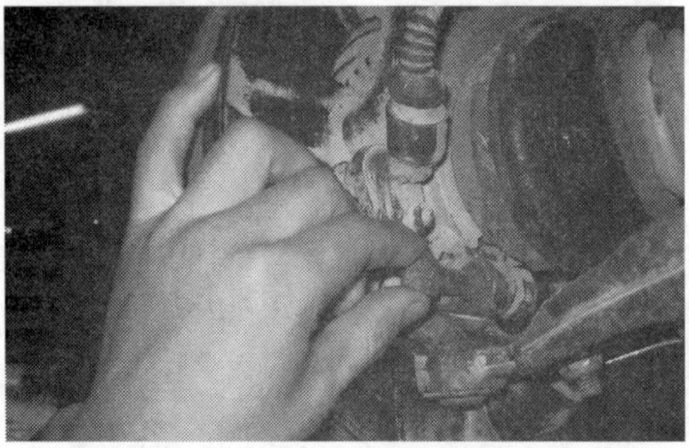

4 2号使用16-17mm梅花扳手将螺栓固定，1号使用工具拧紧螺母。最后使用扭力扳手将螺栓力矩拧紧至65N · m。

提示

(1) 螺栓力矩要达到规定值。控制臂及其球头性能状况，将直接影响到车辆行驶安全。

(2) 按照相同操作要求，安装另一侧悬架控制臂球头。

第十六步　安装前左右车轮

1 2号操纵举升机，将车辆降落到距离地面适当高度。

提示

车辆高度以便于安装车轮为度。

2 1号将车轮安放到制动盘的凸缘上，并对齐螺栓孔，然后将2号传递来的4条固定螺栓用手旋入螺栓孔内。

提示

左、右侧车轮不要换位，保持原安装位置，以免影响车辆行驶性能。

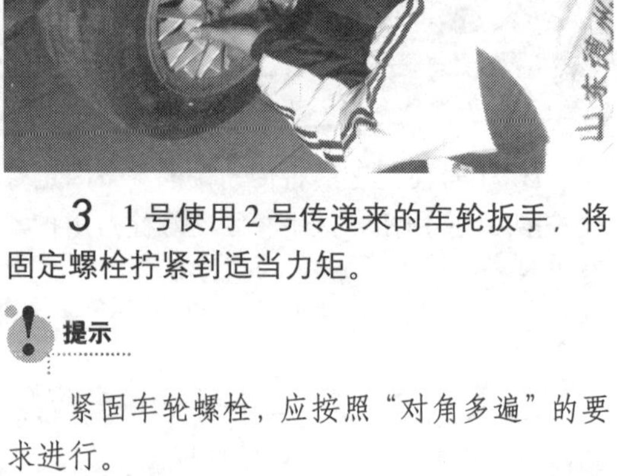

3 1号使用2号传递来的车轮扳手，将固定螺栓拧紧到适当力矩。

提示

紧固车轮螺栓，应按照“对角多遍”的要求进行。

4　2号操纵举升机，将车辆降落到地面上。

提示

便于将车轮固定螺栓，拧紧到规定力矩。

5　1号使用扭力扳手，按照规定要求将车轮固定螺栓拧紧到110N · m。

提示

(1) 紧固车轮螺栓，应按照“对角多遍”的要求进行。

(2) 按照相同的要求，安装另一侧车轮。

第十七步　紧固轮毂固定螺母

1　1号将垫圈套装到万向节轴上。

2　1号用手将螺母旋入万向节轴螺纹上。

提示

用手旋入螺母，可有效保证对正螺纹。严禁使用工具直接拧入螺母，一旦螺纹歪斜，将造成螺母和轴损坏。

3　2号将ϕ30mm套筒、扭力扳手组合后传递给1号。

4　1号使用扭力扳手、ϕ30mm套筒，将轮毂固定螺母的力矩拧紧至230N · m。

提示

轮毂固定螺母要按照规定力矩拧紧。否则，将给行车安全带来严重危险。

5 1号将2号传递来的车轮装饰罩，对正定位销和定位孔后，安装到车轮承座上。

第十八步 整理工位

1号、2号共同拆除护裙、驾驶室内保护罩；清理工具和量具等；清洁地面卫生。

提示

作业项目完成后，要搞好工位的清扫、整理工作，培养良好的工作习惯。

八、考核标准

考核标准表

考核时间	序号	考核项目	满分	评分标准	得分
	1	作业前整理工位	3	酌情扣分	
	2	工位停车	3	停车不当扣3分	
	3	车辆可靠停驻	3	操作不当扣3分	
	4	安装驾驶室内保护罩	3	酌情扣分	
	5	拆装轮毂固定螺母	5	操作不当扣5分	
	6	拆装前左右车轮	6	操作不当扣6分	
30min	7	拆装悬架控制臂球头	8	操作不当扣8分	
	8	断开或连接传动轴与驱动桥	6	操作不当扣6分	
	9	取下或安装传动轴	5	操作不当扣5分	
	10	拆卸外等速万向节	8	操作不当扣8分	
	11	拆卸内等速万向节	8	操作不当扣8分	
	12	清洗零部件	4	清洗不彻底酌情扣分	
	13	等速万向节损伤检查	5	检查不当扣5分	

续上表

考核时间	序号	考核项目	满分	评分标准	得分
30min	14	传动轴损伤检查	5	检查不当扣5分	
	15	橡胶护罩损伤检查	5	检查不当扣5分	
	16	安装外等速万向节	10	操作不当扣10分	
	17	安装内等速万向节	10	操作不当扣10分	
	18	作业后整理工位	3	酌情扣分	
	19	遵守相关安全规范	因违规操作造成人身和设备事故的，总分按0分计		
分数合计			100		

项目十五　检查或更换悬架下摆臂及其球头

一、项目说明

1. 概述

汽车悬架是车架（或承载车身）与车桥（或车轮）之间传力装置的总称。其功用是将路面作用到车轮上的各种力及力矩传递到车架上，以保证汽车正常行驶。根据悬架结构特点的不同，汽车悬架分为独立悬架和非独立悬架两大类。

下摆臂及其球头属于汽车独立悬架的组成部件，连接车桥车轮和车架。在汽车长期使用过程中，下摆臂会产生变形、衬套磨损和球头磨损。下摆臂及其球头的损伤，将导致汽车前轮定位失准、轮胎异常磨损、颠簸异响及行驶跑偏等故障发生，使汽车行驶安全性、乘坐舒适性及使用经济性明显下降。因此，应定期检查悬架下摆臂及其球头，并及时更换损坏部件，保持车辆正常使用性能。下面以桑塔纳2000GSi型轿车为例，来说明检查或更换悬架下摆臂及其球头的操作步骤和技术规范。

2. 桑塔纳2000GSi型轿车悬架结构特点

桑塔纳2000GSi型轿车采用麦弗逊式独立悬架，悬架中增设了横向稳定杆，将车身与下摆臂连接起来。三叉形下摆臂内端两叉与车身铰接，外端与转向节铰接，形成稳定的三角形结构。减振器通过活塞杆弹性支撑在车身上，如下图所示。

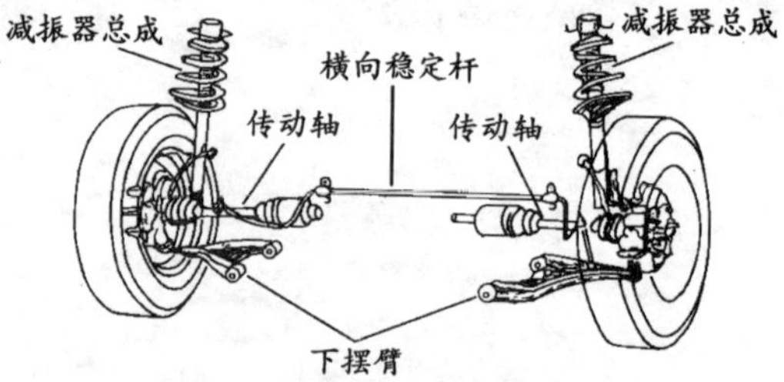

麦弗逊式独立悬架

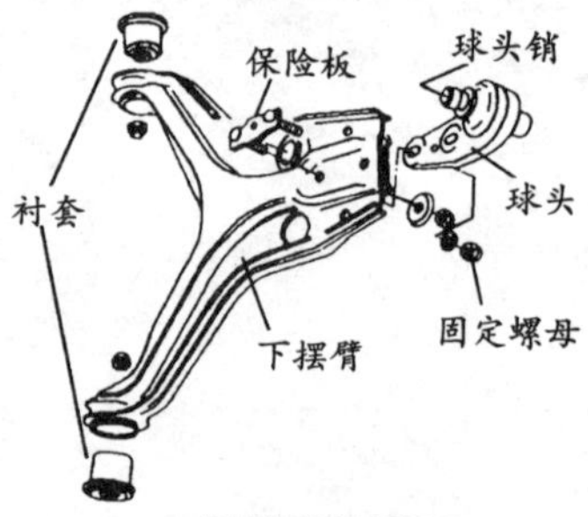

下摆臂及其球头

二、技术标准与要求

1. 安装桑塔纳2000GSi型轿车配套的悬架下摆臂及其球头。
2. 更换悬架下摆臂及其球头后，必须进行车轮定位测量与调整。
3. 车轮固定螺栓应按照“对角多遍”的要求拧松或拧紧。
4. 凡是自锁螺母只作一次性使用，拆卸后更换新品。
5. 相关螺栓（螺母）紧固力矩为：
   车轮螺栓力矩110N·m；下摆臂螺栓

力矩60N·m；下摆臂球头螺栓力矩65N·m；球头定位螺栓力矩50N·m；稳定杆的侧倾杆螺母力矩25N·m。

三、实训时间：50min

四、实训教学目标

1. 了解检查或更换悬架下摆臂及其球头的重要性。
2. 熟悉桑塔纳2000GSi型轿车悬架的结构特点。
3. 掌握检查或更换悬架下摆臂及其球头的操作技能。

五、实训器材

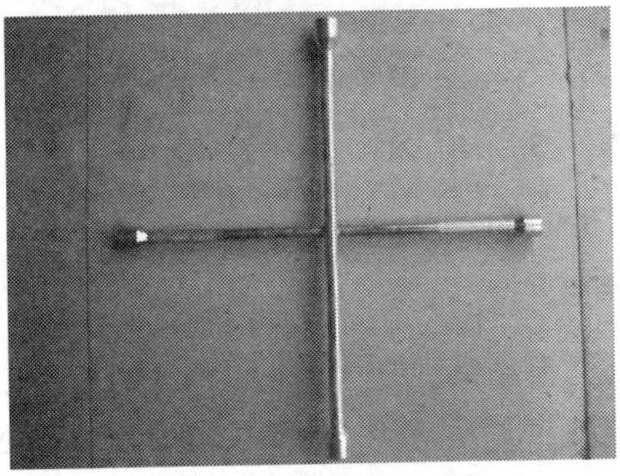

车轮扳手

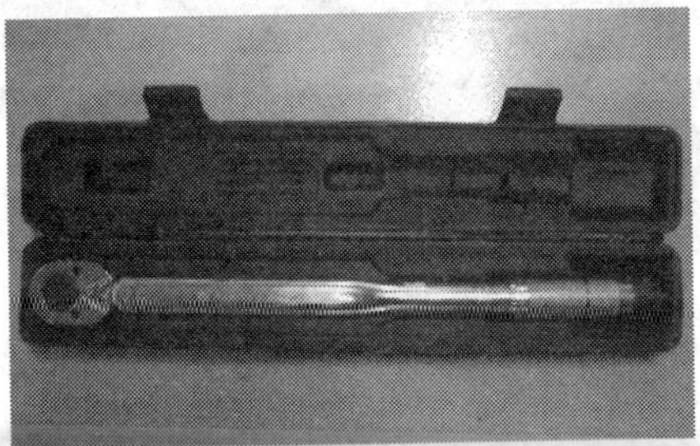

扭力扳手

其他工具及器材：

ϕ17mm套筒、ϕ13mm套筒、接杆、棘轮扳手、16-17mm梅花扳手、一字螺丝刀、扭力扳手、防护手套等。

六、教学组织

1. 教学组织形式

每辆车安排4名学生参与实训，两名学生为一组。一组操作，一组观察学习。

2. 学生站位分工和要求

两名学生一组，按照1号、2号进行编号，1号为主，2号为辅助。

3. 实训教师职责

讲解操作步骤和注意事项；下达“操作开始”口令；工位间巡视、检查、指导和纠正错误。

4. 学生职责变换

两名学生实行职责变换制度，即第一遍1号为主，2号辅助；第二遍2号为主，1号辅助。

七、操作步骤

第一步　事前准备

1　车辆进入工位前，参训学生将工位卫生清理干净，排除障碍物，准备好相关的工具、物品等。

提示

培养良好的工作习惯，做好事前准备，有利于安全操作和提高工作效率。

2 将车辆停驻在举升机平台的中央位置。

3 1号拉紧驻车制动器，并将变速器置于空挡位。

提示

为保证车辆在工位上可靠停驻，防止出现溜滑，造成安全事故，要拉紧驻车制动器并将变速器置于空挡位。

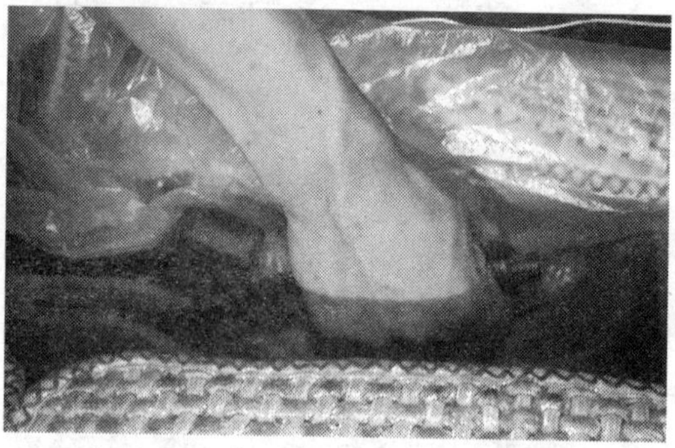

第二步 拆卸前左右车轮

1 2号将一字螺丝刀传递给1号。

2 1号将一字螺丝刀插入车轮装饰罩拆卸缺口中，撬起装饰罩，然后用手将装饰罩取下，并传递给2号。

提示

拆卸车轮装饰罩时，用力要适当，不要过猛，以免造成装饰罩损坏。

3 2号将车轮扳手传递给1号。

4 1号使用车轮扳手，拧松车轮的4条固定螺栓。

提示

(1) 拧松车轮固定螺栓时，要按照“对角多遍”的要求进行，防止车轮变形。

(2) 车轮螺栓以拧松2~3个丝扣为度，避免车轮负重倾斜，造成螺栓螺纹损伤。

5　2号操纵举升机，将车辆举升至轮胎最低点距离地面约20cm的高度。

提示

(1) 举升机的操作要领和规范要求，请参阅“举升机的使用方法”。

(2) 举升车辆时，强调安全确认口令“正常”、“举升车辆”，防止意外情况发生。

6　2号扶住车轮，1号使用车轮扳手快速旋出车轮固定螺栓，然后将工具、螺栓传递给2号。

提示

1号、2号配合拆卸车轮，可以防止车轮倾斜损伤螺栓螺纹和不慎车轮脱落。

7　2号接收工具、螺栓，并摆放到工具车、零件车上。

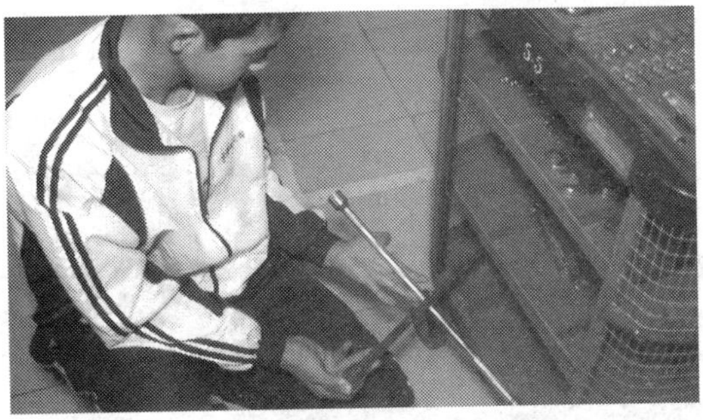

8　1号取下车轮，并将其放到车轮支架上。

提示

(1) 按照相同的操作步骤和规范要求，拆卸另一侧车轮。

(2) 两侧车轮作好区分标记，不要混装。

第三步　拆卸稳定杆固定螺栓

1　2号操纵举升机，将车辆再次举升到适当高度后，可靠锁止提升臂。

提示

(1) 举升机的操作要领和规范要求，请参阅“举升机的使用方法”。

(2) 举升车辆时，强调安全确认口令“正常”、“举升车辆”，防止意外情况发生。

2 2号将ϕ13mm套筒、接杆、棘轮扳手组合后传递给1号。

3 1号使用ϕ13mm套筒、接杆、棘轮扳手，拧松稳定杆两端固定螺母。2号接收工具擦拭后摆放到工具车上。

提示

稳定杆两端的侧倾杆穿过胶套弹性固定在下摆臂上。

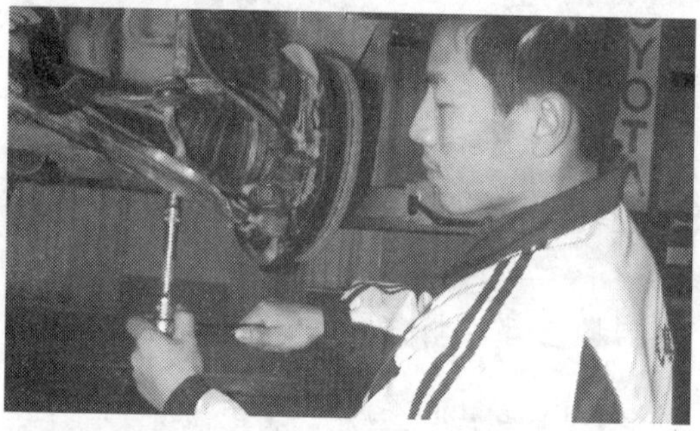

4 1号用手旋下螺母，取下垫片传递给2号。2号将螺母及垫片摆放到零件车上。

第四步 拆卸下摆臂及其球头

1 2号将ϕ17mm套筒、短接杆、棘轮扳手组合后传递给1号。

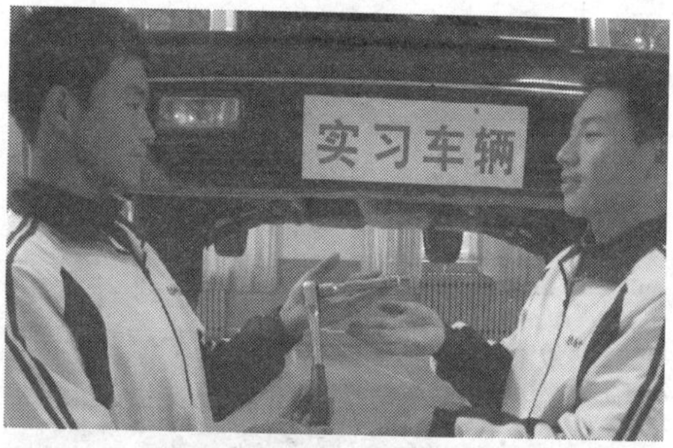

2 2号使用16-17mm梅花扳手将螺栓固定，1号使用工具拧松螺母。

提示

定位螺栓穿过转向节下端螺栓孔，使螺杆与悬架下摆臂球头销轴上的周向凹槽相配合，将安装于承孔中的悬架下摆臂球头定位在转向节上。

3 1号取出定位螺栓并传递给2号，2号将工具、螺栓摆放到工具车、零件车上。

提示

如果取出定位螺栓时比较困难，可用铜锤等软金属器具敲击螺杆尾部，使其松动后，便容易取出螺栓。严禁使用铁锤等直接敲击螺栓尾部，否则将造成螺栓损伤。

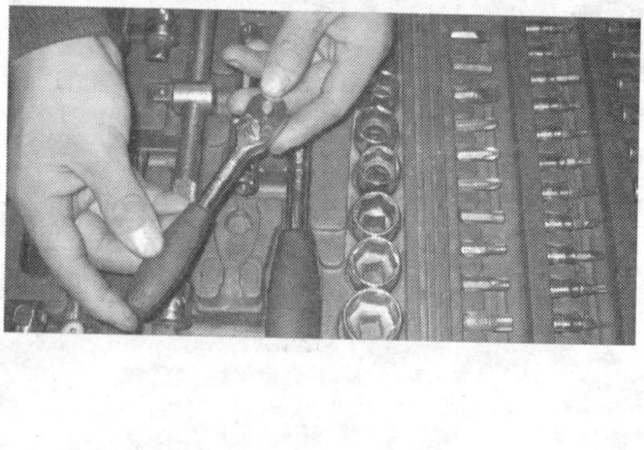

4 1号使用记号笔，在球头底板与下摆臂最外端平齐处，作出相对安装记号。

提示

球头的安装位置，决定了车轮定位角度。因此，球头从下摆臂上拆卸之前，应作好相对安装标记，便于球头安装后保持车轮定位角度基本不变。

5 2号将 ϕ13mm 套筒、短接杆、扭力扳手组合后传递给1号。

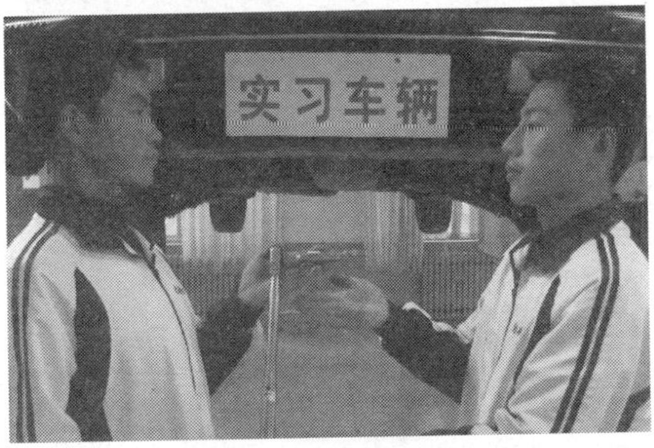

6 1号使用 ϕ13mm 套筒、短接杆、扭力扳手，拧松球头底板的2条固定螺栓。2号接收工具，擦拭后摆放到工具车上。

提示

(1) 球头底板的固定螺栓紧固力矩较大，为65N · m。如果将下摆臂及其球头，从车上拆卸后再拧松球头底板的固定螺栓会比较困难。因此，事先松开其固定螺栓，取下球头时省力许多。

(2) 球头底板插入下摆臂孔缝中，带保险板的2条螺栓将球头底板固定在下摆臂上。

7 1号将2号传递来的一字螺丝刀插入球头销轴承孔的立槽中，用力扩张承孔。

提示

承孔扩张后，球头销轴在承孔内变得松旷，取出时会省力些。

8 1号双手用力下拉悬架下摆臂，2号内外推拉制动盘，调整转向节位置。1号、2号配合取出悬架下摆臂球头。

提示

如果球头取下困难时，可使用铁锤适当用力敲击球头壳，然后再配合拆卸。

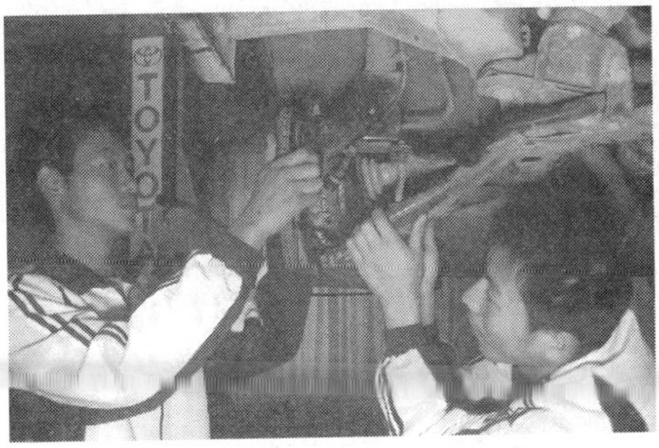

9 2号将ϕ17mm套筒、短接杆、扭力扳手组合后传递给1号。

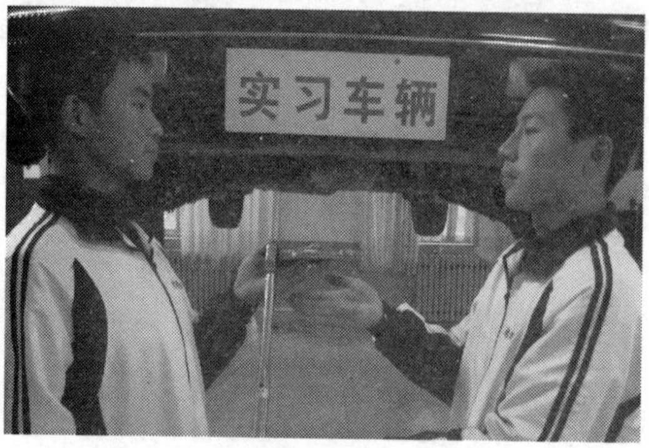

10 2号使用16-17mm梅花扳手，将其中1条下摆臂与车身连接螺栓固定；1号使用将ϕ17mm套筒、短接杆、扭力扳手拧松固定螺栓。

提示

用相同方法拧松下摆臂的另外1条固定螺栓。

11 2号接收工具，擦拭后摆放到工具车上。

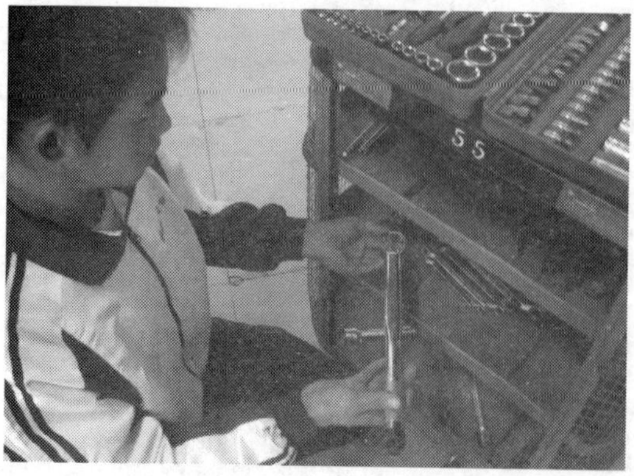

12 1号取出螺栓传递给2号后，用手摆动并取下下摆臂。

提示

取下下摆臂时，由于车身上的支架及稳定杆的侧倾杆阻挡，有一定困难。注意不要碰伤手臂，必要时，2号要协助拆卸。

13 2号将下摆臂放置到操作台上。

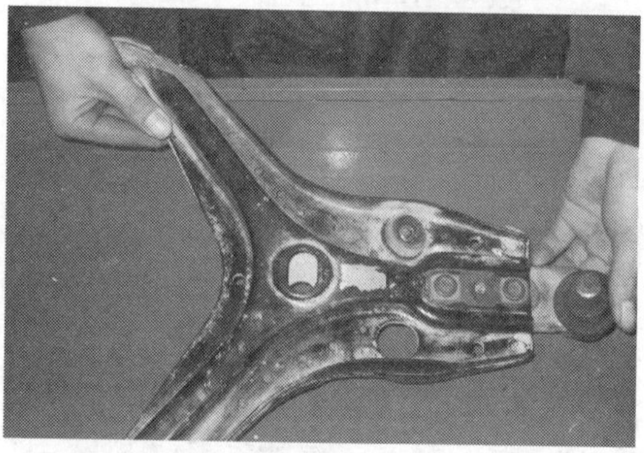

14 1号用手旋下球头底板固定螺母，然后取出带保险板的固定螺栓。

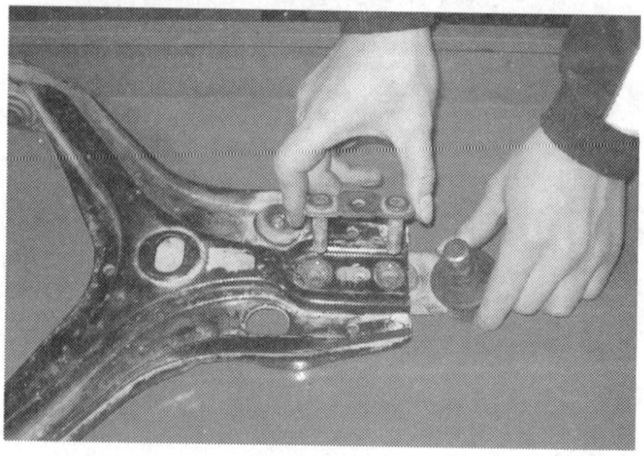

15 1号从下摆臂上取下球头，并摆放到操作台上。

提示

取下球头前，注意确认安装记号。

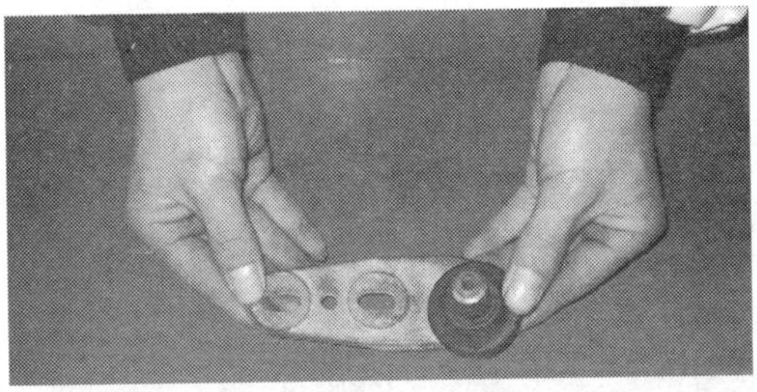

第五步　下摆臂及其球头损伤检查

1　1号检查下摆臂是否有碰撞、敲击痕迹及变形现象。

提示

如果有上述损伤，应更换下摆臂。

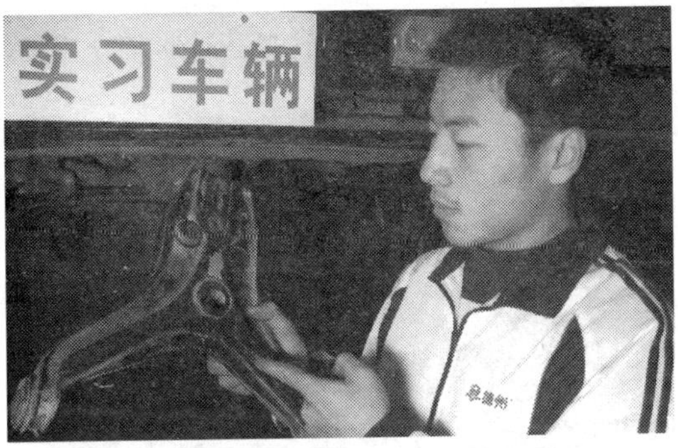

2　1号检查橡胶衬套是否有偏磨、断裂及橡胶老化现象。

提示

如果存在上述损伤，应更换橡胶衬套或下摆臂。

3　1号用手前后左右方向摆动球头销，检查是否有卡滞及阻力过大现象。

提示

(1) 如果存在上述现象，应更换球头。

(2) 桑塔纳2000GSi型轿车采用免维护球头，无法注油维护。

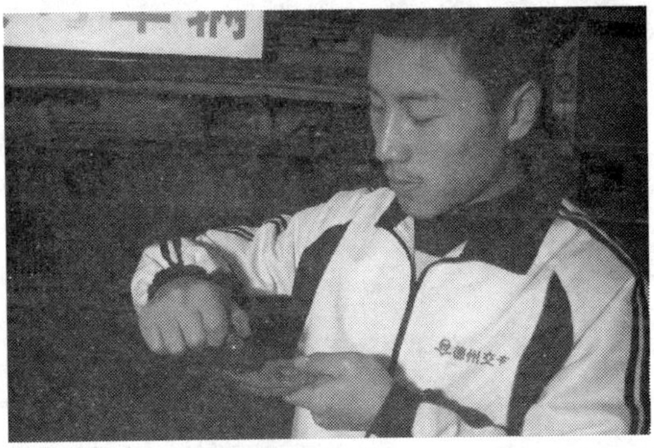

4　1号一手握紧球头壳，一手上下方向推拉球头销，检查球头与球壳之间是否存在明显旷量。

提示

如果球头与球壳之间存在明显旷量，应更换球头。

5　1号检查球头的橡胶防护罩是否有老化、破裂现象。

提示

如果球头的橡胶防护罩存在老化、裂纹，应更换球头。

第六步 安装下摆臂及其球头

1 球头底板上加工有2个长条形螺栓孔。

提示

长条形螺栓孔可以使球头底板在一定范围内水平移动，用于调整车轮定位角度。

2 1号将球头底板插入下摆臂夹缝中，调整底板位置，对齐螺栓孔，然后将带有保险板的固定螺栓穿过下摆壁和球头底板，最后用手旋入螺母。

提示

为防止螺栓锈蚀和便于旋入螺母，应在螺栓螺纹上涂抹适量润滑脂或润滑油。

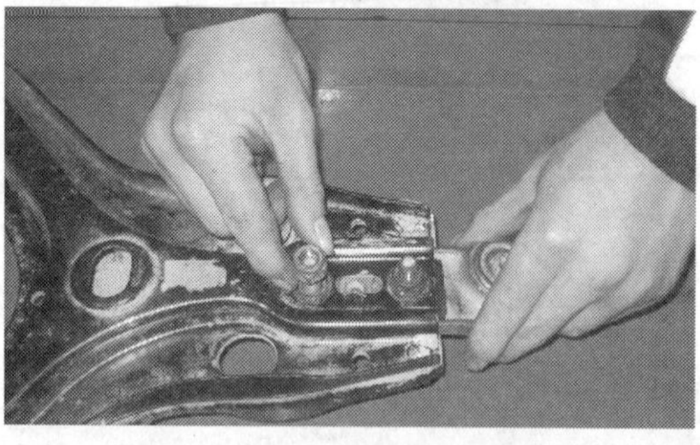

3 1号调整球头底板位置，使安装记号与下摆臂最外端面对齐。

提示

保持球头底板与原安装位置不变，则车轮角度保持基本不变。

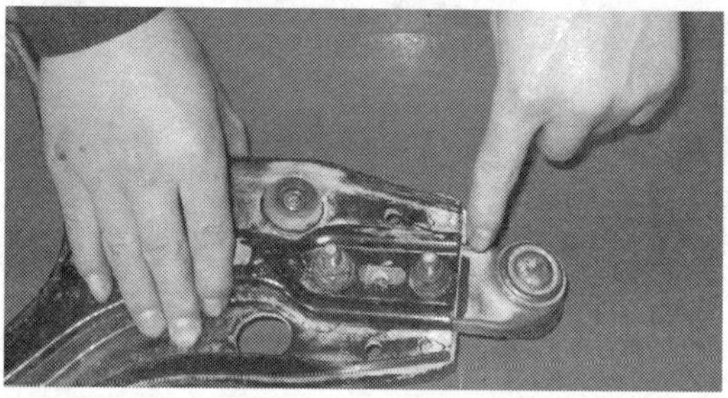

4 1号使用ϕ13mm套筒、棘轮扳手，将2条固定螺栓拧紧到适当力矩。

提示

此时，螺栓力矩以保持球头底板固定不动为标准。

5 1号将下摆臂内端两叉插入车身支架内，对齐螺栓孔后，将螺栓穿过支架和叉孔，最后用手旋上螺母。

提示

为防止螺栓锈蚀和便于旋入螺母，应在螺栓螺纹上涂抹适量润滑脂或润滑油。

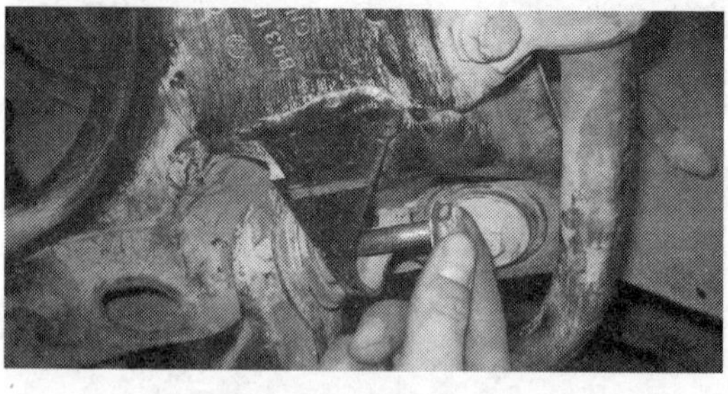

6　1号向上抬起下摆臂，2号调整稳定杆的侧倾杆，两人共同配合将侧倾杆插入下摆臂的安装孔内。

提示

为减轻磨损和便于安装，应在稳定杆的侧倾杆上涂抹适量润滑脂或润滑油。

7　1号将垫片安装到螺杆上，然后用手旋入固定螺母。

8　2号下拉悬架控制臂；1号调整球头销轴和转向节的相对位置，使销轴对正转向节上的承孔，将销轴安装到承孔内。

提示

安装球头时，1号、2号要默契配合，用力大小应适当。

9　1号观察球头销轴上的周向凹槽是否与承孔上的螺栓孔对正。否，进行调整。

提示

(1) 必须保证销轴上的凹槽与螺栓孔对正，才能够穿过锁紧螺栓。

(2) 调整球头销轴位置时，可用铁锤轻敲击球头外壳。

10　1号将2号传递来的螺栓穿过螺栓孔，旋上螺母。

提示

如果螺栓的螺纹上有锈蚀，可在螺纹上涂抹适量润滑油或润滑脂。

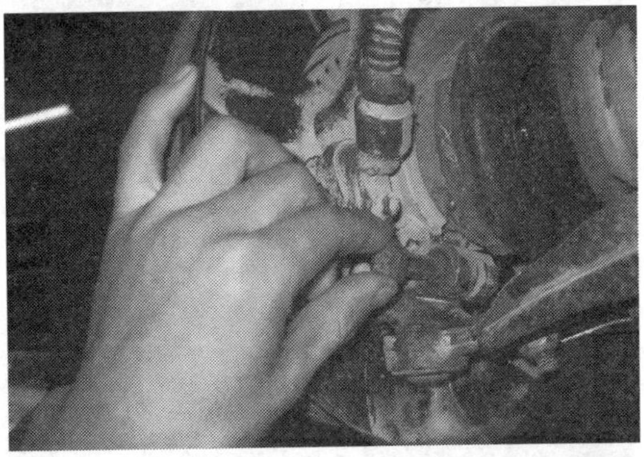

11　2号使用16-17mm梅花扳手将螺栓固定；1号使用ϕ17mm套筒、接杆、棘轮扳手，将螺母拧紧到适当力矩。最后使用扭力扳手将2条螺栓力矩拧紧至65N · m。

提示

(1) 螺栓力矩要达到规定值。控制臂及其球头性能状况，将直接影响到车辆行驶安全。

(2) 按照相同操作和要求，安装另一侧悬架控制臂球头。

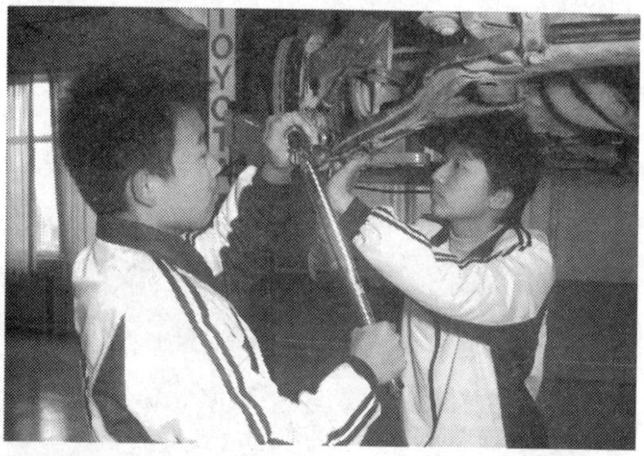

12 1号使用ϕ17mm套筒、接杆、扭力扳手，将球头底板的2条固定螺栓力矩拧紧至50N·m。

13 2号使用16-17mm梅花扳手，将下摆臂一内叉的螺栓固定；1号使用ϕ17mm套筒、接杆、扭力扳手，将螺栓力矩拧紧至60N·m。按照同样方法与要求，将下摆臂另一叉的螺栓力矩拧紧至60N·m。

14 1号使用ϕ13mm套筒、接杆、棘轮扳手，将稳定杆的侧倾杆固定螺栓拧紧至适当力矩。螺栓规定力矩为25N·m。

提示

按照相同的操作步骤和要求，安装另一侧悬架下摆臂及其球头。

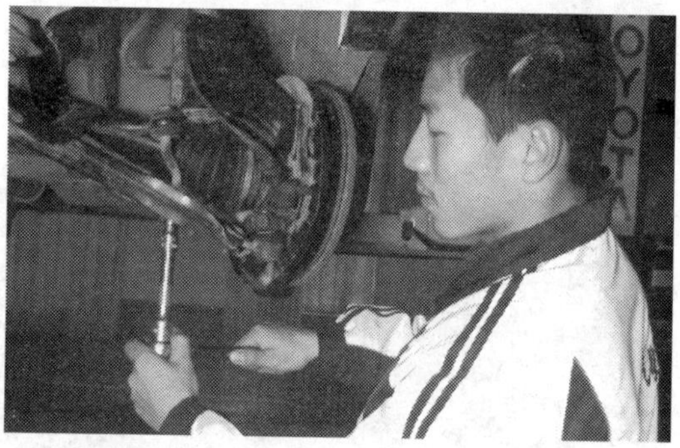

第七步　安装前左右车轮

1 2号操纵举升机，将车辆举升至轮胎最低点距离地面约20cm的高度。

提示

(1) 举升机的操作要领和规范要求，请参阅“举升机的使用方法”。

(2) 降落车辆时，强调安全确认口令“正常”、“举升车辆”，防止意外情况发生。

2 1号将车轮安放到制动盘的凸缘上，并对齐螺栓孔，然后将2号传递来的4条固定螺栓用手旋入螺栓孔内。

提示

左、右侧车轮不要换位，保持原安装位置，以免影响车辆行驶性能。

3 1号使用2号传递来的车轮扳手，将固定螺栓拧紧到适当力矩。

提示

紧固车轮螺栓，应按照“对角多遍”的要求进行。

4 2号操纵举升机，将车辆降落到地面上。

提示

便于将车轮固定螺栓拧紧到规定力矩。

5 1号使用扭力扳手，按照规定要求将车轮固定螺栓拧紧到110N · m。

提示

(1) 紧固车轮螺栓，应按照“对角多遍”的要求进行。

(2) 按照相同的要求，安装另一侧车轮。

6 1号将2号传递来的车轮装饰罩，对正定位销和定位孔后，安装到车轮承座上。

第八步 整理工位

1号、2号共同拆除护裙、驾驶室内保护罩；清理工具和量具等；清洁地面卫生。

提示

作业项目完成后，要搞好工位的清扫、整理工作，培养良好的工作习惯。

八、考核标准

考核标准表

考核时间	序号	考核项目	满分	评分标准	得分
30min	1	作业前整理工位	3	酌情扣分	
	2	工位停车	3	停车不当扣3分	
	3	车辆可靠停驻	3	操作不当扣3分	
	4	拆装前左右车轮	8	操作不当扣8分	
	5	拆装稳定杆	5	操作不当扣5分	
	6	从转向节上拆卸球头	10	操作不当扣10分	
	7	拆卸下摆臂	10	操作不当扣10分	
	8	工具使用与维护	5	使用与维护不当扣5分	
	9	零部件摆放	5	酌情扣分	
	10	下摆臂损伤检查	9	检查不当扣9分	
	11	球头损伤检查	9	检查不当扣9分	
	12	将球头安装到下摆臂上	6	操作不当扣6分	
	13	将球头安装到转向节上	10	操作不当扣10分	
	14	安装下摆臂	11	操作不当扣11分	
	15	作业后整理工位	3	酌情扣分	
	16	遵守相关安全规范	因违规操作造成人身和设备事故的，总分按0分计		
分数合计			100		

项目十六　检查或更换前后减振器

一、项目说明

1. 概述

汽车悬架中通常装设有减振器，其作用是对悬架运动施加适当阻力，衰减车身与车架振动，并吸收一部分来自路面的冲击力，以改善汽车行驶的平顺性。目前汽车上多采用双向作用液力减振器，与弹性元件属于并联安装。

汽车长期使用过程中，减振器会产生衬套磨损、漏油、阻尼力下降现象，导致汽车行驶颠簸振动、方向跑偏、异响、轮胎异常磨损及转向侧倾严重等故障发生。为确保汽车具有正常的缓冲减振性能及操控性能，并减缓其他机件的磨损和损伤，应定期检查并及时更换减振器。下面以桑塔纳2000GSi型轿车为例，来说明检查或更换减振器的操作步骤和技术规范。

2. 减振器的结构和工作原理

（1）减振器及其相关部件。

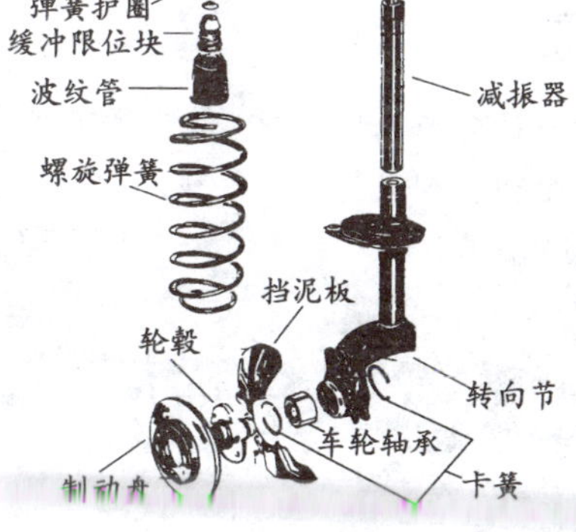

前减振器及相关部件

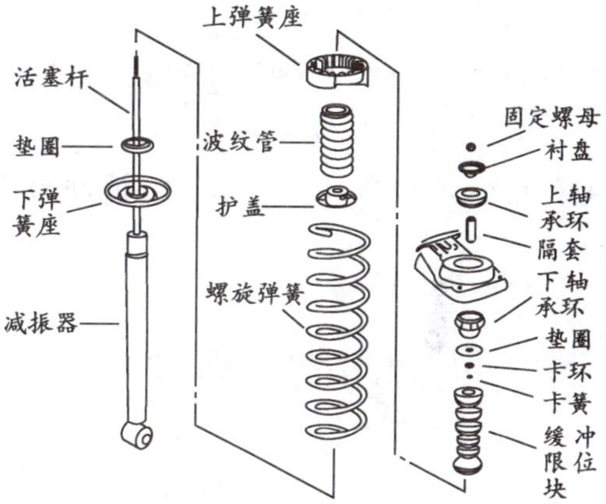

后减振器及相关部件

（2）减振器工作原理。

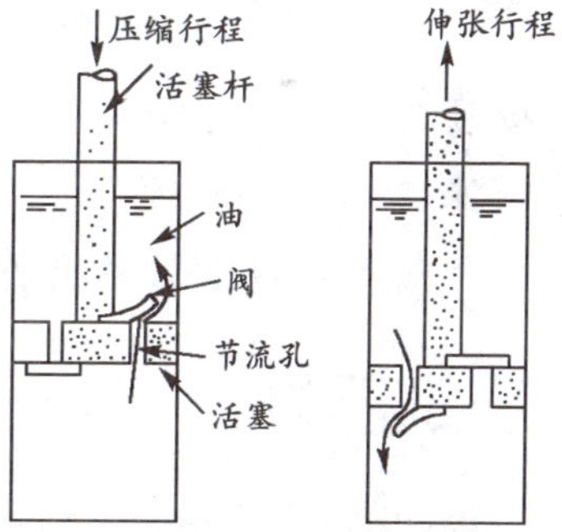

减振器工作原理

减振器的工作原理是利用液体流动阻力来消耗振动能量，其工作过程包括压缩和伸张两个行程。带有活塞杆的活塞插入充满油液的缸筒内，活塞上安装有节流孔。当活塞在缸筒内作压缩和伸张运动时，具有一定黏性的油液流经节流孔产生阻尼力，活塞运动速度可改变阻尼力的大小。减振器动作缓慢，产生的阻尼力小；反之，产生的阻尼力大。节流孔越大，产生的阻尼力越小；反之，产生的阻尼力越大。

二、技术标准与要求

1. 安装桑塔纳2000GSi型轿车配套减振器。
2. 用手推拉减振器活塞杆时，应有较大阻力且阻力均匀无空行程，伸张阻力大于压缩阻力。
3. 减振器轻微渗油时，可以继续使用。若严重漏油，应更换新件。
4. 自锁螺母仅作一次性使用，拆卸后更换新品。

三、实训时间：60min

四、实训教学目标

1. 了解检查或更换减振器的重要性。
2. 熟悉减振器的工作原理。
3. 掌握检查或更换减振器的操作技能。

五、实训器材

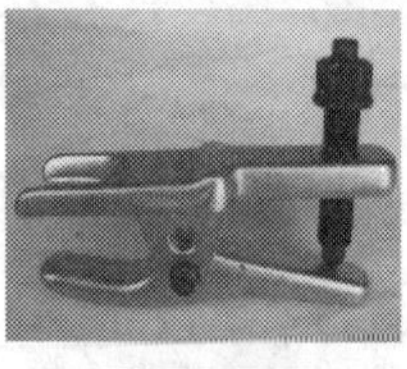
弹簧压缩器

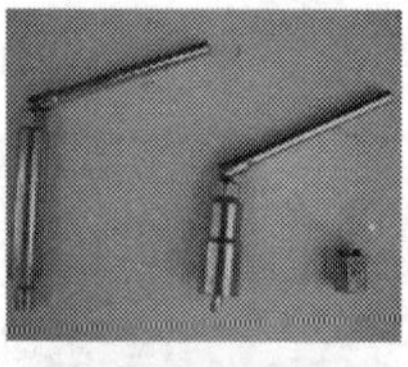
减振器拆装专用工具

球头拆卸工具

管钳

其他工具及器材：

φ30套筒、φ17套筒、接杆、棘轮扳手、扭力扳手、车轮扳手、翼子板护裙、一字螺丝刀、16-17mm开口扳手、20-21mm开口扳手、16-17mm梅花扳手、顶拔器、棉纱等。

六、教学组织

1. 教学组织形式

每辆车安排4名学生参与实训，两名学生为一组。一组操作，一组观察学习。

2. 学生站位分工和要求

两名学生一组，按照1号、2号进行编号，1号为主，2号为辅助。

3. 实训教师职责

讲解操作步骤和注意事项；下达“操作开始”口令；工位间巡视、检查、指导和纠正错误。

4. 学生职责变换

两名学生实行职责变换制度，即第一遍1号为主，2号辅助；第二遍2号为主，1号辅助。

七、操作步骤

第一步　事前准备

1　车辆进入工位前，参训学生将工位卫生清理干净，排除障碍物，准备好相关的工具、物品等。

提示

培养良好的工作习惯，做好事前准备，有利于安全操作和提高工作效率。

2 将车辆停驻在举升机平台的中央位置。

3 1号拉紧驻车制动器，并将变速器置于空挡位。

提示

为保证车辆在工位上可靠停驻，防止出现溜滑，造成安全事故，要拉紧驻车制动器并将变速器置于空挡位。

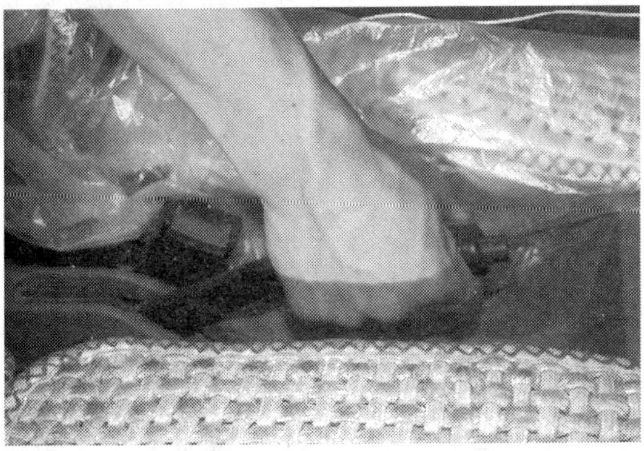

4 1号打开并可靠支撑机舱盖。

提示

将支撑杆插入机舱盖支撑孔时，要保证接触可靠，否则，机舱盖滑落会造成人身伤害。

5 1号、2号把护裙粘贴在汽车左、右侧翼子板上，要求护裙将翼子板全部覆盖。护裙的上边沿粘贴到排水槽的内侧，前端至侧灯处，后端至车门与翼子板结合缝隙。

提示

(1) 粘贴护裙的主要目的是保护操作中能够接触到的翼子板车漆。

(2) 护裙是通过磁铁吸附在翼子板上的，因此，粘贴时，当护裙接近翼子板，感受到吸力后，要稍稍用力，使护裙轻轻与翼子板贴合，不允许听到接触碰撞声。

第二步　拆卸轮毂固定螺栓

1 2号将一字螺丝刀传递给1号。

2 1号将一字螺丝刀插入车轮装饰罩拆卸缺口中，撬起装饰罩，然后用手将装饰罩取下，并传递给2号。

提示

拆卸车轮装饰罩时，用力要适当，不要过猛，以免造成装饰罩损坏。

3 2号接收工具、装饰罩，分别摆放到工具车、零件车上。

4 2号将 φ30mm 套筒、接杆、扭力扳手组合后传递给1号。

5 1号使用 φ30mm 套筒、接杆、扭力扳手，拧松轮毂固定螺母。

提示

轮毂固定螺母拧紧力矩较大，拧松或旋紧时选择工具要符合扭矩要求。

6 1号用手旋出螺母、取下垫圈，并传递给2号。

7 2号将螺母、垫圈摆放到零件车上。

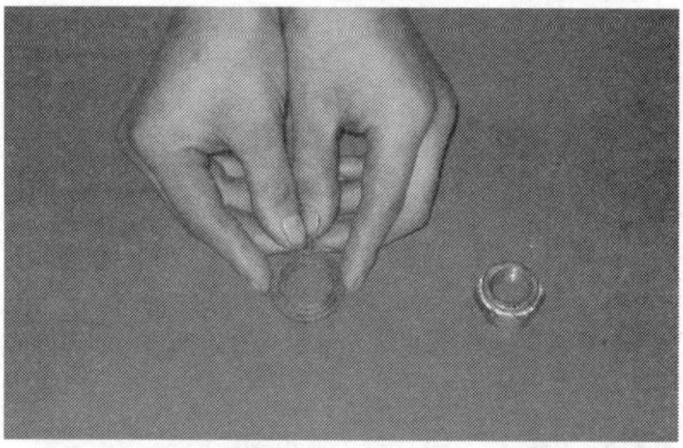

第三步　拆卸前左右车轮

1 2号将车轮扳手传递给1号。

2 1号使用车轮扳手，拧松车轮的4条固定螺栓。

提示

(1) 拧松车轮固定螺栓时，要按照“对角多遍”的要求进行，防止车轮变形。

(2) 车轮螺栓以拧松2~3个丝扣为度，避免车轮负重倾斜，造成螺栓螺纹损伤。

3 2号操纵举升机，将车辆举升至轮胎最低点距离地面约20cm的高度。

提示

(1) 举升机的操作要领和规范要求，请参阅“举升机的使用方法”。

(2) 举升车辆时，强调安全确认口令“正常”、“举升车辆”，防止意外情况发生。

4 2号扶住车轮，1号使用车轮扳手，快速旋出车轮固定螺栓，然后将工具、螺栓传递给2号。

提示

1号、2号配合拆卸车轮，可以防止车轮倾斜损伤螺栓螺纹和不慎车轮脱落。

5 2号接收工具、螺栓，并摆放到工具车、零件车上。

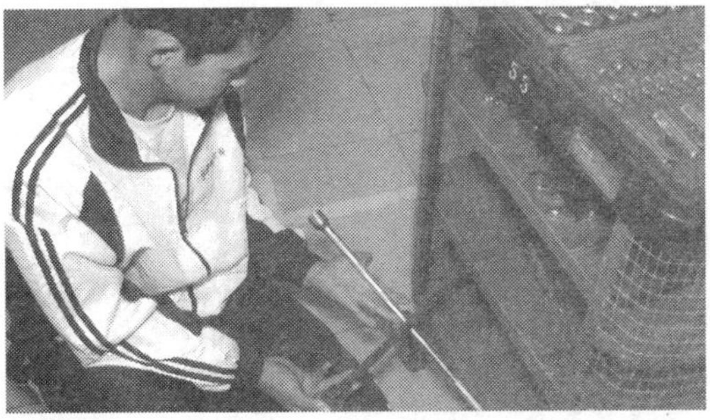

6 1号取下车轮，并将其放到车轮支架上。

提示

(1) 按照相同的操作步骤和规范要求，拆卸另一侧车轮，不再赘述。

(2) 两侧车轮作好区分标记，不要混装。

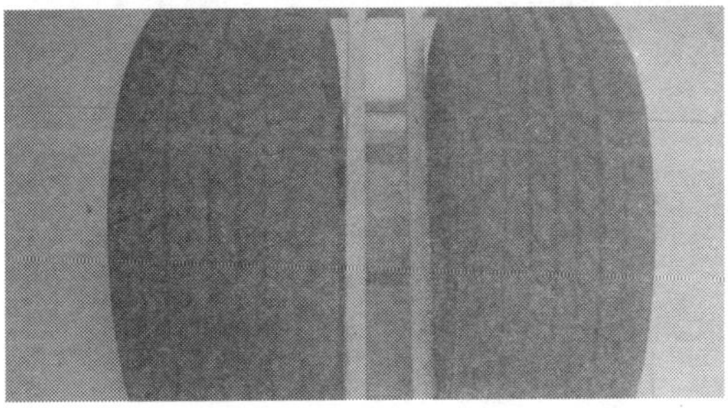

第四步　拆卸前轮制动分泵及制动蹄

1 1号、2号配合，将前轮制动分泵及制动蹄取下。

提示

具体操作步骤，请参阅“检查或更换制动蹄（片）”。

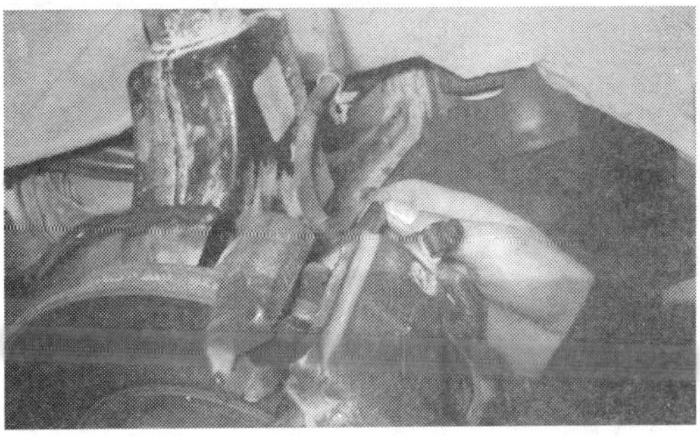

2 1号将制动分泵可靠悬挂于车身的适当位置。2号将制动蹄摆放到零件车上。

第五步　拆卸轮速传感器

1 1号用手拔下轮速传感器电插头，并从减振器卡箍内脱出传感器线束。

提示

(1) 插拔电器元件电插头时，保持点火开关处于关闭状态。避免产生的电动势损坏电控单元。

(2) 拔下电器元件电插头时，严禁使用螺丝刀等类似器具撬别。防止损伤电插头和电器元件。

2 1号使用1号传递来的ϕ5mm内六角扳手，拧松轮速传感器的1条固定螺栓。2号接收工具，擦拭后摆放到工具车上。

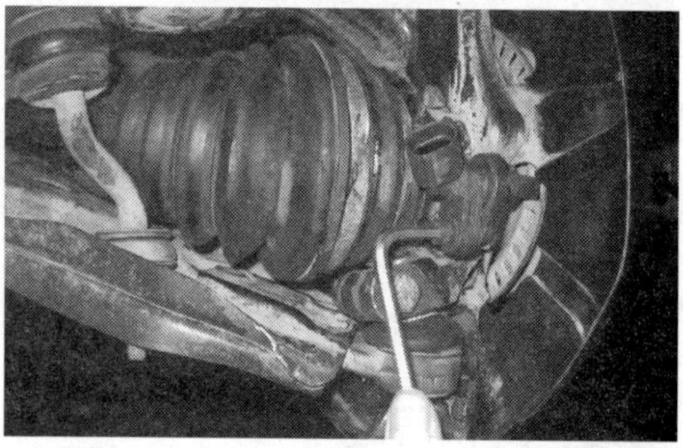

3 1号取下固定螺栓后，用手转动并拔出轮速传感器，并传递给2号。

提示

取下轮速传感器时，禁止使用螺丝刀等类似器具别撬，防止传感器损伤。

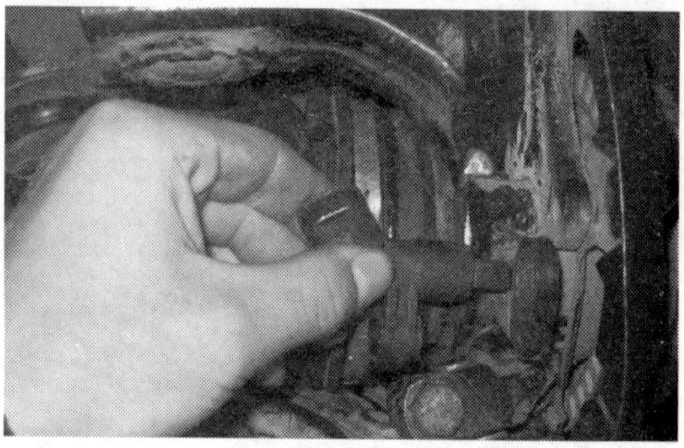

4 2号将轮速传感器摆放到零件车上。

提示

传感器在拆卸、传递及安装过程中，严禁敲击、掉落和重压。否则，容易导致传感器损坏。

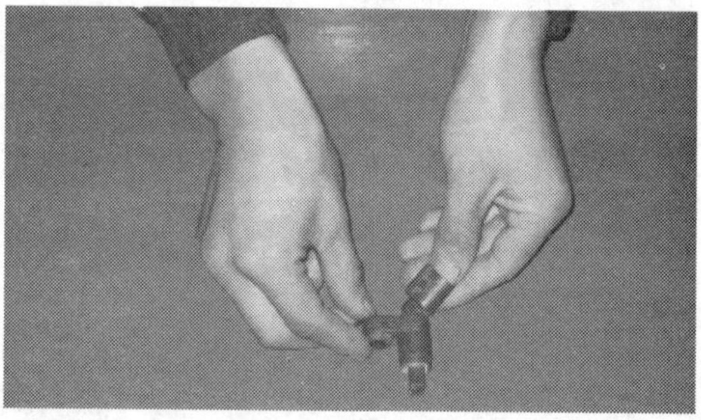

第六步　拆卸悬架下摆臂球头

1　2号将ϕ 17mm套筒、短接杆、棘轮扳手组合后传递给1号。

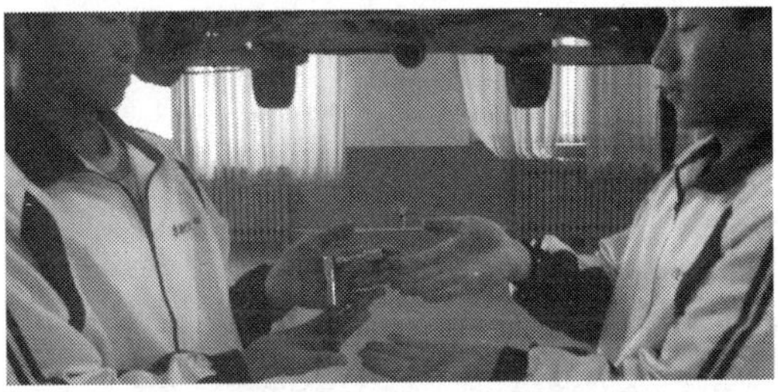

2　2号使用16-17mm梅花扳手将螺栓固定，1号使用工具拧松螺母。

提示

固定螺栓穿过转向节下端螺栓孔，使螺杆与球头销轴上加工的周向凹槽相配合，将安装于承孔中的球头固定在转向节上。

3　1号取出固定螺栓并传递给2号，2号将工具、螺栓摆放到工具车、零件车上。

提示

如果固定螺栓取出困难时，可用铜锤等软金属器具敲击螺杆尾部，使其松动后，便容易取出螺栓。严禁使用铁锤等直接敲击螺栓尾部，否则将造成螺栓损伤。

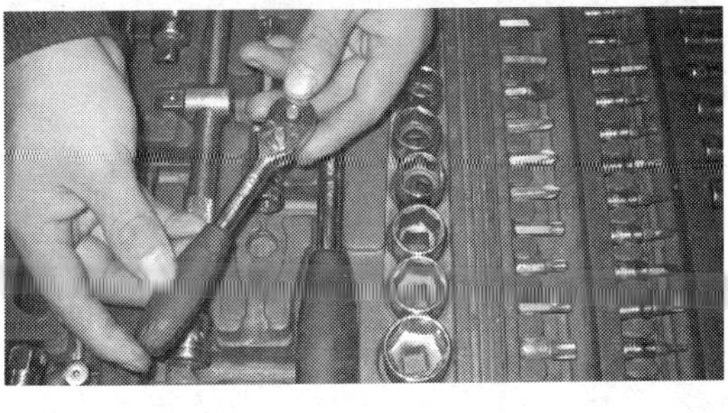

4　1号将2号传递来的一字螺丝刀插入球头销轴承孔的立槽中，用力扩张承孔。

提示

承孔扩张后，球头销轴在承孔内变得松旷，取出时会省力些。

5　1号双手用力下拉悬架控制臂，2号内外推拉制动盘，调整转向节位置。1号、2号配合取出悬架控制臂球头。

提示

如果球头取下困难时，可使用铁锤适当用力敲击球头壳，然后再配合拆卸。

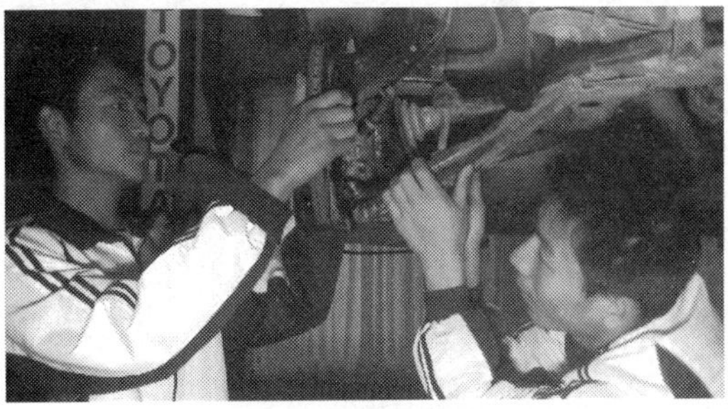

第七步　拆卸转向横拉杆球头

1　2号将16-17mm梅花扳手传递给1号。

2 1号使用16-17mm梅花扳手，拧松转向横拉杆球头固定螺母。2号接收工具擦拭后摆放到工具车上。

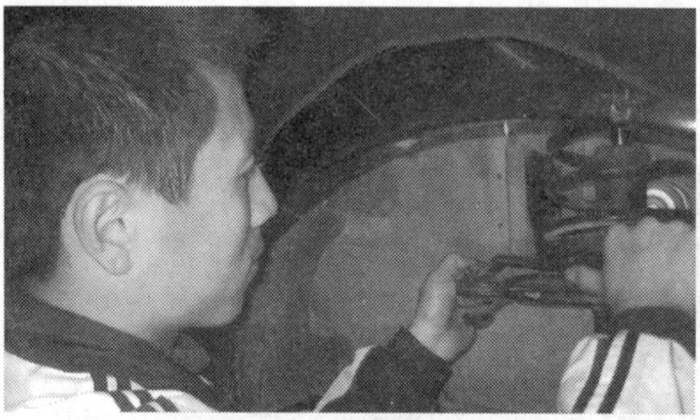

3 1号用手旋下球头固定螺母，并传递给2号。2号将螺母摆放到零件车上。

提示

球头固定螺母，只作一次性使用，拆卸后更换新品。

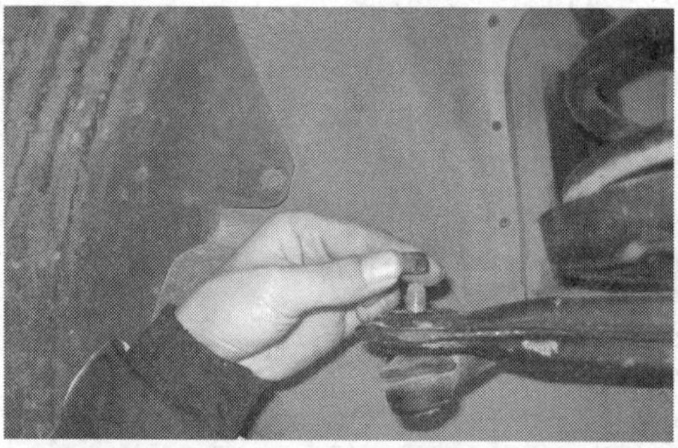

4 2号将球头拆卸工具传递给1号。

提示

(1) 使用专用工具压出球头，既安全又省力。同时可避免机件损伤。

(2) 拆卸球头时，严禁捶击球头销轴及转向节臂。否则，将导致销轴螺纹损伤和转向节臂变形。

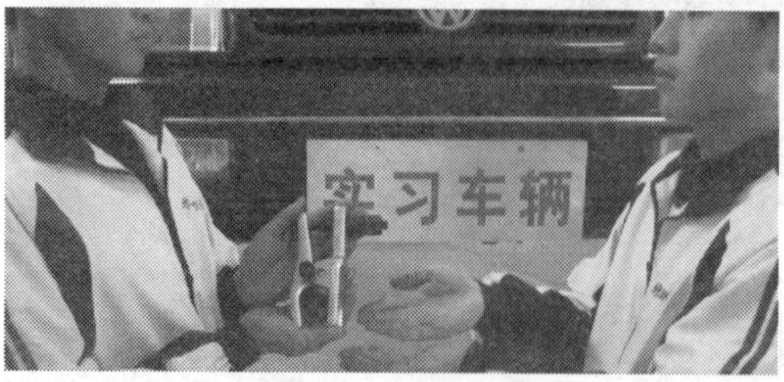

5 1号将球头拆卸工具固定在球头销和转向节上。

提示

球头拆卸工具的使用方法：

(1) 调整丝杆长度，使拉爪抓住转向节边沿。

(2) 旋入丝杆，使压头与球头销端面接触。

(3) 使用工具旋入丝杆，将球头销压出承孔。

6 1号一手扶住球头拆卸工具，一手使用19-21mm梅花扳手旋入丝杆，直到压出球头为止。

提示

拆卸球头时，注意以下4点：

(1) 球头拆卸工具连接可靠。

(2) 要保持压头与球头销端面接触良好。

(3) 缓慢旋转丝杆。

(4) 用手扶住拆卸工具，防止掉落砸伤。

7 球头取出后，1号取下拆卸工具。2号将拆卸工具擦拭后摆放到工具车上。

第八步　压出传动轴

1　2号操纵举升机，将车辆降落到适当高度后，可靠锁止提升臂。

提示

(1) 举升机的操作要领和规范要求，请参阅“举升机的使用方法”。

(2) 举升车辆时，强调安全确认口令“正常”、“举升车辆”，防止意外情况发生。

2　2号将顶拔器传递给1号。

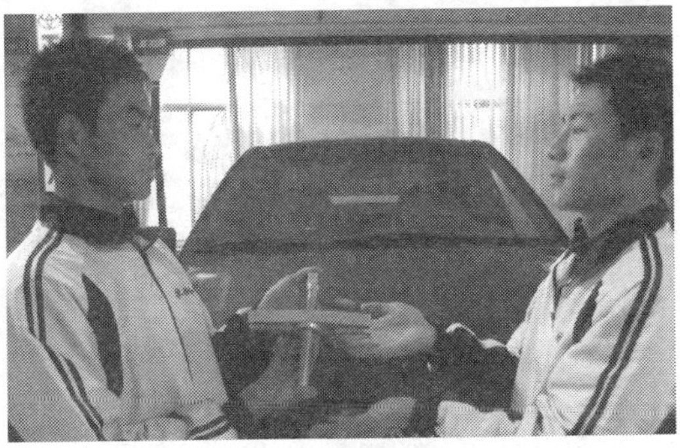

3　1号将顶拔器的螺杆旋入轮毂螺栓孔中，然后调整丝杆长度，使丝杆锥端顶住传动轴中心孔，最后将螺杆紧固。

4　1号使用2号传递来的16-17mm开口扳手，转动顶拔器上的丝杆，顶出传动轴。

提示

(1) 顶出传动轴时，要保证传动轴的内等速万向节与驱动桥之间有足够空间。否则，将造成传动轴和万向节损伤。

(2) 拆卸传动轴时，严禁捶击传动轴或加热轮毂。否则，将造成外等速万向节轴损伤或轮毂变形。

第九步　拆卸前轮减振器总成

1　2号将拆卸减振器活塞杆固定螺母的专用工具传递给1号。

2 2号将专用工具套装到减振器活塞杆固定螺母上。

提示

该专用工具为内六角和套筒的组合工具，两者可相对转动。内六角有连接手柄；套筒上端加工有螺方。

使用时，将内六角插入减振器活塞杆的内螺方中，通过手柄将其固定。套筒套装到固定螺母上，通过工具旋转套筒，将固定螺母旋松或拧紧。

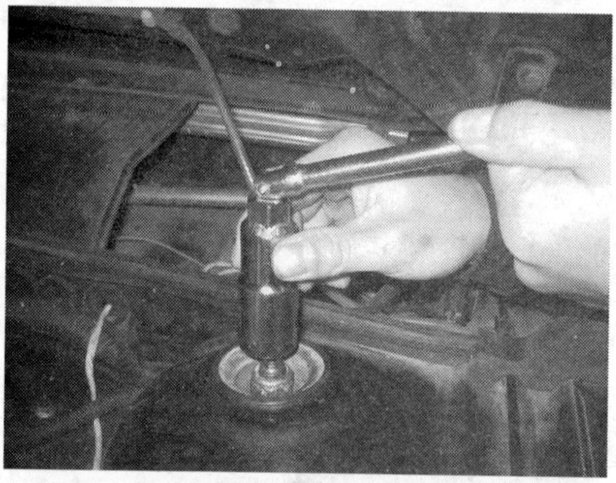

3 2号将20-22mm开口扳手传递给1号。

4 1号一手握住手柄；另一手使用开口扳手转动套筒，拧松活塞杆固定螺母。2号托住减振器总成。

提示

为防止减振器总成掉落到地面上，1号拧松固定螺母的同时，2号要托住减振器。

5 将减振器取下后，1号将固定螺母及垫片安装到活塞杆上。

提示

防止固定螺母和垫片丢失。

6 2号将减振器总成放置到零件车上。

提示

减振器总成质量较大，在拆卸、搬抬及安装过程中要注意安全，防止掉落砸伤。

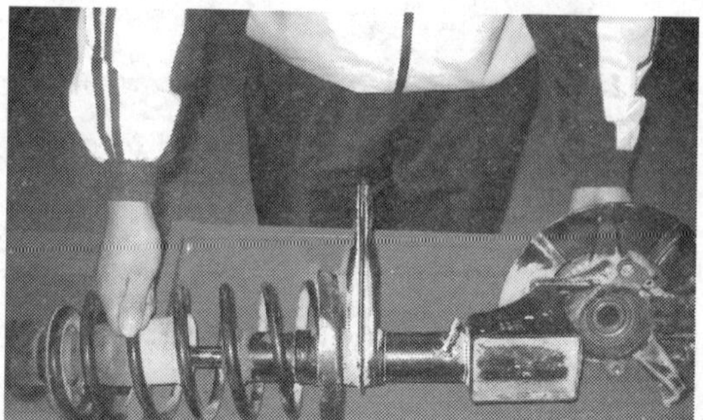

第十步　拆卸前轮减振器总成

1 1号将2号传递来的防护罩套装到后座椅上。

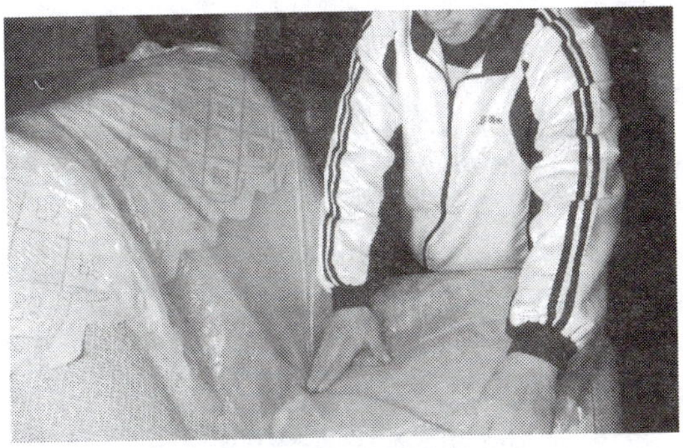

2 1号打开后轮减振器拆卸口护盖。

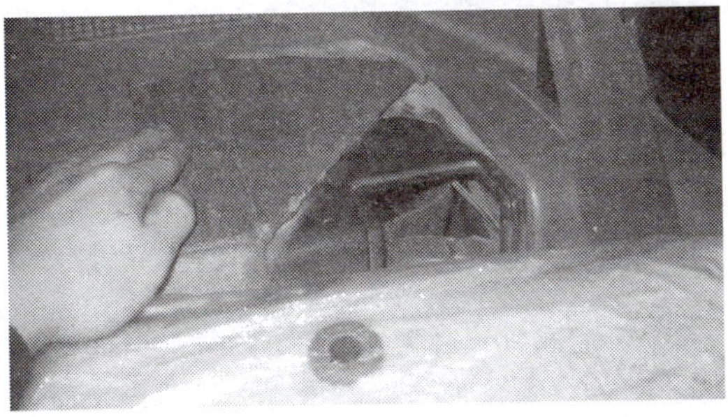

3 2号将后轮减振器活塞杆固定螺母拆装专用扳手传递给1号。

提示

专用扳手为内外组合式工具，内外工具可相对转动。

(1) 内工具前端为扁平口，可插入减振器活塞杆的条形槽中；后端铰接有手柄，可用于固定活塞杆。

(2) 外工具为套筒工具，下端加工有内螺方，可套装于减振器活塞杆的固定螺母上；上端加工有外螺方，使用开口扳手可转动套筒。

使用专用扳手可以旋松或拧紧减振器活塞杆的固定螺母。

4 1号将专用扳手安装到活塞杆及其固定螺母上。之后，2号将20-21mm开口扳手传递给1号。

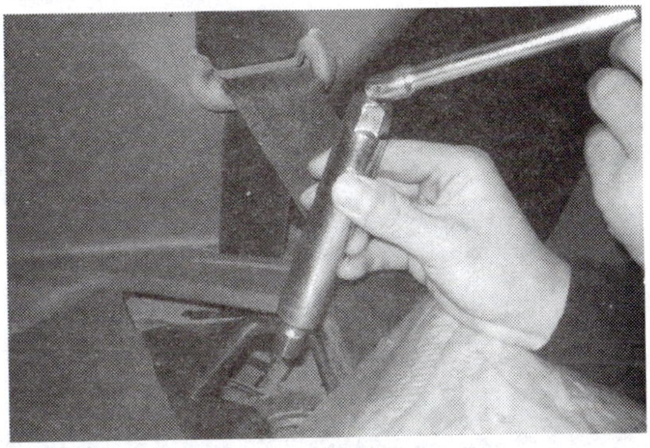

5 1号右手握住专用工具手柄，左手使用开口扳手转动套筒，将减振器活塞杆的固定螺母拧松并旋下。

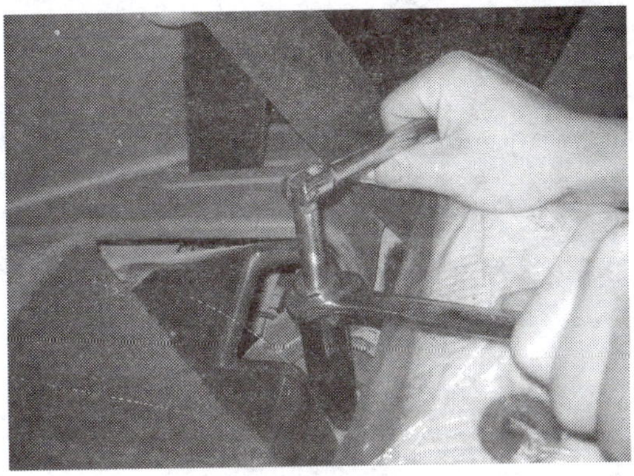

6 2号接收工具，擦拭后摆放到工具车上。

7 2号操纵举升机，将车辆举升到适当高度后，可靠锁止提升臂。

提示

(1) 举升机的操作要领和规范要求，请参阅“举升机的使用方法”。

(2) 举升车辆时，强调安全确认口令“正常”、“举升车辆”，防止意外情况发生。

8 2号将ϕ17mm套筒、扭力扳手组合后传递给1号。

9 2号使用16-17mm开口扳手，固定螺栓的螺母；1号使用ϕ17mm套筒、扭力扳手，拧松减振器下端固定螺栓。

10 取下螺母后，2号将鲤鱼钳传递给1号。

11 2号将撬棒插入后桥的圆孔中，并下压后桥；1号使用鲤鱼钳转动并向外用力拉出减振器下端固定螺栓。

提示

减振器活塞杆固定螺栓拆卸后，受螺旋弹簧弹力作用，直接取出减振器下端的固定螺栓会非常困难。因此，需要下压后桥，使螺旋弹簧处于自由状态，这样取下固定螺栓便可以省力些。

12 2号继续保持下压后桥，1号摆动并取下减振器总成。

提示

如果减振器总成取下困难时，可用铁锤适当用力敲击减振器下座。

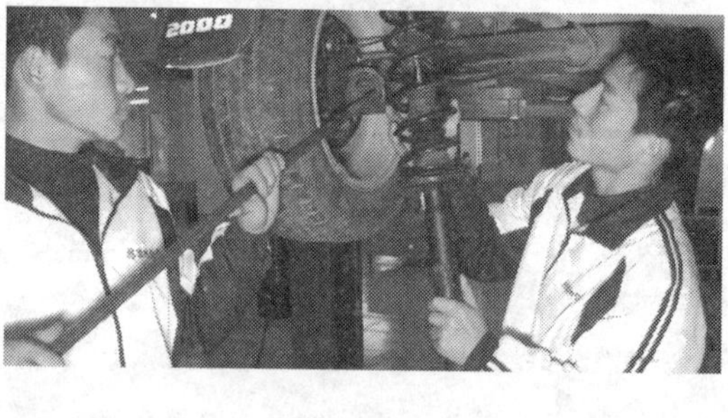

13 1号将减振器总成摆放到零件车上。

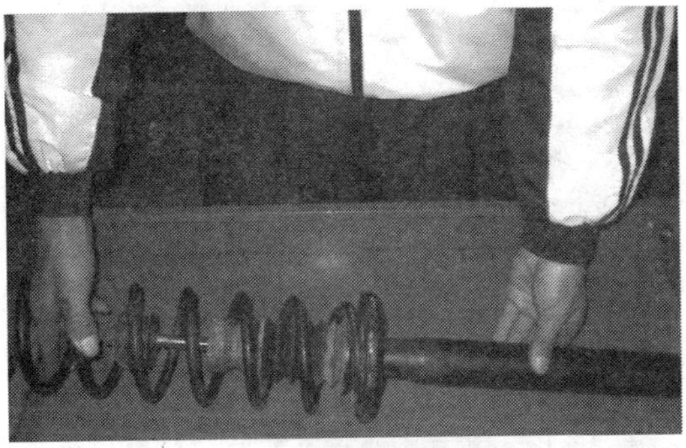

第十一步　分解前轮减振器总成

1 1号、2号配合，将减振器总成固定到台虎钳上。

2 1号、2号共同配合，将弹簧压缩器对称安装到减振器上的螺旋弹簧上。

提示

(1) 弹簧压缩器由4个拉爪和2根两端螺纹旋向相反的螺杆组成。每根螺杆的两端各旋入1个拉爪，2个拉爪抓于不同螺旋的螺旋杆上。对称安装4个拉爪，旋转螺杆便可以压缩螺旋弹簧。

(2) 保证弹簧压缩器安装可靠。

3 1号、2号各自使用16-17mm开口扳手，同时旋转弹簧压缩器的2根螺杆，将螺旋弹簧压缩，直到螺旋弹簧与其上下座之间产生一定距离为止。

提示

保持螺旋弹簧整体被均匀压缩。否则，螺旋弹簧倾斜，弹簧压缩器脱出，容易造成人身伤害事故发生。

4 螺旋弹簧压缩后，1号将专用接头套装到减振器轴承固定螺母上。

提示

专用接头的外圆面上加工有螺方，可与套筒工具配合；下端面上加工有两个条形凸起，可插入轴承固定螺母的条形槽内，转动专用接头便可以旋松或拧紧轴承固定螺母。

5 1号使用专用工具，拧松并旋下轴承固定螺母。

提示

专用工具的使用方法，请参阅前文说明。

6 1号用手取出轴承固定螺母，并摆放到零件车上。

7 1号依次取下轴承、弹簧护盖、螺旋弹簧、缓冲限位器及防尘罩，并摆放到零件车上。

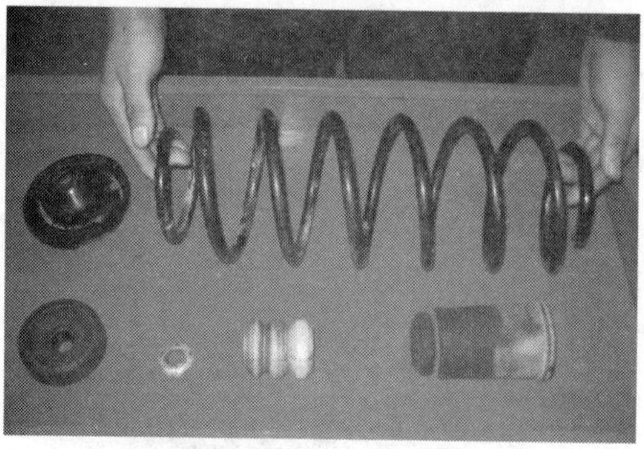

8 2号扶住减振器。1号使用管钳，拧松减振器螺母盖。

提示

(1) 调整管钳钳口，使钳口与螺母盖可靠配合，可稍用力拉动钳柄进行检验。

(2) 严禁使用钳口已严重磨损的管钳，避免因滑转而损伤螺母盖。

9 1号用手旋下螺母盖后，从套筒内取出减振器。

10 2号将减振器、螺母盖摆放到零件车上。

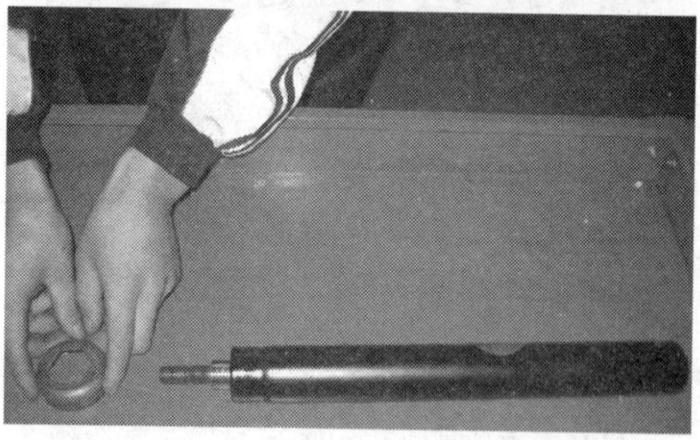

第十二步　拆卸后减振器

1号将支撑环、隔套、垫片、缓冲限位器、波纹管、螺旋弹簧及垫片，依次取出，与减振器一起摆放到零件车上。

提示

注意螺旋弹簧的安装方向，螺旋小端应朝向减振器底座。

第十三步　检查减振器及相关部件

1　1号检查减振器是否存在漏油现象。

提示

减振器轻微渗油，可以继续使用，若严重漏油，必须更换减振器。

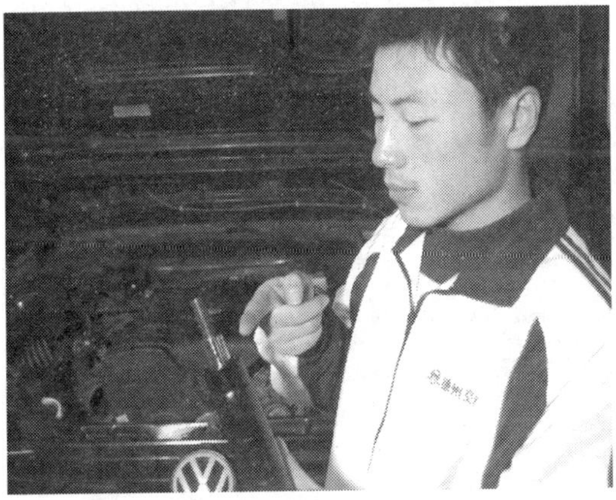

2　1号将固定螺母旋到减振器活塞杆上之后，用力拉出活塞杆，然后再推入活塞杆，检查减振器的性能。

提示

(1) 性能正常的减振器，当拉出活塞杆时，全行程阻力较大且均匀，无空行程及卡滞现象，伸张行程的阻力应大于压缩行程的阻力。否则，应更换减振器。

(2) 减振器不允许添加或更换油液后继续使用。

(3) 推拉减振器活塞杆时，应佩戴防护手套，以免伤手。

3　检查活塞杆圆面是否有拉伤或划痕等损伤。

提示

如果活塞杆圆面存在上述损伤，应更换减振器。

4　1号检查缓冲限位器是否有老化、破裂、折断等损伤。

提示

如果缓冲限位器存在上述损伤，应更换新品。

5 1号检查波纹管是否有老化、破裂、折断等损伤。

提示

如果波纹管存在上述损伤，应更换新品。

6 1号检查支撑轴承是否有转动卡滞、异响、旷动现象。

提示

如果支撑轴承存在上述损伤，应更换新品。

7 1号将螺旋弹簧放置到平台上，检查是否存在塑性变形及表面损伤。

提示

(1)如果存在存在上述损伤,应更换新品。

(2)采用新旧弹簧相对照或使用直角尺测量相结合的方法，检查螺旋弹簧的塑性变形。

(3) 如果条件允许，进行螺旋弹簧的弹力试验。

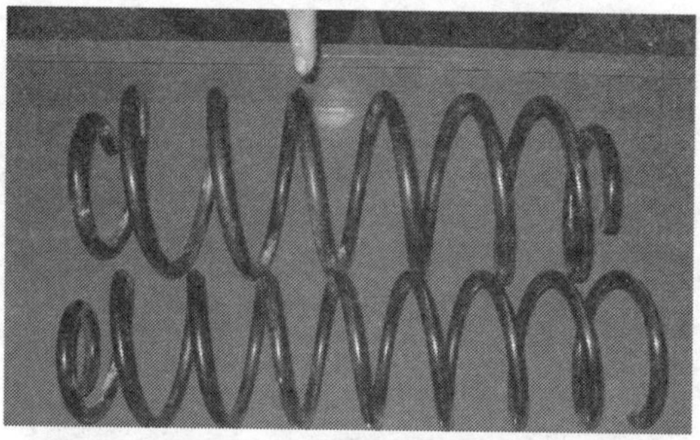

第十四步　组装前减振器总成

1 1号、2号共同配合，将螺旋弹簧压缩到适当高度。

提示

(1) 弹簧压缩器的使用方法，请参阅前文说明。

(2) 保持螺旋弹簧整体被均匀压缩，防止意外伤害事故发生。

2 1号将棉纱缠绕于长柄螺丝刀上，将减振器套筒擦拭干净。

提示

套筒内清洁无杂物,有利于保持减振器的正确安装位置。

3　1号将减振器竖直放置到套筒内，然后用手旋入螺母盖。

提示

旋入螺母盖时，要保证对正螺纹。严禁使用工具直接旋入螺母盖。否则，一旦螺纹损伤，将导致转向节整体更换。

4　1号使用管钳，将螺母盖拧紧至适当力矩。螺母盖规定力矩为150N·m。

提示

(1) 螺母盖拧紧力矩应符合规定要求。否则，减振器松动将导致车轮定位角度发生变化及减振器的早期损坏。

(2) 应使用专用工具，拧紧螺母盖至规定力矩。

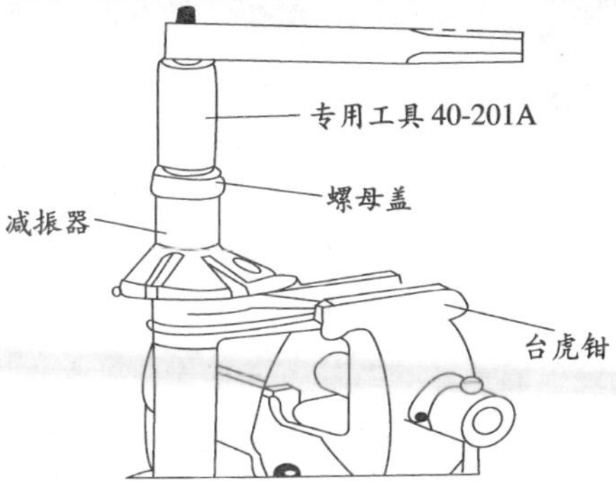

5　1号将缓冲限位器、波纹管安装到减振器活塞杆上。

6　1号将压缩后的螺旋弹簧安放到弹簧座上。

提示

确保螺旋弹簧可靠落座。螺旋弹簧的初始端要顶在弹簧座的挡壁上，这样可防止减振器工作时螺旋弹簧转动。

7　1号将弹簧护盖套装到活塞杆上，然后调整弹簧护盖，使螺旋弹簧与弹簧护盖上的弹簧座可靠配合。

提示

(1) 螺旋弹簧有上下座，下座与活塞套筒制成一体，上座即为弹簧护盖。

(2) 确保螺旋弹簧与其上下座之间可靠配合。否则，减振器工作时螺旋弹簧会转动，影响垂直方向的力及力矩传递和吸收，导致车辆振动加剧。

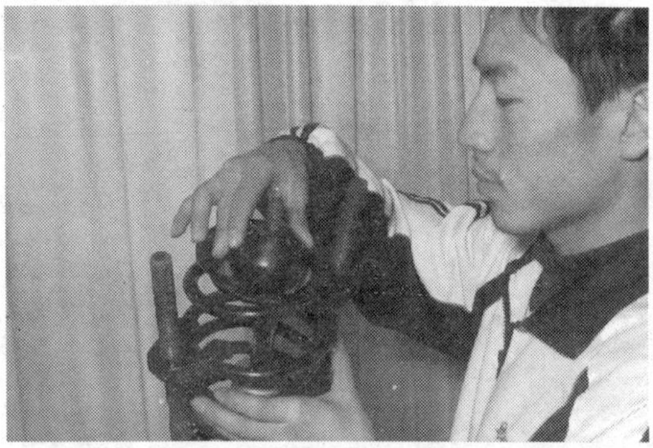

8 1号将支撑轴承安装到减振器活塞杆上。

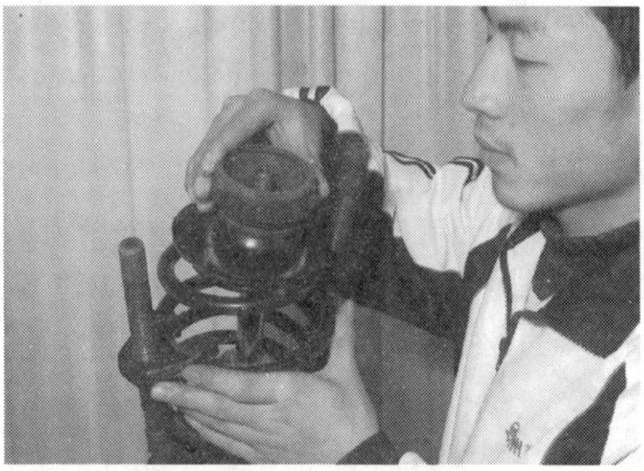

9 1号将开槽螺母用手旋入活塞杆螺纹上。

10 1号将2号传递来的专用接头套装到开槽螺母上。

提示

专用接头的结构和使用方法，请参阅前文说明。

11 1号使用使用2号传递来的专用工具及20-21mm开口扳手，将开槽螺母拧紧到适当力矩。开槽螺母规定力矩为50N · m。

提示

专用工具的使用方法，请参阅前文说明。

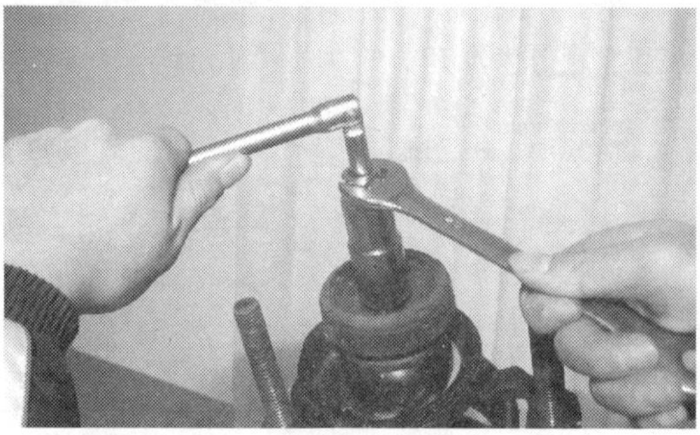

12 1号、2号分别使用16-17mm开口扳手，旋松并取下弹簧压缩工具。

13 取下弹簧压缩工具后，1号检查螺旋弹簧是否可靠落座与上下座。否则，转动螺旋弹簧，确保可靠落座。

提示

确保螺旋弹簧与其上下座之间可靠配合。否则，减振器工作时螺旋弹簧会转动，影响垂直方向的力及力矩的传递和吸收，导致车辆振动加剧。

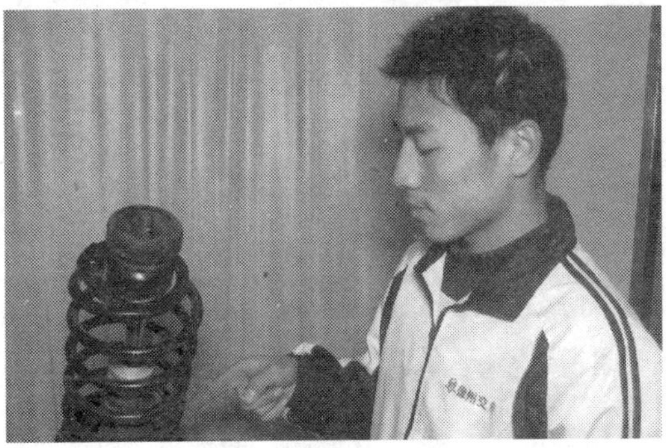

第十五步 组装后减振器总成

1 1号将螺旋弹簧按照正确安装方向，套装到减振器上。

提示

螺旋弹簧有安装方向要求，小螺旋端应朝向减振器壳上的下弹簧座。

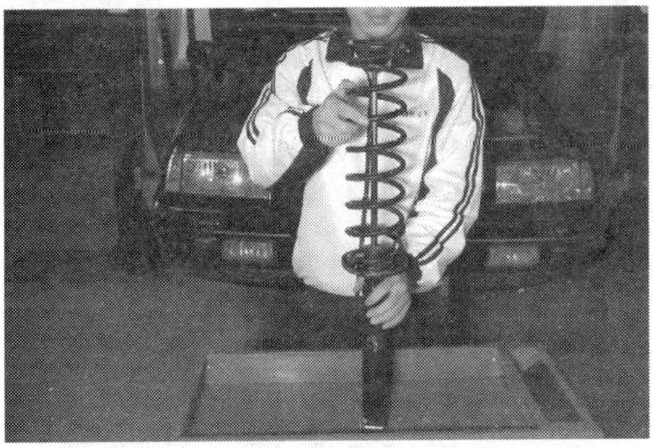

2 1号将护盖、缓冲限位块、波纹管套装到活塞杆上。

提示

注意观察护盖是否落座。否则，进行调整。

3 1号将卡环、垫片、下轴承环及隔套，安装到活塞杆上。

第十六步 安装前轮减振器总成

1 1号在半轴花键齿前端圆周上涂抹一层D6防护剂。之后，2号托起减振器总成，1号将半轴花键插入轮毂花键槽中。

提示

D6防护剂用于防止半轴与轮毂花键之间产生锈蚀，并具有加强固定作用。

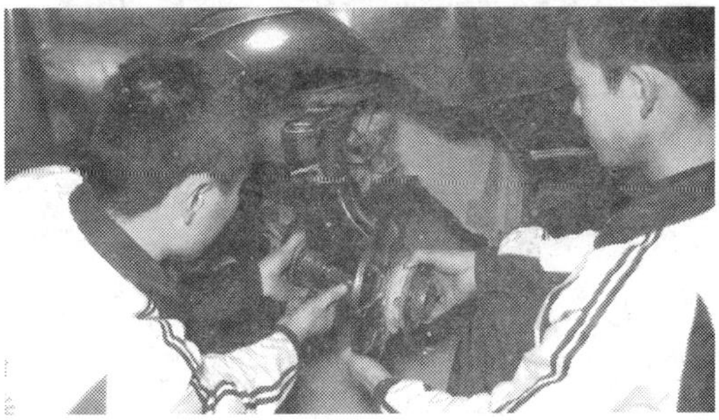

2 2号调整减振器位置，将活塞杆插入车身上的安装孔中。

提示

安插减振器活塞杆时，1号、2号配合进行。1号在上方观察指挥，2号调整减振器位置。

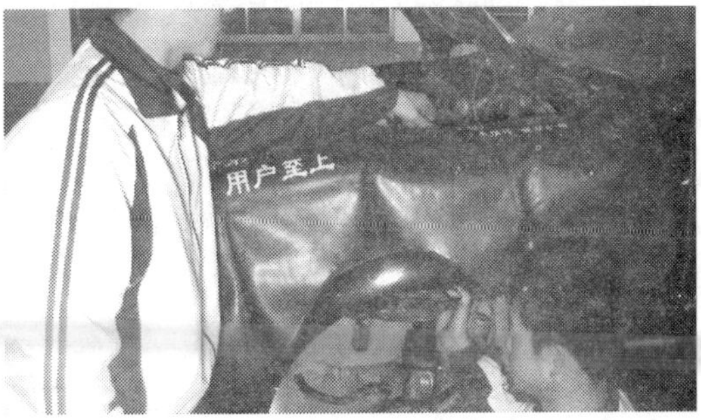

3 1号将垫圈套装到活塞杆上，然后用手旋入固定螺母。2号松开减振器。

提示

减振器活塞杆固定螺母，只做一次性使用，拆卸后应更换新品。

4 2号将拆装活塞杆固定螺母的专用工具传递给1号。

5 1号使用专用工具，将活塞杆固定螺母拧紧到适当力矩。螺母规定力矩为60N·m。

提示

使用专用工具，将固定螺母拧紧至规定力矩。

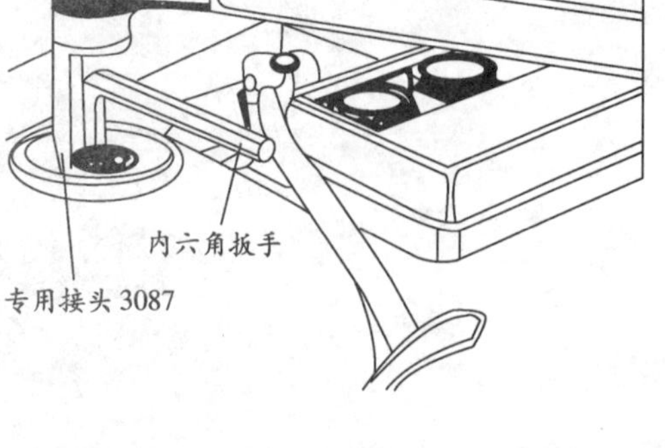

第十七步　安装转向横拉杆球头

1 1、2号操纵举升机，将车辆再次举升到适当高度后，可靠锁止提升臂。

提示

(1) 举升机的操作要领和规范要求，请参阅“举升机的使用方法”。

(2) 举升车辆时，强调安全确认口令“正常”、“举升车辆”，防止意外情况发生。

2 2号调整减振器位置，1号将球头销轴插入承孔内。

3 1号将球头固定螺母用手旋到销轴上。

提示

(1) 球头固定螺母，仅作一次性使用，拆卸后应更换新品。

(2) 用手旋入螺母，确保对正螺纹。严禁使用工具直接旋入螺母，容易造成螺纹损伤。

4 1号使用2号传递来的16-17mm梅花扳手，将螺母拧紧到适当力矩。螺母规定力矩为30N · m。

第十八步　安装悬架控制臂球头

1 2号下拉悬架控制臂；1号调整球头销轴和转向节的相对位置，使销轴对正转向节上的承孔，将销轴安装到承孔内。

提示

安装球头时，1号、2号要默契配合，用力大小应适当。

2 1号观察球头销轴上的周向凹槽是否与承孔上的螺栓孔对正。否，进行调整。

提示

(1) 必须保证销轴上的凹槽与螺栓孔对正，才能够穿过锁紧螺栓。

(2) 调整球头销轴位置时，可用铁锤敲击球头外壳。

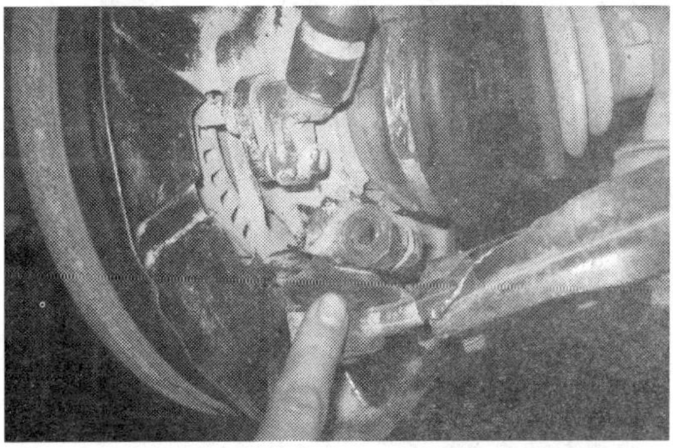

3 1号将2号传递来的螺栓穿过螺栓孔，旋上螺母。

提示

如果螺栓的螺纹上有锈蚀，可在螺纹上涂抹适量润滑油或润滑脂。

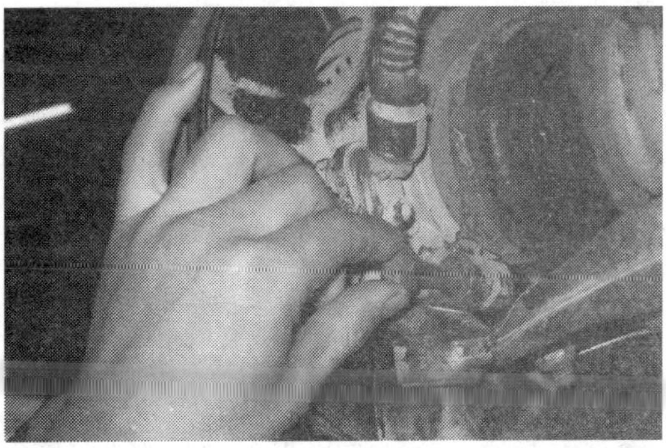

4 2号使用16-17mm梅花扳手将螺栓固定，1号使用工具拧紧螺母。最后使用扭力扳手将螺栓力矩拧紧至65N · m。

提示

(1) 螺栓力矩要达到规定值。控制臂及其球头性能状况，将直接影响到车辆行驶安全。

(2) 按照相同操作和要求，安装另一侧悬架控制臂球头。

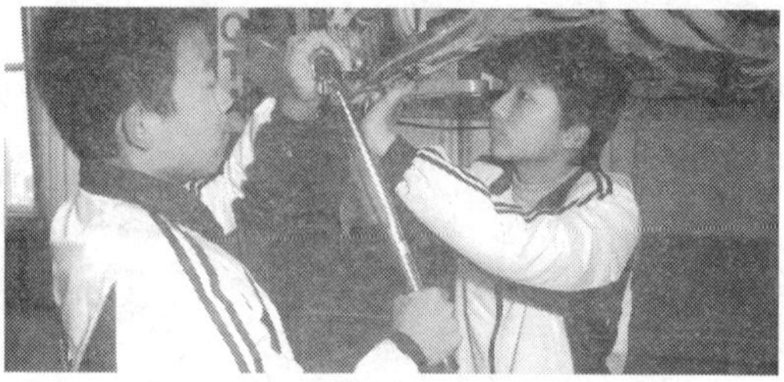

第十九步 安装轮速传感器

1 1号使用棉纱，擦净轮速传感器触头。

提示

保持轮速传感器触头洁净，保证触发信号可靠产生。

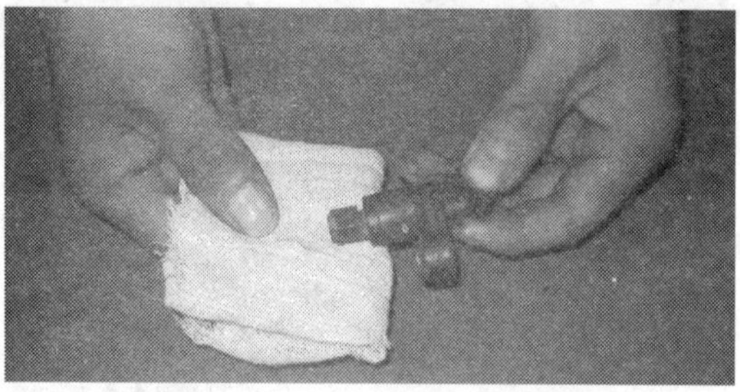

2 1号将轮速传感器插入转向节上的安装孔中。

3 1号用手旋入传感器固定螺栓。

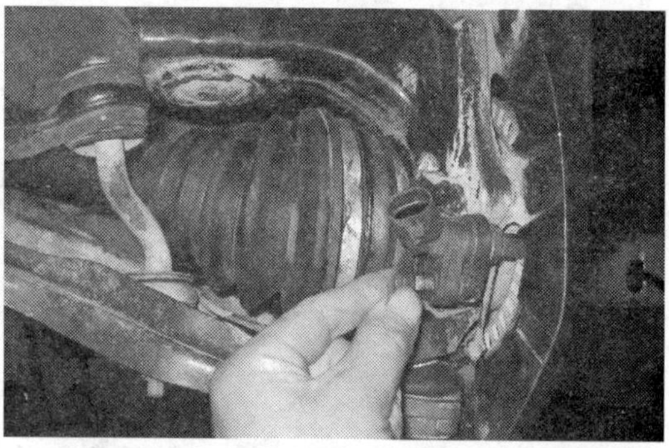

4 1号使用2号传递来的ϕ5mm内六角扳手，将螺栓拧紧到适当力矩。

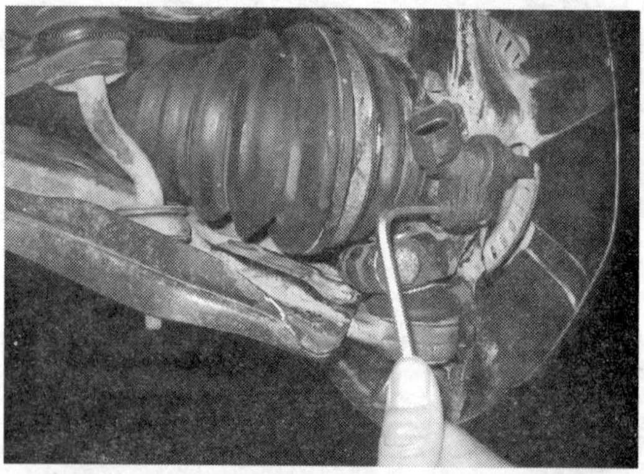

5 1号将传感器电插头安插到传感器插座上。

提示

电插头要安插到位并锁止可靠，否则，影响传感器正常工作。

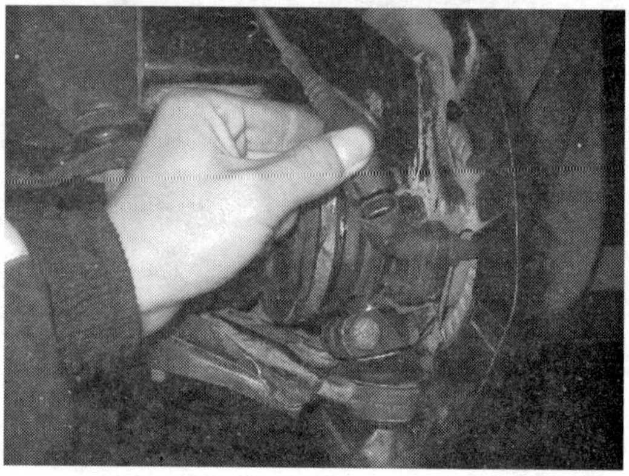

6 1号将轮速传感器的导线安装到减振器的支架上。

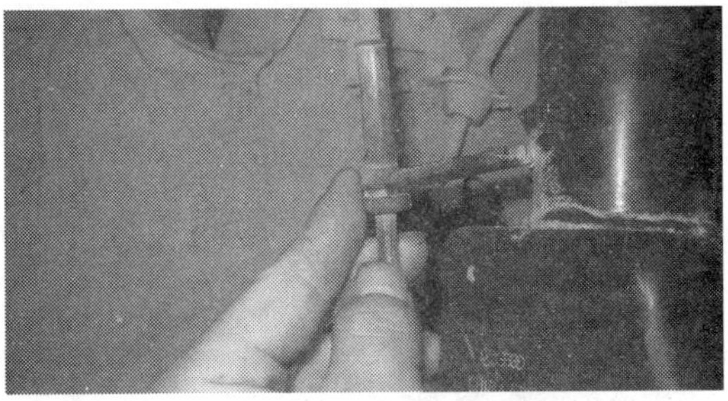

第二十步　安装前左右车轮

1　2号操纵举升机，将车辆举升至轮胎最低点距离地面约20cm的高度。

提示

(1) 举升机的操作要领和规范要求，请参阅“举升机的使用方法”。

(2) 降落车辆时，强调安全确认口令“正常”、“举升车辆”，防止意外情况发生。

2　1号将车轮安放到制动盘的凸缘上，并对齐螺栓孔，然后将2号传递来的4条固定螺栓用手旋入螺栓孔内。

提示

左、右侧车轮不要换位，保持原安装位置，以免影响车辆行驶性能。

3　1号使用2号传递来的车轮扳手，将固定螺栓拧紧到适当力矩。

提示

紧固车轮螺栓，应按照“对角多遍”的要求进行。

4　2号操纵举升机，将车辆降落到地面上。

提示

便于将车轮固定螺栓拧紧到规定力矩。

5　1号使用扭力扳手，按照规定要求将车轮固定螺栓拧紧到110N · m。

提示

(1) 紧固车轮螺栓，应按照“对角多遍”的要求进行。

(2) 按照相同的要求，安装另一侧车轮。

第二十一步 紧固轮毂固定螺母

1 1号将垫圈套装到万向节轴上。

2 1号用手将螺母旋入万向节轴螺纹上。

提示

用手旋入螺母，可有效保证对正螺纹。严禁使用工具直接拧入螺母，一旦螺纹歪斜，将造成螺母和轴损坏。

3 2号将ϕ30mm套筒、扭力扳手组合后传递给1号。

4 1号使用扭力扳手、ϕ30mm套筒，将轮毂固定螺母的力矩拧紧至230N·m。

提示

轮毂固定螺母要按照规定力矩拧紧。否则，将给行车安全带来严重危险。

5 1号将2号传递来的车轮装饰罩，对正定位销和定位孔后，安装到车轮承座上。

第二十二步 安装后减振器总成

1 2号操纵举升机，将车辆再次举升到适当高度后，可靠锁止提升臂。

提示

(1) 举升机的操作要领和规范要求，请参阅“举升机的使用方法”。

(2) 举升车辆时，强调安全确认口令“正常”、“举升车辆”，防止意外情况发生。

2 2号将撬棒插入后桥的圆孔中，并下压后桥；1号将减振器下座安放到支架上。

提示

此时螺旋弹簧处于自由状态，直接将减振器下座安装到其支架上，非常困难。因此，需要下压后桥，增大减振器总成上下方位空间。

3 1号对齐减振器下座与支架上的螺栓孔后，将固定螺栓插入螺栓孔中。

提示

可使用螺丝刀或杆件调整减振器下座在支架中的位置，来对正螺栓孔。

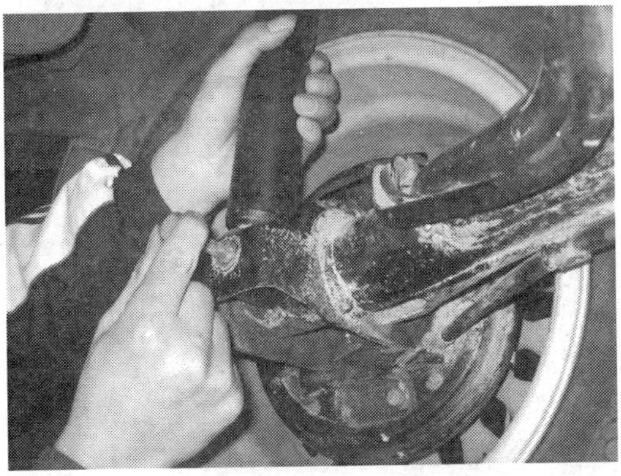

4 2号将螺纹涂油后的螺母放入支架孔中，对正螺杆后扶住螺母；1号使用ϕ17mm套筒、棘轮扳手，转动螺栓。

提示

螺母的安装位置非常隐蔽，在一个方孔中。为了正确无误地将螺母旋到螺杆上，需要1号和2号共同配合完成。

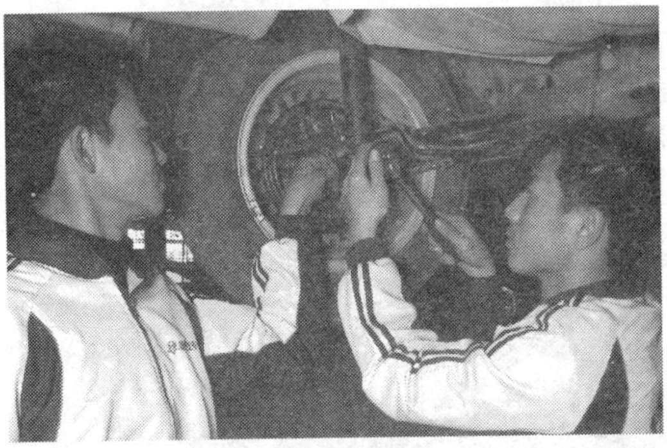

5 1号转动螺栓的同时，2号适时调整螺母位置，当感知螺母已正确旋到螺杆上之后，使用16-17mm梅花扳手固定螺母。1号使用ϕ17mm套筒、棘轮扳手，将螺栓拧紧到适当力矩。

6 适当降低车辆高度后，1号进入乘客舱，观察活塞杆位置；2号上抬后桥并按照1号要求调整活塞杆位置。

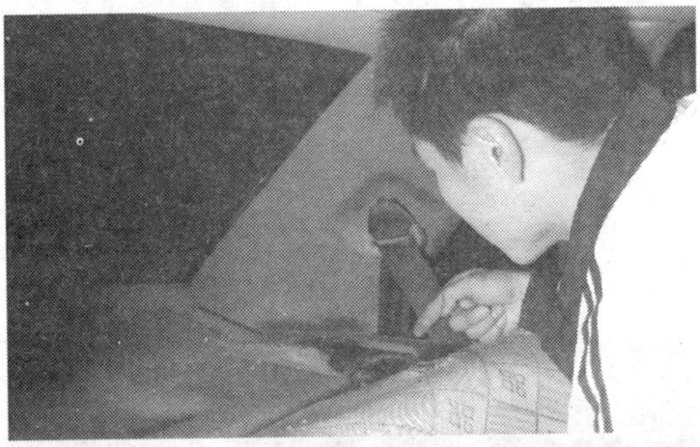

7 当活塞杆穿过位于车身上的轴承孔后，1号将上轴承环套装到活塞杆上，然后旋入固定螺母。

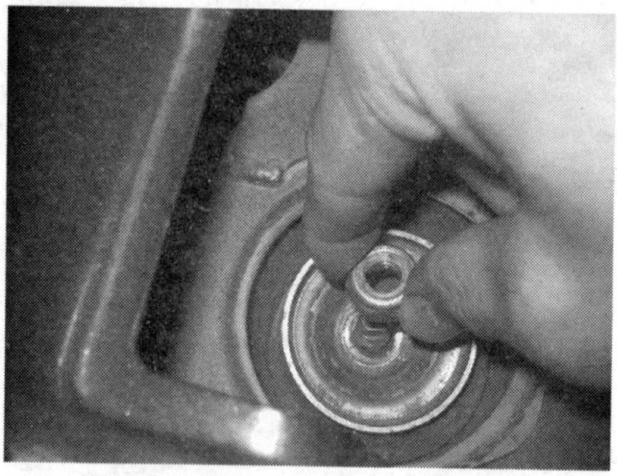

8 2号观察螺旋弹簧是否正确落座于上下弹簧座内。否，调整螺旋弹簧位置。

9 1号使用专用工具，将活塞杆固定螺母拧紧到适当力矩。螺母规定力矩为35N · m。最后，关闭减振器拆装孔盖。

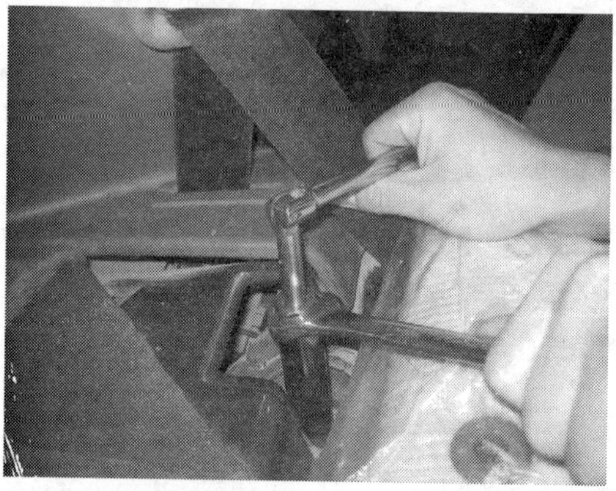

10 2号操纵举升机，将车辆降落到地面上。

提示

(1) 举升机的操作要领和规范要求，请参阅“举升机的使用方法”。

(2) 举升车辆时，强调安全确认口令“正常”、“举升车辆”，防止意外情况发生。

11 2号将工具摆放到工具车上。

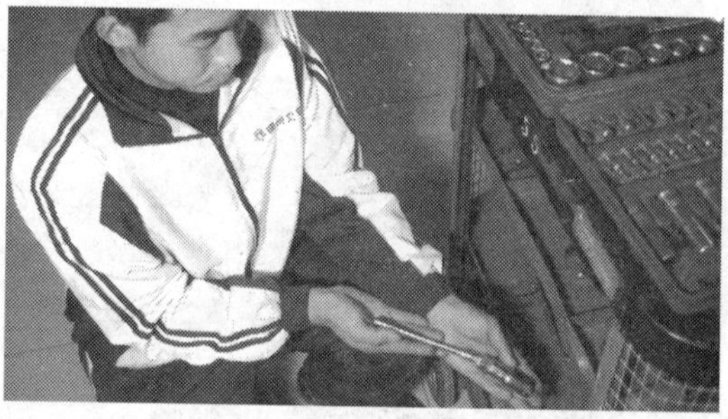

第二十三步 整理工位

1号、2号共同拆除护裙、驾驶室内保护罩；清理工具和量具等；清洁地面卫生。

提示

作业项目完成后，要搞好工位的清扫、整理工作，培养良好的工作习惯。

八、考核标准

考核标准表

考核时间	序号	考核项目	满分	评分标准	得分
30min	1	作业前整理工位	1	酌情扣分	
	2	工位停车	1	停车不当扣1分	
	3	车辆可靠停驻	1	操作不当扣1分	
	4	粘贴翼子板护裙	1	操作不当扣1分	
	5	拆装轮毂固定螺母	5	操作不当扣5分	
	6	拆卸或安装前左右车轮	5	操作不当扣5分	
	7	拆卸或安装拆装前轮制动分泵及制动蹄	6	操作不当扣6分	
	8	拆装轮速传感器	5	操作不当扣5分	
	9	拆卸或安装悬架下摆臂球头	8	操作不当扣8分	
	10	拆卸或安装转向横拉杆球头	6	操作不当扣6分	
	11	压出或安装传动轴	7	操作不当扣7分	
	12	拆卸或安装前轮减振器总成	12	操作不当扣12分	
	13	拆装后轮减振器总成	12	操作不当扣12分	
	14	分解或组装前轮减振器	10	操作不当扣10分	
	15	分解或组装后轮减振器	8	操作不当扣8分	
	16	检查减振器及相关零部件	10	检查不当扣10分	
	17	作业后整理工位	2	酌情扣分	
	18	遵守相关安全规范	因违规操作造成人身和设备事故的，总分按0分计		
分数合计			100		

项目十七　检查汽车制动系统固定螺栓紧固情况

一、项目说明

汽车上装设了一系列专门装置，以便驾驶员能够根据道路和交通情况，借以外力在汽车某些部位（主要是车轮）施加一定的可控制的制动力，对汽车进行不同程度的强制制动。这样一系列的专门装置称为汽车制动系统。

汽车制动系统的作用是使行驶中的汽车减速甚至停车，使下坡行驶的汽车速度保持稳定，以及使已停驶的汽车可靠停驻。

一般，汽车制动系统至少装设两套各自独立的制动装置：一套是行车制动装置，主要用于汽车行驶中的减速和停车；另一套是驻车制动装置，主要用于汽车停驶后防止溜滑。两套制动装置都有产生制动作用的制动器和操纵制动器的传动机构组成的。

制动系统的性能直接关系到汽车行驶安全，它是汽车安全行使的重要保障。因此，应定期对汽车制动系统进行检查与维护，及时发现并排除存在的故障隐患，例如油气泄漏、固定螺栓松动等，以保障汽车制动系统正常工作。特别是制动系统固定螺栓紧固情况检查，在汽车维护中是常常被忽略的作业项目。

下面以桑塔纳2000GSi型轿车为例，来说明检查汽车制动系统固定螺栓紧固情况的操作步骤和技术规范。

二、技术标准与要求

1. 制动系统固定螺栓拧紧力矩符合规定要求。
2. 制动系统相关固定螺栓拧紧力矩：
   (1) 制动钳支架螺栓70N · m；
   (2) 制动钳定位螺栓70N · m；
   (3) 制动助力泵螺栓15N · m；
   (4) 制动总泵螺母20N · m；
   (5) 油管锁紧螺母25N · m；
   (6) 后轮分泵螺栓25N · m；
   (7) 分泵放气螺栓5N · m。

三、实训时间：20min

四、实训教学目标

1. 了解检查汽车制动系统固定螺栓紧定情况的重要性。
2. 熟悉汽车制动系统的作用和组成。
3. 掌握检查汽车制动系统固定螺栓紧定情况的操作技能。

五、实训器材

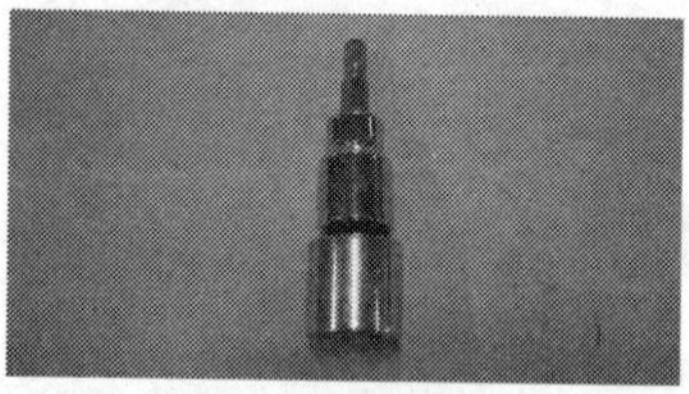

ϕ7mm 接头

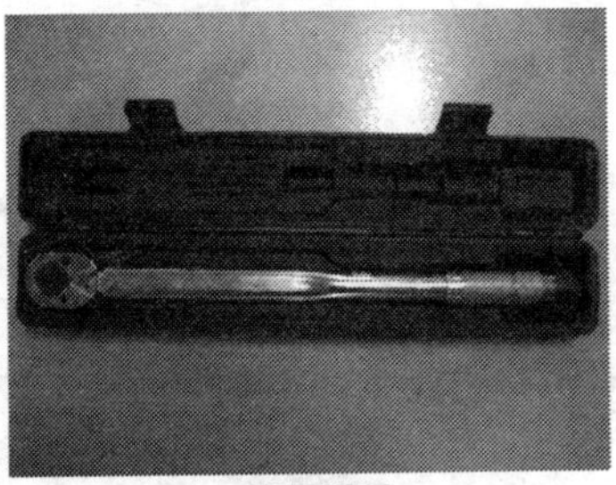

扭力扳手

其他工具及器材：

ϕ13mm套筒、ϕ17mm套筒、接杆、一字螺丝刀、翼子板护裙、驾驶室内保护罩、防护手套及防护帽等。

六、教学组织

1. 教学组织形式

每辆车安排4名学生参与实训，两名学生为一组。一组操作，一组观察学习。

2. 学生站位分工和要求

两名学生一组，按照1号、2号进行编号，1号为主，2号为辅助。

3. 实训教师职责

讲解操作步骤和注意事项；下达“操作开始”口令；工位间巡视、检查、指导和纠正错误。

4. 学生职责变换

两名学生实行职责变换制度，即第一遍1号为主，2号辅助；第二遍2号为主，1号辅助。

七、操作步骤

第一步　事前准备

1 车辆进入工位前，参训学生将工位卫生清理干净，排除障碍物，准备好相关的工具、物品等。

提示

培养良好的工作习惯，做好事前准备，有利于安全操作和提高工作效率。

2 将车辆停驻在举升机平台的中央位置。

3 1号拉紧驻车制动器，并将变速器置于空挡位。

提示

为保证车辆在工位上可靠停驻，防止出现溜滑，造成安全事故，要拉紧驻车制动器并将变速器置于空挡位。

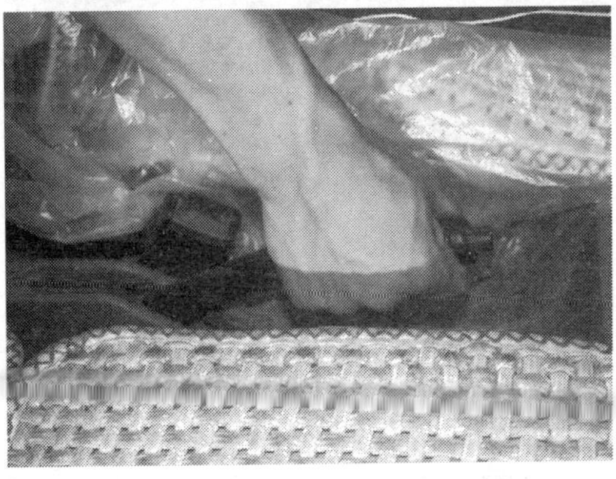

4 1号打开并可靠支撑机舱盖。

提示

将支撑杆插入机舱盖支撑孔时，要保证接触可靠，否则，机舱盖滑落会造成人身伤害。

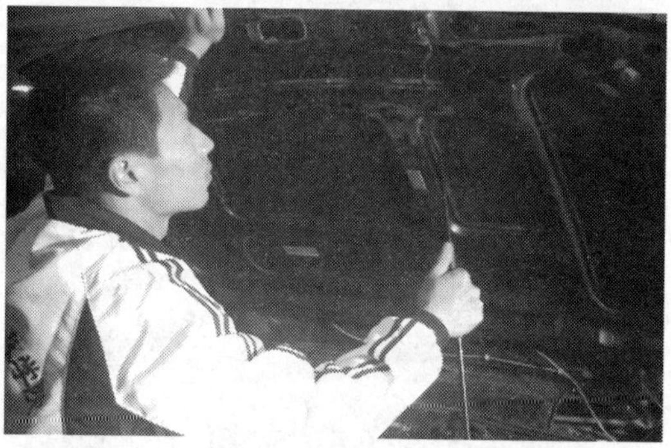

5 1号、2号把护裙粘贴在汽车左、右侧翼子板上，要求护裙将翼子板全部覆盖。护裙的上边沿粘贴到排水槽的内侧，前端至侧灯处，后端至车门与翼子板结合缝隙。

提示

(1) 粘贴护裙的主要目的是保护操作中能够接触到的翼子板车漆。

(2) 护裙是通过磁铁吸附在翼子板上的，因此，粘贴时，当护裙接近翼子板，感受到吸力后，要稍稍用力，使护裙轻轻与翼子板贴合，不允许听到接触碰撞声。

6 1号安装转向盘套、换挡手柄套、座套、铺设地板垫。

提示

保护罩是由薄塑料制成的，极易破损。所以在安装时，用力要均匀，避免因用力过大造成损坏。其主要作用是在操作过程中保持驾驶室内清洁。

第二步 检查制动总泵固定螺栓

1 2号将 ϕ13mm 套筒、接杆、扭力扳手组合后传递给1号。

2 1号将扭力扳手的预紧力矩调整为20N · m。

提示

检查固定螺栓紧固情况时，应使用预紧力扳手。

其使用方法是：

(1) 旋松活动套筒的固定螺栓。

(2) 转动活动套筒，使活动套筒前边沿与固定套筒上的某一刻度线对齐，该刻度线标注有相对应的扭矩值。

(3) 旋紧活动套筒的固定螺栓。

当螺栓力矩达到预设力矩时，扭力扳手的棘轮滑转，螺栓紧固力矩不再增加。

3　1号使用ϕ13mm套筒、接杆、扭力扳手，检查制动总泵的2条固定螺母紧固情况。

第三步　检查前轮制动分泵定位螺栓

1　2号将ϕ7mm专用接头、接杆、扭力扳手组合后传递给1号。

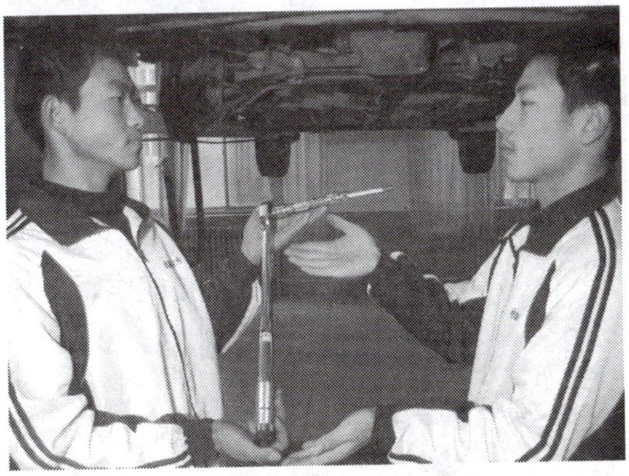

2　1号将扭力扳手的预紧力矩调整为40N·m。

提示

预紧力的调整方法，请参阅前文说明，此处不再重复。

3　1号使用ϕ7mm专用接头、接杆、扭力扳手，检查前轮制动分泵的2条定位螺栓紧固情况。

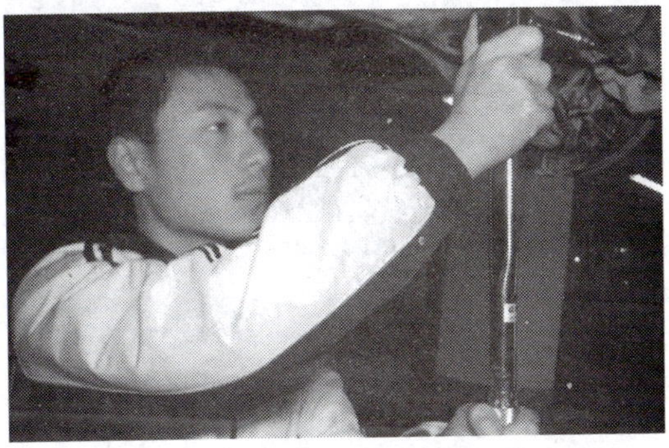

第四步　检查前轮制动分泵支架固定螺栓

1　2号将ϕ15mm套筒、扭力扳手传递给1号。

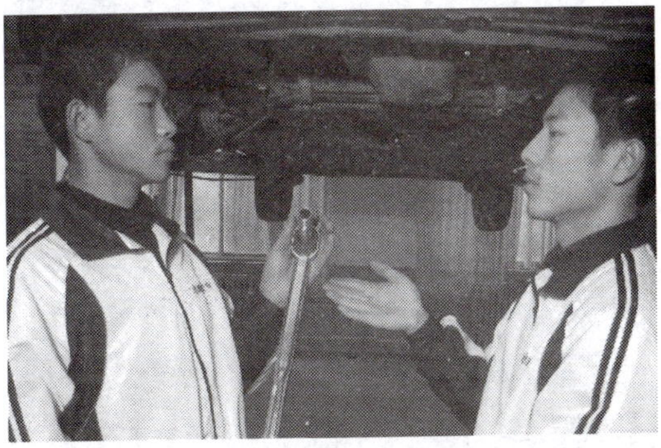

2　1号将扭力扳手的预紧力矩调整为70N·m。

提示

预紧力的调整方法，请参阅前文说明，此处不再重复。

3 1号使用ϕ 15mm套筒、扭力扳手，检查前轮制动分泵的2条定位螺栓紧定情况。

第五步　检查轮速传感器固定螺栓

1 2号将ϕ 5mm内六角扳手传递给1号。

2 1号使用ϕ 5mm内六角扳手，检查轮速传感器固定螺栓。

第六步　检查后轮制动分泵固定螺栓

1 2号将ϕ 5mm专用接头、接杆、扭力扳手组合后传递给1号。

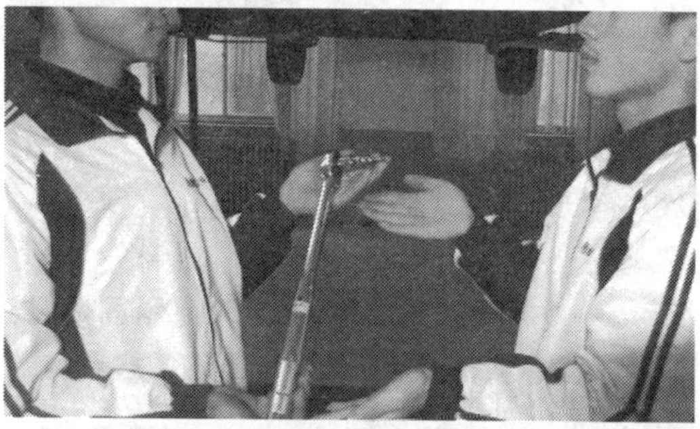

2 1号将扭力扳手的预紧力矩调整为25N · m。

提示

预紧力的调整方法，请参阅前文说明，此处不再重复。

3 1号使用ϕ 5mm专用接头、接杆、扭力扳手，检查后轮制动分泵的1条固定螺栓紧固情况。

第七步　拆卸后车轮及制动鼓

1　2号操纵举升机，将车辆举升到轮胎最低点距离地面约20cm的高度。

提示

将车辆举升到距离地面适当高度，目的是便于拆卸两后车轮。

2　1号取下车轮装饰罩并传递给2号。

提示

取下车轮防护罩时，使用螺丝刀插入防护罩上的拆卸孔中，撬出防护罩。

3　2号将车轮装饰罩摆放到零件车上。

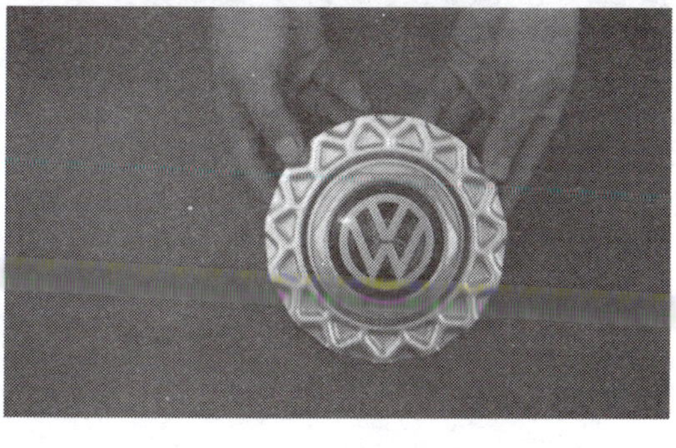

4　2号将尖嘴钳传递给1号。

5　1号使用尖嘴钳，取下车轮轴承压紧螺母开口销，然后取下开槽垫圈。2号将尖嘴钳、开口销、开槽垫圈分别摆放到工具车、零件车上。

6　2号将ϕ 24mm套筒、棘轮扳手组合后传递给1号。

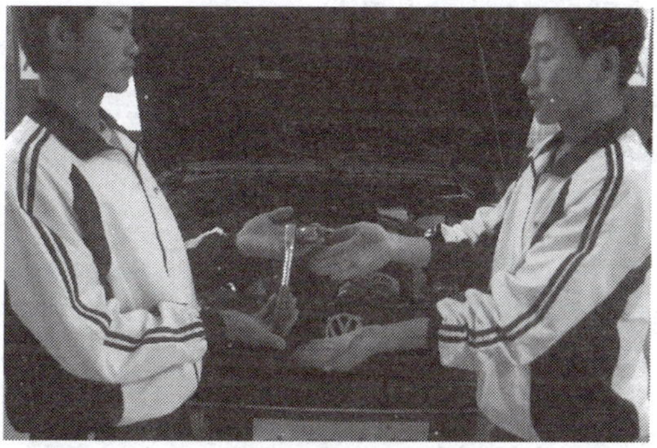

7　1号使用ϕ 24mm套筒、棘轮扳手，旋出车轮轴承调整螺母。

提示

由于采用锥度滚柱轴承，所以轴承调整螺母拧紧力矩较小。

8 1号用手旋下调整螺母、取出止推垫圈、车轮外轴承，传递给2号。

9 2号将螺母、轴承及止推垫圈摆放到零件车上。

提示

轴承取出后，要注意清洁和防尘，最好放置在可封闭的器具内。

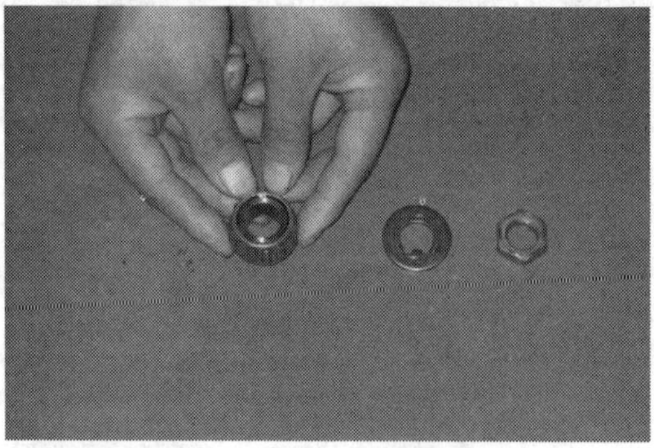

10 1号取下车轮及制动鼓。

提示

(1) 取下车轮及制动鼓时，要整体水平外移，这样会省力些。

(2) 如果车轮及制动鼓取下非常困难，可使用一字螺丝刀，插入制动鼓观察孔中，拨动驻车制动推杆上的楔形件，使制动蹄收缩，便可轻松取下车轮及制动鼓。

11 1号将车轮及制动鼓放置在车轮支架上。

第八步 检查后轮制动底板固定螺栓

1 2号将ϕ 15mm套筒、扭力扳手传递给1号。

2　1号将扭力扳手的预紧力矩调整为60N · m。

提示

预紧力的调整方法，请参阅前文说明，此处不再重复。

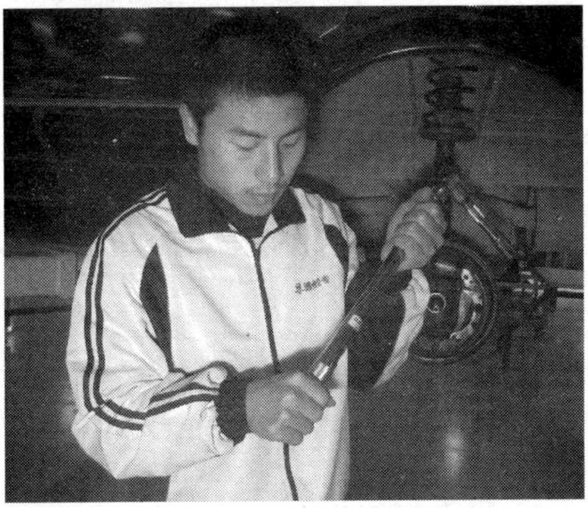

3　1号使用ϕ 15mm套筒、接杆、扭力扳手，检查后轮制动分泵的4条固定螺栓紧固情况。

提示

制动底板的4条固定螺栓，应按照“对角多遍”的要求依次检查拧紧情况。

第九步　安装后车轮及制动鼓

1　1号使用粗砂布，砂磨制动鼓和制动蹄的工作表面。

提示

保持制动蹄和制动鼓工作表面洁净、粗糙，可防止制动打滑，提高制动性能。

2　1号使用2号传递来的尖嘴钳，将驻车制动压力杆上的楔形件向上推，使制动蹄收缩。

提示

调整制动压力杆上的楔形件的目的是，收缩制动蹄，便于安装制动鼓。

3 1号对正制动鼓轴承内孔和车轮支撑短轴后，将车轮及制动鼓一起安装到支撑短轴上。

提示

安装车轮及制动鼓时，要使车轮纵向平面垂直于心轴，水平前移。

4 1号将车轮外轴承安装到心轴上。

提示

(1) 安装外轴承时，带锥度的一端朝向车轮。

(2) 检查润滑脂质量状况，如果已脏污或变质，则清洗轴承及其承孔后，加注新的高性能润滑脂。

5 1号将2号传递来的止推垫圈安装到短轴上，并将调整螺母旋入短轴螺纹上。

6 1号使用将ϕ 24mm套筒、棘轮扳手，旋紧调整螺母，然后将调整螺母后退1/4圈。

提示

(1) 锥度轴承的压紧力矩应适当。若力矩过大，轴承会早期损坏；若力矩过小，轴承松旷，车轮行驶摇摆。

(2) 轴承预紧力的调整方法一：

①一边转动车轮，一边拧紧调整螺栓，直到车轮不能够转动为止。这样既使锥度轴承处于正确位置，又使轴承压紧力达到最大。

②将调整螺母后退1/4圈，之后，用开槽垫圈和开口销锁止调整螺母。

③如果车轮转动自如、无摇摆，并且上下方向扳动车轮无明显旷量，则证明轴承预紧力调整适当。

(3) 轴承预紧力调整方法二：

使用螺丝刀用手指力量刚好能够拨动止推垫圈，证明轴承预紧力适当。

7 1号将开槽垫圈安装到压紧螺母上，然后将开口销穿过开槽垫圈和短轴上的销孔，最后将开口销锁止在短轴轴上。

8 1号将2号传递来的车轮装饰罩，对正定位销和定位孔后，将装饰罩安装到车轮承座上。

9 车轮安装完毕。2号进入驾驶室，连续踩制动踏板若干次后，放松制动踏板。

提示

(1) 连续踩制动踏板若干次，目的是使制动器自动将制动盘和制动蹄间的间隙调整到最佳。

(2) 保持驻车制动器处于释放状态。

第十步　整　理　工　位

1号、2号共同拆除护裙、驾驶室内保护罩；清理工具和量具等；清洁地面卫生。

提示

作业项目完成后，要搞好工位的清扫、整理工作，培养良好的工作习惯。

八、考核标准

考 核 标 准 表

考核时间	序号	考核项目	满分	评分标准	得分
20min	1	作业前整理工位	4	酌情扣分	
	2	工位停车	3	停车不当扣3分	
	3	车辆可靠停驻	3	操作不当扣3分	
	4	粘贴翼子板护裙	4	操作不当扣4分	
	5	安装驾驶室内保护罩	4	操作不当扣4分	
	6	检查制动总泵固定螺栓	9	操作不当扣9分	
	7	预紧力扳手的使用方法	10	操作不当扣10分	
	8	检查前轮制动分泵固定螺栓	9	操作不当扣9分	
	9	检查前轮制动分泵定位螺栓	9	操作不当扣9分	
	10	检查轮速传感器固定螺栓	8	操作不当扣8分	
	11	检查后轮分泵固定螺栓	8	操作不当扣8分	
	12	检查后轮制动底板固定螺栓	10	操作不当扣10分	
	13	拆装后车轮及制动鼓	15	操作不当扣15分	
	14	作业后整理工位	4	酌情扣分	
	15	遵守相关安全规范	因违规操作造成人身和设备事故的，总分按0分计		
分数合计			100		

项目十八　检查汽车悬架组件固定螺栓紧固情况

一、项目说明

汽车悬架是车架或承载车身与车桥或车轮之间的弹性传力装置。其作用为把车架或承载车身与车桥或车轮连接起来，以缓和吸收车轮在不平路面上行驶时所产生的冲击和振动，保证汽车行驶的平顺性。

汽车悬架可分为独立悬架和非独立悬架两大类。现代汽车悬架有多种不同的结构形式，但是一般都由弹性元件、减振器和导向机构组成。

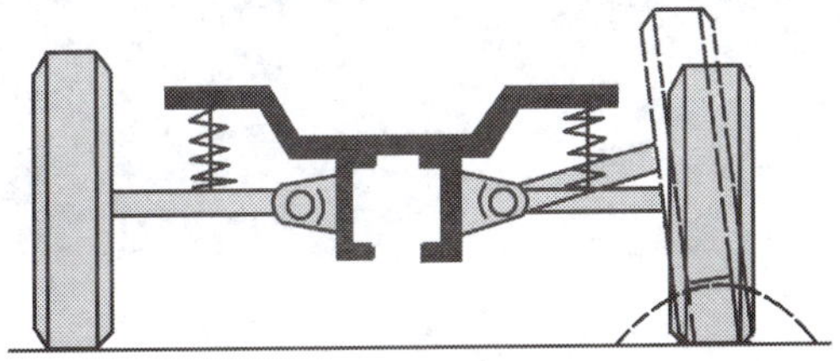

独立悬架结构示意图

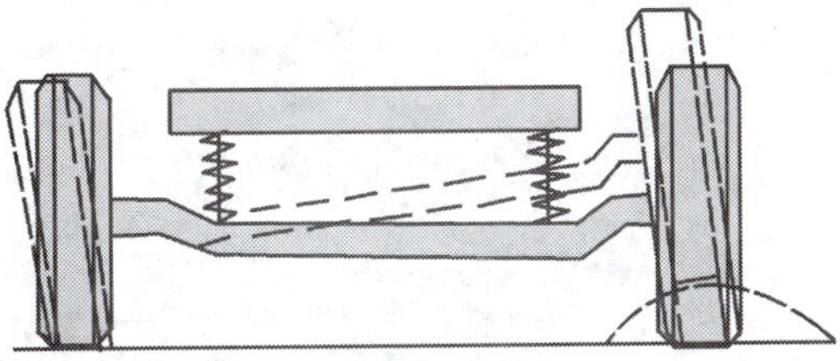

非独立悬架结构示意图

汽车悬架在使用过程中，不仅会出现弹性元件弹性下降和折断等损伤，减振器产生漏油及减振性能下降等故障，另外还会出现悬架固定螺栓松动或紧固力矩不符合规定要求等现象，同样使悬架的减振性能和汽车的操纵性能受到严重影响。所以，应定期检查汽车悬架固定螺栓紧固情况，及时发现并排除存在的故障隐患，确保汽车悬架具有良好工作性能。下面以桑塔纳2000GSi型轿车为例，来说明检查汽车悬架固定螺栓紧固情况的操作步骤和技术规范。

二、技术标准与要求

1. 汽车悬架固定螺栓拧紧力矩符合规定要求。
2. 前车架螺栓紧固顺序：后左→后右→前左→前右。
3. 汽车悬架相关固定螺栓拧紧力矩：
   (1) 前减振器自锁螺母60N · m；
   (2) 轮毂螺母230N · m；
   (3) 前车架螺栓70N · m；
   (4) 下摆臂球头固定螺母65N · m；
   (5) 下摆臂球头定位螺母60N · m；
   (6) 下摆臂叉螺栓60N · m；
   (7) 稳定杆螺母25N · m；
   (8) 稳定杆卡座螺母25N · m；
   (9) 后减振器自锁螺母35N · m；
   (10) 轴承支架螺栓70N · m；
   (11) 减振器下座螺栓65N · m。

三、实训时间：20min

四、实训教学目标

1. 了解检查汽车悬架固定螺栓紧固情

况的重要性。

2. 熟悉汽车悬架的作用和类型。

3. 掌握检查汽车悬架固定螺栓紧固情况的操作技能。

五、实训器材

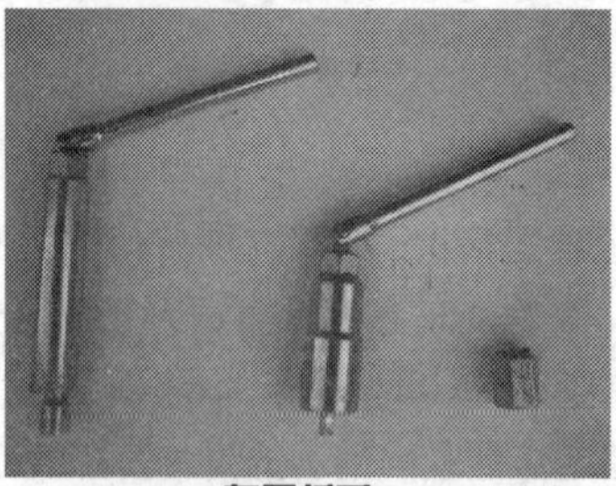

专用扳手

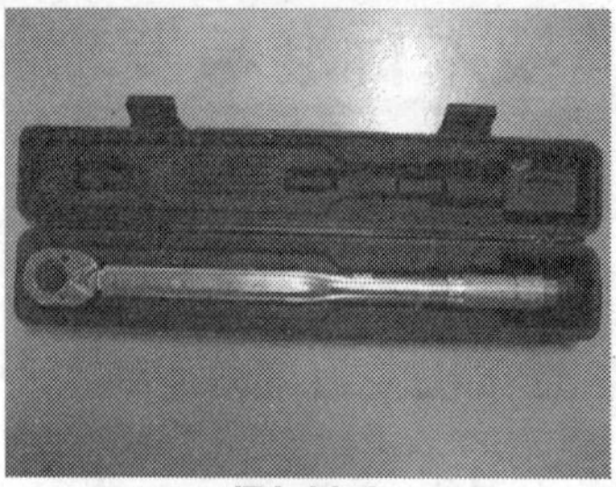

扭力扳手

其他工具及器材：

ϕ17mm 套筒、ϕ13mm 套筒、接杆、16-17mm 梅花扳手、翼子板护裙、防护手套及防护帽等。

六、教学组织

1. 教学组织形式

每辆车安排4名学生参与实训，两名学生为一组。一组操作，一组观察学习。

2. 学生站位分工和要求

两名学生一组，按照1号、2号进行编号，1号为主，2号为辅助。

3. 实训教师职责

讲解操作步骤和注意事项；下达"操作开始"口令；工位间巡视、检查、指导和纠正错误。

4. 学生职责变换

两名学生实行职责变换制度，即第一遍1号为主，2号辅助；第二遍2号为主，1号辅助。

七、操作步骤

第一步 事前准备

1 车辆进入工位前，参训学生将工位卫生清理干净，排除障碍物，准备好相关的工具、物品等。

提示

培养良好的工作习惯，做好事前准备，有利于安全操作和提高工作效率。

2 将车辆停驻在举升机平台的中央位置。

3 1号拉紧驻车制动器，并将变速器置于空挡位。

提示

为保证车辆在工位上可靠停驻，防止出现

溜滑，造成安全事故，要拉紧驻车制动器并将变速器置于空挡位。

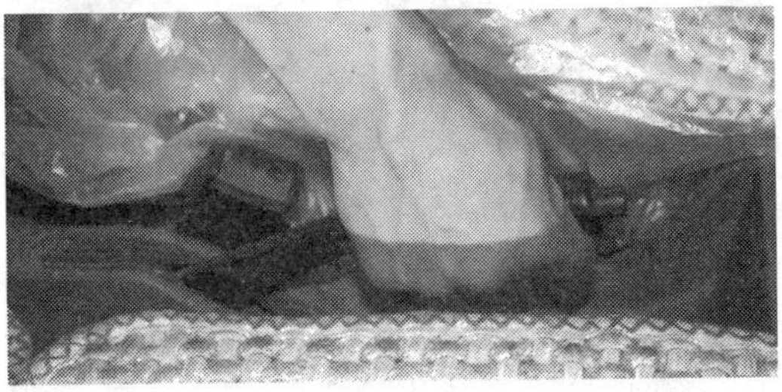

4 1号打开并可靠支撑机舱盖。

提示

将支撑杆插入机舱盖支撑孔时，要保证接触可靠，否则，机舱盖滑落会造成人身伤害。

5 1号、2号把护裙粘贴在汽车左、右侧翼子板上，要求护裙将翼子板全部覆盖。护裙的上边沿粘贴到排水槽的内侧，前端至侧灯处，后端至车门与翼子板结合缝隙。

提示

(1) 粘贴护裙的主要目的是保护操作中能够接触到的翼子板车漆。

(2) 护裙是通过磁铁吸附在翼子板上的，因此，粘贴时，当护裙接近翼子板，感受到吸力后，要稍稍用力，使护裙轻轻与翼子板贴合，不允许听到接触碰撞声。

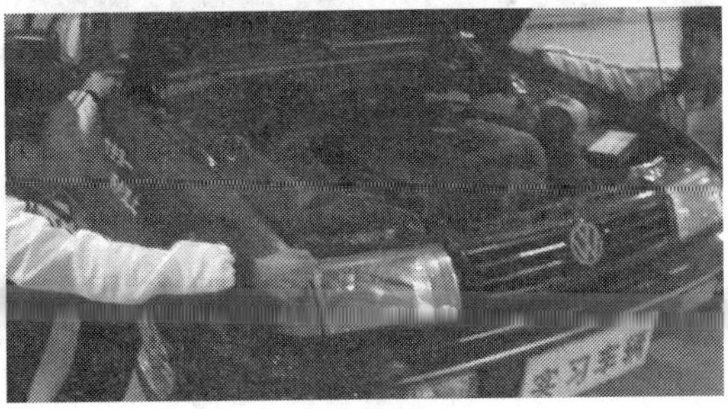

第二步　检查前后减振器活塞杆固定螺栓

1 1号取下前减振器活塞杆固定螺母的螺母盖。

2 2号将前减振器活塞杆固定螺栓拆装专用工具传递给1号。

3 1号将专用工具套装到活塞杆固定螺母和活塞杆上。

提示

该专用工具为内六角和套筒的组合工具，两者可相对转动。内六角有连接手柄；套筒上端加工有螺方。

使用时，将内六角插入减振器活塞杆的内螺方中，通过手柄将其固定。套筒套装到固定螺母上，通过工具旋转套筒，将固定螺母旋松或拧紧。

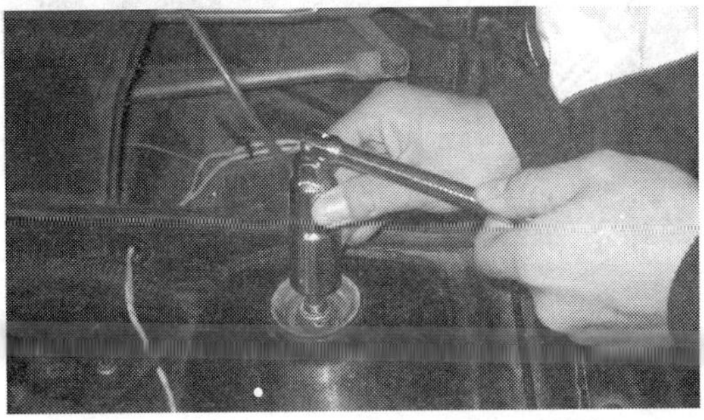

4 1号使用2号传递来的20-22mm开口扳手，拧转专用工具，检查活塞杆固定螺母紧固情况。螺母拧紧力矩为60N·m。

提示

如果条件允许，应使用具有力矩指示的专用扳手检查固定螺母紧固情况。

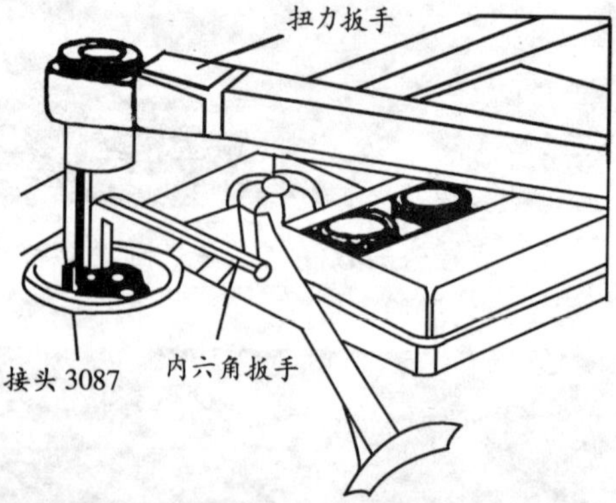

5 1号将螺母盖安装到减振器上。2号接收工具，擦拭后摆放到工具车上。

6 1号将2号传递来的防护罩套装到后座椅上。

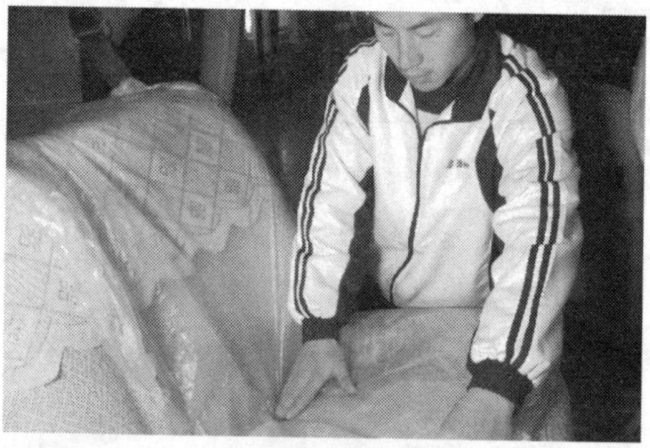

7 1号打开后轮减振器拆卸口护盖。

8 2号将后轮减振器活塞杆固定螺母拆装专用扳手传递给1号。

提示

专用扳手为内外组合式工具，内外工具可相对转动。

(1) 内工具前端为扁平口，可插入减振器活塞杆的条形槽中；后端铰接手柄，可固定活塞杆。

(2) 外工具为套筒工具，下端加工有内螺方，可套装于减振器活塞杆的固定螺母上；上端加工有外螺方，使用开口扳手可转动套筒。使用专用扳手，可以旋松或拧紧减振器活塞杆的固定螺母。

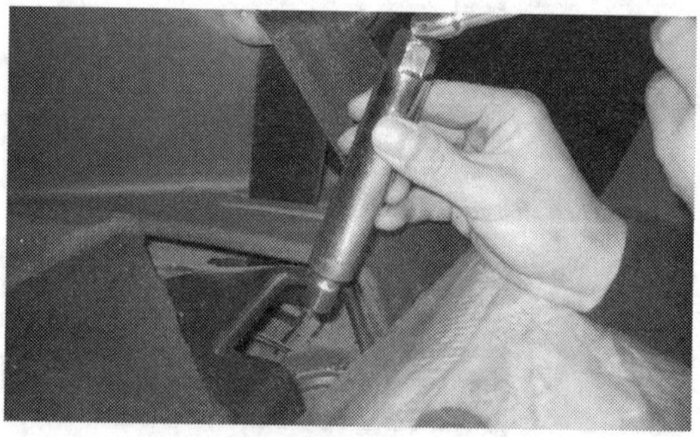

9　1号使用2号传递来的20-22mm开口扳手，拧转专用工具，检查活塞杆固定螺母紧固情况。螺母拧紧力矩为35N·m。

提示

如果条件允许，使用具有扭矩指示的专用扳手检查固定螺母紧定情况。

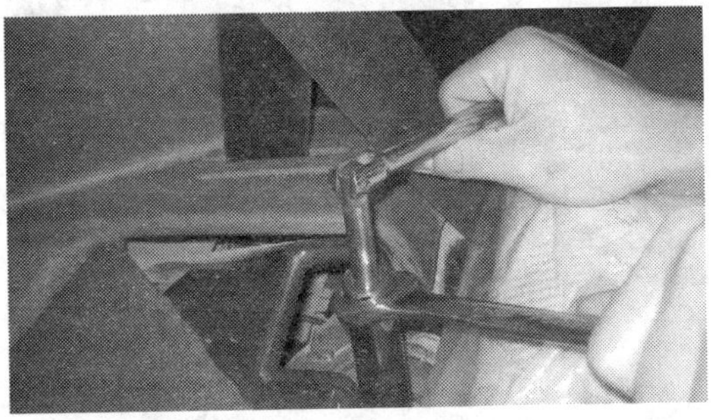

10　1号关闭减振器拆卸口护盖。2号接收工具，擦拭后摆放到工具车上。

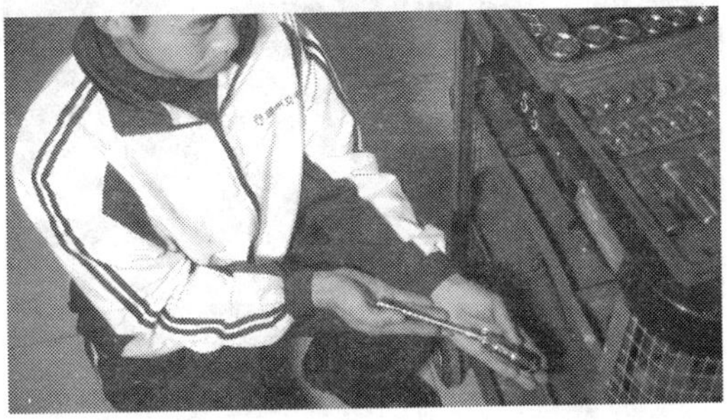

第三步　检查下摆臂及其球头固定螺栓

1　2号操纵举升机，将车辆举升到适当高度后，可靠锁止提升臂。

提示

(1) 举升机的操作要领和规范要求，请参阅“举升机的使用方法”。

(2) 举升车辆时，强调安全确认口令“正常”、“举升车辆”，防止意外情况发生。

2　2号将ϕ17mm套筒、接杆、扭力扳手组合后传递给1号。

3　1号将扭力扳手的预紧力调整到60N·m。

提示

检查固定螺栓的紧固程度时，应使用预紧力扳手。

其使用方法是：

(1) 旋松活动套筒的固定螺栓。

(2) 转动活动套筒，使活动套筒前边沿与固定套筒上的某一刻度线对齐，该刻度线标注有相对应的扭矩值。

(3) 旋紧活动套筒的固定螺栓。

当螺栓力矩达到预设力矩时，扭力扳手的棘轮滑转，螺栓紧固力矩不再增加。

4　2号使用16-17mm梅花扳手，将下摆臂一内叉的螺栓固定；1号使用ϕ17mm套筒、接杆、扭力扳手，检查固定螺栓紧的紧固程度。按照同样方法与要求，检查下摆臂另一叉固定螺栓紧固情况。

提示

用相同方法拧松下摆臂的另外1条固定螺栓。

5 2号使用16-17mm梅花扳手将下摆臂球头定位螺栓固定，1号使用ϕ17mm套筒、接杆、扭力扳手检查固定螺栓的紧固程度。

提示

(1) 定位螺栓穿过转向节下端螺栓孔，使螺杆与悬架下摆臂球头销轴上加工的周向凹槽相配合，将安装于承孔中的悬架下摆臂球头定位在转向节上。

(2) 保持扭力扳手的预紧力矩为60N·m。

6 1号将扭力扳手的预紧力调整为65N·m。之后，使用ϕ17mm套筒、接杆、扭力扳手，检查球头底板的2条固定螺栓的紧固程度。

第四步 检查横向稳定杆固定螺栓

1 1号将扭力扳手的预紧力调整为25N·m。然后，使用ϕ13mm套筒、接杆、扭力扳手，检查稳定杆的侧倾杆固定螺栓的紧固程度。

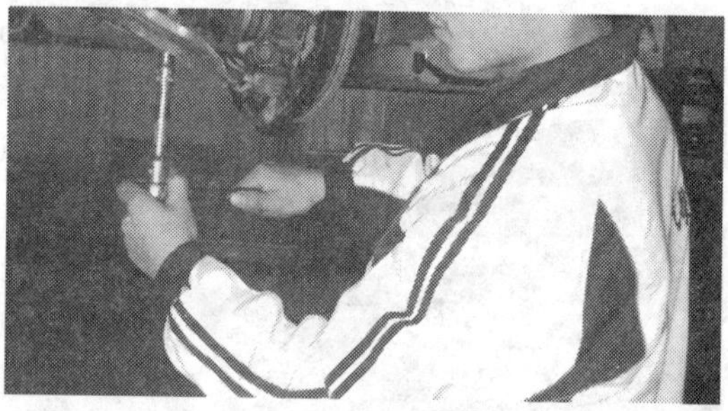

2 保持扭力扳手25N·m预紧力矩不变。1号使用ϕ13mm套筒、接杆、扭力扳手，检查稳定杆夹箍固定螺栓的紧固程度。

第五步 检查前车架固定螺栓

1号将扭力扳手的预紧力调整为70N·m。之后，使用ϕ17mm套筒、接杆、扭力扳手，检查前车架4条固定螺栓的紧固程度。

提示

检查前车架4条固定螺栓的紧固顺序为：后左→后右→前左→前右。

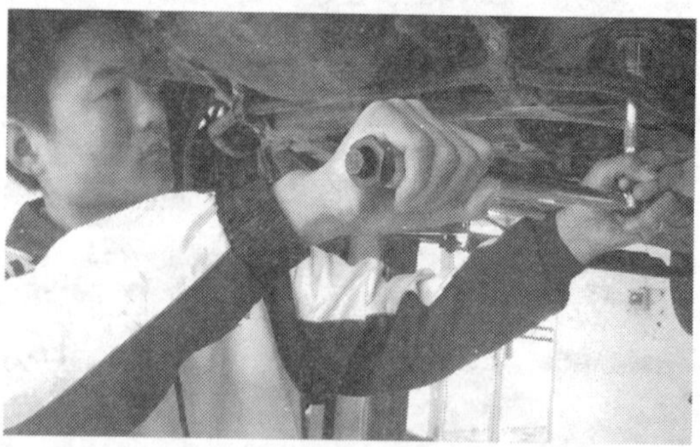

第六步　检查后车架固定螺栓

1　1号将扭力扳手的预紧力调整为70N · m。之后，使用ϕ19mm套筒、接杆、扭力扳手，检查后车架两端轴承支架的3条固定螺栓的紧固程度。

2　1号将扭力扳手的预紧力调整为60N · m。之后，2号使用16-17mm梅花扳手固定螺母。1号使用ϕ17mm套筒、接杆、扭力扳手，检查后轮减振器下座固定螺栓的紧固程度。

3　2号接收工具，擦拭后具摆放到工具车上。

4　2号操纵举升机，将车辆降落到地面上。

提示

(1) 举升机的操作要领和规范要求，请参阅“举升机的使用方法”。

(2) 举升车辆时，强调安全确认口令“正常”、“举升车辆”，防止意外情况发生。

第七步　整理工位

1号、2号共同拆除护裙、驾驶室内保护罩；清理工具和量具等；清洁地面卫生。

提示

作业项目完成后，要搞好工位的清扫、整理工作，培养良好的工作习惯。

八、考核标准

考核标准表

考核时间	序号	考核项目	满分	评分标准	得分
20min	1	作业前整理工位	3	酌情扣分	
	2	工位停车	3	停车不当扣3分	
	3	车辆可靠停驻	3	操作不当扣3分	
	4	粘贴翼子板护裙	4	操作不当扣4分	
	5	打开并支撑机舱盖	3	操作不当扣3分	
	6	检查前后减振器活塞杆固定螺栓	9	操作不当扣9分	
	7	扭力扳手的预紧力调整方法	6	操作不当扣6分	
	8	拆装活塞杆固定螺母专用工具的用法	6	操作不当扣6分	
	9	检查下摆臂及其球头固定螺栓	15	操作不当扣15分	
	10	检查稳定杆固定螺栓	8	操作不当扣8分	
	11	检查前车架固定螺栓	12	操作不当扣12分	
	12	检查后车架固定螺栓	10	操作不当扣10分	
	13	举升或降落车辆	8	操作不当扣8分	
	14	工具维护与使用	6	酌情扣分	
	15	作业后整理工位	4	酌情扣分	
	16	遵守相关安全规范	因违规操作造成人身和设备事故的，总分按0分计		
分数合计			100		

项目十九　检查转向系的间隙及固定螺栓紧固情况

一、项目说明

汽车转向系的作用是保证汽车在行驶中能够按照驾驶员的操作要求，适时地改变行驶方向，并且能够在受到路面干扰偏离行驶方向时，与行驶系配合，共同保持汽车稳定地沿直线行驶。汽车一般以前桥作为转向桥和转向驱动桥，靠前轮的偏转来实现汽车转向。

目前，汽车上广泛采用的转向系按照转向动力源的不同，可分为机械转向系和动力转向系两大类型。

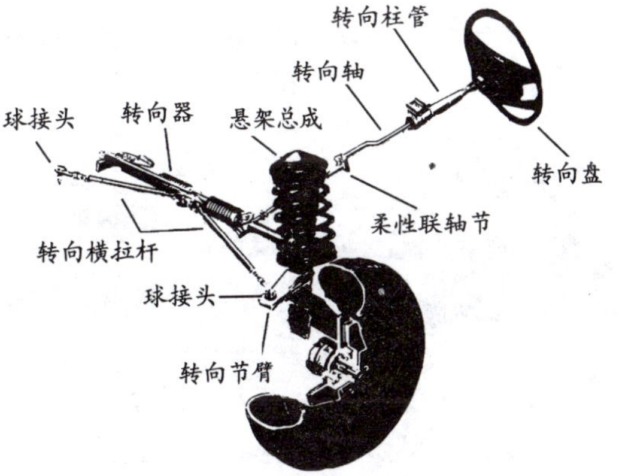

机械转向系组成

随着汽车行驶里程的增加，转向系各零部件会产生磨损、固定螺栓松动等现象，使转向系间隙变大，传力零部件松动，导致汽车转向沉重、行驶跑偏、转向盘抖振及异响等故障发生。为确保行车安全，应定期检查转向系的间隙和固定螺栓的紧固情况，及时发现并排出故障隐患，使汽车转向系保持良好的工作性能。

下面以桑塔纳2000GSi型轿车为例，来说明检查汽车转向系的间隙和固定螺栓紧固情况的操作步骤和技术规范。

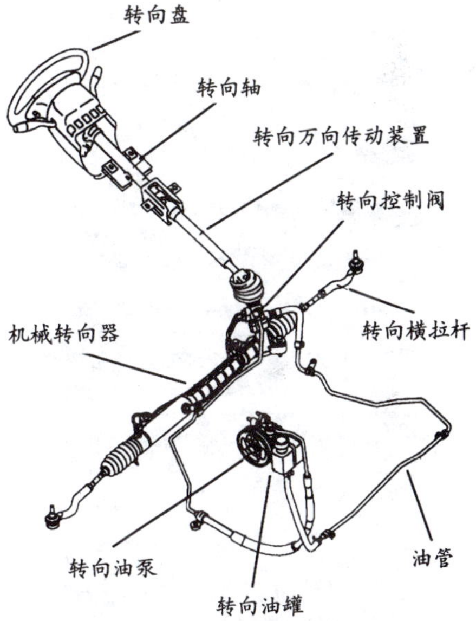

动力转向系组成

二、技术标准与要求

1. 汽车转向系的固定螺栓拧紧力矩符合规定要求。
2. 转向盘自由行程为0mm。
3. 汽车转向系相关固定螺栓拧紧力矩：
   (1) 横拉杆支架螺栓45N · m；
   (2) 横拉杆螺栓45N · m；
   (3) 转向器后横板螺栓35N · m；
   (4) 转向器圆柱体内六角螺栓20N · m；
   (5) 横拉杆球头螺母30N · m。

三、实训时间：20min

四、实训教学目标

1. 了解检查转向系的间隙及固定螺栓紧固情况的重要性。
2. 熟悉转向系的两大类型。
3. 掌握检查转向系的间隙及固定螺栓紧固情况的操作技能。

五、实训器材

扭力扳手

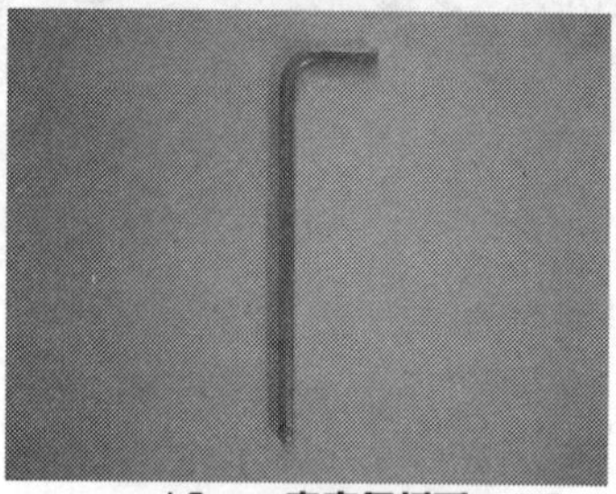

ϕ 8mm 内六角扳手

其他工具及器材：

ϕ 17mm 套筒、12-13mm 梅花扳手、接杆、驾驶室内保护罩、翼子板护裙、防护手套及防护帽等。

六、教学组织

1. 教学组织形式

每辆车安排4名学生参与实训，两名学生为一组。一组操作，一组观察学习。

2. 学生站位分工和要求

两名学生一组，按照1号、2号进行编号，1号为主，2号为辅助。

3. 实训教师职责

讲解操作步骤和注意事项；下达“操作开始”口令；工位间巡视、检查、指导和纠正错误。

4. 学生职责变换

两名学生实行职责变换制度，即第一遍1号为主，2号辅助；第二遍2号为主，1号辅助。

七、操作步骤

第一步　事前准备

1 车辆进入工位前，参训学生将工位卫生清理干净，排除障碍物，准备好相关的工具、物品等。

提示

培养良好的工作习惯，做好事前准备，有利于安全操作和提高工作效率。

2 将车辆停驻在举升机平台的中央位置。

3　1号拉紧驻车制动器，并将变速器置于空挡位。

提示

为保证车辆在工位上可靠停驻，防止出现溜滑，造成安全事故，要拉紧驻车制动器并将变速器置于空挡位。

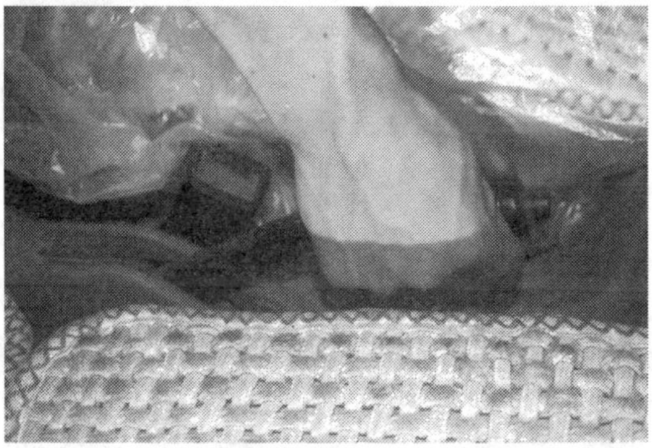

4　1号打开并可靠支撑机舱盖。

提示

将支撑杆插入机舱盖支撑孔时，要保证接触可靠，否则，机舱盖滑落会造成人身伤害。

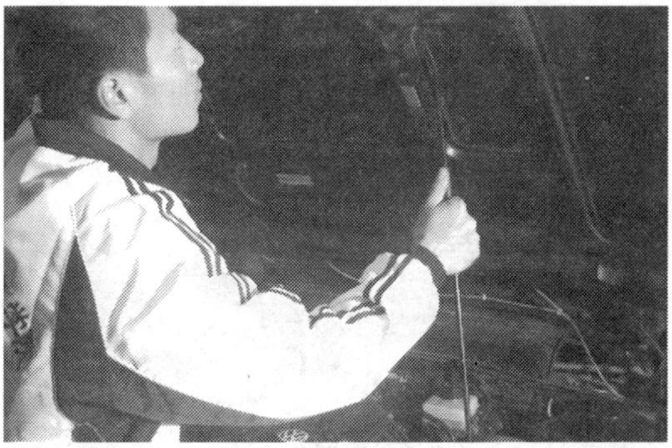

5　1号、2号把护裙粘贴在汽车左、右侧翼子板上，要求护裙将翼子板全部覆盖。护裙的上边沿粘贴到排水槽的内侧，前端至侧灯处，后端至车门与翼子板结合缝隙。

提示

(1) 粘贴护裙的主要目的是保护操作中能够接触到的翼子板车漆。

(2) 护裙是通过磁铁吸附在翼子板上的，因此，粘贴时，当护裙接近翼子板，感受到吸力后，要稍稍用力，使护裙轻轻与翼子板贴合，不允许听到接触碰撞声。

6　1号安装转向盘套、换挡手柄套、座套、铺设地板垫。

提示

保护罩是由薄塑料制成的，极易破损。所以在安装时，用力要均匀，避免因用力过大造成损坏。其主要作用是在操作过程中保持驾驶室内清洁。

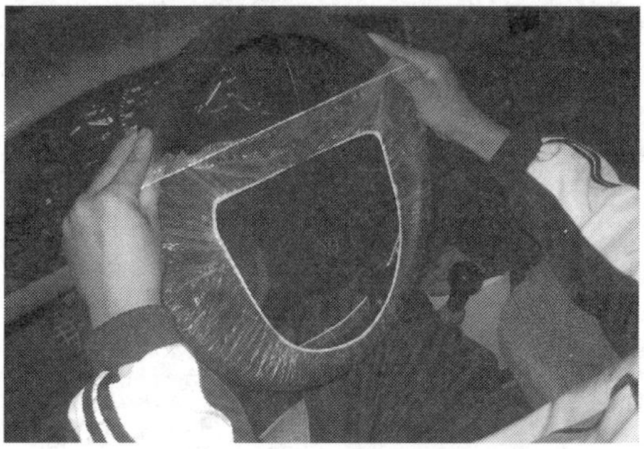

第二步　检查转向系的间隙

1　1号进入驾驶室，左右转动转向盘，检查转向盘是否存在空行程。

提示

(1) 桑塔纳2000GSi型轿车，转向盘自由行程为0mm。

(2) 如果转向盘有空行程，则证明转向系存在旷量，应作进一步检查，确定产生旷量部位。

2 2号进入驾驶室，左右转动转向盘；1号站立于汽车前方，察听有无松旷异响。

提示

如果转向系中有明显旷量，当左右转动转向盘时，可以听到松旷异响。

3 2号操纵举升机，将车辆举升至适当高度后，可靠锁止提升臂。

提示

(1) 举升机的操作要领和规范要求，请参阅“举升机的使用方法”。

(2) 举升车辆时，强调安全确认口令“正常”、“举升车辆”，防止意外情况发生。

4 1号上下方向用力推拉球碗，检查球头磨损情况。

提示

推拉球碗时，如果有明显旷量，证明球头与球碗之间间隙过大，可采取调整或更换措施予以修复。

对于可调式球头而言，球头和球碗之间的间隙可通过调整达到正常值。对于一次性球头而言，应更换新件。

5 1号横向推拉转向横拉杆，检查转向横拉杆与其支架连接衬套是否存在旷量。

提示

推拉转向横拉杆时，如果有明显旷量，证明横拉杆上的衬套已严重磨损，应更换衬套或转向横拉杆。

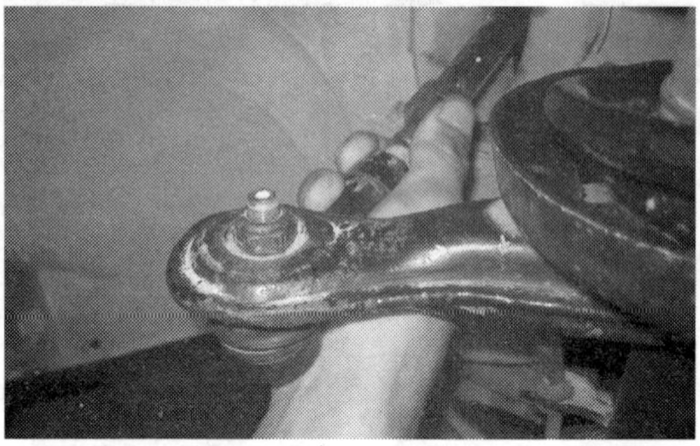

6 如果转向系还有旷量，1号、2号应配合调整转向器的间隙。

提示

调整转向器间隙的操作步骤：

(1) 转向盘处于中间位置。

(2) 松开转向器上的调整螺钉的锁紧螺母。

(3) 旋入调整螺钉，直到螺钉与压块相接触。此时，如果方向沉重，则旋松调整螺钉；如果仍有旷量，则旋紧调整螺钉。如此反复调整，直到转动转向盘轻便灵活为止。

(4) 使用两个工具配合，旋紧调整螺钉的锁紧螺母。

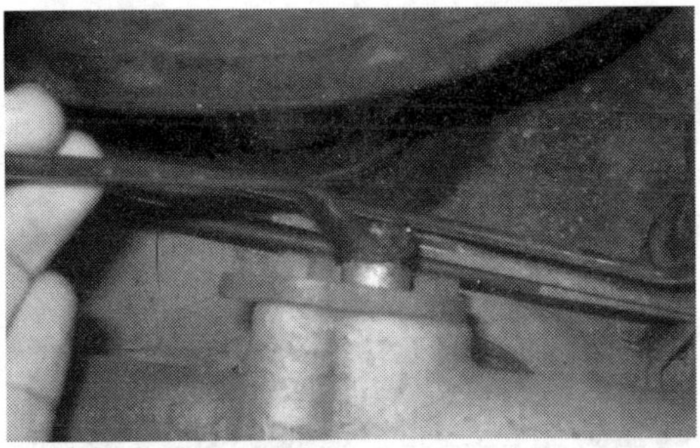

第三步　检查转向系固定螺栓紧固情况

1 2号将ϕ17mm套筒、扭力扳手组合后传递给1号。

2 1号将扭力扳手的预紧力调整为30N · m。

提示

检查固定螺栓紧固情况时，应使用预紧力扳手。

其使用方法：

(1) 旋松活动套筒的固定螺栓。

(2) 转动活动套筒，使活动套筒前边沿与固定套筒上的某一刻度线对齐，该刻度线标注有相对应的扭矩值。

(3) 旋紧活动套筒的固定螺栓。

当螺栓力矩达到预调力矩时，扭力扳手的棘轮滑转，螺栓紧固力矩不再增加。

3 1号使用ϕ 17mm套筒、扭力扳手，检查转向横拉杆球头固定螺母紧固情况。

4 1号将扭力扳手的预紧力调整为45N · m。之后，使用ϕ17mm套筒、扭力扳手，检查转向横拉杆支架2条固定螺母紧固情况。

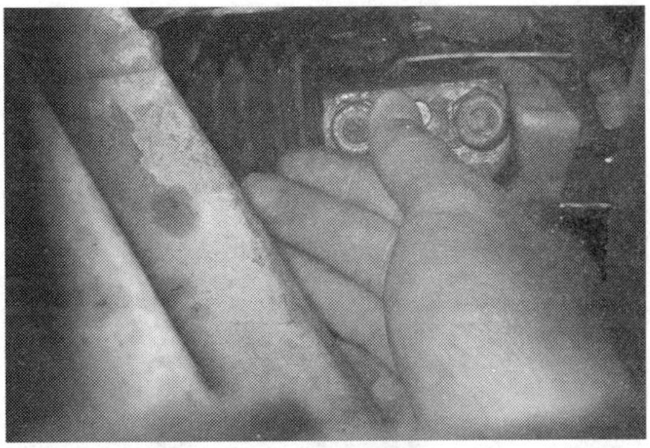

5 1号将扭力扳手的预紧力调整为35N · m。之后，使用ϕ17mm套筒、扭力扳手，检查转向器横板的2条固定螺栓紧固情况。

6 1号将扭力扳手的预紧力调整为20N·m。之后，使用ϕ13mm套筒、扭力扳手检查转向器的2条圆柱体内六角螺栓紧固情况。

7 2号接收工具，擦拭后摆放到工具车上。

8 2号操纵举升机，将车辆降落到地面上。

提示

(1) 举升机的操作要领和规范要求，请参阅“举升机的使用方法”。

(2) 举升车辆时，强调安全确认口令“正常”、“举升车辆”，防止意外情况发生。

第四步 整理工位

1号、2号共同拆除护裙、驾驶室内保护罩；清理工具和量具等；清洁地面卫生。

提示

作业项目完成后，要搞好工位的清扫、整理工作，培养良好的工作习惯。

八、考核标准

考核标准表

考核时间	序号	考核项目	满分	评分标准	得分
20min	1	作业前整理工位	5	酌情扣分	
	2	工位停车	3	停车不当扣3分	
	3	车辆可靠停驻	3	操作不当扣3分	
	4	粘贴翼子板护裙	4	操作不当扣4分	
	5	打开并支撑机舱盖	3	操作不当扣3分	
	6	安装驾驶室内保护罩	4	操作不当扣4分	
	7	检查转向盘自由行程	7	操作不当扣7分	
	8	检查转向系的旷量	7	操作不当扣7分	
	9	检查转向横拉杆球头的磨损情况	8	操作不当扣7分	
	10	检查横拉杆衬套的磨损情况	8	操作不当扣8分	
	11	调整转向器的间隙	9	操作不当扣9分	
	12	检查转向横拉杆球头螺母紧固情况	6	操作不当扣6分	
	13	检查转向横拉杆支架螺栓紧固情况	6	操作不当扣6分	
	14	检查转向器横板固定螺栓紧固情况	6	操作不当扣6分	
	15	检查转向器圆柱体内六角螺栓紧固情况	6	操作不当扣6分	
	16	举升或降落车辆	5	操作不当扣5分	
	17	工具维护与使用	5	酌情扣分	
	18	作业后整理工位	5	酌情扣分	
	19	遵守相关安全规范	因违规操作造成人身和设备事故的，总分按0分计		
分数合计			100		

项目二十　检查或更换防尘罩、转向横拉杆及其球头

一、项目说明

防尘罩、转向横拉杆及其球头是汽车转向系的组成部件。在汽车长期使用过程中，防尘罩橡胶会老化、破裂，引起润滑脂流失与变质，影响转向器密封和润滑，造成转向器加速磨损；转向横拉杆弯曲变形，使转向车轮定位角度发生变化，导致汽车转向沉重、行驶跑偏、转向回正性能下降或丧失、转向操纵不稳定及轮胎异常磨损等故障发生；转向球头磨损后，使球头与球碗配合松旷，致使汽车转向或颠簸时发出异响、转向车轮定位角度发生变化等，严重磨损的转向球头，甚至会从球碗中脱出，使汽车失去方向控制。

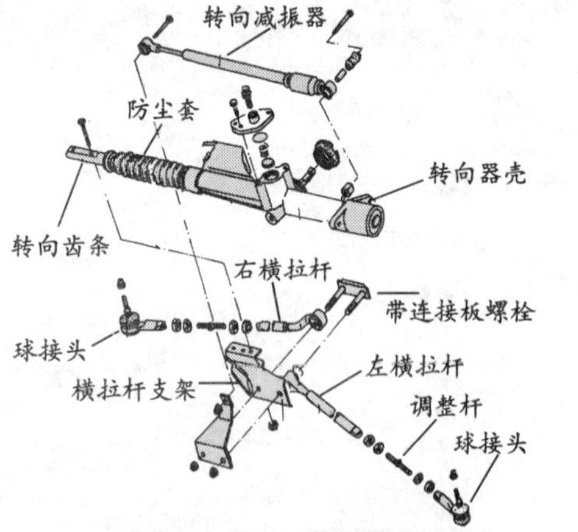

桑塔纳2000GSi轿车转向传动机构

综上所述，汽车转向系关系到行车安全和生命财产安全，必须定期检查与维护，并及时更换已严重磨损或损坏的零部件，确保汽车转向系的工作性能良好。下面以桑塔纳2000GSi型轿车为例，来说明检查或更换汽车转向系中的防尘罩、横拉杆及其球头的操作步骤和技术规范。

二、技术标准与要求

1. 安装桑塔纳2000GSi型轿车配套防尘罩、转向横拉杆及其球头。
2. 更换转向横拉杆及其球头后，必须进行车轮定位的测量与调整。
3. 自锁螺母只作一次性使用，拆卸后应更换新品。
4. 转向球头拆卸前，自制与转向拉杆的装配记号。
5. 相关固定螺栓紧固力矩：
   (1) 横拉杆支架螺栓45N · m；
   (2) 横拉杆螺栓45N · m；
   (3) 横拉杆球头螺母30N · m。

三、实训时间：50min

四、实训教学目标

1. 了解检查或更换防尘罩、转向横拉杆及其球头的重要性。
2. 熟悉桑塔纳轿车转向传动机构的组成。

3.掌握检查或更换防尘罩、转向横拉杆及其球头的操作技能。

五、实训器材

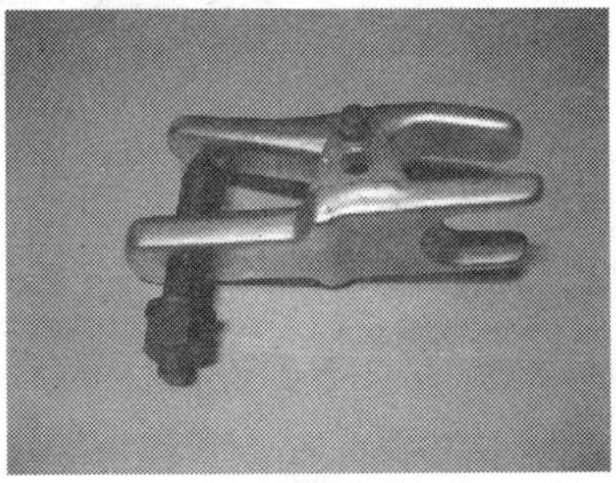

拆卸球头专用工具

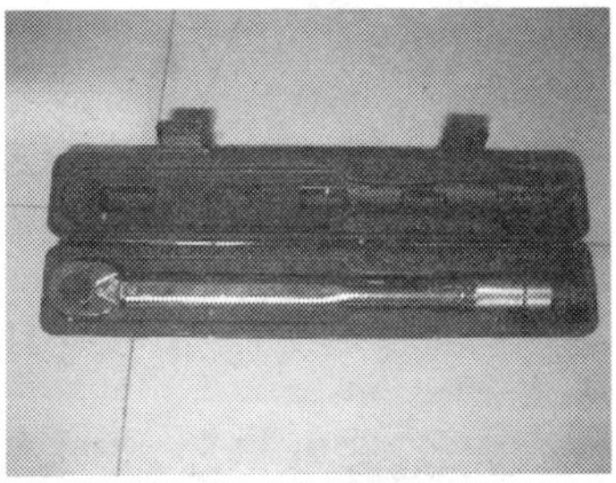

扭力扳手

其他工具及器材：

车轮支架、16-17mm开口扳手、16-17mm梅花扳手、22-24mm开口扳手、车轮扳手、ϕ 17mm套筒、接杆、棘轮扳手、驾驶室内保护罩、翼子板护裙、防护手套及防护帽等。

六、教学组织

1. 教学组织形式

每辆车安排4名学生参与实训，两名学生为一组。一组操作，一组观察学习。

2. 学生站位分工和要求

两名学生一组，按照1号、2号进行编号，1号为主，2号为辅助。

3. 实训教师职责

讲解操作步骤和注意事项；下达"操作开始"口令；工位间巡视、检查、指导和纠正错误。

4. 学生职责变换

两名学生实行职责变换制度，即第一遍1号为主，2号辅助；第二遍2号为主，1号辅助。

七、操作步骤

第一步 事前准备

1 车辆进入工位前，参训学生将工位卫生清理干净，排除障碍物，准备好相关的工具、物品等。

提示

培养良好的工作习惯，做好事前准备，有利于安全操作和提高工作效率。

2 将车辆停驻在举升机平台的中央位置。

3 1号拉紧驻车制动器，并将变速器置于空挡位。

提示

为保证车辆在工位上的可靠停驻，防止出现溜滑，造成安全事故。因此，要拉紧驻车制动器并将变速器置于空挡位。

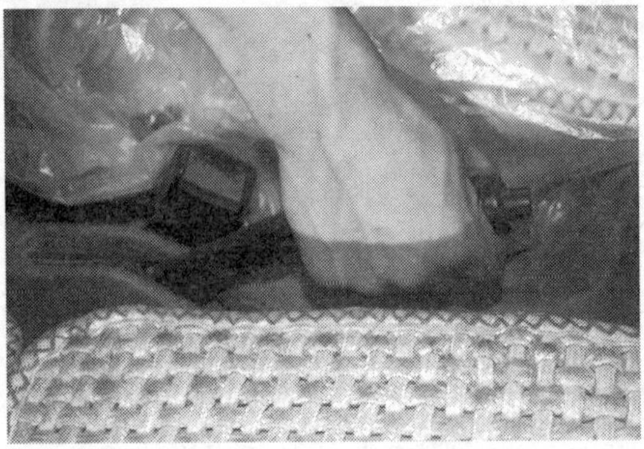

4 1号打开并可靠支撑机舱盖。

提示

将支撑杆插入机舱盖支撑孔时，要保证接触可靠，否则，机舱盖滑落会造成人身伤害。

5 1号、2号把护裙粘贴在汽车左、右侧翼子板上，要求护裙将翼子板全部覆盖。护裙的上边沿粘贴到排水槽的内侧，前端至侧灯处，后端至车门与翼子板结合缝隙。

提示

(1)粘贴护裙的主要目的是保护操作中能够接触到的翼子板车漆。

(2) 护裙是通过磁铁吸附在翼子板上的，因此，粘贴时，当护裙接近翼子板，感受到吸力后，要稍稍用力，使护裙轻轻与翼子板贴合，不允许听到接触碰撞声。

6 1号安装转向盘套、换挡手柄套、座套、铺设地板垫。

提示

保护罩是由薄塑料制成的，极易破损。所以在安装时，用力要均匀，避免因用力过大造成损坏。其主要作用是在操作过程中保持驾驶室内清洁。

第二步 拆卸前左右车轮

1 1号进入驾驶室，解除转向盘锁止后，将转向盘调整到中间位置，然后离开驾驶室并关闭车门。

提示

(1) 保持前转向车轮直行状态，有利于接下来的操作。

(2) 转动转向盘之前，应将点火开关旋至解锁挡位。否则，转向盘被锁止。

2　2号将车轮扳手传递给1号。

3　1号使用车轮扳手，拧松车轮的4条固定螺栓。

提示

(1) 拧松车轮固定螺栓时，要按照“对角多遍”的要求进行，防止车轮变形。

(2) 车轮螺栓以拧松2～3个丝扣为度，避免车轮负重倾斜，造成螺栓螺纹损伤。

4　2号操纵举升机，将车辆举升至轮胎最低点距离地面约20cm的高度。

提示

(1) 举升机的操作要领和规范要求，请参阅“举升机的使用方法”。

(2) 举升车辆时，强调安全确认口令“正常”、“举升车辆”，防止意外情况发生。

5　2号扶住车轮，1号使用车轮扳手，快速旋出车轮固定螺栓，然后将工具、螺栓传递给2号。

提示

1号、2号配合拆卸车轮，可以防止车轮倾斜损伤螺栓螺纹、车轮不慎脱落。

6　2号接收工具、螺栓，并摆放到工具车、零件车上。

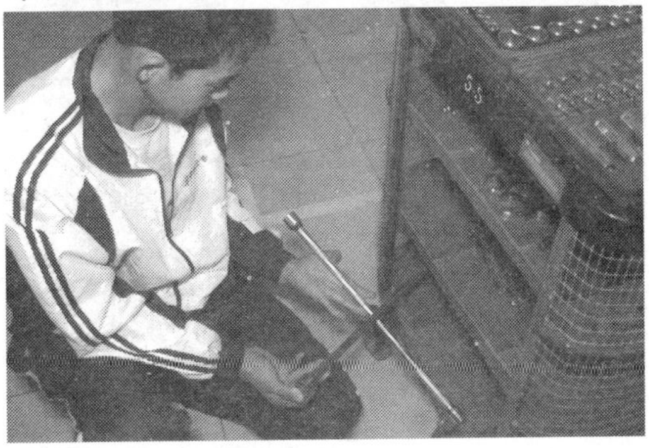

7　1号取下车轮，并将其放到车轮支架上。

提示

(1) 按照相同的操作步骤和规范要求，拆卸另一侧车轮，不再赘述。

(2) 两侧车轮作好区分标记，不要混装。

第三步　拆卸转向横拉杆球头

1 2号将16-17mm梅花扳手传递给1号。

2 1号使用16-17mm梅花扳手，拧松转向横拉杆球头固定螺母。2号将接收工具擦拭后摆放到工具车上。

3 1号用手旋下球头固定螺母，并传递给2号。2号将螺母摆放到零件车上。

提示

球头固定螺母，只作一次性使用，拆卸后应更换新品。

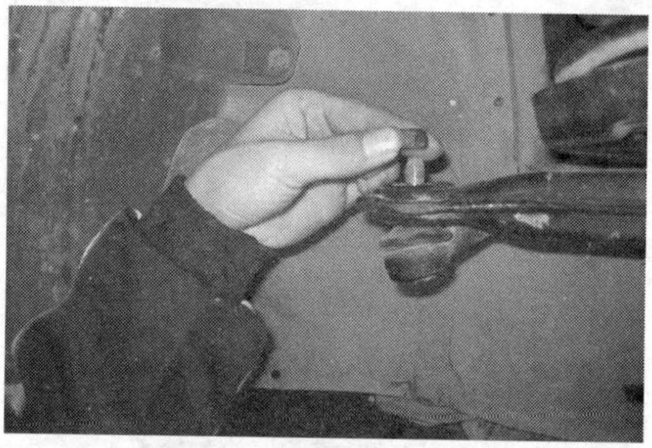

4 2号将球头拆卸工具传递给1号。

提示

(1) 使用专用工具压出球头，既安全又省力。同时可避免机件损伤。

(2) 拆卸球头时，严禁捶击球头销轴及转向节臂。否则，将导致销轴螺纹损伤和转向节臂变形。

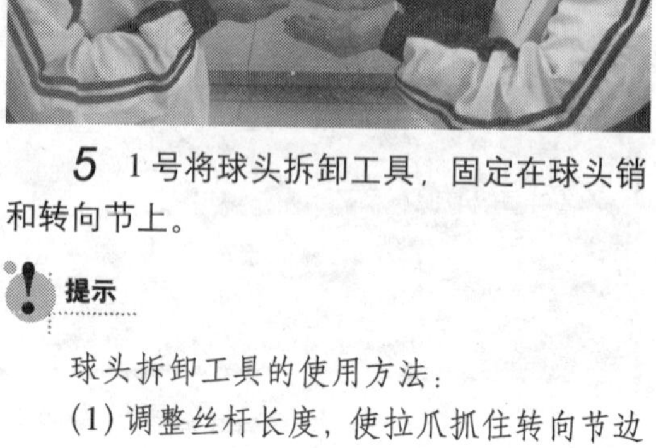

5 1号将球头拆卸工具，固定在球头销和转向节上。

提示

球头拆卸工具的使用方法：

(1) 调整丝杆长度，使拉爪抓住转向节边沿。

(2) 旋入丝杆，使压头与球头销端面接触。

(3) 使用工具旋入丝杆，将球头销压出承孔。

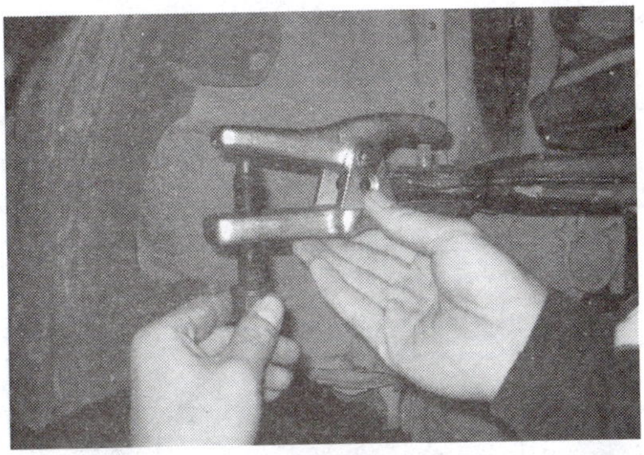

6 1号一手扶住球头拆卸工具，一手使用19-21mm梅花扳手旋入丝杆，直到压出球头为止。

提示

拆卸球头时，注意以下4点：

(1) 球头拆卸工具连接可靠。

(2) 要保持压头与球头销端面接触良好。

(3) 缓慢旋转丝杆。

(4) 用手扶住拆卸工具，防止掉落砸伤。

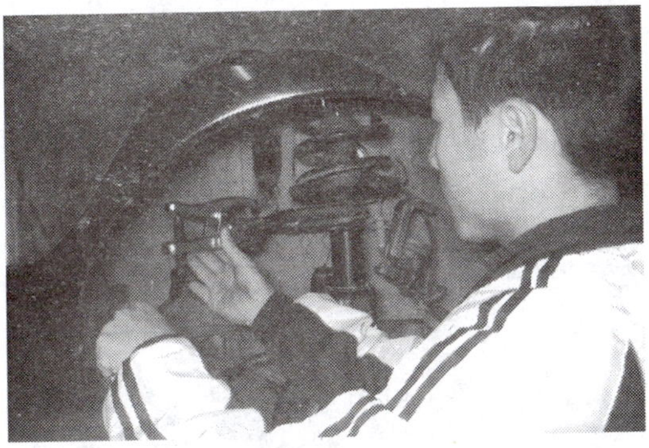

7 球头取出后，1号取下拆卸工具。2号将拆卸工具，擦拭后摆放到工具车上。

第四步 拆卸转向横拉杆支架

1 2号操纵举升机，将车辆举升到适当高度后，可靠锁止提升臂。

提示

(1) 举升机的操作要领和规范要求，请参阅“举升机的使用方法”。

(2) 举升车辆时，强调安全确认口令“正常”、“举升车辆”，防止意外情况发生。

2 2号将ϕ17mm套筒、接杆、扭力扳手组合后传递给1号。

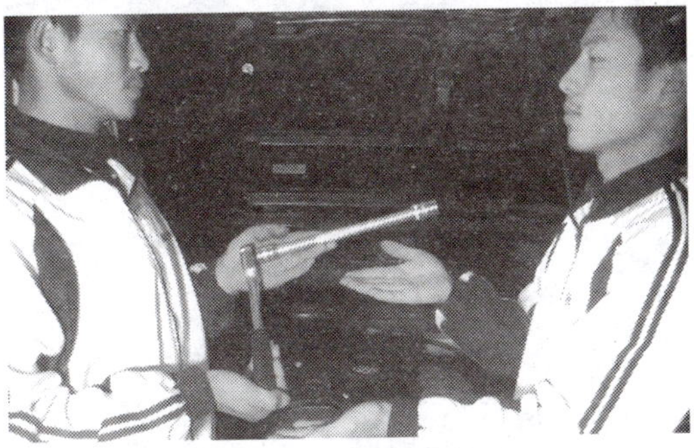

3 1号使用ϕ17mm套筒、接杆、扭力扳手，拧松转向横拉杆支架的2条固定螺母。

4 2号接收工具，擦拭后摆放到工具车上。

5 1号用手旋下螺母并传递给2号。2号将螺母摆放到零件车上。

6 1号使用游标卡尺测量连接杆的外露长度，并记录。

提示

(1) 连接杆一端旋入杆球头螺纹孔中，另一端旋入横拉杆螺纹孔中。调整连接杆的长度，便可改变前轮前束值的大小。

(2) 转向球头拆卸前，测量并记录连接杆的外露长度，作为转向球头安装时的位置依据。这样车轮定位角度可保持基本不变。

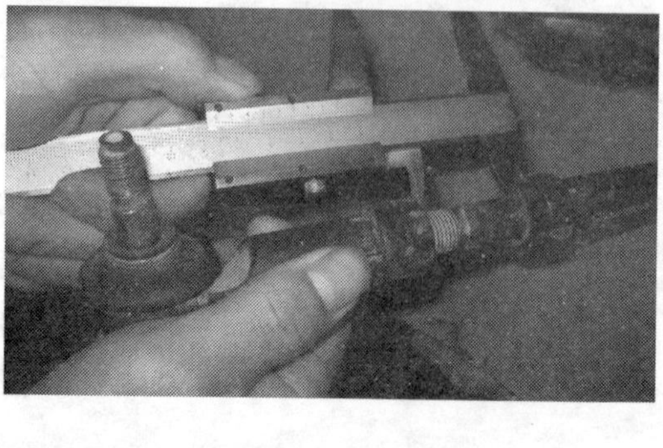

7 1号将转向球头销插入转向臂上的安装孔中。

提示

将转向球头与转向臂连接起来，目的是便于拧松杆球头的锁紧螺母。

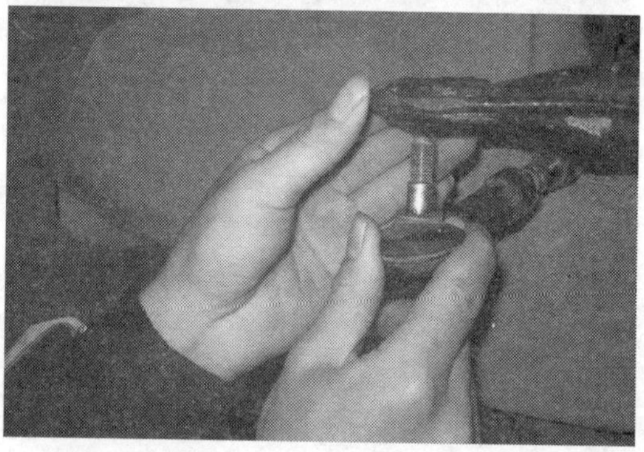

8 1号使用13-14mm开口扳手固定连接杆；使用22-24mm开口扳手拧松连接杆两端的锁紧螺母。最后从转向臂上脱出转向球头销。

提示

拧松连接杆两端锁紧螺母时，严禁使用已严重磨损的开口扳手。否则，将导致锁紧螺母滑方，给拆卸作业带来更大难度。

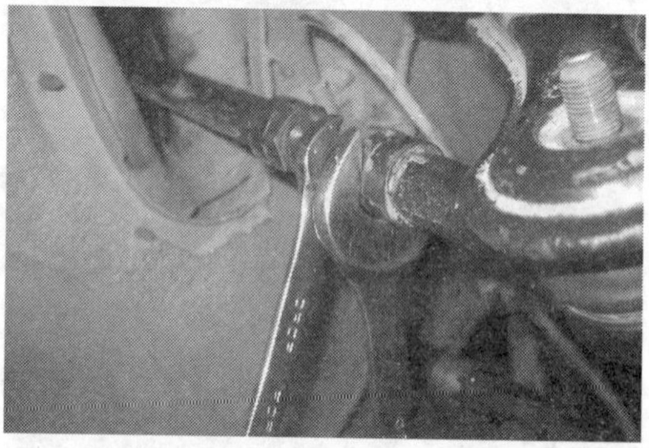

9 2号操纵举升机，将车辆降落至轮胎最低点距离地面适当高度后，并可靠锁止提升臂。

提示

(1) 举升机的操作要领和规范要求，请参阅“举升机的使用方法”。

(2) 降落车辆时，强调安全确认口令“正常”、“举升车辆”，防止意外情况发生。

10　2号将 ϕ17mm 套筒、接杆、扭力扳手组合后传递给1号。

11　1号使用 ϕ17mm 套筒、接杆、扭力扳手，拧松转向横拉杆支架的2条固定螺栓。

提示

转向横拉杆支架固定螺栓，旋入转向器齿条的螺纹孔后再与其固定螺母旋紧。所以，固定螺母旋下后，不能够直接取出固定螺栓。

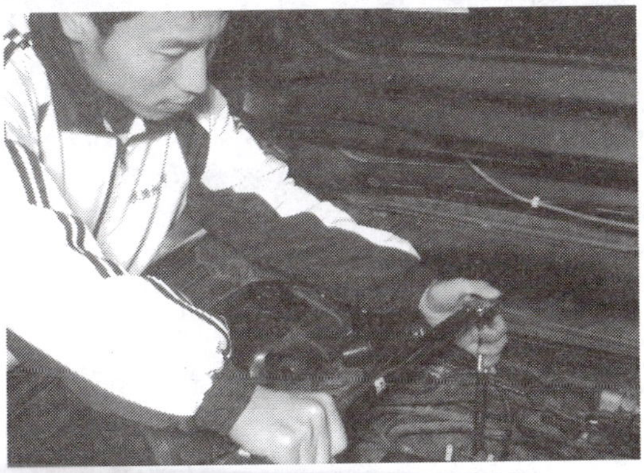

12　1号换用棘轮扳手，快速旋出支架固定螺栓。

13　2号接收工具、螺栓，分别摆放到工具车、零件车上。

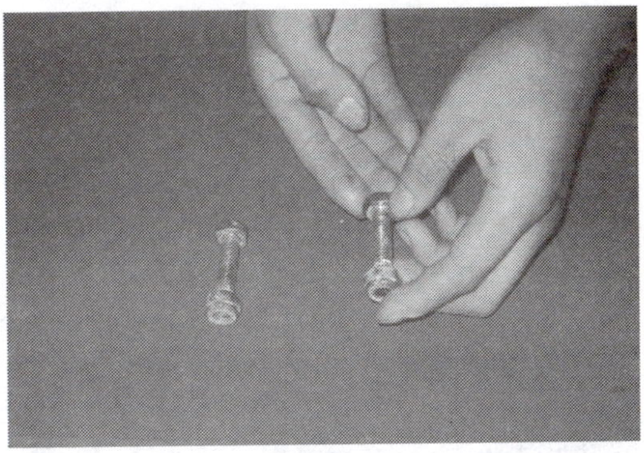

14　1号将转向横拉杆支架从转向器齿条上脱出后，1号、2号共同配合，将转向横拉杆及其支架从右侧翼子板的下护板孔中取出。

提示

取出转向横拉杆及其支架时，注意调整转向横拉杆支架和左侧球头位置。严禁生拉硬拽，避免损伤其他机件。

15　2号将转向横拉杆及其支架，摆放到操作台上。

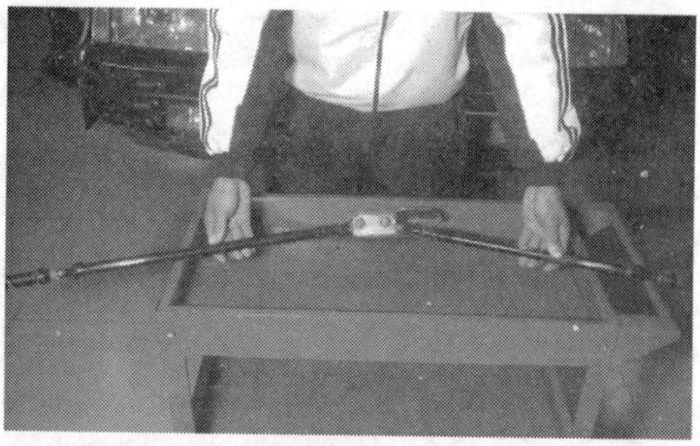

第五步 拆卸转向器防尘罩

1 2号操纵举升机，将车辆举升到适当高度后，可靠锁止提升臂。

提示

(1) 举升机的操作要领和规范要求，请参阅“举升机的使用方法”。

(2) 举升车辆时，强调安全确认口令“正常”、“举升车辆”，防止意外情况发生。

2 1号使用2号传递来的鲤鱼钳，松开防尘罩与转向器端的压紧夹箍。

提示

拆卸压紧夹箍时，将调整片拉起，从锁孔中脱出锁片，即可松开压紧夹箍。

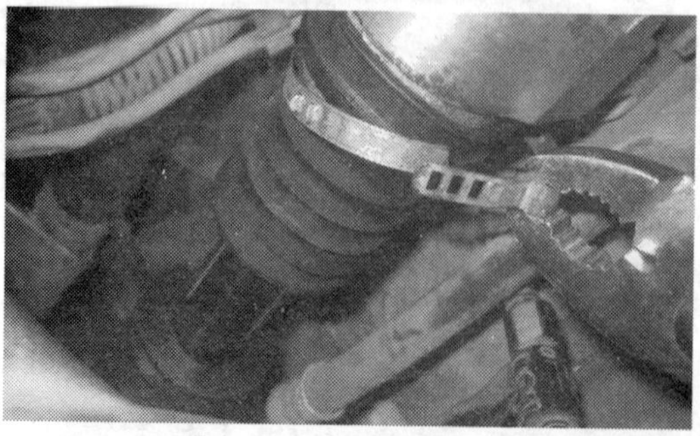

3 2号操纵举升机，将车辆降落至轮胎最低点距离地面适当高度后，并可靠锁止提升臂。

提示

(1) 举升机的操作要领和规范要求，请参阅“举升机的使用方法”。

(2) 降落车辆时，强调安全确认口令“正常”、“举升车辆”，防止意外情况发生。

4 1号用手取下固定环、防尘罩。2号接收固定环、防尘罩并摆放到零件车上。

提示

固定环取下困难时，可首先清洁齿条表面，然后在齿条表面涂一薄层机油，便可轻松取下固定环。

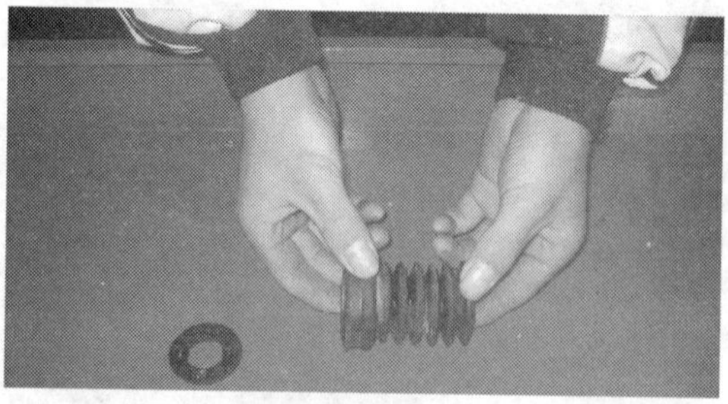

第六步 拆卸转向横拉杆及其球头

1 1号使用铁锤，敲松连接杆两端的箍紧帽。

提示

箍紧帽用于保证杆球头和转向横拉杆的开槽部位，在拧紧锁紧螺母时不扩张，使连接螺纹可靠接触。

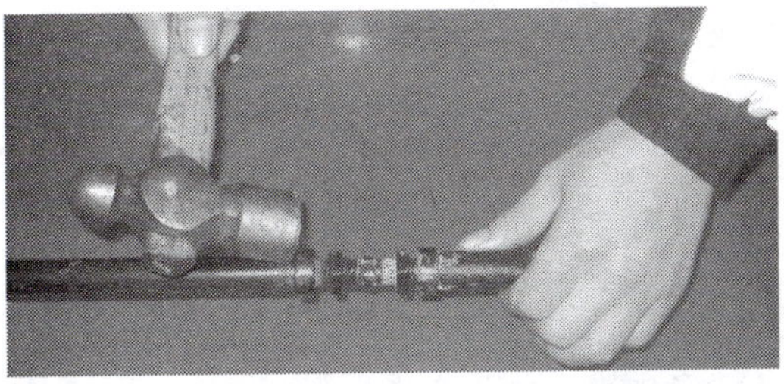

2 1号用手旋下左右转向拉杆球头、连接杆，取下箍紧帽，一起摆放到操作台上。

提示

左右转向球头螺纹旋向相反，拆卸或安装时注意判别。

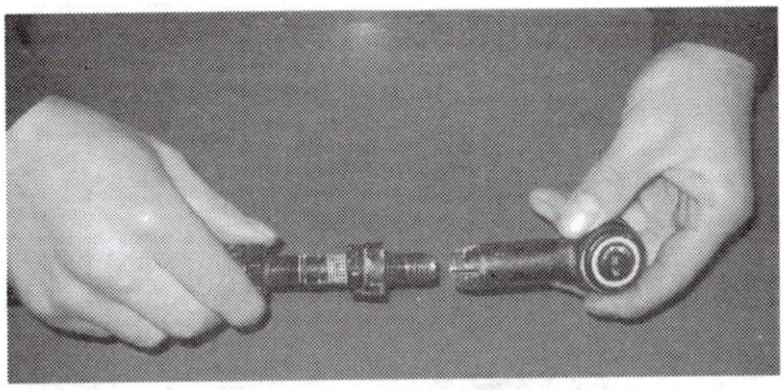

3 1号使用2号传递来的16-17mm梅花扳手，拧松转向横拉杆的固定螺母。

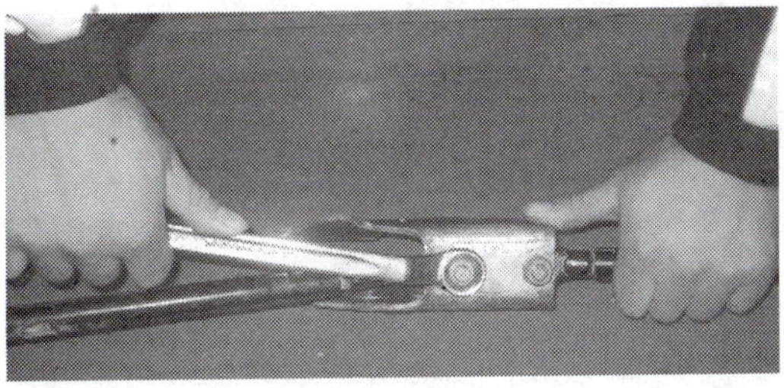

4 1号用手旋下固定螺母后，取出带连接板的2条固定螺栓。

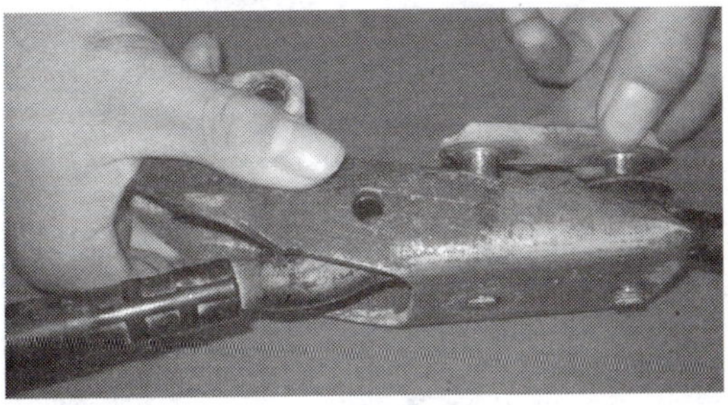

5 1号将支架、左右侧转向横拉杆、球头、连接杆及固定螺栓，按照其安装位置摆放到零件车上。

提示

左右侧转向横拉杆的长度不同，左侧长于右侧。注意区分，避免安装时出现错误。

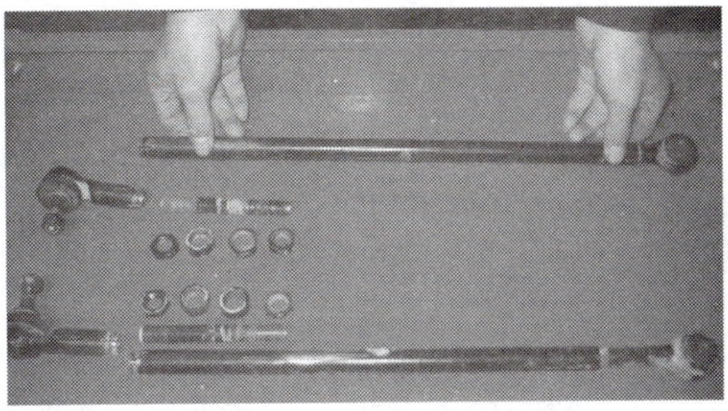

第七步　检查转向球头

1 1号检查球头销及杆球头的螺纹损伤情况。

提示

如果球头销或杆球头的螺纹，出现明显损伤，应更换球头总成。

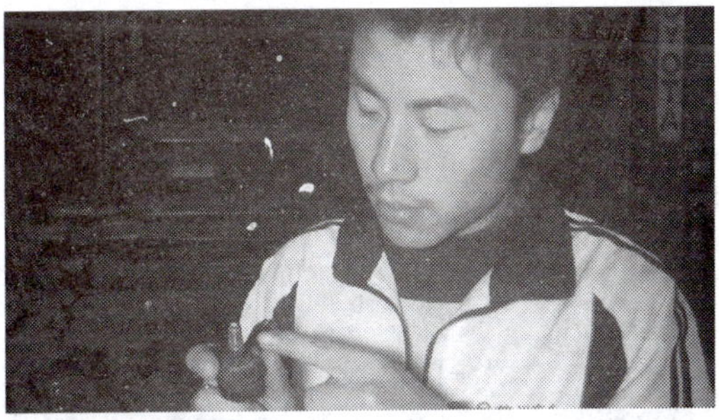

2 1号检查球头的防尘罩是否有橡胶老化、破裂等损伤。

提示

如果防尘罩已老化破裂，将会加剧球头磨损，应提前更换球头总成。

3 1号一手握紧球碗，一手上下方向推拉球头销，检查转向球头的磨损情况。

提示

如果球头与球碗之间存在明显旷量，应更换球头总成。对于可调式球头而言，调整球头与球碗之间的配合间隙达到正常值。

第八步　检查轮向横拉杆

1 1号检查转向横拉杆是否有明显变形损伤。

提示

如果转向横拉杆存在明显变形损伤，应更换新件，否则，将直接影响正常的前轮前束值。

2 1号检查转向横拉杆的橡胶衬套是否有开裂、偏磨等损伤。

提示

如果橡胶衬套存在上述损伤，应更换新衬套。否则，转向盘产生空行程，使转向灵敏度降低。

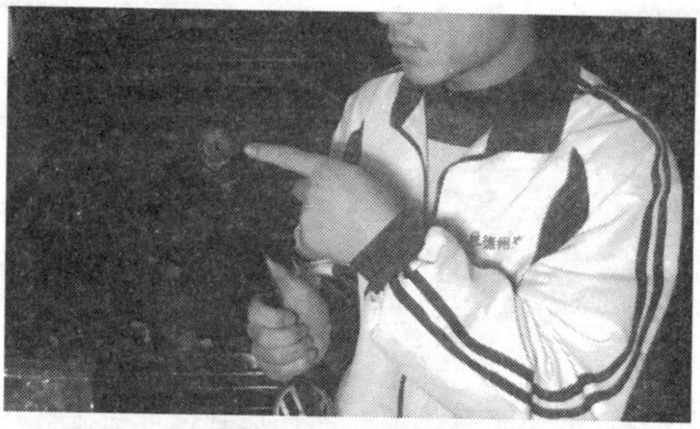

第九步　检查转向器防尘罩

1号检查转向器的防尘罩是否有橡胶老化、裂纹及折断等损伤。

提示

如果转向器的防尘罩存在上述损伤，应更换新品。否则，将导致润滑脂流失及磨料进入转向器，使转向器加速磨损。

第十步　安装转向横拉杆及其球头

1 1号将左右转向横拉杆的衬套孔与其支架的螺栓孔对齐后，将带连接板的螺栓穿过衬套和支架。

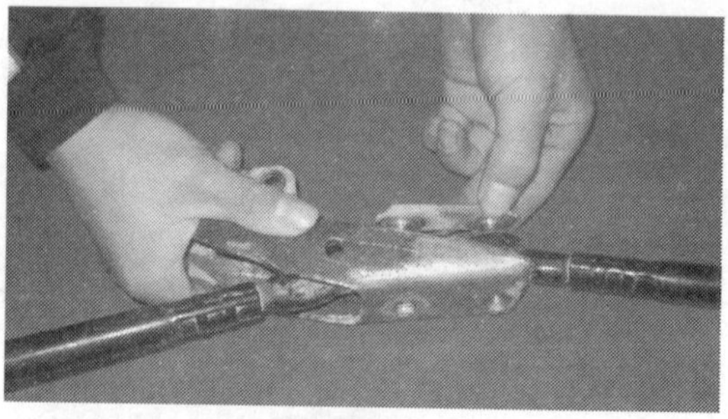

2 1号用手将螺母旋到螺杆上后，使用 ϕ 17mm 套筒、接杆、扭力扳手，将螺母力矩拧紧至 45N · m。

3　1号将箍紧帽套装到转向横拉杆上，然后将螺纹上已涂油的连接杆旋入横拉杆的螺纹孔内。

提示

连接杆两端的螺纹旋向相反，注意区分。

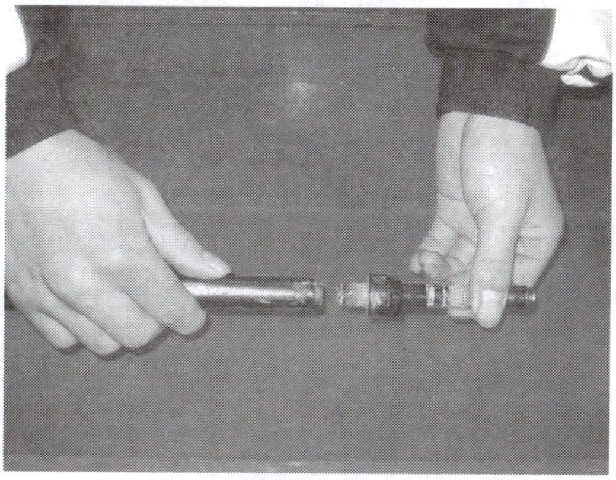

4　1号将箍紧帽套装到杆球头上后，将杆球头旋到连接杆上。

提示

按照相同的操作及要求，安装另一侧的连接杆和转向球头，此处不再重复。

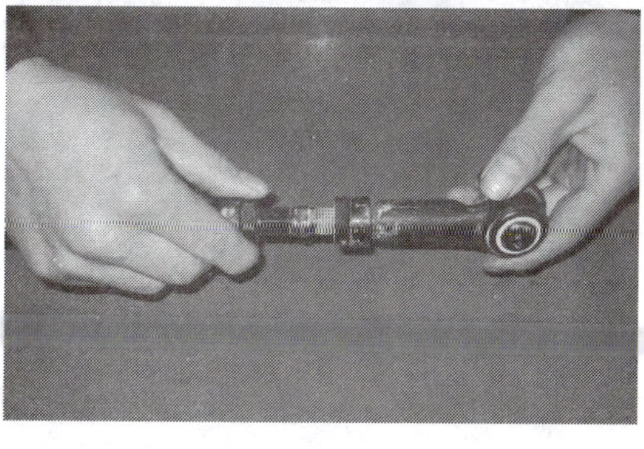

第十一步　安装转向器防尘罩

1　1号将适量润滑脂加注到转向器齿条上。

提示

如果转向器内的润滑脂已脏污或变质，视情清洗转向器，然后加注新鲜润滑脂。

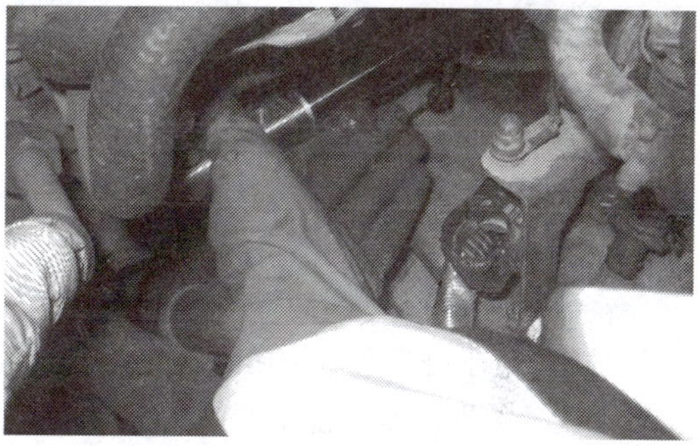

2　1号将防尘罩小口端套装到固定环的圆环上。

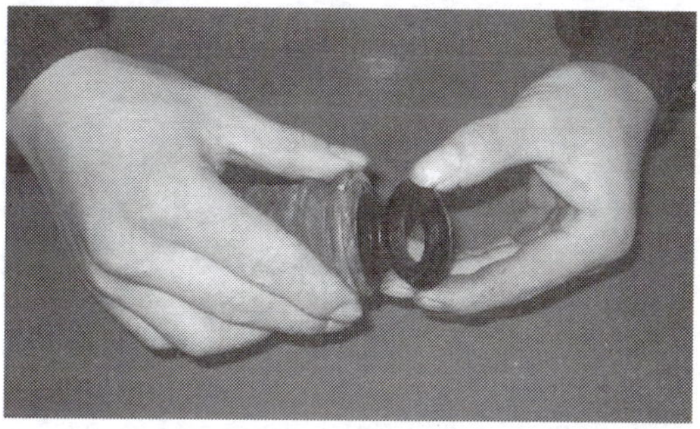

3　1号一手扶住防尘罩穿过齿条；一手对正固定环的半圆孔，将固定环安装到齿条上。

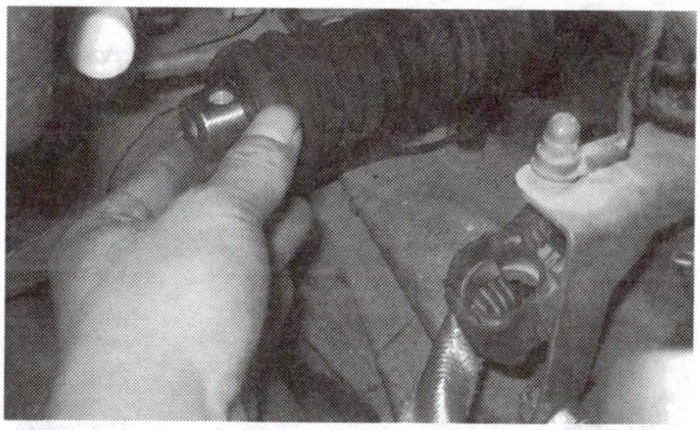

第十二步　安装转向横拉杆及其支架

1　1号、2号共同配合，将转向横拉杆及其支架，从右侧翼子板的下护板的孔中穿过。

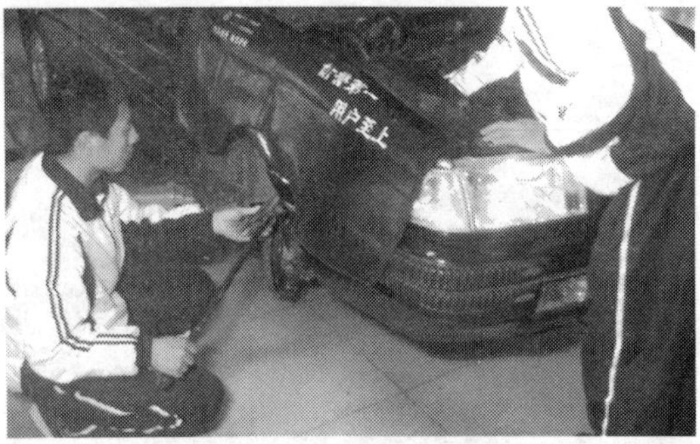

2 1号、2号共同配合，将转向横拉杆及其支架，安放到转向器下方。

提示

在将转向横拉杆及其支架安放到转向器下方的过程中，小心理顺各种线束和管路。严禁生拉硬拽。否则，容易损坏其他机件。

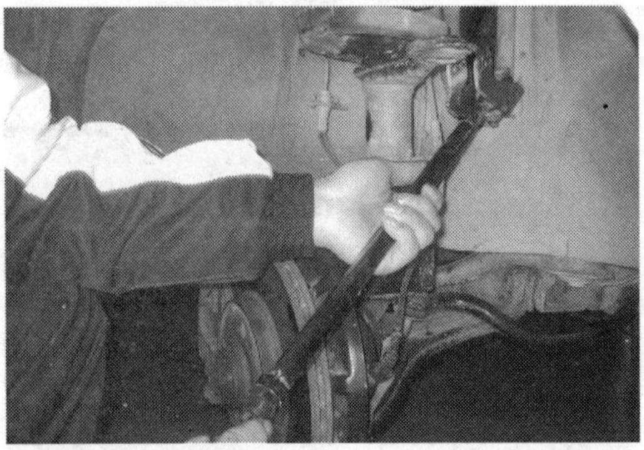

3 1号将转向横拉杆的支架安装到转向器的齿条上。

提示

横拉杆支架安装后，转向器的齿条位于支架的U形槽内。

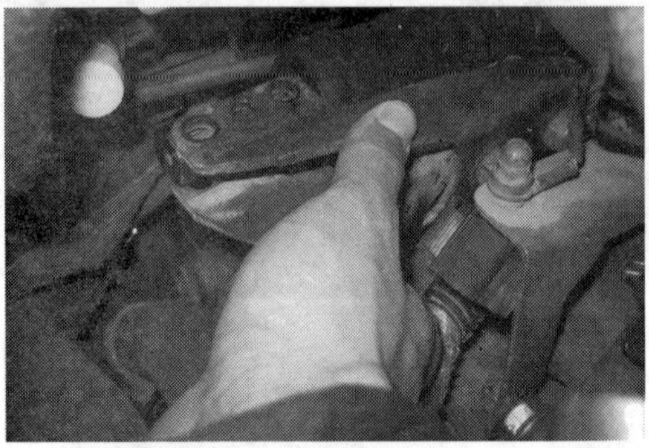

4 1号对正螺栓孔后，将固定螺栓用手旋入螺纹孔中。

提示

用手确定对正螺纹后，方可旋入螺栓。严禁使用工具直接旋入螺栓，一旦螺纹歪斜，将导致螺纹损伤，给安装作业带来更大难度，甚至造成机件损坏。

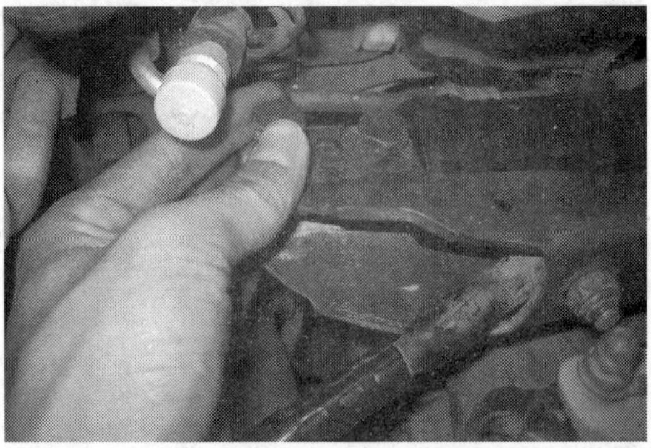

5 2号将ϕ17mm套筒、接杆、棘轮扳手组合后传递给1号。

6 1号使用ϕ17mm套筒、接杆、棘轮扳手，将转向横拉杆支架的2条固定螺栓拧紧到适当力矩。

7　1号换用扭力扳手，将支架固定螺栓力矩拧紧至45N·m。

提示

转向横拉杆支架的固定螺栓，用两次力矩拧紧。第一次为U形槽上平面与转向器齿条的紧固力矩为45N·m；第二次为U形槽下平面与螺栓的紧固力矩为45N·m。

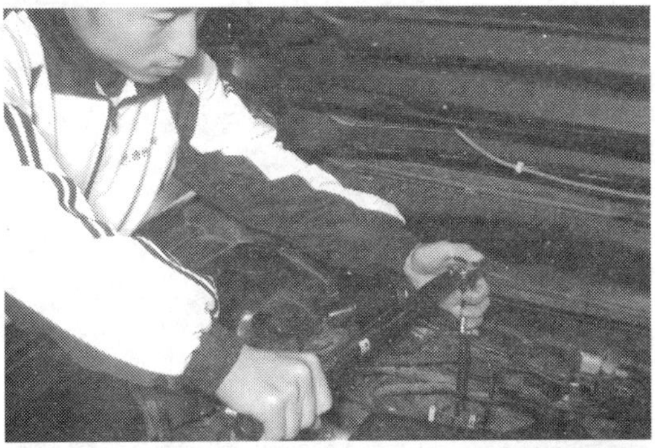

8　2号操纵举升机，将车辆降落至轮胎最低点距离地面适当高度后，并可靠锁止提升臂。

提示

(1) 举升机的操作要领和规范要求，请参阅“举升机的使用方法”。

(2) 降落车辆时，强调安全确认口令“正常”、“举升车辆”，防止意外情况发生。

9　1号用手将2个螺母旋到转向横拉杆支架的固定螺栓上。

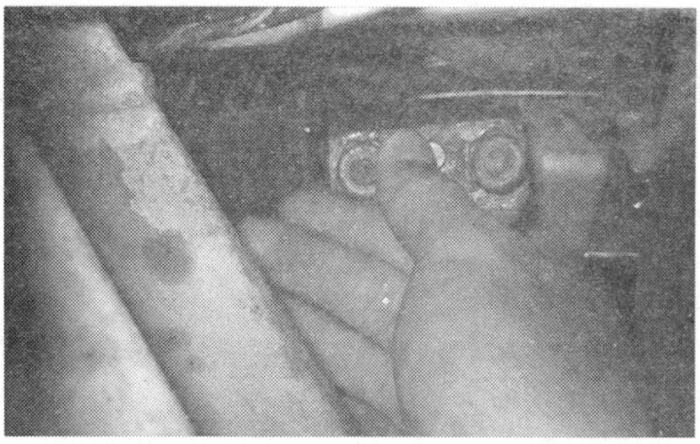

10　1号使用2号传递来的ϕ17mm套筒、接杆、扭力扳手，将固定螺母的力矩拧紧至45N·m。

提示

转向横拉杆支架的固定螺栓，用两次力矩拧紧。第一次为U形槽上平面与转向器齿条的紧固力矩为45N·m；第二次为U形槽下平面与螺栓的紧固力矩为45N·m。

11　1号将防尘罩套装到转向器壳上，然后将夹箍缠绕到转向器防尘罩压紧部位，最后使用2号传递来的鲤鱼钳，将夹箍拉紧并锁止。

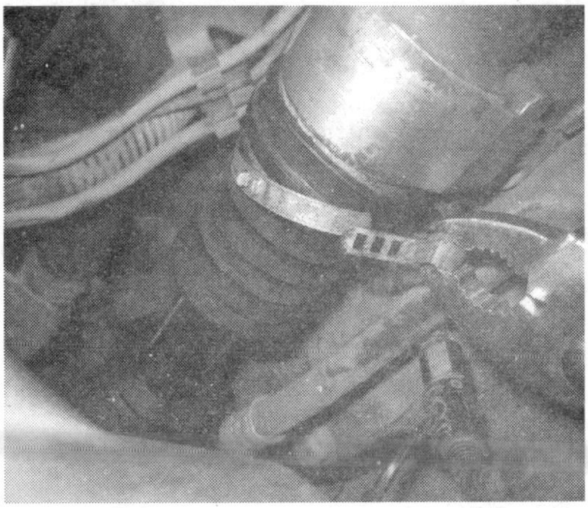

第十三步 安装转向横拉杆球头

1 1号将转向球头销插入转向臂的安装孔内。

提示

如果球头销难以插入转向臂的安装孔内，可转动转向节调整转向臂的位置，或将梅花扳手一端套入球头销调整球头销的位置。

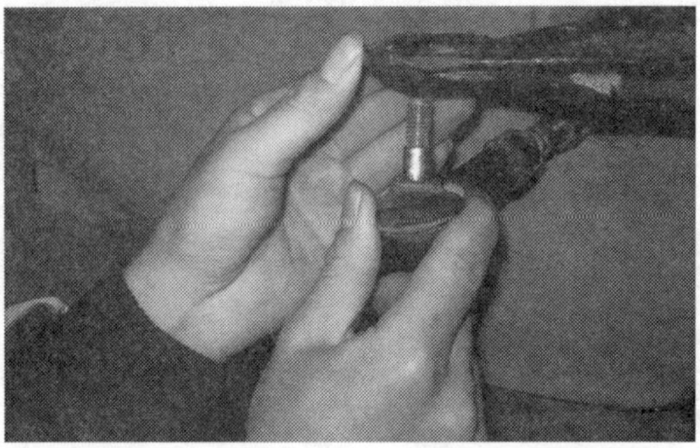

2 1号将固定螺母用手旋到球头销上。

提示

(1) 球头固定螺母，仅作一次性使用，拆卸后应更换新品。

(2) 用手旋入螺母，确保对正螺纹。严禁使用工具直接旋入螺母，容易造成螺纹损伤。

3 1号使用2号传递来的ϕ17mm套筒、接杆、扭力扳手，将螺母力矩拧紧至30N·m。

提示

按照相同的操作要求，安装另一侧的转向球头，此处不再重复。

4 1号使用游标卡尺，测量左右转向横拉杆的连接杆的外露长度。

提示

将测量数值与纪录数值相对照，从而可以确定连接杆的调整量。

5 计算出测量数值与记录数值的差值后，以记录数值为标准。1号使用13-14mm开口扳手转动连接杆，调整连接杆的外露长度达到记录数值。

6 将连接杆长度调整到记录数值后，1号使用13-14mm开口扳手，固定连接杆；使用22-24mm开口扳手，固定两端的锁止螺母。

提示

(1) 保持连接杆长度与记录数值相一致，即保证了前轮前束值与拆卸前保持基本不变。但必须进行车轮定位的测量，必要时调整车轮定位角度。

(2) 按照相同的操作方法和要求，调整另一侧的连接杆的长度，此处不再重复。

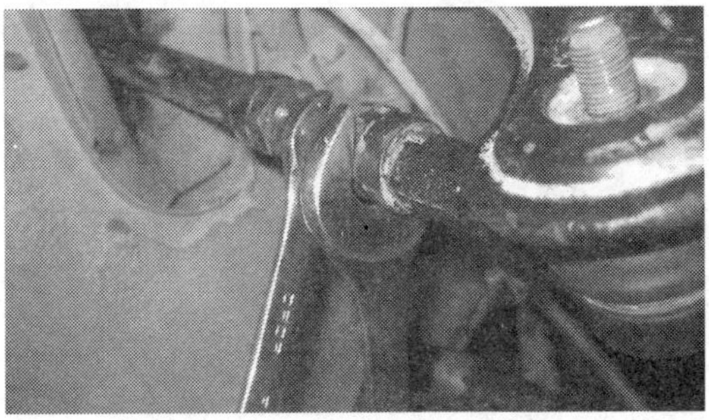

第十四步　安装前左右车轮

1　2号操纵举升机，将车辆举升至轮胎最低点距离地面约20cm的高度。

提示

(1) 举升机的操作要领和规范要求，请参阅“举升机的使用方法”。

(2) 降落车辆时，强调安全确认口令“正常”、“举升车辆”，防止意外情况发生。

2　1号将车轮安放到制动盘的凸缘上，并对齐螺栓孔，然后将2号传递来的4条固定螺栓用手旋入螺栓孔内。

提示

左、右侧车轮不要换位，保持原安装位置，以免影响车辆行驶性能。

3　1号使用2号传递来的车轮扳手，将固定螺栓拧紧到适当力矩。

提示

紧固车轮螺栓，应按照“对角多遍”的要求进行。

4　2号操纵举升机，将车辆降落到地面上。

提示

便于将车轮固定螺栓，拧紧到规定力矩。

5　1号使用扭力扳手，按照规定要求将车轮固定螺栓拧紧到110N · m。

提示

(1) 紧固车轮螺栓，应按照“对角多遍”的要求进行。

(2) 按照相同的要求，安装另一侧车轮。

6 1号将2号传递来的车轮装饰罩对正定位销和定位孔后，安装到车轮承座上。

第十五步 整理工位

1号、2号共同拆除护裙、驾驶室内保护罩；清理工具和量具等；清洁地面卫生。

提示

作业项目完成后，要搞好工位的清扫、整理工作，培养良好的工作习惯。

八、考核标准

考核标准表

考核时间	序号	考核项目	满分	评分标准	得分
20min	1	作业前整理工位	3	酌情扣分	
	2	工位停车	2	停车不当扣2分	
	3	车辆可靠停驻	2	操作不当扣2分	
	4	粘贴翼子板护裙	3	操作不当扣3分	
	5	打开并支撑机舱盖	2	操作不当扣2分	
	6	安装驾驶室内保护罩	2	操作不当扣2分	
	7	拆装前左右车轮	4	操作不当扣4分	
	8	拆卸转向横拉杆支架	7	操作不当扣7分	
	9	拆卸转向器防尘罩	5	操作不当扣5分	
	10	拆卸横拉杆及其球头	8	操作不当扣8分	
	11	检查转向球头	6	检查不当扣6分	
	12	检查转向横拉杆	6	检查不当扣6分	
	13	检查转向器的防尘罩	6	检查不当扣6分	
	14	安装转向横拉杆及其球头	9	操作不当扣9分	
	15	安装转向器的防尘罩	6	操作不当扣6分	
	16	安装转向横拉杆及其支架	8	操作不当扣8分	

续上表

考核时间	序号	考核项目	满分	评分标准	得分
20min	17	安装转向球头	6	操作不当扣6分	
	18	零部件的摆放	4	酌情扣分	
	19	举升或降落车辆	4	操作不当扣4分	
	20	工具维护与使用	4	使用与维护不当扣4分	
	21	作业后整理工位	3	酌情扣分	
	22	遵守相关安全规范	因违规操作造成人身和设备事故的,总分按0分计		
分数合计			100		

项目二十一　检查或更换ABS轮速传感器

一、项目说明

1. 概述

轮速传感器是ABS（Anti-lock Brake System)最主要的传感器之一，用于检测车轮转速并将电压信号输出给ABS电控单元。ABS电控单元根据轮速传感器输入的电压脉冲频率信号，来计算车轮转速、车轮减速度以及制动滑移率，判定车轮转动状况，确定并发出控制指令。

当轮速传感器因传感头脏污、齿圈变形、感应线圈断路及线路故障等因素影响，使轮速传感器无信号输出或信号输出不良。ABS电控单元即判定系统出现故障，关闭ABS，使常规制动系统工作，并将故障信息存储记忆，同时点亮仪表板上的ABS故障灯，向驾驶人发出警示信号。为提高汽车行驶安全性，恢复汽车的制动效能和制动稳定性，应及时对轮速传感器进行检查，必要时更换新品。下面以桑塔纳2000GSi型轿车为例，来说明检查或更换轮速传感器的操作步骤和技术规范。

2. ABS 的组成

桑塔纳2000GSi型轿车采用的是美国ITT公司MK20-I型ABS，三通道ABS调节回路，前轮单独调节，后轮则以两轮中地面附着系数低的一侧为依据统一调节。ABS主要由ABS控制器（包括电子控制单元、液压单元、液压泵等）、四个车轮转速传感器、ABS故障警告灯、制动警告灯等组成。

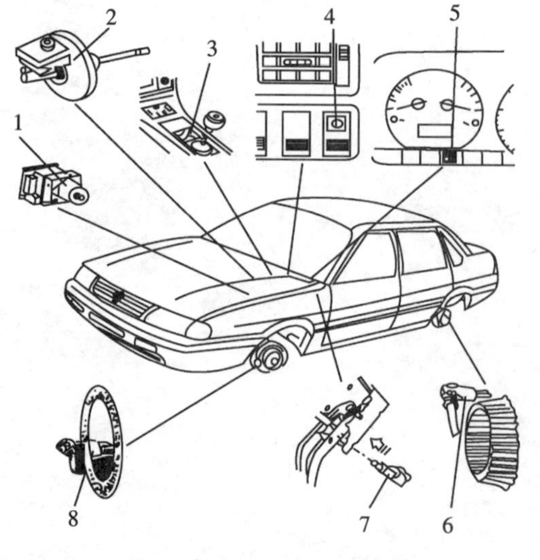

ABS组件在车上的安装位置

1-ABS控制器；2-制动主缸和真空助力器；3-自诊断插口；4-ABS警告灯；5-制动警告灯；6-后轮转速传感器；7-制动灯开关；8-前轮转速传感器

3. 轮速传感器的结构和工作原理

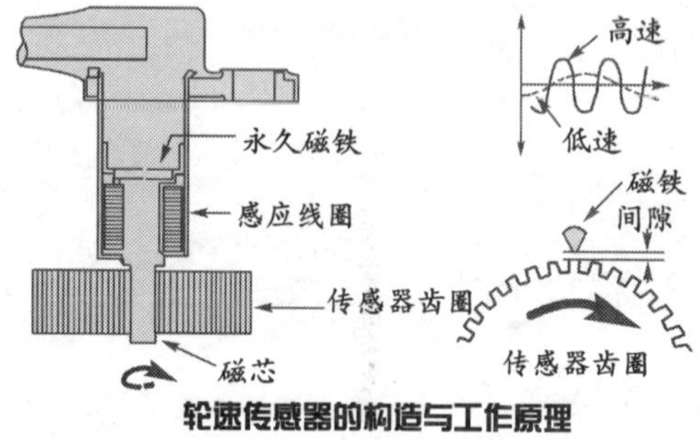

轮速传感器的构造与工作原理

传感器由电磁感应式传感头和磁性齿圈组成。传感头由永久磁芯和感应线圈组成，齿圈由铁磁性材料制成。齿圈旋转时，齿顶与齿隙交替与磁芯相对。当齿顶与磁芯相对时，传感头的磁芯与齿圈之间的间隙最小，磁路中的磁通量最大，感应线圈产生最大的感应电动势；当齿隙与磁芯相对时，磁路中的磁通量最小，感应线圈中产生的感应电动势最小。磁路中磁通量的交替变化，感应线圈便产生交变电压，交变电压的频率与车轮转速成正比。ABS电控单元依据转速传感器输入的电压脉冲频率判定车轮转速等。

二、技术标准与要求

1. 安装桑塔纳 2000GSi 型轿车配套轮速传感器。
2. 正确使用 V.A.G1552 故障阅读仪。
3. 轮速传感器感应线圈电阻值 1～1.3kΩ；输出电压值190～1140mV。
4. 轮速传感器间隙值：前轮 1.10～1.97mm；后轮 0.42～0.80mm。

三、实训时间：30min

四、实训教学目标

1. 了解检查或更换 ABS 轮速传感器的重要性。
2. 熟悉 ABS 的组成。
3. 熟悉 ABS 轮速传感器的结构与工作原理。
4. 掌握检查或更换 ABS 轮速传感器的操作技能。

五、实训器材

V.A.G1552 故障阅读仪

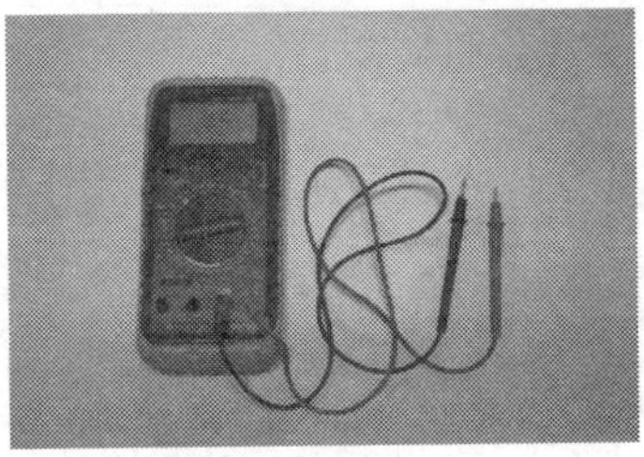

车用万用表等

其他工具及器材：

ϕ5mm 内六角扳手、驾驶室内保护罩。

六、教学组织

1. 教学组织形式

每辆车安排4名学生参与实训，两名学生为一组。一组操作，一组观察学习。

2. 学生站位分工和要求

两名学生一组，按照1号、2号进行编号，1号为主，2号为辅助。

3. 实训教师职责

讲解操作步骤和注意事项；下达“操作开始”口令；工位间巡视、检查、指导和纠正错误。

4. 学生职责变换

两名学生实行职责变换制度，即第一遍1号为主，2号辅助；第二遍2号为主，1号辅助。

七、操作步骤

第一步 事前准备

1 车辆进入工位前，参训学生将工位卫生清理干净，排除障碍物，准备好相关的工具、物品等。

提示

培养良好的工作习惯，做好事前准备，有利于安全操作和提高工作效率。

2 将车辆停驻在举升机平台的中央位置。

3 1号拉紧驻车制动器，并将变速器置于空挡位。

提示

为保证车辆在工位上的可靠停驻，防止出现溜滑，造成安全事故。因此，要拉紧驻车制动器并将变速器置于空挡位。

4 1号安装转向盘套、换挡手柄套、座套、铺设地板垫。

提示

保护罩是由薄塑料制成的，极易破损。所以在安装时，用力要均匀，避免因用力过大造成损坏。其主要作用是在操作过程中保持驾驶室内清洁。

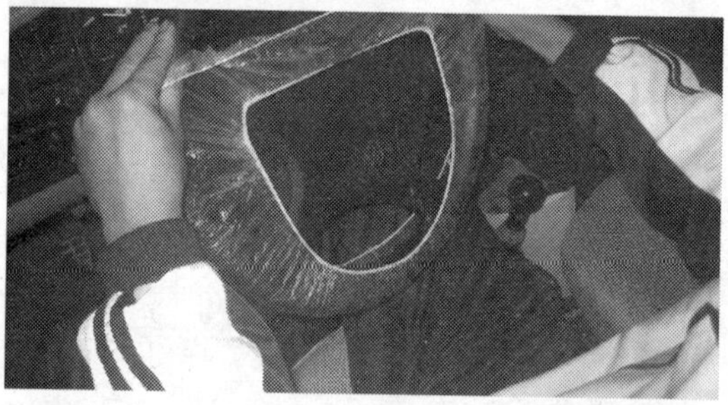

第二步 连接V.A.G1522故障阅读仪

1 1号进入驾驶室，将点火开关旋至"ON"挡位，观察位于仪表台面板上的ABS警告灯点亮情况。

提示

如果ABS警告灯点亮约2s后熄灭，证明ABS性能正常，如果ABS警告灯长亮，证明ABS有故障，需进行故障查询与诊断。

2 如果ABS有故障，需要进行故障查询。1号关闭点火开关后，用手打开变速器换挡手柄下方的诊断座防护罩。

提示

防护罩通过弹性卡安装在盖板上，取下

时，用手向里推挤防护罩即可。

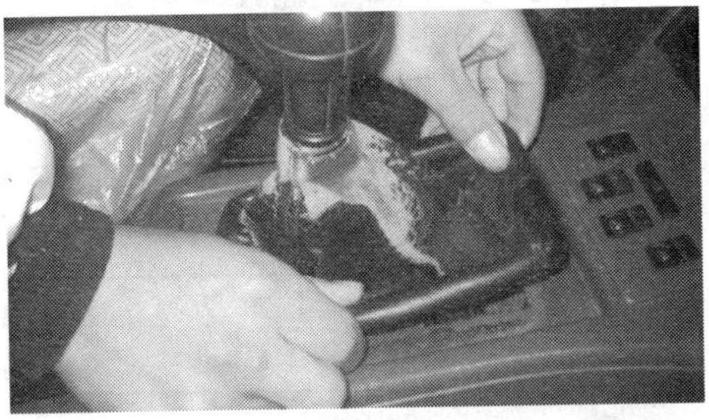

3 2号将V.A.G1552故障阅读仪传递给1号。

提示

V.A.G1552故障阅读仪是一种精密贵重的仪器，在传递、接收和使用过程中，要小心谨慎，交接可靠，轻拿轻放，以免造成损伤而导致重大经济损失。

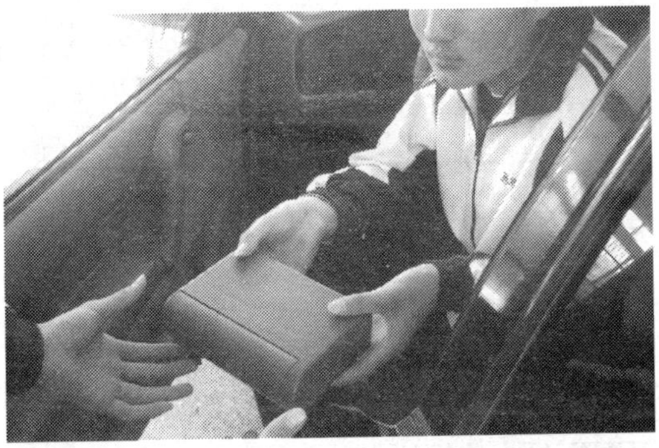

4 2号将V.A.G1552故障阅读仪的传输导线传递给1号。

提示

传输导线严禁剧烈弯折，应注意保管和使用。

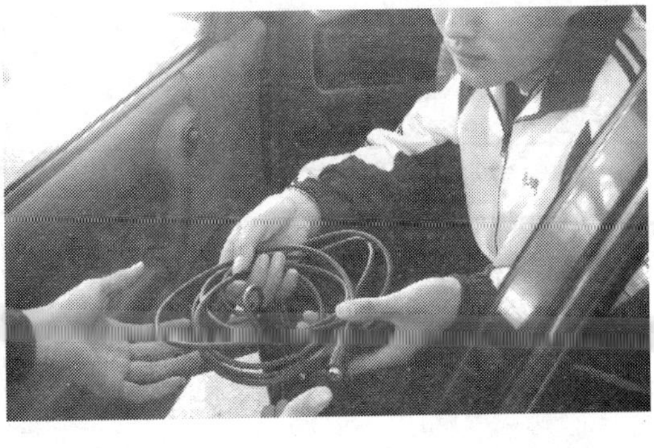

5 1号确认传输导线圆头一端的插针和安装突起标记。

提示

传输导线与故障阅读仪连接时，插头和插孔之间有严格相对位置规定。传输导线圆头内孔中的突起即是安装位置标记。

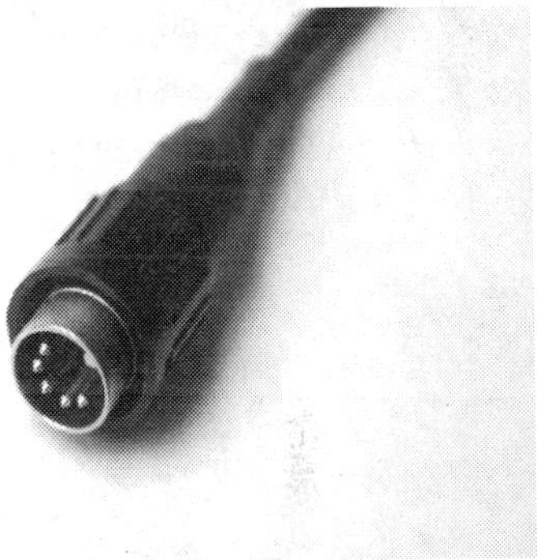

6 1号确认V.A.G1552故障阅读仪插座上的连接标记。

提示

插座上的缺口即是与传输导线圆头端突起标记相配合标记。

7 1号将传输线的插孔与故障阅读仪的插座所对应标记对齐后，将插孔安插到插座上，然后将传输线的防松帽转动并推到插座外罩上。这样把传输线与故障阅读仪连接起来。

提示

两者连接时，要对齐安装记号且插接到位。严禁违规操作。

8 1号确认传输线扁平端插头上的弹簧卡片所在位置。

提示

带有弹簧卡片的插头一侧，可作为插头在诊断座上前后安装标记。

9 1号将传输线的扁平插头按照弹簧卡片朝后的方向，插入诊断座孔内。这样传输线和发动机电控单元诊断座连接起来。

提示

传输线插头要安插到位且可靠。否则，将影响数据传递。

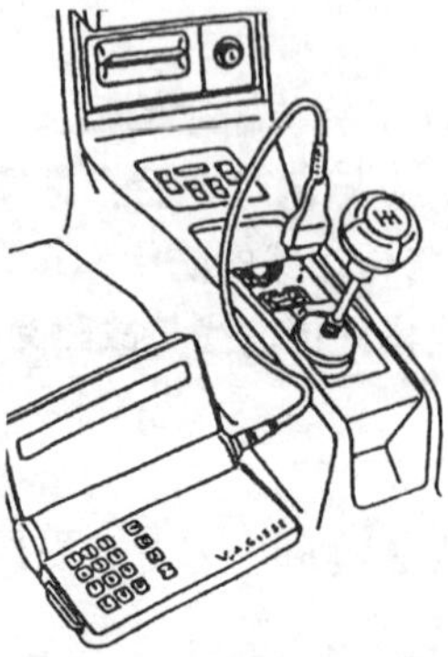

第三步 ABS系统故障查询

1 1号将点火开关旋至"ON"挡位。此时故障阅读仪的显示屏显示：

Test of vehicle systems	HELP
Insert address word XX	
汽车系统测试	帮助
输入地址指令XX	

2 输入地址码03"制动电子系统"。屏幕显示：

Test of vehicle systems	Q
03 Brake electronics	
汽车系统测试	确认
03-制动电子系统	

3 按Q键确认。屏幕显示：

3A0 907 379 ABS ITT AE 20 GI VOD	
Coding 04505	WCS XXXXX
3A0 907 379 ABS ITT AE 20 GI VOD	
编码04505	WCS XXXXX

提示

3A0 907 379 ABS为控制单元零件号、ITT AE 20 GI为公司ABS产品型号、VOD为软件版本、Coding 04505为控制单元编码号、WCS XXXXX为维修站代码。

4 按"→"键，屏幕显示：

Test of vehicle systems	HELP
Select function XX	
汽车系统测试	帮助
选择功能XX	

5 输入地址码02"查询故障代码"功能。屏幕显示：

Test of vehicle systems	Q
02-Interrogate fault memory	
汽车系统测试	确认
02-查询故障代码	

6 按Q键确认。显示器上出现所存储的故障数量，或者"未发现故障"。

X Faults recognized 发现X个故障

No faults recognized 未发现故障

7 按"→"键，所显示的故障依次显示出来。故障显示完毕后，按"→"键返回初始位置。

第四步　清除故障代码

1 查询故障代码后，屏幕显示：

Test of vehicle systems Select function XX	HELP
汽车系统测试 选择功能XX	帮助

2 输入地址码05"清除故障代码"功能。屏幕显示：

Test of vehicle systems 05-Erase fault memory	Q
汽车系统测试 05-清除故障代码	确认

3 按Q键确认，屏幕显示：

Test of vehicle systems Fault memory is erased!	HELP
汽车系统测试 故障存储已被清除	帮助

4 按"→"键，屏幕显示：

Test of vehicle systems Select function XX	HELP
汽车系统测试 选择功能XX	帮助

提示

如果屏幕显示"Attention! Fault memory has not been interrogated"（注意：故障存储未被查询），则检测过程有缺陷，应遵循正确的检测过程，即先查询再清除故障代码。

5 输入06"结束输出"功能。屏幕显示：

Test of vehicle systems 06-end output	Q
汽车系统测试 06-结束输出	确认

6 按Q键确认。屏幕显示：

Test of vehicle systems Enter address XX	HELP
汽车系统测试 输入地址指令XX	帮助

7 1号关闭点火开关，拔下V.A.G1552故障阅读仪的插头，然后打开点火开关，ABS的警告灯点亮约2s后应熄灭。否则，ABS系统存在故障，接下来应读取测量数据块。

第五步　读取轮速传感器测量数据块

1 连接V.A.G1552，输入地址码03"制动电子系统"。屏幕显示：

Test of vehicle systems Select function XX	HELP
汽车系统测试 选择功能XX	帮助

2 输入08"读取测量数据块"功能，按Q键确认。屏幕显示：

Read measuring Value block Enter display group number XX	Q
读取测量数据块 输入显示组号XX	确认

3 输入显示组"001"，按Q键确认。屏幕显示（汽车静止时）：

Read measuring Value block 1				→
0km/h	0km/h	0km/h	0km/h	
读取测量数据块1				→
0km/h	0km/h	0km/h	0km/h	

4 2号操纵举升机，将车辆举升至轮胎最低点距离地面约20cm高度，并可靠锁止提升臂。

提示

(1) 举升机的安全操作规范，请参阅“举升机的使用方法”，在此不再赘述。

(2) 举升车辆前，注意安全确认，配合口令“正常”、“举升”。

5 1号放松驻车制动器操纵手柄。2号用手转动各车轮。

6 此时屏幕显示：

Read measuring Value block 1			→
1	2	3	4
读取测量数据块1			→
1	2	3	4

提示

显示区域1、2、3、4分别是用手转动左前轮、右前轮、左后轮和右后轮的速度，其范围是0~255km/h。

7 按“↑”键，进入下一个显示组。屏幕显示（汽车静止时）：

Read measuring Value block 2			→
255km/h	255km/h	255km/h	255km/h
读取测量数据块2			→
255km/h	255km/h	255km/h	255km/h

8 放下汽车，缓慢行驶。屏幕显示（缓慢行驶时）：

Read measuring Value block 2			→
3km/h	6km/h	2km/h	1km/h
读取测量数据块2			→
3km/h	6km/h	2km/h	1km/h

提示

区域1和2的数据偏差小于6km/h为正常，区域3和4的数据偏差小于2km/h为正常。如果区域1和2或区域3和4显示数据偏差不符合规定要求，应对相应的轮速传感器及其线束进行基础检查，并更换已损坏的轮速传感器。

9 按“↑”键，屏幕显示：

Read measuring value block 3 0
读取测量数据块3 0

提示

不踩制动踏板时为0，踩制动踏板时应为1。

10 按“→”键，屏幕显示：

Test of vehicle systems	HELP
Select function XX	
汽车系统测试	帮助
选择功能XX	

11 输入06“结束输出”功能。屏幕显示：

Test of vehicle systems	Q
06-end output	
汽车系统测试	确认
06-结束输出	

12 按Q键确认。屏幕显示：

Test of vehicle systems	HELP
Enter address XX	
汽车系统测试	帮助
输入地址指令XX	

第六步　取下V.A.G1552故障阅读仪

1　1号关闭点火开关，停止发动机运转并将检测仪传输导线的两连接端，用手取下。

提示

取下传输导线两连接端插头时，要用手捏紧插头处并向上用力拔出插头。严禁采用直接拉拔导线或摆晃插头的方法，取下插头。

2　1号将检测仪传递给2号，2号将其放置于包装盒内。

提示

传递、接收和使用检测仪的要求，请参阅前文说明，不再赘述。

检测仪要妥善保管，防振动、防重压。

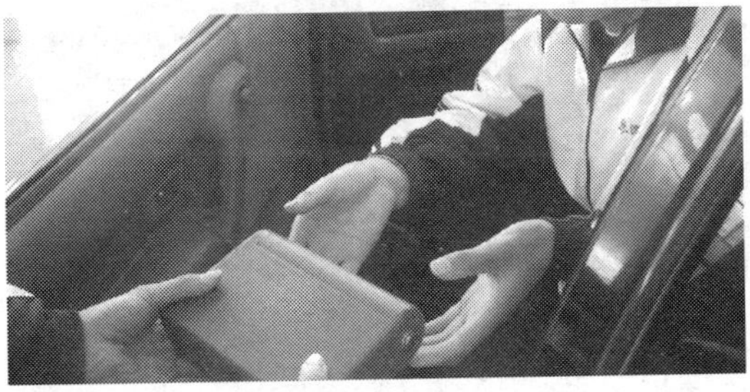

3　1号将传输导线传递给2号。

提示

传输导线严禁剧烈弯折或作他用，应注意保管和使用。

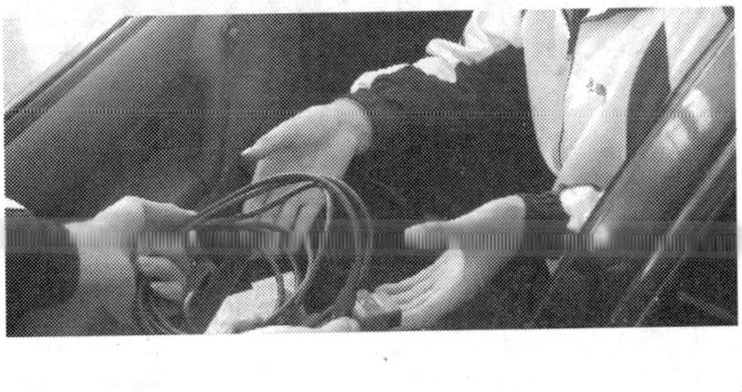

4　1号将变速器手柄下方的防护罩安装到位。取下座套、转向盘套、变速器手柄套、地板垫等。

提示

防护罩用于保护电控系统诊断座。既可防止尘埃、潮湿空气等污染侵蚀诊断座，又避免杂物损伤诊断座。因此，防护罩出现破损，要换新品，并且保证安装到位。

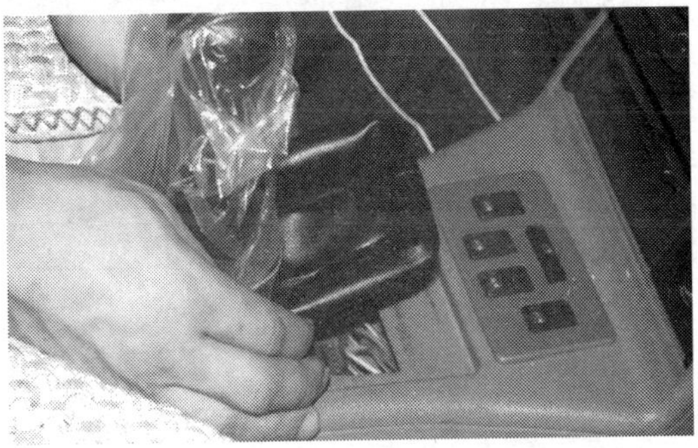

第七步　拆卸轮速传感器

1　1、2号操纵举升机，将车辆举升至适当高度后，可靠锁止提升臂。

提示

(1) 举升机的安全操作规范，请参阅“举升机的使用方法”，在此不再赘述。

(2) 举升车辆前，注意安全确认，配合口令“正常”、“举升”。

2　1号用手拔下轮速传感器电插头，并从减振器卡箍内脱出传感器线束。

提示

(1) 插拔电气元件电插头时，保持点火开关处于关闭状态。避免产生的电动势损坏电控单元。

(2) 拔下电器元件电插头时，严禁使用螺丝刀等类似器具撬别。防止损伤电插头和电气元件。

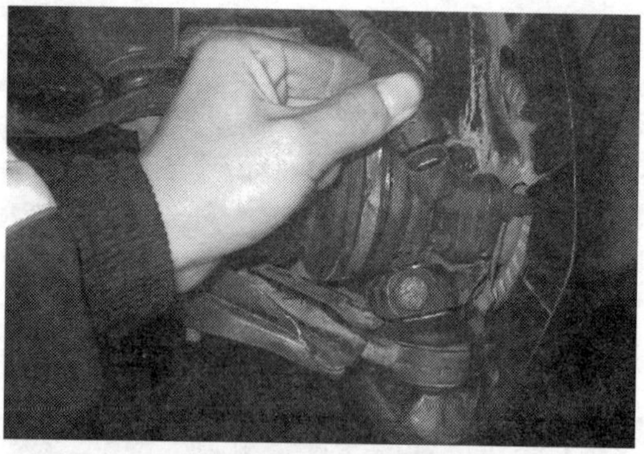

3 1号使用1号传递来的 ϕ 5mm 内六角扳手，拧松轮速传感器的1条固定螺栓。2号接收工具，擦拭后摆放到工具车上。

4 1号取下固定螺栓后，用手转动并拔出轮速传感器，并传递给2号。

提示

取下轮速传感器时，禁止使用螺丝刀等类似器具撬别，防止传感器损伤。

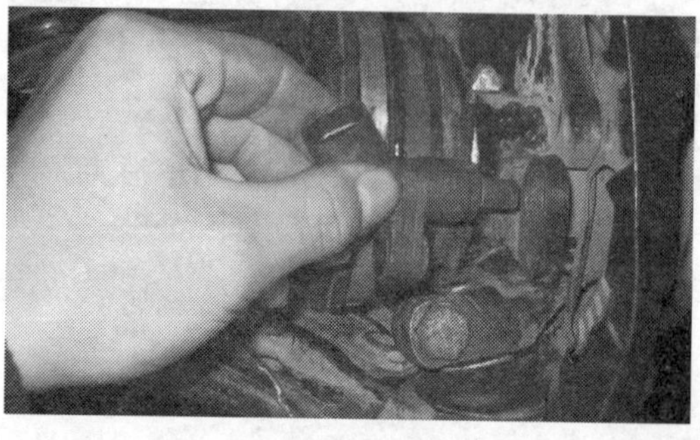

5 2号将轮速传感器摆放到零件车上。

提示

传感器在拆卸、传递及安装过程中，严禁敲击、掉落和重压。否则，容易导致传感器损坏。

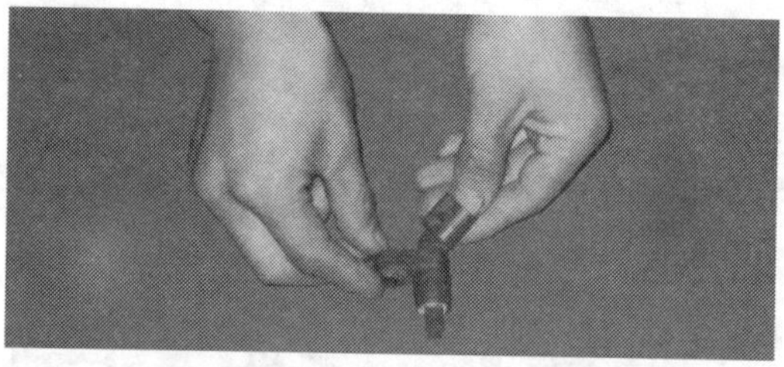

第八步 检测轮速传感器

1 1号使用万用表，测量轮速传感器的感应线圈的电阻值。

提示

感应线圈的电阻值为1～1.3k Ω。如果测量值不在规定范围内，应更换轮速传感器。

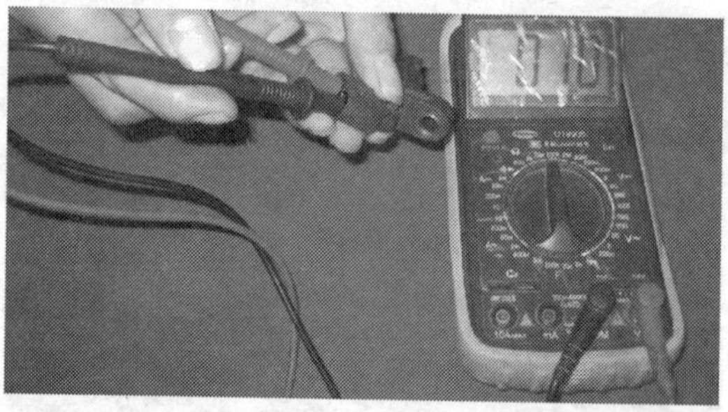

2 1号使用棉纱，将轮速传感器的传感头擦拭干净。

提示

传感头脏污，将会影响轮速传感器的感应灵敏度，使输出电压信号失准。

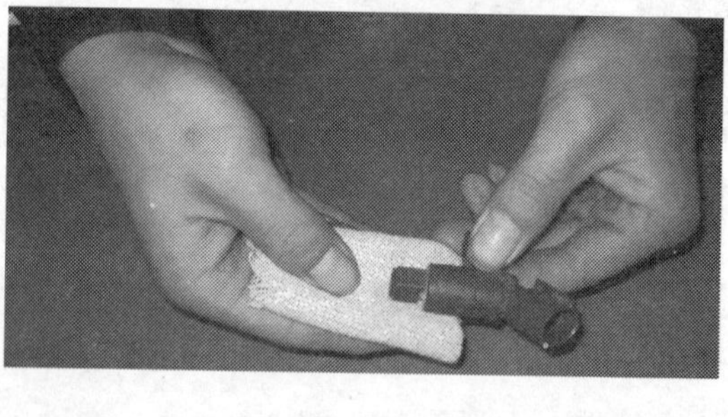

第九步 安装轮速传感器

1 1号将轮速传感器插入转向节上的安装孔中。

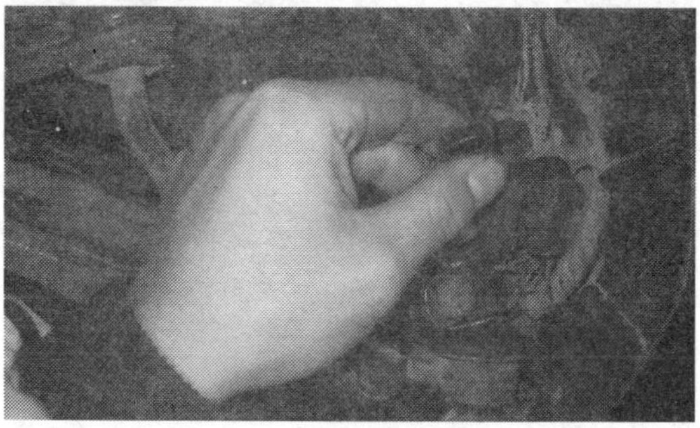

2 1号用手旋入传感器固定螺栓。

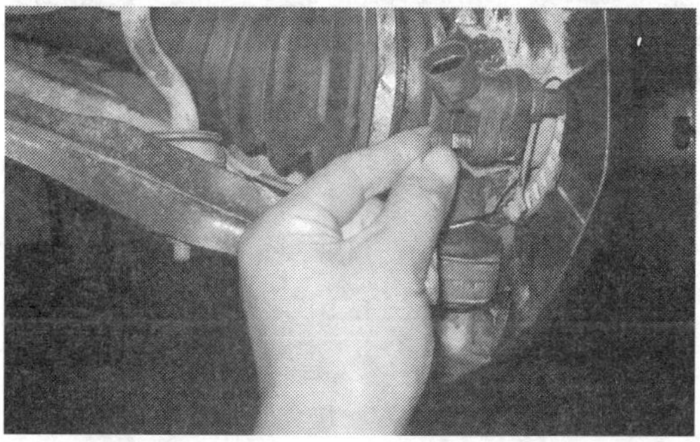

3 1号使用2号传递来的ϕ5mm内六角扳手，将螺栓拧紧到适当力矩。

4 1号将传感器电插头安插到传感器插座上。

提示

电插头要安插到位并锁止可靠，否则，影响传感器正常工作。

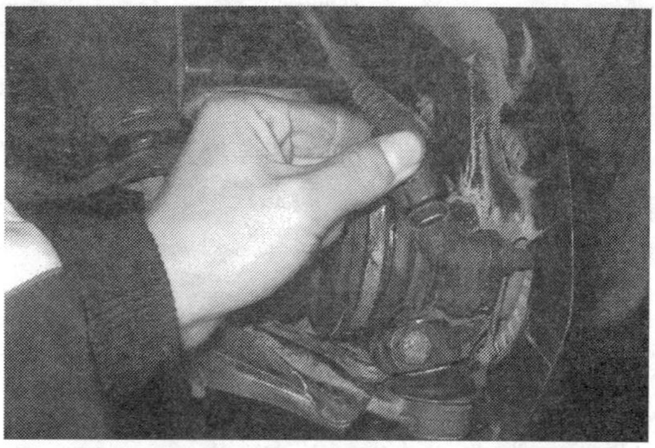

5 1号将轮速传感器的导线安装到减振器的支架上。

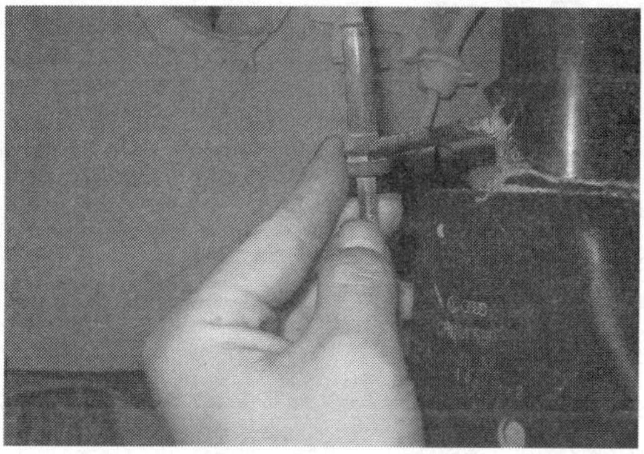

6 2号操纵举升机，将车辆降落到地面上。

提示

(1) 举升机的安全操作规范，请参阅“举升机的使用方法”，在此不再赘述。

(2) 举升车辆前，注意安全确认，配合口令“正常”、“举升”。

第十步 整理工位

1号、2号共同拆除驾驶室内保护罩；清理工具和仪器等；清洁地面卫生。

提示

作业项目完成后，要搞好工位的清扫、整理工作，培养良好的工作习惯。

八、考核标准

考核标准表

考核时间	序号	考核项目	满分	评分标准	得分
20min	1	作业前整理工位	5	酌情扣分	
	2	工位停车	4	停车不当扣4分	
	3	车辆可靠停驻	4	操作不当扣4分	
	4	安装驾驶室内保护罩	4	操作不当扣4分	
	5	连接V.A.G1552故障阅读仪	8	操作不当扣8分	
	6	ABS故障查询	10	操作错误扣10分	
	7	清除故障代码	10	操作错误扣10分	
	8	读取轮速传感器的测量数据块	10	操作错误扣10分	
	9	取下V.A.G1552故障阅读仪	8	操作不当扣8分	
	10	拆装轮速传感器	8	操作不当扣8分	
	11	检测轮速传感器	10	操作不当扣10分	
	12	举升或降落车辆	7	操作不当扣7分	
	13	仪器维护与使用	7	酌情扣分	
	14	作业后整理工位	5	酌情扣分	
	15	遵守相关安全规范	因违规操作造成人身和设备事故的，总分按0分计		
分数合计			100		

项目二十二　检查或更换轮胎与车轮动平衡检测

一、项目说明

1. 概述

车轮与轮胎是汽车行驶系中的重要部件，其作用是支撑整车质量；缓和来自路面的冲击力；通过轮胎与地面的附着力产生驱动力和制动力；在保证汽车正常转向行驶的同时，通过车轮产生的自动回正力矩，使车轮保持直线行驶方向等。

在汽车使用过程中，由于汽车承受载荷、行驶路况、轮胎质量、悬架或转向系统零部件损伤、车轮定位失准及驾驶习惯等因素作用，使车轮产生变形和轮胎异常磨损，导致汽车行驶抖振摇摆，轮胎加速磨损以及制动性能、加速性能和转向性能降低等故障发生，使汽车的行车安全性和使用经济性受到严重影响。因此，应定期检查轮胎磨损状况、适时检测车轮动平衡并及时更换已严重损伤的轮胎。另外，为提高各车轮轮胎的磨损均匀性，需要定期进行车轮换位，延长轮胎使用寿命。下面以桑塔纳2000GSi型轿车为例，来说明检查或更换轮胎与车轮动平衡检测以及车轮换位的操作步骤和技术规范。

2. 车轮与轮胎的结构和类型

车轮是介于轮胎和车轴之间承受负荷的旋转部件。车轮通常主要由轮毂、轮辋及轮辐组成。根据轮辐的构造，车轮可分为辐板式车轮和辐条式车轮。

轮胎安装在轮辋上，直接与地面接触。轮胎由胎冠、胎面、带束层和帘布层组成。根据胎体结构的不同，轮胎可分为充气轮胎和实心轮胎。现代汽车绝大多数采用充气轮胎，实心轮胎仅应用在低速汽车或重型挂车上。

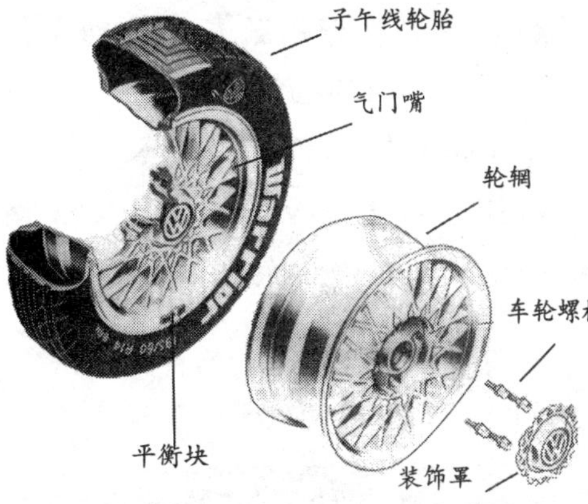

桑塔纳2000GSi轿车的车轮及轮胎

二、技术标准与要求

1. 安装桑塔纳2000GSi型轿车配套规格轮胎。桑塔纳2000GSi型轿车轮胎规格为195/60 R14 86H。
2. 拆装轮胎时，必须使用轮胎拆装机，不允许对轮辋进行敲击。
3. 轮胎充气压力为：
   空载时，前后轮180kPa；满载时，前轮190kPa，后轮240kPa。
4. 前轮轮胎比后轮轮胎花纹磨损严重

时，应进行车轮换位。

5. 车轮动不平衡量应符合规定要求。
6. 当胎面花纹接近磨损指示器时，应更换轮胎。桑塔纳2000GSi型轿车轮胎花纹深度为1.6mm。
7. 正确使用轮胎拆装机和车轮动平衡机。

三、实训时间：60min

四、实训教学目标

1. 了解检查或更换轮胎与车轮动平衡检测以及车轮换位的重要性。
2. 熟悉车轮与轮胎的结构和类型。
3. 掌握检查或更换轮胎与车轮动平衡检验以及车轮换位的操作技能。

五、实训器材

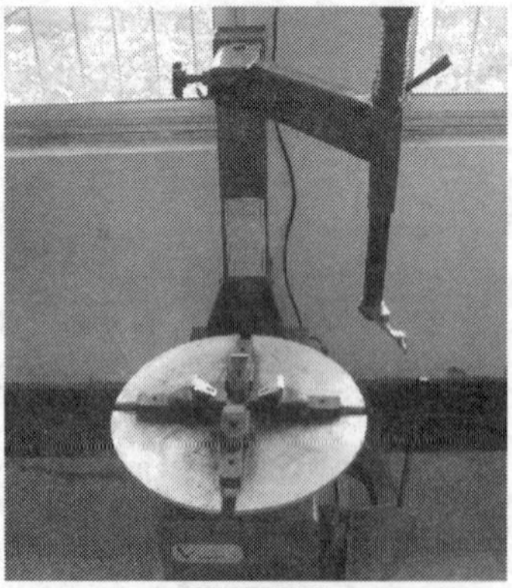

轮胎拆装机

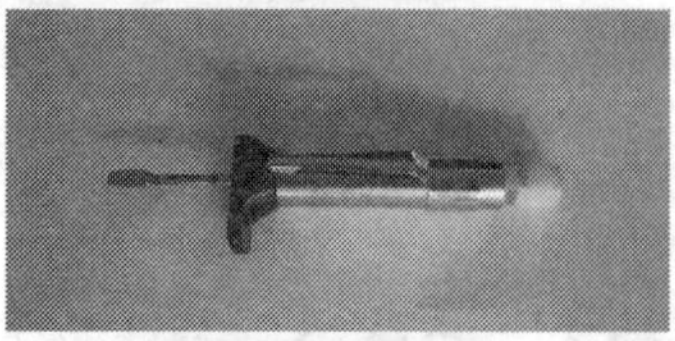

轮胎花纹测量标尺

车轮动平衡机

空气压缩机及管路

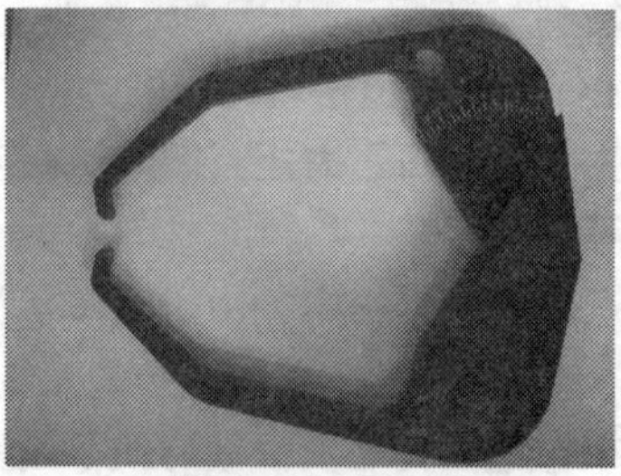

轮辋宽度测量标尺

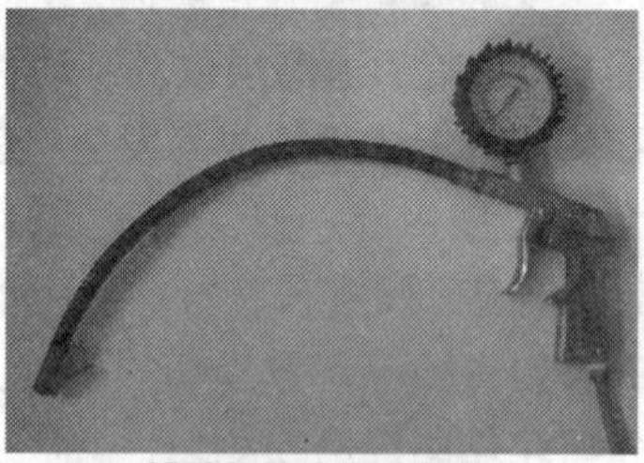

轮胎气压表及充气枪

其他工具及器材：

轮胎扳手、扁铲、配重铅块、铁锤、ϕ17mm套筒、扭力扳手、轮胎支架等。

六、教学组织

1. 教学组织形式

每辆车安排4名学生参与实训，两名学生为一组。一组操作，一组观察学习。

2. 学生站位分工和要求

两名学生一组，按照1号、2号进行编号，1号为主，2号为辅助。

3. 实训教师职责

讲解操作步骤和注意事项；下达"操作开始"口令；工位间巡视、检查、指导和纠正错误。

4. 学生职责变换

两名学生实行职责变换制度，即第一遍1号为主，2号辅助；第二遍2号为主，1号辅助。

七、操作步骤

第一步　事前准备

1 参训学生将工位卫生清理干净，排除障碍物，准备好相关的工具、物品等。

提示

培养良好的工作习惯，做好事前准备，有利于安全操作和提高工作效率。

2 将车辆停驻在举升机平台的中央位置。

3 1号拉紧驻车制动器，并将变速器置于空挡位。

提示

为保证车辆在工位上可靠停驻，防止出现溜滑，造成安全事故，要拉紧驻车制动器并将变速器置于空挡位。

第二步　检查轮胎

1 2号操纵举升机，将车辆举升至轮胎最低点距离地面约20cm的高度，并可靠锁止提升臂。

提示

(1) 举升机的操作要领和规范要求，请参阅"举升机的使用方法"。

(2) 举升车辆时，强调安全确认口令"正常"、"举升车辆"，防止意外情况发生。

2 1号缓慢转动轮胎，检查轮胎是否有胎体变形、鼓包、橡胶开裂、异常磨损及穿刺异物等现象。

提示

(1) 轮胎存在变形、鼓包、橡胶开裂等损伤时，应更换轮胎。

(2) 轮胎存在异常磨损，应具体分析损伤原因（比如驾驶习惯、行驶路况、载荷、轮胎质量及车轮定位等），采取对应措施予以解决。

(3) 轮胎有刺穿异物，取出异物后修补轮胎。

3 1号检查并清除轮胎花纹中堆积的杂物等。

提示

轮胎花纹中堆积的杂物（如泥土、砂石等），将减小轮胎与路面的附着力，从而减小汽车驱动力和制动力。另外，轮胎滚动噪声将变大。

4 1号使用深度尺，测量轮胎花纹深度。

提示

(1) 轮胎花纹的测量方法：

①擦净轮胎花纹顶面及纹槽。

②将深度尺垂直插入纹槽中，保持深度尺的测量平面与两侧花纹顶面可靠接触。

③观察并读取深度尺外壳顶端与标尺对齐的刻度线指示的数值，该数值即位轮胎花纹深度值。

(2) 桑塔纳2000GSi型轿车轮胎花纹标准深度为1.6mm。如果轮胎花纹接近磨损指示器，应更换轮胎。

(3) 如果经过测量，前轮胎比后轮胎花纹磨损严重，应进行车轮换位。这样可保持汽车各个轮胎磨损基本均匀，达到延长轮胎使用寿命的目的。

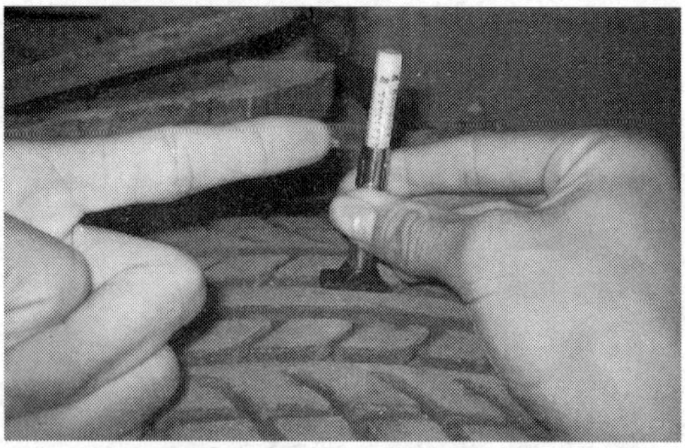

第三步 轮胎换位

说明：

轮胎换位方法常用的有交叉换位法和循环换位法。通过轮胎换位，可使汽车各个轮胎均匀磨损，可延长轮胎约20%的使用寿命。根据车轮数目不同轮胎换位可分为六轮二桥和四轮二桥两种型式；其中四轮二桥型式中因轮胎种类不同，轮胎换位方法亦不同。普通斜胶轮胎采用交叉换位法，子午线轮胎采用单边换位法。桑塔纳2000GSi型轿车使用子午线轮胎，因此采用单边换位法进行轮胎换位。本文介绍四轮单边换位法。

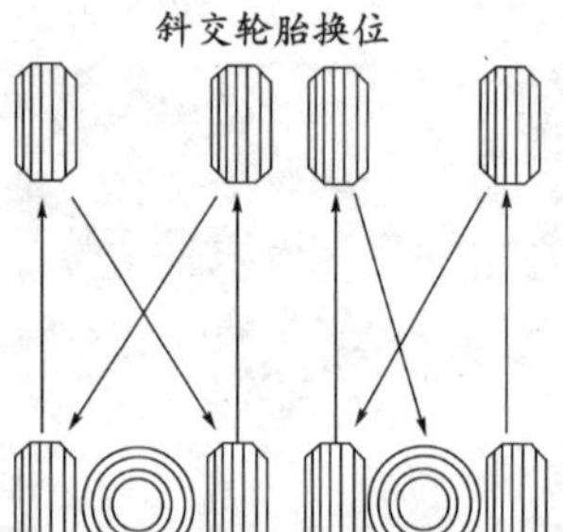

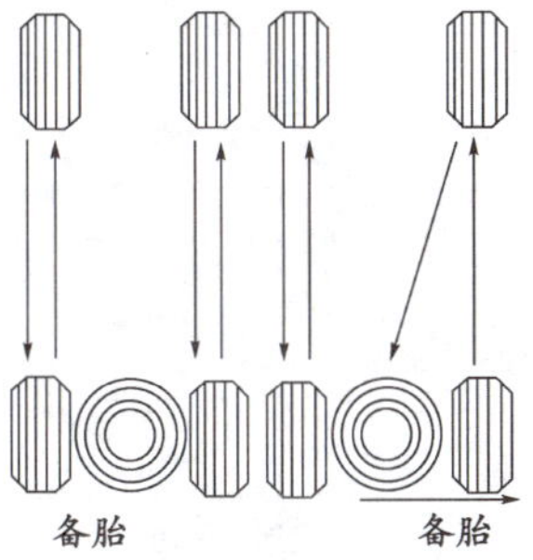

汽车四轮换位法

1 2号操纵举升机，将车辆举降落到地面上。

提示

(1) 举升机的操作要领和规范要求，请参阅“举升机的使用方法”。

(2) 举升车辆时，强调安全确认口令“正常”、“举升车辆”，防止意外情况发生。

2 2号将一字螺丝刀传递给1号。

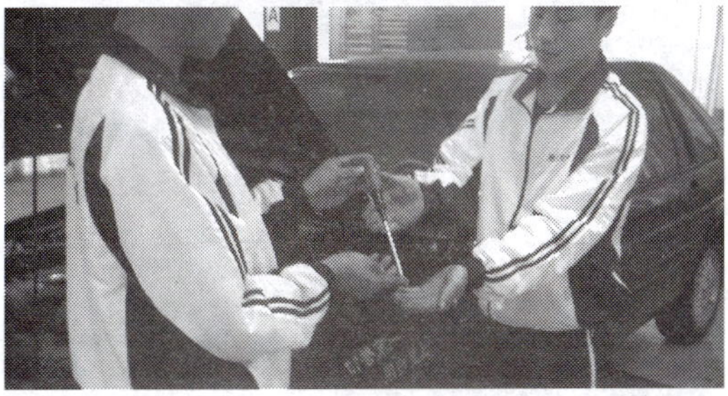

3 1号将一字螺丝刀插入车轮装饰罩拆卸缺口中，撬起装饰罩，然后用手将装饰罩取下，并传递给2号。

提示

(1) 拆卸车轮装饰罩时，用力要适当，不要过猛，以免造成装饰罩损坏。

(2) 用相同方法，拆卸另外3个车轮上的装饰罩，不再重复。

4 2号接收工具、装饰罩，分别摆放到工具车、零件车上。

5 2号将车轮扳手传递给1号。

6 1号使用车轮扳手，拧松车轮的4条固定螺栓。

提示

(1) 拧松车轮固定螺栓时，要按照“对角多遍”的要求进行，防止车轮变形。

(2) 车轮螺栓以拧松2～3个丝扣为度，避免车轮负重倾斜，造成螺栓螺纹损伤。

(3) 相同的操作要求，拧松另外3个车轮的固定螺栓。

7 2号操纵举升机，将车辆举升至轮胎最低点距离地面约20cm的高度。

提示

(1) 举升机的操作要领和规范要求，请参阅“举升机的使用方法”。

(2) 举升车辆时，强调安全确认口令“正常”、“举升车辆”，防止意外情况发生。

8 2号扶住车轮，1号使用车轮扳手，快速旋出右前车轮固定螺栓，然后将工具、螺栓传递给2号。

提示

1号、2号配合拆卸车轮，可以防止车轮倾斜损伤螺栓螺纹、车轮不慎脱落。

9 2号将右前车轮固定螺栓摆放到零件车上。

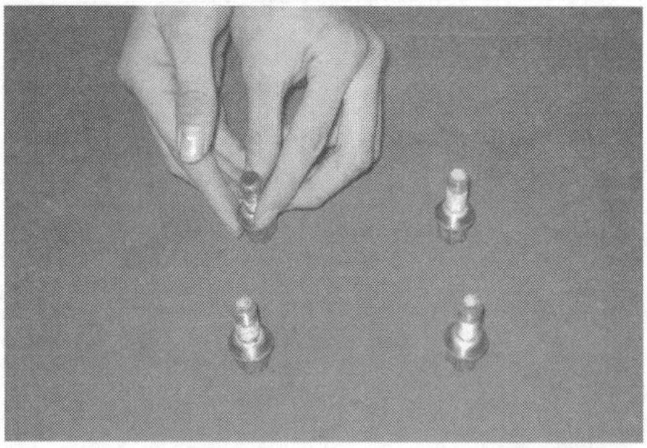

10 1号取下右前车轮，并将其放置到车轮支架上。

提示

(1) 按照相同的操作步骤和规范要求，拆卸右后车轮，不再赘述。

(2) 因桑塔纳2000GSi型轿车采用子午线轮胎，所以采用单边换位法进行轮胎换位。

11 1号将右后车轮安放到右前制动盘的凸缘上，并对齐螺栓孔，然后将2号传递来的4条固定螺栓用手旋入螺栓孔内。

12　1号使用2号传递来的车轮扳手，将右前车轮固定螺栓拧紧到适当力矩。

提示

拧紧车轮固定螺栓，应按照“对角多遍”的要求进行，防止车轮变形。

13　1号、2号配合安装右后车轮。

提示

(1) 安装车轮的要求相同，请参阅前文说明，不再重复。

(2)按照相同操作步骤和要求，将左侧前、后车轮换位。

14　将前后车轮换位完毕。2号操纵举升机，将车辆举降落到地面上。

提示

(1) 举升机的操作要领和规范要求，请参阅“举升机的使用方法”。

(2) 举升车辆时，强调安全确认口令“正常”、“举升车辆”，防止意外情况发生。

15　1号使用2号传递来的扭力扳手，按照“对角多遍”的要求，将4个车轮固定螺栓紧固力矩拧紧至110N · m。

16　1号将2号传递来的车轮装饰罩，对正定位销和定位孔后，安装到车轮承座上。

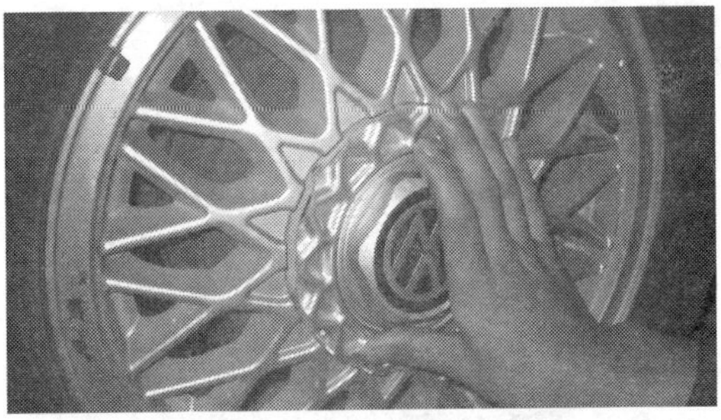

第四步　拆卸轮胎

1　1号用手旋下轮胎气门嘴的防尘帽。

提示

防尘帽用于阻止尘土、泥沙等杂物进入气门嘴。

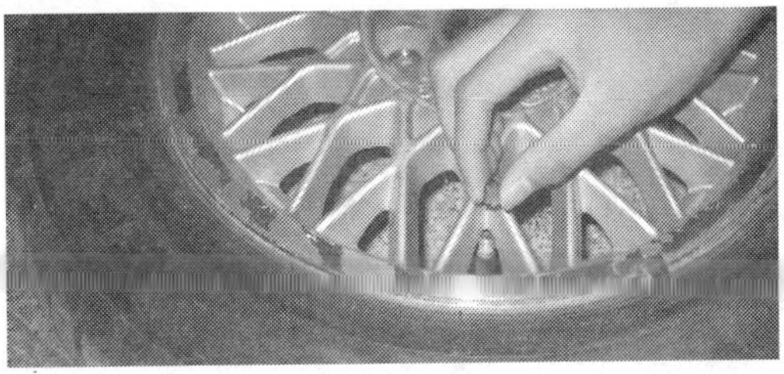

2 1号使用气门钥匙旋出气门芯，释放轮胎内的空气。

提示

(1) 轮胎放气时，气门芯不要旋出过快，应待轮胎气压下降后再逐渐旋出。

(2) 注意气门芯旋出后妥善放置，不要丢失。

3 2号将气门芯摆放到零件车上之后，将卡钳传递给1号。

提示

卡钳是拆装车轮平衡块的专用工具。

4 待轮胎内的空气排放殆尽后，1号使用卡钳取下安装于轮辋边沿上的平衡块。

提示

(1) 拆卸平衡块时，应使用专用卡钳。禁止使用螺丝刀等类似工具，以免损伤轮胎和轮辋。

(2) 平衡块一般为铅质材料制成，通过夹具固定在轮辋边沿上，用于调节车轮动不平衡量。

5 2号将卡钳、平衡块分别摆放到工具车、零件车上。

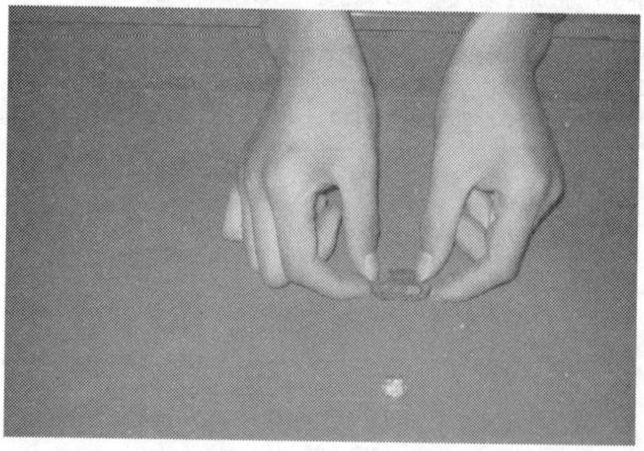

6 1号将车轮及轮胎的一侧贴于拆装机的靠胎胶皮上。

提示

靠胎胶皮用于防止挤压轮胎时损伤车轮。它粘贴于拆装机的凸台上。

7 1号调整车轮和轮胎位置，使风压铲置于轮胎胎圈和轮辋边缘之间。

8　1号一手扶住手柄，使风压铲的位置保持不变；一手扶住轮胎，防止车轮滚动。

9　1号踩下压胎踏板，风压铲开始挤压轮胎，直到轮胎胎圈离开轮辋边缘为止。然后调整风压铲挤压部位，再次挤压并使轮胎胎圈离开轮辋边缘。如此重复操作，使轮胎胎圈彻底脱离轮辋边缘。

提示

桑塔纳2000GSi型轿车采用深式轮辋，轮辋中部有一条便于拆装轮胎用的环形深凹槽，凹槽两侧与轮胎胎圈配合的台肩是倾斜的，一般倾斜角为5°±1°。因此，将轮胎胎圈压入轮辋环形凹槽后，便于拆卸轮胎。

10　1号翻转车轮和轮胎，将已挤压侧贴于靠胎胶皮上。按照相同的操作要求，将轮胎另一侧胎圈挤压脱离轮辋边缘。

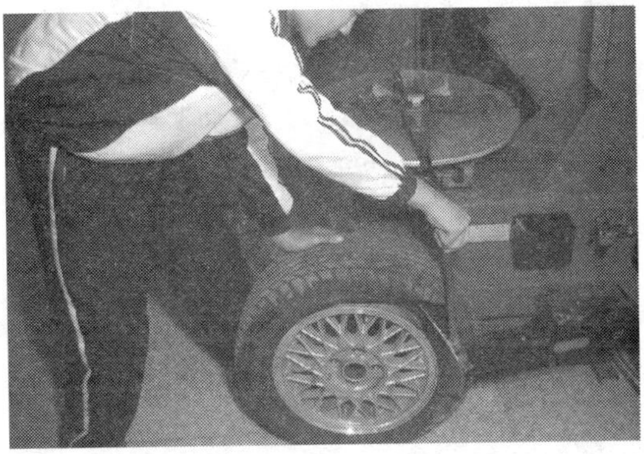

11　1号将车轮平放到轮胎拆装机转盘上的夹钳上。

提示

此时保持夹钳处于完全收缩状态，便于车轮安放到夹钳上。

12　1号双手扶住轮胎，踩下夹钳踏板，夹钳张开，卡爪卡牢车轮，将车轮固定在夹钳上。

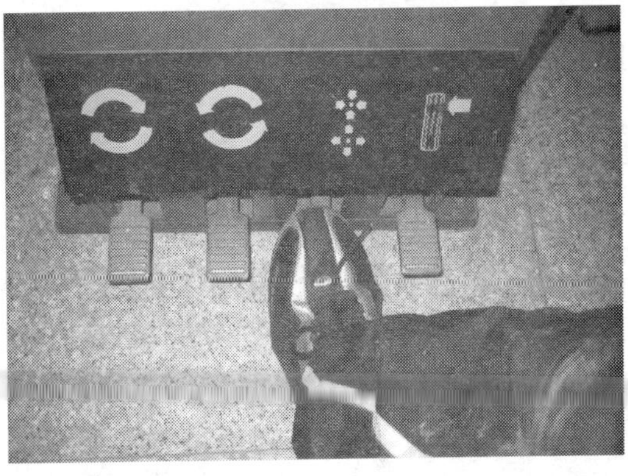

13 1号旋转调整手柄，使拆装机头对正轮辋边缘。

提示

调整手柄位于轮胎拆装机的横臂一侧，转动手柄可旋入或旋出螺杆，从而改变横臂的角度，最终调整拆装机头的位置。

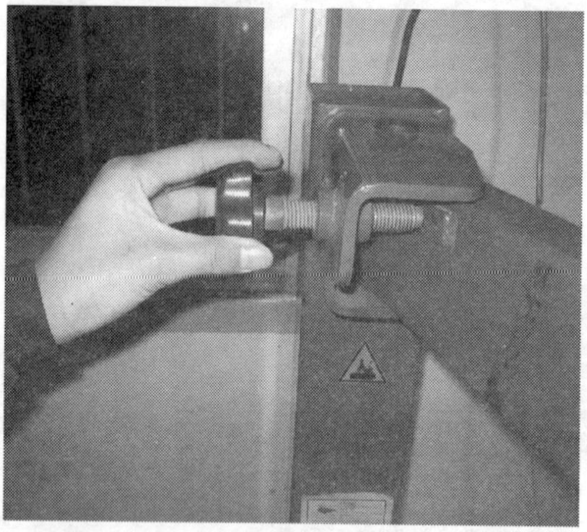

14 1号用手压下拆装机头，并将拆装机头套入轮辋边缘上。

提示

将拆装机头套装到轮辋边缘上时，应保证轮辋边缘的外沿与拆装机头之间预留约2mm的间隙，防止车轮转动时损伤轮辋。

15 1号一手下压拆装机头，一手扳动锁紧杆，锁止拆装机头，然后旋入调整手柄，固定横臂。

16 1号使用毛刷，在轮胎胎圈上均匀涂抹一层浓肥皂液润滑胎圈。

提示

在轮胎胎圈上涂抹润滑液，可减轻拆装机头与轮胎胎圈之间的摩擦，避免损伤轮胎。

17 1号将扁铲插入轮胎胎圈和轮辋之间，下压扁铲撬起胎圈，并使胎圈搭接于机头上。

提示

在插入扁铲和撬起轮胎胎圈时，应均匀用力。否则，容易损伤轮胎。

18 1号取出扁铲后，双手扶住轮胎，踩下转盘踏板，转盘顺时针旋转，拆装机头脱出轮胎一侧胎圈。

提示

如果转盘旋转时，拆装机头和轮胎之间出现卡滞，应立即抬起转盘踏板停止转盘转动，然后踩下反转踏板，逆时针转动转盘，解除卡滞障碍。

19 当轮胎的一侧胎圈完全脱出后，1号上抬轮胎，使轮胎下胎圈上移。

20 1号将扁铲插入轮胎胎圈和轮辋之间，下压扁铲撬起胎圈，并使胎圈搭接于机头上。

提示

在插入扁铲和撬起轮胎胎圈时，应均匀用力。否则，容易损伤轮胎。

21 1号使用毛刷，在轮胎胎圈上均匀涂抹一层肥皂液润滑胎圈。

提示

在轮胎胎圈上涂抹润滑液，可减轻拆装机头与轮胎胎圈之间的摩擦，避免损伤轮胎。

22 1号取出扁铲后，双手扶住轮胎，踩下转盘踏板，转盘顺时针旋转，拆装机头脱出轮胎下侧胎圈。这样轮胎便从轮辋上拆卸下来。

提示

如果转盘旋转时，拆装机头和轮胎之间出现卡滞，应立即抬起转盘踏板停止转盘转动，然后踩下反转踏板，逆时针转动转盘，解除卡滞障碍。

23 1号扳动锁紧杆，放松拆装机头，然后将横臂推离车轮上方。

24 1号取下轮胎。至此，轮胎拆卸完毕。

第五步 安装轮胎

1 1号将轮胎安放到车轮上之后，下压轮胎一端，使轮胎胎圈套装于轮辋边沿上。

2 1号压下拆装机头，并扳动锁止杆锁止拆装机头。

3 1号双手扶住并下压轮胎，然后踩下转盘踏板，转盘顺时针旋转，轮胎下胎圈被压入轮辋内。

提示

如果转盘旋转时，拆装机头和轮胎之间出现卡滞，应立即抬起转盘踏板停止转盘转动，然后踩下反转踏板，逆时针转动转盘，解除卡滞障碍。

4　1号倾斜轮胎，并将轮胎上侧部分胎圈压入轮辋边缘内。

5　1号双手扶住并下压轮胎，然后踩下转盘踏板，转盘顺时针旋转，轮胎上胎圈被压入轮辋内。

提示

如果转盘旋转时，拆装机头和轮胎之间出现卡滞，应立即抬起转盘踏板停止转盘转动，然后踩下反转踏板，逆时针转动转盘，解除卡滞障碍。

6　1号扳动锁止杆，放松拆装机头，推开横臂。

7　1号使用钥匙选入气门芯。

提示

此时气门芯不必旋紧，便于进行轮胎充气。

8　1号使用轮胎气压表，向轮胎内充入压缩空气。

提示

(1) 轮胎充气时，应分两次将轮胎气压达到规定值。当轮胎气压值接近规定值一半时停止充气，使用橡皮锤周向敲击轮胎的胎侧，使轮胎复位。其目的是防止意外情况发生，造成人身伤害。

(2) 轮胎充气时，注意观察气压表指示数值的变化，轮胎气压值应达到规定要求。桑塔纳2000GSi型轿车的轮胎气压值，空载时，前后轮180kPa；满载时，前轮190kPa，后轮240kPa。

9 轮胎充气完毕。1号使用钥匙旋紧气门芯，然后在气门嘴上滴上水滴，观察是否有气泡出现。如果有气泡出现证明气门嘴漏气，修复后车轮与轮胎方可投入使用。最后旋上气门嘴防尘帽。

10 1号踩下夹钳踏板，收缩夹钳，放松车轮。

11 1号从转盘上取下车轮与轮胎。至此，轮胎拆装完毕。

提示

轮胎安装完毕，必须经过车轮动平衡检验合格后，车轮与轮胎方可安装到汽车上投入使用。车轮动平衡的检验方法，请参阅第六步车轮动平衡。

第六步　车轮动平衡

1 2号将平衡快拆装钳传递给1号。

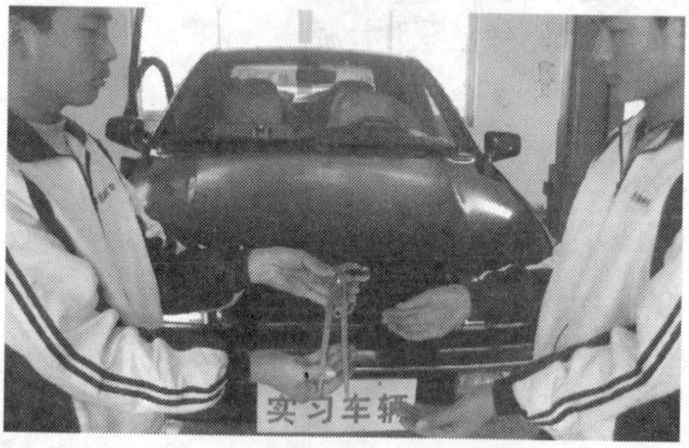

2 1号使用拆装钳，取下安装在轮辋边缘上的平衡块。

3 2号将平衡块、拆装钳摆放到操作台上。

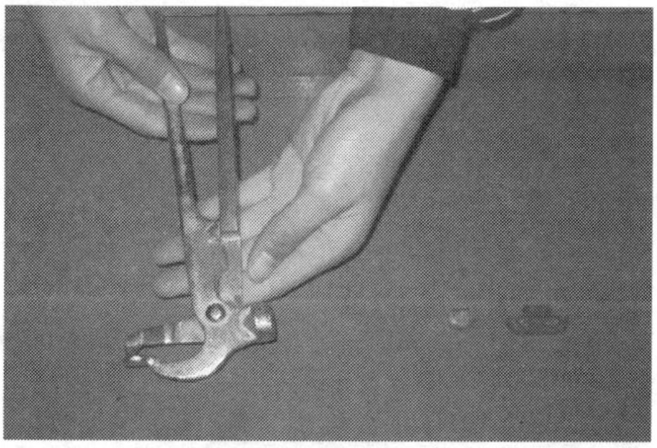

4 1号使用轮胎气压表，检查轮胎气压是否符合规定要求。

提示

做车轮动平衡时，轮胎气压应符合规定要求。桑塔纳2000GSi型轿车轮胎气压规定值为：空载时，前后轮180kPa；重载时，前轮190kPa，后轮240kPa。

5 1号将车轮中心孔对正平衡机旋转轴后，将车轮和轮胎安装到平衡旋转轴上。

提示

做车轮动平衡之前，应清洗车轮与轮胎，去掉泥土、砂石等。否则，将影响动平衡测量精度。

6 1号选择与车轮中心孔匹配的轴心定位锥体安装到平衡旋转轴上。

提示

轮辋规格不同与之相匹配的轴心定位锥体亦不同，通常由3种型号的轴心定位锥体可供选择。

7 1号将快换螺母旋紧到平衡旋转轴上。

提示

快换螺母以用手旋紧即可。

8 1号打开位于主机箱左侧的电源开关。

提示

车轮平衡机的电源电压为220V或240V。因此，打开电源开关时，保持手部干净且干燥，防止触电事故发生。

9 电源开关打开后，控制面板上的指示灯全部点亮。

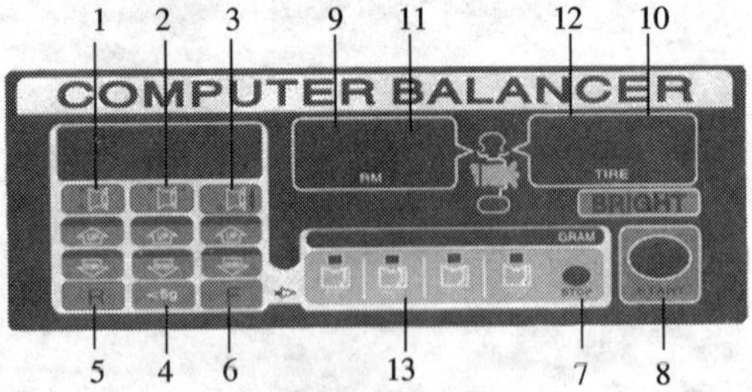

控制面板功能说明

1-距离设置按钮；2-宽度设置按钮；3-直径设置按钮；4-高精度平衡按钮；5-自动检验输入数值按钮；6-静平衡、ALU平衡块位置模式选择按钮；7-紧急停机按钮；8-启动按钮；9、10-数值显示屏；11、12-不平衡点定位灯；13-平衡块模式显示灯

10 1号从主机箱右侧拉出“A”距离测量尺，测量主机箱到轮辋边缘的距离。

提示

测量“A”距离时，拉出测量尺使测量柱抵在轮辋边缘的平面上，然后从外露刻度尺上读出“A”距离值。

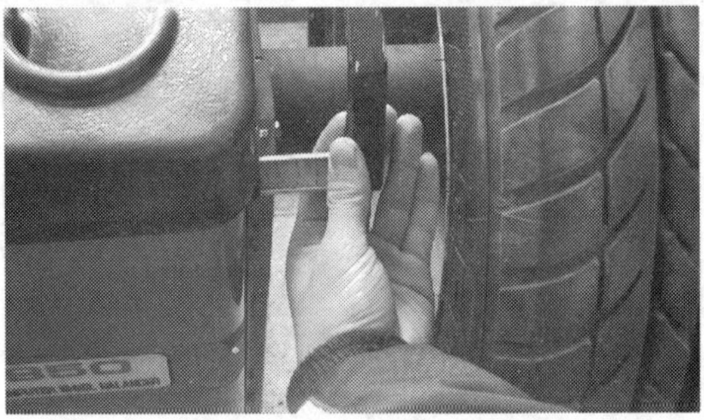

11 1号将测量值输入控制面板上的“A”距离设置显示器。

提示

按动“A”距离设置显示器下方的“↑”或“↓”按钮，可改变显示器上的距离设定值。

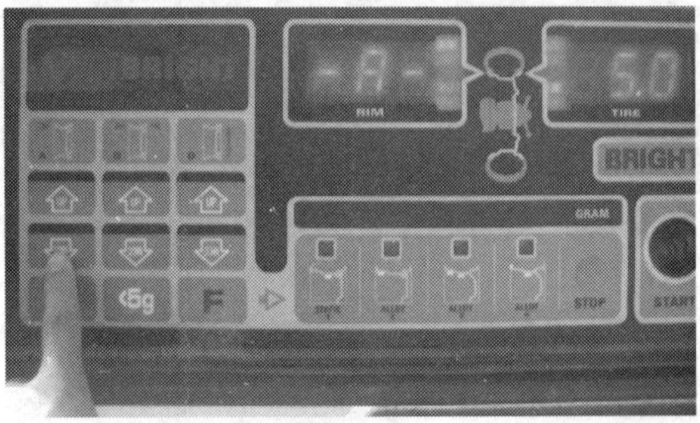

12 1号使用宽度测量尺，测量轮辋两边缘间的宽度值。

提示

轮辋宽度值可从箭头指示的刻度线上读取。

13　1 号将测量的轮辋宽度值输入控制面板上的宽度设置显示器。

提示

按动“L”距离设置显示器下方的“↑”或“↓”按钮，可改变显示器上的距离设定值。

14　1 号查找位于轮胎胎侧上的轮胎规格，确定轮辋直径。

提示

轮胎规格中标注有轮辋直径，例如：桑塔纳2000型轿车轮胎规格为195/60 R14 86H，其中 14 代表轮辋直径为 14 英寸（in）。

15　1 号将轮辋直径输入控制面板上的直径设置显示器。

提示

按动“d”直径设置显示器下方的“↑”或“↓”按钮，可改变显示器上的直径设定值。

16　1 号拉下防护罩，罩在轮胎上方。

17　1 号按下启动按钮（START），平衡旋转轴开始旋转，数秒后自动停止。

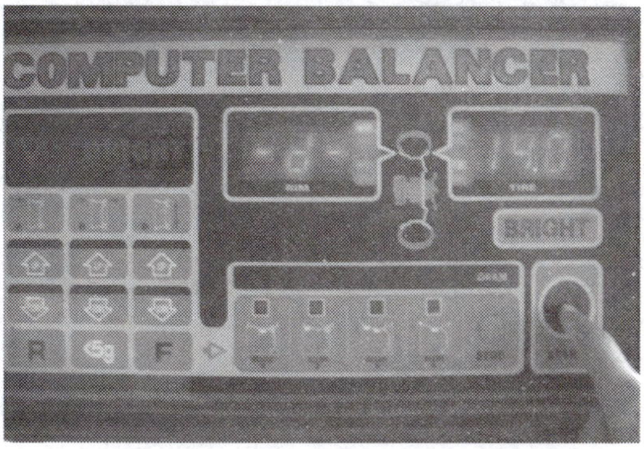

18　待平衡旋转轴停转后，控制面板上的数值显示屏显示的数字即为轮胎的不平衡量。

提示

用手转动轮胎时，不平衡点定位灯不停闪烁。

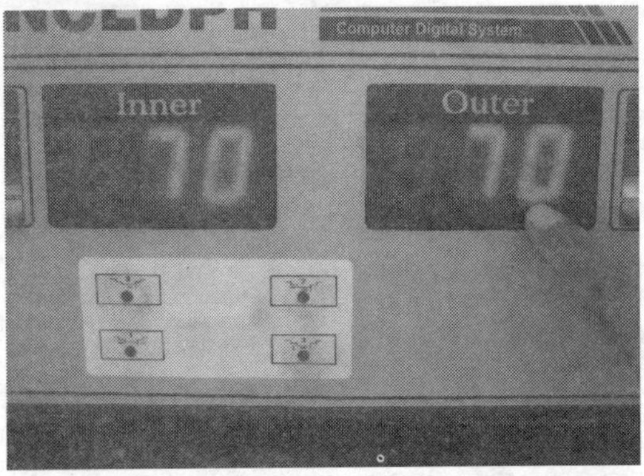

19 1号抬起防护罩后，用手缓慢转动轮胎，当其中一组不平衡点定位指示灯全部点亮时，停止转动轮胎。

提示

(1) Inner显示器显示数字为轮辋内侧不平衡量；Outer显示器显示数字为轮辋外侧不平衡量。

(2)当某一显示器的不平衡指示灯全部点亮时，表示此时轮辋相对应侧最高点位置为不平衡点。

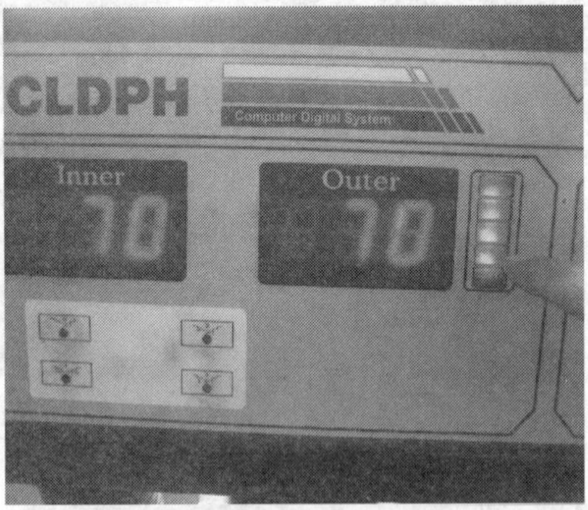

20 1号根据显示器显示的数值，选择相应质量的平衡块。

提示

(1) 显示器显示的数字为轮胎的不平衡量。

(2)平衡块的外面上标注有质量数据，便于选择。

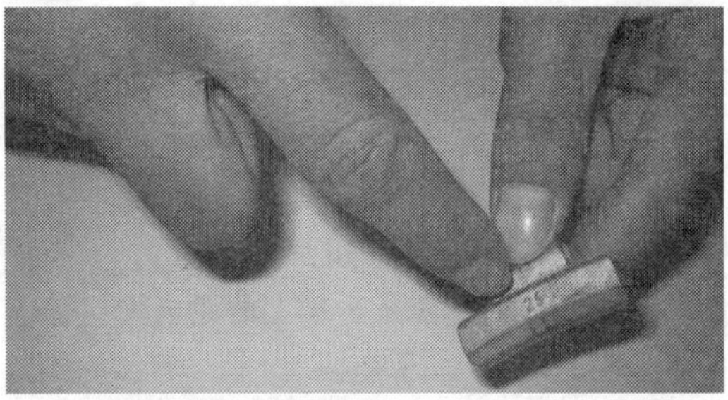

21 1号使用拆装钳，将相应质量的平衡块安装到轮辋外侧侧最高点的边缘上。

提示

平衡块要安装可靠，否则车轮滚动时容易脱落。

22 1号再次用手缓慢转动轮胎，确定轮辋另一侧的不平衡点位置。

提示

查找轮辋不平衡点的方法，请参阅前文说明。

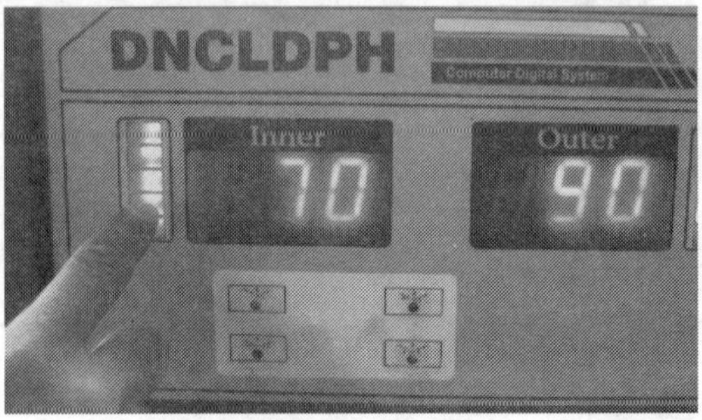

23 1号根据显示器显示的数值，选择相应质量的平衡块，然后使用拆装钳，将平衡块安装到轮辋内侧最高点的边缘上。

提示

详细步骤和要求请参阅前文说明。

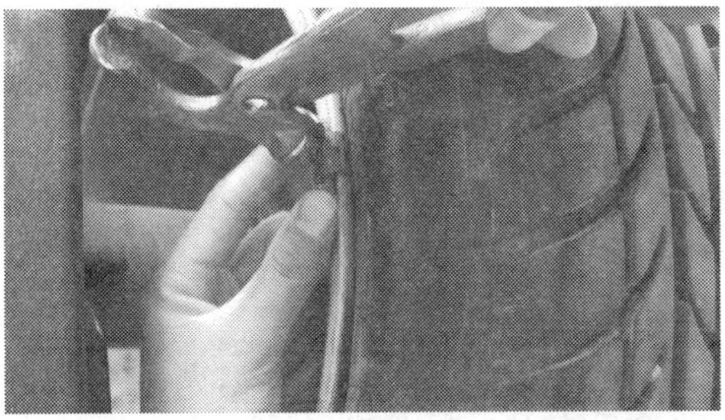

24 1号落下防护罩后，按下启动按钮(START)，平衡旋转轴开始旋转，数秒后自动停止。

25 待平衡旋转轴停转后，1号观察控制面板上的数值显示屏，是否显示轮辋两侧的数据均为“00”。如果显示数据均为“00”，则车轮动平衡检测完毕；如果显示数据不为“00”，则重复上述操作步骤，直到显示数据均为“00”为止。

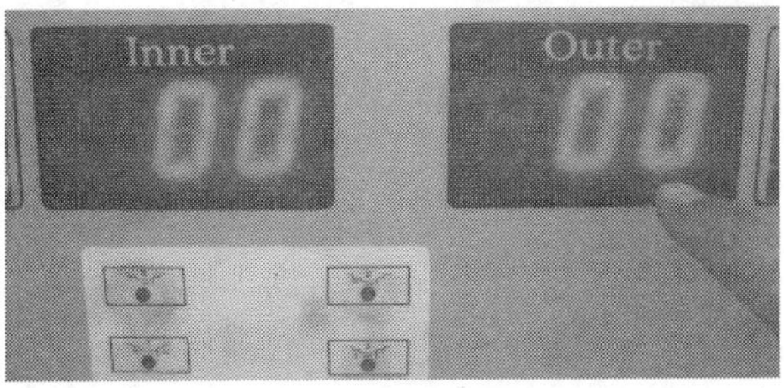

26 1号关闭车轮动平衡机的电源开关。

提示

车轮平衡机的电源电压为220V或240V。因此，打开电源开关时，保持手部干净且干燥，防止触电事故发生。

27 1号抬起防护罩，然后旋下快换螺母，取下轴心定位锥体，并摆放到工作台上。

28 1号从平衡旋转轴上取下车轮与轮胎，并将其放置到车轮支架上。

第七步 整理工位

1号、2号共同清理工具和量具等；清洁地面卫生。

提示

作业项目完成后，要搞好工位的清扫、整理工作，培养良好的工作习惯。

八、考核标准

考核标准表

考核时间	序号	考核项目	满分	评分标准	得分
20min	1	作业前整理工位	3	酌情扣分	
	2	工位停车	3	停车不当扣3分	
	3	车辆可靠停驻	2	操作不当扣2分	
	4	清理轮胎花纹中的杂物	5	清理不彻底扣5分	
	5	测量轮胎花纹深度	6	操作不当扣6分	
	6	检查轮胎损伤	6	检查不当扣6分	
	7	轮胎换位	10	操作错误扣10分	
	8	拆卸轮胎	12	操作错误扣12分	
	9	安装轮胎	12	操作不当扣12分	
	10	轮胎拆装机的正确使用	9	操作不当扣9分	
	11	车轮定平衡机的正确使用	8	操作不当扣8分	
	12	车轮动平衡检测	15	操作不当扣15分	
	13	举升或降落车辆	6	操作不当扣6分	
	14	作业后整理工位	3	酌情扣分	
	15	遵守相关安全规范	因违规操作造成人身和设备事故的，总分按0分计		
分数合计			100		

项目二十三　汽车车轮定位测量与调整

一、项目说明

1. 概述

汽车车轮、转向节及主销与转向轴（或车轮支撑轴）之间安装的相对位置，被称为车轮定位。它主要包括主销后倾角、主销内倾角、车轮外倾角和前轮前束。一般汽车多采用前轮转向，故前轮定位常称为“转向轮定位”。现代汽车为适应高速行驶的需要，有的采用后轮转向或四轮转向。

正确的车轮定位，可保持汽车直线稳定行驶，转向轻便且转向后自动回正，减轻轮胎磨损和转向机件磨损。但在汽车使用过程中，由于车桥、悬架和转向机构的磨损或修理，以及汽车碰撞事故等因素影响，使汽车车轮定位角度发生变化，造成汽车行驶性能和操控性能下降。因此，应及时修复或更换损伤机件，并进行车轮定位的检查或调整。通常汽车车轮定位的检查或调整，是在专用检测设备（车轮定位仪）上进行的。下面以桑塔纳2000GSi型轿车为例，来说明汽车车轮定位检查或调整的操作步骤和技术规范。

2. 汽车车轮定位的作用

（1）主销后倾角：保持汽车直线行驶的方向稳定性，使转向车轮自动回正。

（2）主销内倾角：使转向车轮自动回正，转向轻便。

（3）车轮外倾角：使汽车转向轻便，提高车轮工作的安全性。

（4）车轮前束：消除外倾角使车轮滚动时外张趋势，减少轮胎磨损和燃料消耗。

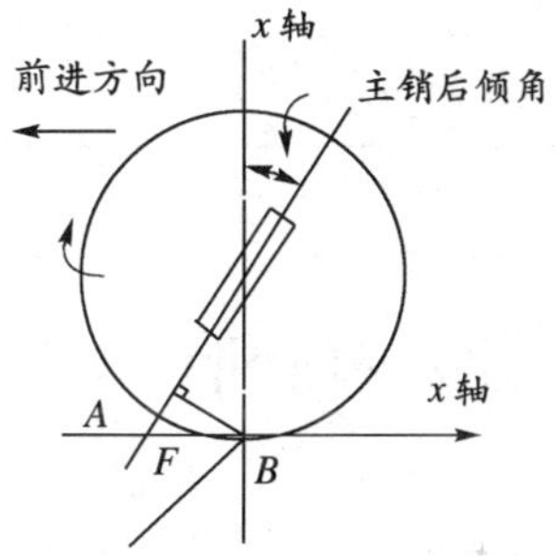

主销后倾角

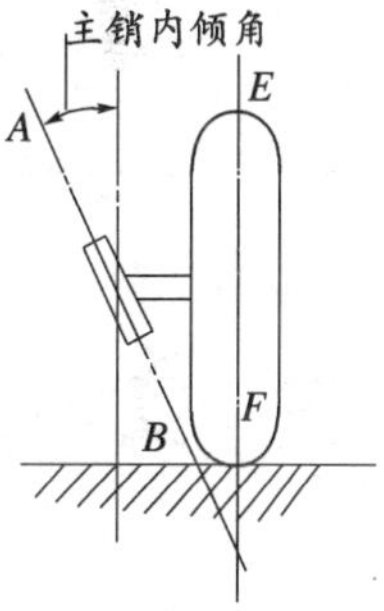

主销内倾角

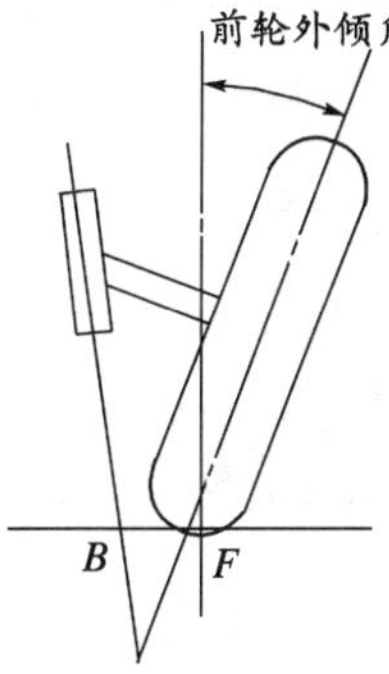

车轮外倾角

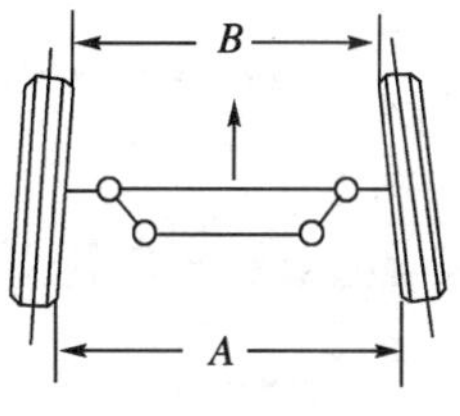

车轮前束

二、技术标准与要求

1. 汽车在空载条件下，方可进行车轮定位的检查或调整。
2. 轮胎气压符合规定要求。
3. 汽车悬架系统性能正常。

4. 汽车转向系统无间隙与损伤。
5. 车轮动平衡正常。
6. 同一车桥的两侧轮胎花纹深度差不超过2mm。
7. 正确操作车轮定位仪。
8. 汽车车轮定位角度应符合规定要求。

桑塔纳2000GSi型轿车的车轮定位参数：

后桥定位参数（不可调）

总前束	车轮外倾角
+25′ ± 15′	1° 40′ ± 20′
最大允许偏差25′	左右最大允许偏差30′

前桥定位参数

车轮前束	前轮总前束	车轮外倾角	主销后倾角（不可调）
+5′ ± 5′	+10′ ± 10′	−40′ ± 10′	1° 30′ ± 30′
		左右最大允许偏差30′	左右最大允许偏差30′

三、实训时间：40min

四、实训教学目标

1. 了解汽车车轮定位检查与调整的重要性。
2. 熟悉汽车车轮定位的作用。
3. 掌握汽车定位检查与调整的操作技能。

五、实训器材

车轮定位仪及举升机

其他工具及器材：

φ17mm套筒、扭力扳手、调整杆、12-14mm开口扳手、三角垫木、轮胎花纹深度尺、轮胎气压表、22-24mm开口扳手、驾驶室内保护罩等。

六、教学组织

1. 教学组织形式

每辆车安排4名学生参与实训，两名学生为一组。一组操作，一组观察学习。

2. 学生站位分工和要求

两名学生一组，按照1号、2号进行编号，1号为主，2号为辅助。

3. 实训教师职责

讲解操作步骤和注意事项；下达“操作开始”口令；工位间巡视、检查、指导和纠正错误。

4. 学生职责变换

两名学生实行职责变换制度，即第一遍1

号为主，2号辅助；第二遍2号为主，1号辅助。

七、操作步骤

第一步　事前准备

1 参训学生将工位卫生清理干净，排除障碍物，准备好相关的工具、物品等。

提示

培养良好的工作习惯，做好事前准备，有利于安全操作和提高工作效率。

2 1号安装转向盘套、换挡手柄套、座套、铺设地板垫。

提示

保护罩是由薄塑料制成的，极易破损。所以在安装时，用力要均匀，避免因用力过大造成损坏。其主要作用是在操作过程中保持驾驶室内清洁。

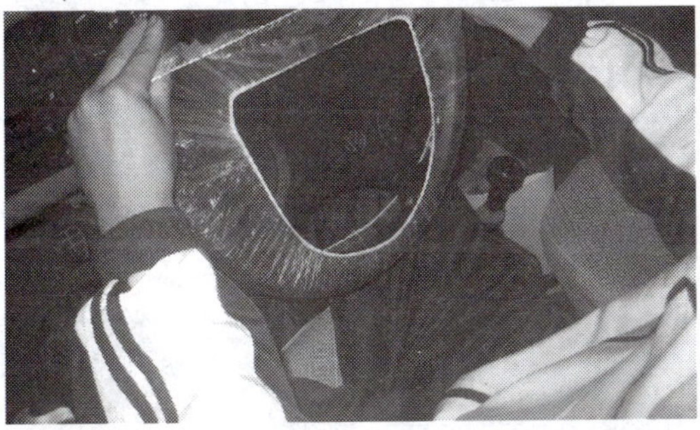

第二步　车辆检查

1 1号使用气压表，检查轮胎气压是否符合要求。

提示

桑塔纳2000GSi型轿车的轮胎气压值，空载时，前后轮180kPa；满载时，前轮190kPa，后轮240kPa。

2 1号使用轮胎花纹深度尺，测量各车轮轮胎的磨损情况。

提示

同一车桥的两侧轮胎花纹深度差不超过2mm。否则，更换严重磨损的轮胎。

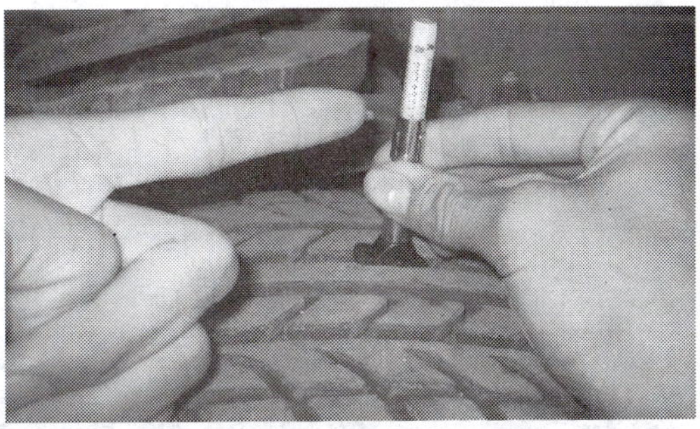

3 1号检查各车轮轮胎的规格与结构是否相同。

提示

同一车辆的各车轮轮胎的规格与结构应相同。否则，更换相应轮胎。

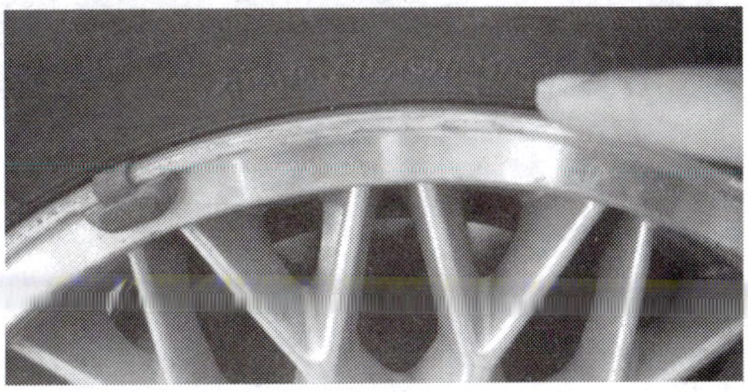

4 1号蹲立于车辆前方，目测车辆的高度是否一致。

提示

如果车辆存在歪斜或高度不一致，应修复或更换相关部件后再进行车轮定位。

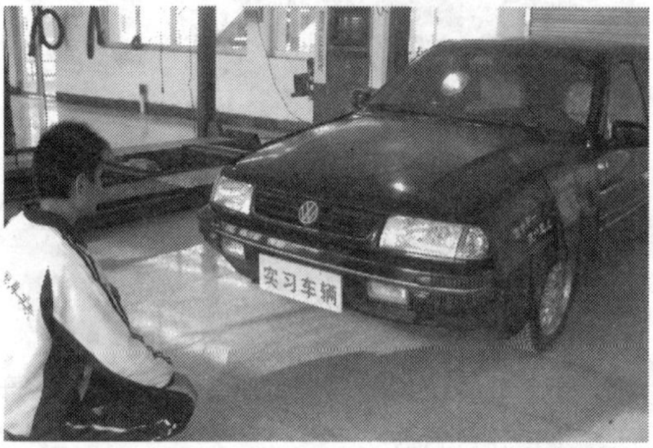

5 将车辆停驻到举升平台。1号进入驾驶室，解除转向盘锁止后，左右转动转向盘，检查转向盘是否存在空行程。

提示

(1) 转动转向盘之前，应将点火开关旋至解锁挡位。否则，转向盘被锁止。

(2) 桑塔纳2000GSi型轿车的转向盘自由行程为零。如果转向盘存在空行程，说明转向机构已产生磨损，应检修后再进行车轮定位。

6 2号操纵举升机，将车辆举升至适当高度。

提示

(1) 举升机的操作要领和规范要求，请参阅“举升机的使用方法”。

(2) 举升车辆时，强调安全确认口令“正常”、“举升车辆”，防止意外情况发生。

7 2号向上扳动制动手柄，锁定举升平台。

提示

向上扳动制动手柄，锁定举升平台；向下扳动制动手柄，使制动手柄位于挡块下方，解除举升平台锁定。

8 1号检查转向横拉杆的衬套、球头是否有松旷现象。

提示

如果横拉杆的衬套或球头存在松旷，应更换相关部件后再进行车轮定位。

9　1 号检查悬架下摆臂的衬套、球头是否有松旷现象。

提示

如果悬架下摆臂的衬套或球头存在松旷，应更换相关部件后再进行车轮定位。

10　1 号调整二次举升臂的位置，使之与车辆地板加固部位对正。

11　2 号转动油压转换阀，切换到二次举升机的油路。

提示

油压转换阀用于切换一次和二次举升机的油路。

12　2 号按下电动机按钮，二次举升机将车辆举升至轮胎最低点距离举升平台约 20cm 的高度。

提示

(1) 二次举升车辆时，1 号注意观察举升臂的顶起位置，必要时调整举升臂。

(2) 举升或降落车辆时，举升平台下严禁站人或穿梭，防止意外事故发生。

13　2 号释放制动手柄，然后左拉卸荷手柄，将举升平台降落到地面上。

提示

(1) 举升机的操作要领和规范要求，请参阅“举升机的使用方法”。

(2) 举升车辆时，强调安全确认口令“正常”、“举升车辆”，防止意外情况发生。

14　驻车制动器的操纵手柄保持释放状态。1 号扶住轮胎的上下部位，双手反向用力扳动车轮，检查车轮轴承是否松旷。

提示

如果车轮轴承存在明显松旷，应调整或更换后再进行车轮定位。

15 1号转动各车轮，检查是否存在制动拖滞现象。

提示

如果车轮存在制动拖滞现象，应检修车轮制动器后再进行车轮定位。

第三步 安装测定头

1 1号将测定头夹具的下爪卡入车轮轮辋的边缘上。

提示

(1) 测定头是精密测量仪器，在移动、安装及拆卸过程中，要小心谨慎，轻搬轻放，严禁掉落摔伤。

(2) 测定头有左右前后之分，前车轮的测定头上有两个传输线插孔，后车轮的测定头上只有一个传输线插孔。前后车轮的左右测定头的光孔应相对，否则为安装错误。

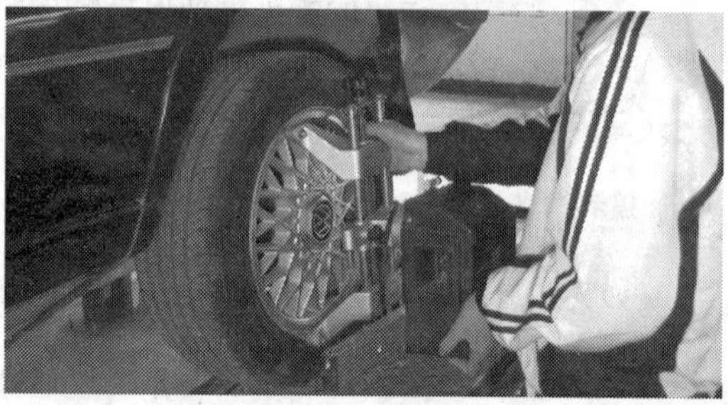

2 1号旋转测定头夹具的调整手柄，使夹具的上爪插入车轮轮辋的边缘上，然后旋紧调整手柄，将测定头固定在车轮上。

3 1号将保险钩拉紧并挂在车轮的辐条孔内。

提示

(1) 保险钩用以加强测定头的固定。

(2) 按照相同的要求，1号、2号共同将测定头安装到各车轮上。

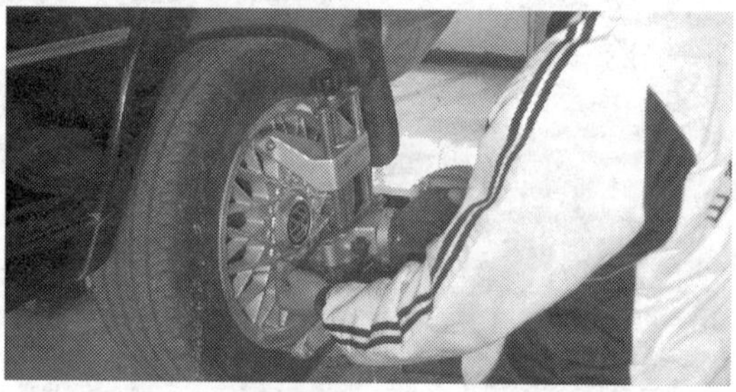

第四步 连接测定头与传输线

1 将测定头安装完毕。1号将来自主机的传输线插头插入前车轮的测定头前端插孔中。

提示

确保插头插入到位且可靠，否则将影响数据传输。

2　1号将连接传输线的插头，分别插入同侧前后测定头上的插孔中。

提示

(1) 确保插头插入到位且可靠，否则将影响数据传输。

(2) 按照相同的要求，2号连接另一侧的传输线和测定头。

3　前后测定头的传输线连接情况如右图所示。

第五步　测量车轮定位角度

1　1号按下位于车轮定位仪显示屏右下方的主电源开关，电源指示灯点亮。

提示

车轮定位仪的电源电压为220V或240V。打开或关闭电源开关时，保持手部干净、干燥，防止触电事故发生。

2　1号打开主机电源开关，显示屏显示开机界面。

3　1号使用鼠标点击车轮定位图标，显示屏显示车轮定位界面。

提示

在界面下方有5个功能框，分别是：

F1 测定开始　F2 登记车型

F3 客户资料　F4 事前检查

F5 基本设定

4　1号使用鼠标点击F2，选择相应车型、年代及车名。

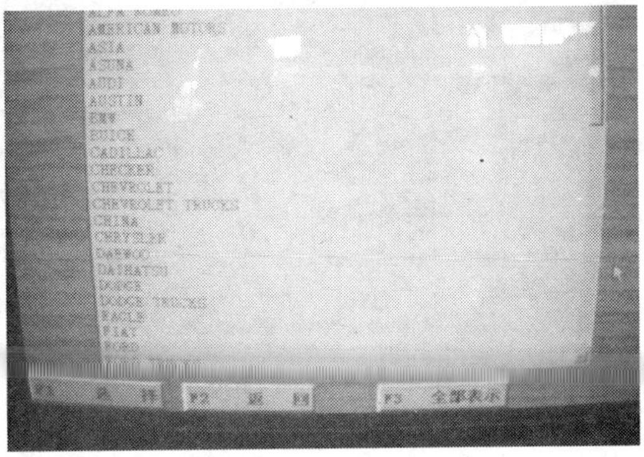

5 1号使用鼠标点击F3，输入车型、车主姓名、电话、车号及行走里程。

6 1号使用鼠标点击F5，选择调整方式为前轮调整（4轮后轮推进角-4传感器）。

提示

桑塔纳2000GSi型轿车后轮定位角度不可调整。因此，选择前轮调整方式。

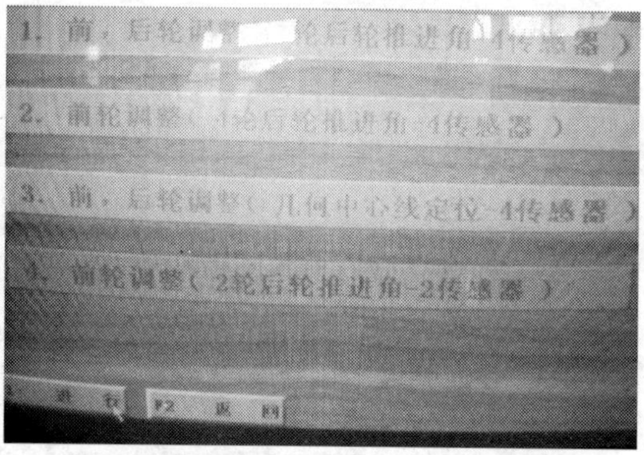

7 1号按下F1进行，在显示屏界面的下方出现提示框：对好水平后按F1，防止堵塞传感器。

8 2号察看测定头水平仪内的气泡是否位于两条黑色刻线的中间位置。

9 2号一手旋松测定头紧固手柄，一手调整测定头位置，使水平仪中的气泡位于两条刻线中间位置，最后旋紧测定头紧固手柄。

提示

按照相同的要求，调整其他测定头的水平仪。

10 1号按下F1进行，准备测试。在显示屏界面的下方出现提示框：将锁紧装置转动半圈，调好水平后，按键再转半周，调整水平，然后按键。请从后轮开始。

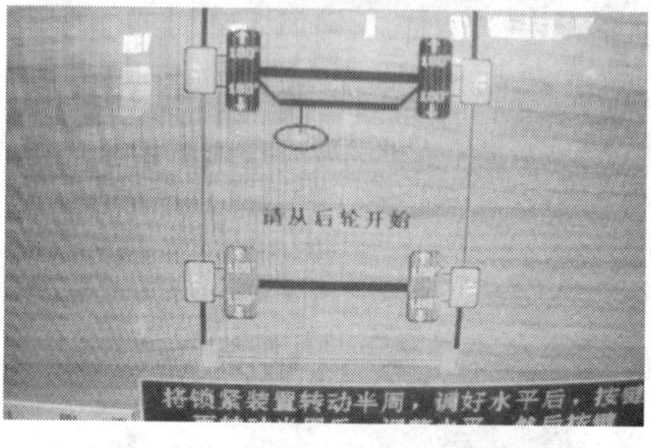

11 2号用手旋松测定头紧固手柄，然后一手扶住测定头，一手缓慢转动车轮半圈。

提示

转动车轮时，保持测定头位置不变。

12　2 号调整测定头水平仪内的气泡位于两条刻线中间位置后，按下按钮，指示灯闪烁 3 次后变为红色。

13　待指示灯不再闪烁且变为红色后，2 号再将车轮缓慢转动半圈。

14　2 号调整测定头水平后，再次按下按钮，指示灯闪烁 3 次后，变为绿色。

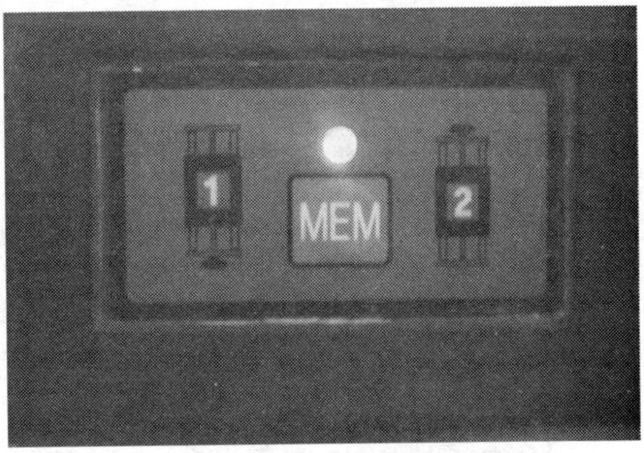

15　2 号旋紧测定头紧固手柄。

提示

(1) 将车轮分两次旋转一圈，目的是对车轮进行偏心补偿，用于补偿轮辋变形后的偏差。

(2) 按照相同要求，将两后轮调整完毕，接下来调整两前轮。

16　偏心补偿操作完毕后，在显示屏界面的下方出现提示框如右图所示。

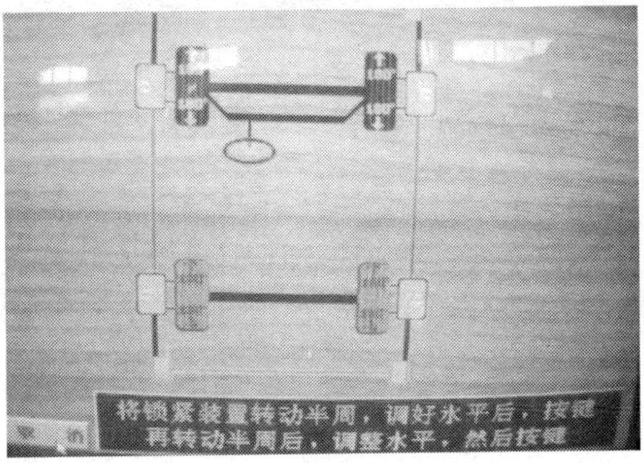

17　2 号进入驾驶室，拉紧驻车制动器操纵手柄，用力踩下制动踏板。

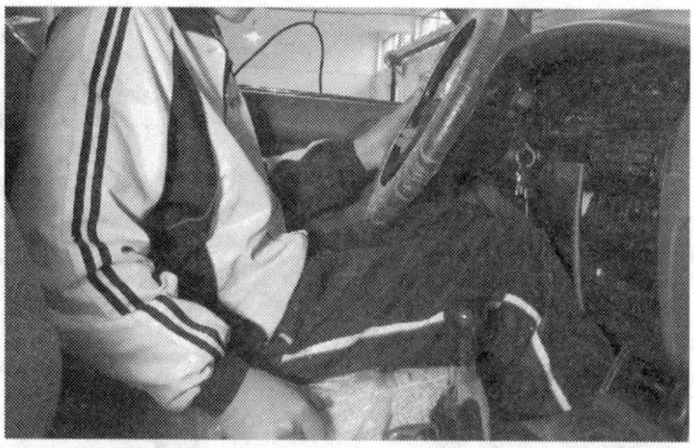

18 1号取下举升平台上的两侧转盘盖，并放置到零件车上。

19 1号调整转盘，使指针指向刻度盘的“0”刻度线。

20 1号右拉举升机的卸荷手柄，将车辆缓缓降落到举升平台上，并且使两前轮压在转盘上。

21 1号用力晃动车辆。

22 1号检查并调整各测定头水平仪，使气泡位于两条刻线的中间位置。

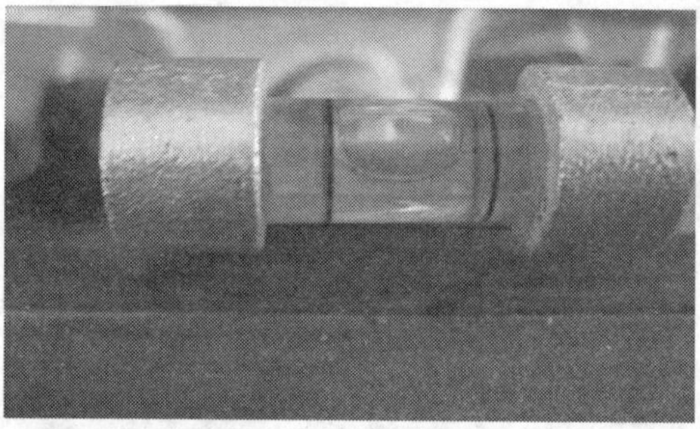

23 1号使用鼠标点击显示屏界面下方的“结束”功能框。

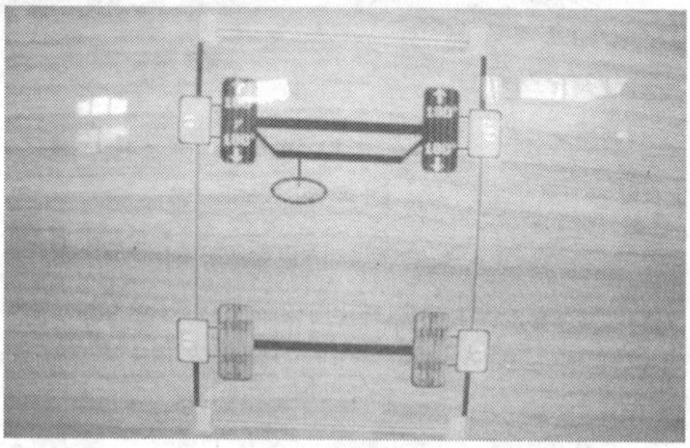

24 显示屏上出现前后车轮的定位角度一览表。

提示

在显示屏的界面下方显示4个功能框：
F1 后倾角大王肖角测定
F2 后轮调整
F3 前轮调整
F4 主体调整

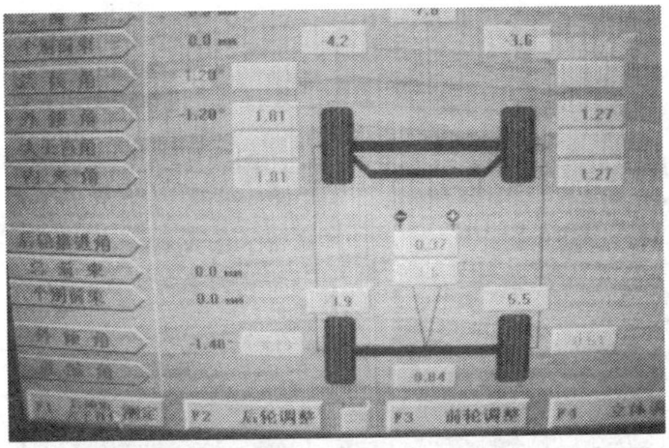

25 1号点击F1，进行大王肖角的测定。

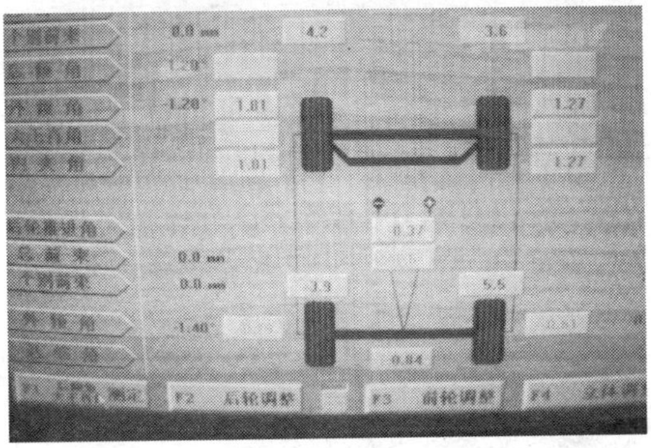

26 此时显示屏上显示转向盘"回转"方向、"停止"、"零点确认中"及"Δ"光标。

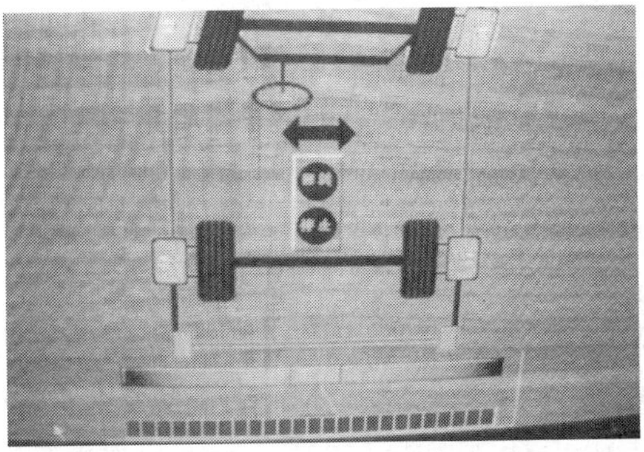

27 2号按照显示屏的提示和要求，转动转向盘。

28 当转向盘左旋和右旋完成并且"零点确认中"下方的条形光驱100%变成蓝色后，显示屏自动显示车轮定位角度一览表。

提示

在显示屏的界面下方显示4个功能框：

F1 后倾角调整

F2 前轮外倾角

F3 前轮前束

F4 后轮调整

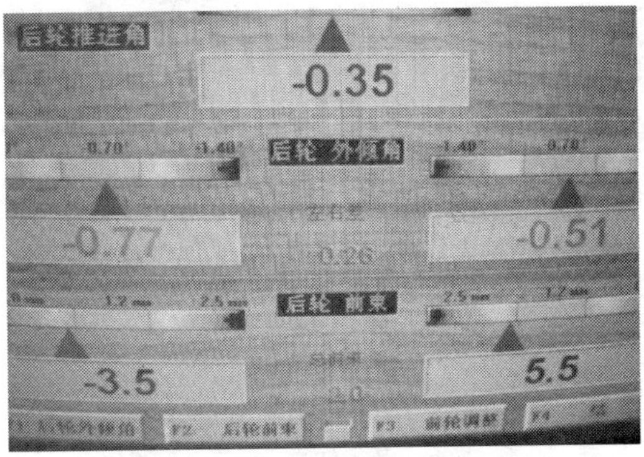

29 1号选择F2或F3，此时根据显示屏的指示，进行前轮外倾角和前轮前束的调整。

提示

桑塔纳2000GSi型轿车的后轮定位角度不可调整，因此，选择前轮外倾角和前轮前束的调整。

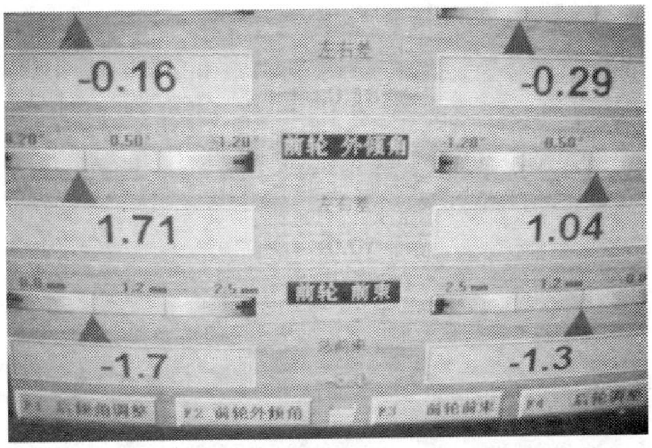

第六步　调整前车轮外倾角

1 2号转动油压转换阀，切换到举升平台油路，然后按下电动机按钮，将车辆举升至适当高度，最后锁止举升平台。

提示

(1) 举升机的操作要领和规范要求，请参阅前文说明，不再重复。

(2) 举升车辆时，强调安全确认口令“正常”、“举升车辆”，防止意外情况发生。

2 2号将ϕ17mm套筒、接杆、扭力扳手组合后传递给1号。

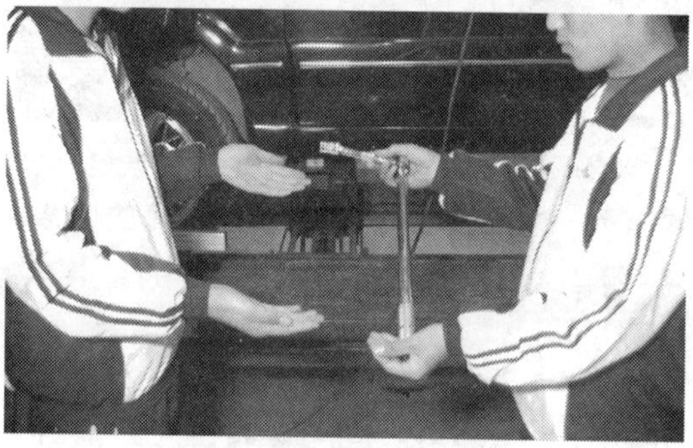

3 1号使用ϕ17mm套筒、接杆、扭力扳手，拧松悬架下摆臂球头底板的2条固定螺栓。

提示

2个长条形螺栓孔可以使球头底板在一定范围内水平移动，用于调整车轮外倾角。

4 2号接收工具并摆放到工具车上。

5 1号将适当调整杆从下端插入悬架下摆臂与球头底板上的圆孔中。

提示

下摆臂与球头底板上的圆孔为一调整孔，插入调整杆可在一定范围内水平移动球头底板，从而改变车轮外倾角的大小。

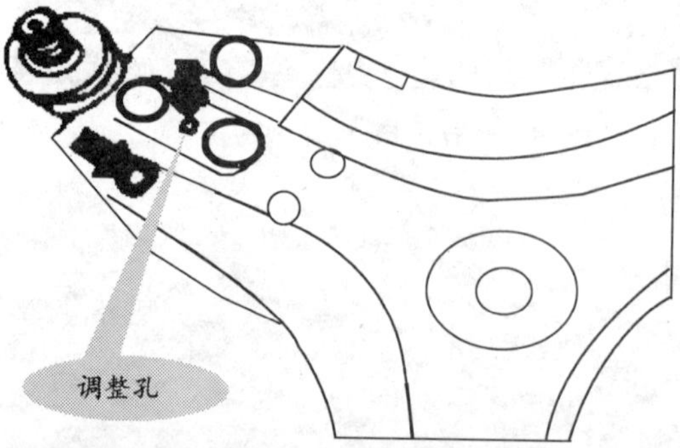

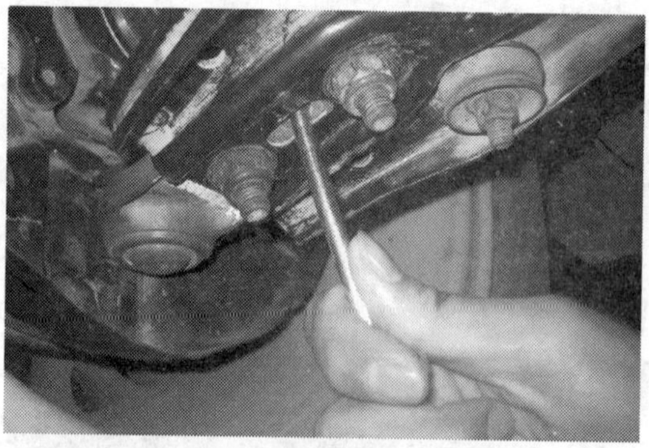

6 1号根据车轮定位仪的屏幕显示，拨动球头底板。当“Δ”指示光标位于显示条的中间位置时，停止拨动球头底板。

提示

(1)根据显示屏的指示来调整车轮外倾角

度，非常直观且精确。

(2) 按照相同要求，调整另一侧车轮外倾角。

(3) 调整后的车轮外倾角应符合规定要求。桑塔纳2000GSi型轿车的前轮外倾角为 −40′ ± 10′，左右最大允许偏差30′。

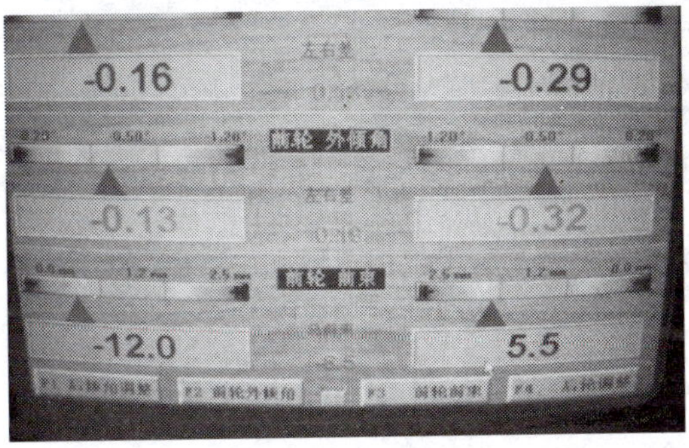

7 将车轮外倾角度调整完毕，1号使用 ϕ17mm套筒、接杆、扭力扳手，将悬架下摆臂球头底板的2条固定螺栓拧紧力矩至50N · m。

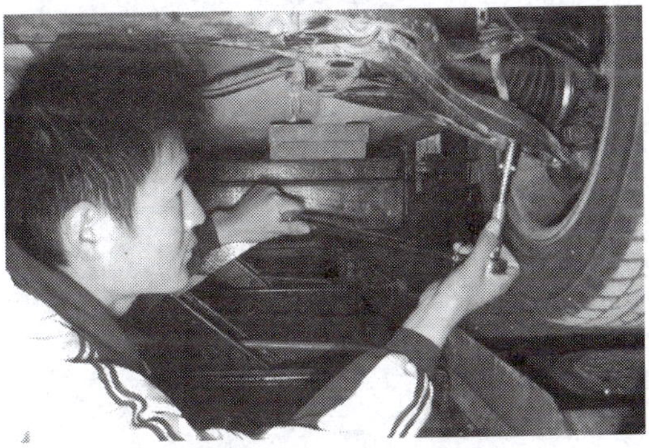

第七步　调整前轮前束

1 2号将13-14mm开口扳手、22-24mm开口扳手传递给1号。

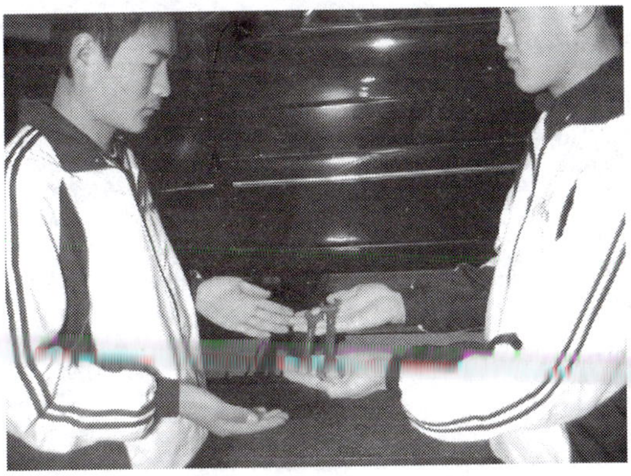

2 1号使用13-14mm开口扳手固定连接杆；使用22-24mm开口扳手拧松连接杆两端的锁紧螺母。

提示

(1) 拧松连接杆两端锁紧螺母时，严禁使用已严重磨损的开口扳手。否则，将导致锁紧螺母滑方。

(2) 如果箍紧帽配合较紧不容易松动时，可用铁锤轻轻敲击振动。

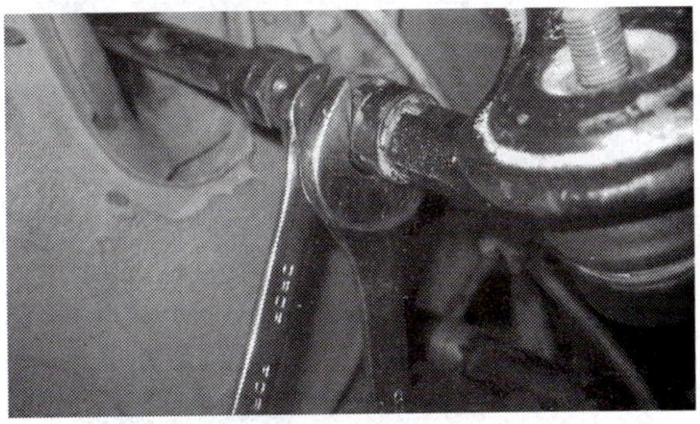

调整前轮前束的横拉杆分解示意图

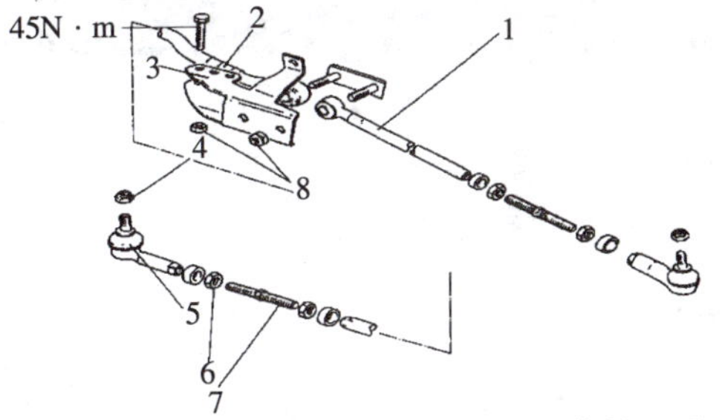

1-左横拉杆；2-右横拉杆；3-支架；4-自锁螺母；5-球接头；6-锁紧螺栓；7-调整前束连接杆；8-自锁螺母

3 1号根据车轮定位仪的屏幕显示，转动调整前束连接杆。当“Δ”指示光标位于显示条的中间位置时，停止转动前束调整连接杆。

提示

(1) 根据显示屏的指示来调整车轮前束，非常直观且精确。

(2) 按照相同要求，调整另一侧车轮前束。

(3) 调整后的前轮前束应符合规定要求。桑塔纳2000GSi型轿车的前轮前束：车轮前束 +5′ ± 5′，前轮总前束 +10′ ± 10′。

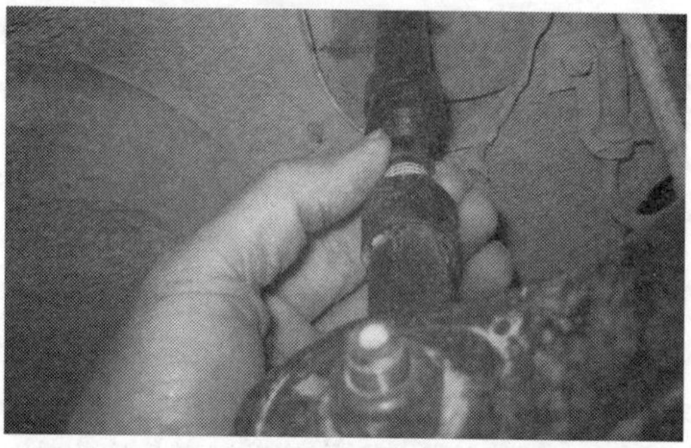

4 前轮前束调整完毕后，1 号使用 13-14mm 开口扳手固定连接杆；使用 22-24mm 开口扳手拧紧连接杆两端的锁紧螺母。

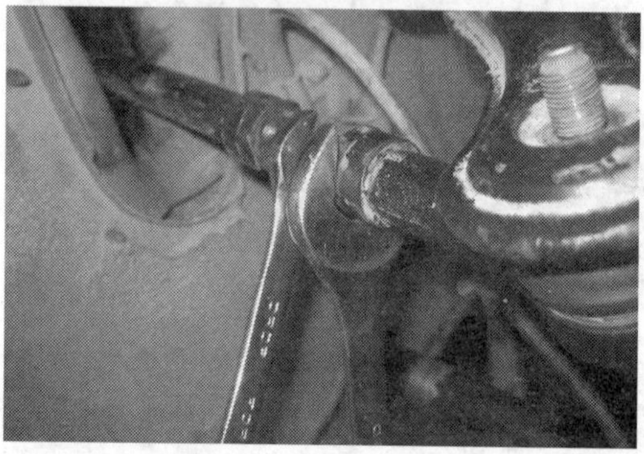

5 1 号从举升平台下方退出后，2 号解除举升平台制动，右拉卸荷手柄，将举升平台缓缓降落到地面上。

提示

(1) 举升机的操作要领和规范要求，请参阅前文说明，此处不再重复。

(2) 举升车辆时，强调安全确认口令“正常”、“举升车辆”，防止意外情况发生。

6 车轮定位角度调整完毕后，1 号使用鼠标点击“F4 结束”功能框。

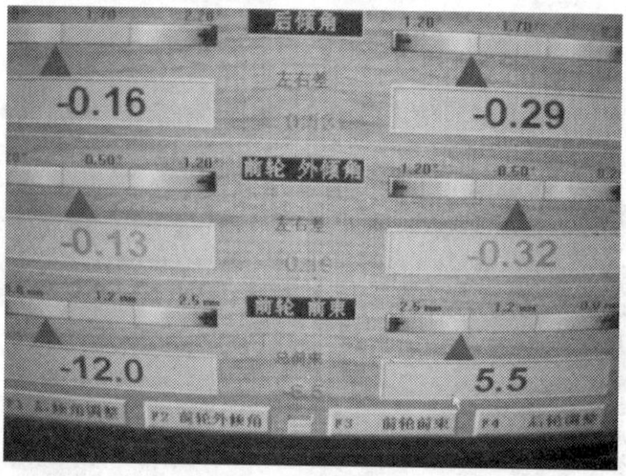

7 此时在显示屏下方显示 3 个功能框，分别是：F1 保存、F2 清除、F3 返回。

提示

点击 F1 保存调整数据，以备查询。

点击 F2 调整数据被清除。

点击 F3 显示屏返回初始界面。

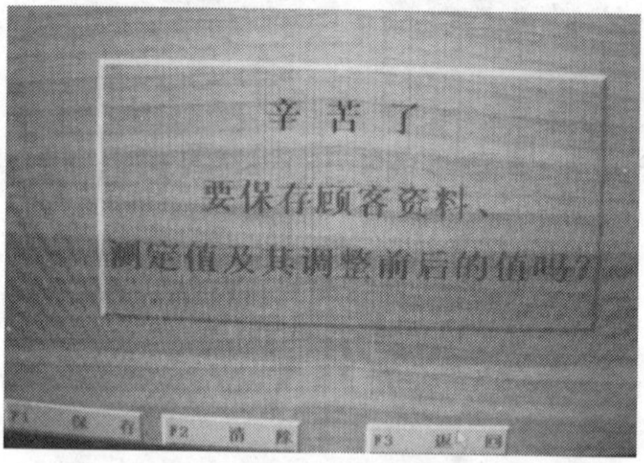

8 1 号选择 F3 返回初始界面，然后关闭计算机，最后关闭主电源开关。

第八步　取下传输线与测定头

1 1号、2号共同拔下传输线的插头，并将传输线悬挂在挂钩上。

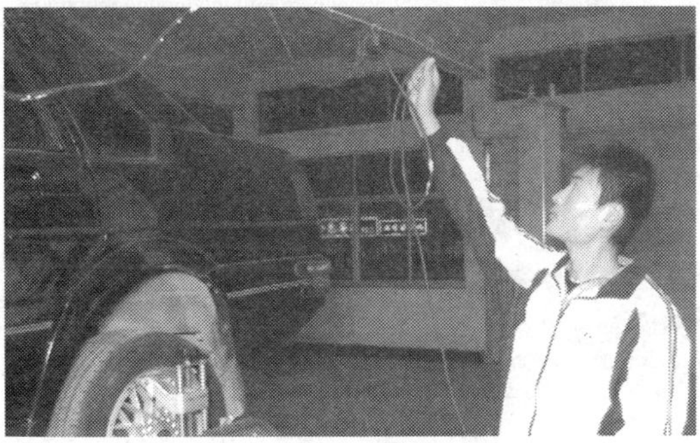

2 1号取下测定头的保险钩，旋松夹具手柄，从车轮上取下测定头。

提示

(1) 从车轮上取下测定头时，始终用手扶住测定头，以防掉落摔伤。

(2) 按照相同要求，1号、2号共同取下4个测定头。

3 1号、2号将测定头安放到车轮定位仪两侧支架上。

提示

(1) 测定头在支架上的安放位置是固定的，安放后每侧两个测定头的光孔朝向定位仪壳体且不超出定位仪壳体。

(2) 测定头是精密测量仪器，在移动、安装及拆卸过程中，要小心谨慎，轻搬轻放，严禁掉落摔伤。

4 最后，取下后车轮的三角垫木，将车辆移出举升平台，盖上转盘盖板。

第九步　整 理 工 位

1号、2号共同拆除驾驶室内保护罩；清理工具、仪器等；清洁地面卫生。

提示

作业项目完成后，要搞好工位的清扫、整理工作，培养良好的工作习惯。

八、考核标准

考核标准表

考核时间	序号	考核项目	满分	评分标准	得分
20min	1	作业前整理工位	1	酌情扣分	
	2	安装驾驶室内保护罩	1	酌情扣分	
	3	检查轮胎气压	3	操作不当扣3分	
	4	检查轮胎花纹磨损	3	操作不当扣3分	
	5	检查轮胎规格和结构	3	操作不当扣3分	
	6	检查转向系的旷量	3	操作不当扣3分	
	7	举升机的正确使用	4	操作不当扣4分	
	8	检查转向横拉杆的衬套及球头磨损	3	操作不当扣3分	
	9	检查悬架下摆臂的衬套及球头	3	操作不当扣3分	
	10	检查车轮制动器的拖滞情况	3	操作不当扣3分	
	11	检查车轮轴承的旷量	3	操作不当扣3分	
	12	安装或拆卸测定	5	操作不当扣5分	
	13	连接或断开测定头的传输线	4	操作错误扣4分	
	14	车轮定位仪的正确使用	10	操作不当扣10分	
	15	调整测定头水平	5	操作不当扣5分	
	16	车轮偏心补偿	8	操作不当扣8分	
	17	测量车轮定位角度	10	操作不当扣10分	
	18	大王肖角的测定	6	操作不当扣6分	
	19	调整前轮外倾角	10	操作不当扣10分	
	20	调整前轮前束	10	操作不当扣10分	
	21	作业后整理工位	2	酌情扣分	
	22	遵守相关安全规范	因违规操作造成人身和设备事故的，总分按0分计		
分数合计			100		

附　录

一汽捷达轿车常见维修项目

共计 33 项，占总进修车辆的 80% 左右（约 4100 台 / 月）。

一、维护作业

1. 7500km 首次维护
2. 15000km 维护
3. 30000km 维护
4. 更换防冻液（2 年）
5. 更换制动液（2 年）
6. 更换自动变速器油（6 年）
7. 更换手动变速器油（可整车终身不换、视情更换）

二、发动机修理作业

1. 清洗节气门阀体（节流阀怠速时开度超出 5°）
2. 清洗喷油器（怠速不稳、加速无力、排放超标时）
3. 清洗化油器（不易起动、怠速抖动、加速不良、排放超标时）
4. 更换发电机皮带（10 万 km）
5. 更换正时皮带（2 阀，8 万 km）
6. 更换水泵（漏水、异响时）
7. 更换气门室垫（漏油时）

三、底盘修理作业

1. 更换前制动盘片（厚度＜ 2mm 时，4 万～5 万 km）
2. 更换后轮制动蹄片（厚度＜ 2.5mm 时，6 万～8 万 km）
3. 换半轴外球笼（万向节磨损、松旷异响或油脂泄漏）
4. 更换前减振器（漏油、减振效果不佳时）
5. 更换轮胎、动平衡（磨损超限、车轮偏摆时）
6. 四轮定位检测（行驶跑偏、方向打摆、不能回正、轮胎异常磨损时）
7. 更换后轮油封（漏油时）

四、电器修理作业

1. 更换蓄电池（充电不足时）
2. 更换发电机（不发电、异响时）
3. 更换起动机（不转动、转动力不足、转动异响）
4. 更换点火开关（因点火开关损坏不能起动发动机时）
5. 更换仪表灯泡（个别灯泡不亮时）
6. 更换转向灯开关（开关接触不良时）
7. 更换中央继电器盒（出现盒内接触不良、断路时）
8. 加注制冷剂（制冷剂缺少时）
9. 换空调膨胀阀（膨胀阀流量不正常）

五、钣金漆工作业

1. 更换车门升降器（升降器不工作、升降抖动、异响时）
2. 更换中控门锁（中控锁有故障时）
3. 保险杠烤漆（保险杠漆面损伤时）

附　表

作业项目	车型					维护作业	修理作业
	捷达	桑塔纳	宝来	雅阁	赛欧		
一、发动机维修作业							
1. 更换机油及滤清器	●	●	●	●	●	▲	
2. 更换燃油滤清器	●	●	●	●	●	▲	
3. 清洁或更换空气滤清器	●	●	●	●	●	▲	
4. 更换燃油泵		●	●	●	●		▲
5. 检查防冻液液面、冻结温度，添加防冻液或更换防冻液	●	●	●	●	●	▲	▲
6. 更换正时皮带、调整或更换正时介轮	●	●	●	●	●	▲	▲
7. 检查调整或更换发电机、转向助力、风扇、空调压缩机皮带	●	●	●	●	●	▲	▲
8. 清洗检修化油器	●	●					▲
9. 检查清洗或更换喷油器	●		●	●	●		▲
10. 清洗、更换节气门体	●	●			●		▲
11. 更换节气门拉线		●					▲
12. 更换怠速控制阀					●		▲
13. 检查、清洁或更换火花塞	●	●	●	●	●	▲	
14. 检测、更换点火高压线		●					▲
15. 检查分电器或更换分电器盖、分火头		●		●			▲
16. 更换点火线圈				●	●		▲
17. 检查、更换节温器		●	●		●		▲
18. 检查、更换水泵、散热器		●	●	●	●		▲

续上表

作业项目	车型					维护作业	修理作业
	捷达	桑塔纳	宝来	雅阁	赛欧		
19. 更换电子扇				●	●		▲
20. 检查调整气门间隙				●		▲	▲
21. 检查进排气系统泄漏情况或更换进排气管接口垫	●	●	●	●	●	▲	▲
22. 更换汽缸垫、汽缸盖			●		●		▲
23. 更换油底壳、机油泵		●	●		●		▲
24. 更换冷却水温度控制开关		●					▲
25. 更换暖风开关或暖风箱		●			●		▲
26. 更换曲轴、凸轮轴油封		●					▲
27. 更换气门室垫	●				●		▲
28. 检查、更换冷却水温度传感器			●				▲
29. 检查、更换节气门位置传感器			●		●		▲
30. 检查、更换氧传感器		●	●	●			▲
31. 检查、更换空气流量计、进气压力传感器		●					▲
32. 检测故障灯亮（进行自诊断）	●	●	●	●	●	▲	▲
33. 检查冷却系统渗漏情况或清洗冷却系统	●	●	●	●	●	▲	▲
34. 检查润滑系统渗漏情况或清洗润滑系统	●	●	●	●	●	▲	▲
35. 检查燃油系统渗漏情况或清洗燃油系统	●	●	●	●	●	▲	▲
36. 清洁燃油箱		●					▲
37. 更换发动机支架及胶垫					●		▲
38. 检查或更换发动机底护板			●			▲	▲
39. 更换涡轮增压器			●				▲
40. 点火正时检查与调整	●	●	●	●	●	▲	▲
41. 怠速转速检查与调整	●	●	●	●	●	▲	▲
42. 汽缸压力检测							▲
43. 更换发动机电脑			●				▲
44. 发动机尾气排放检测	●	●	●	●	●	▲	▲
45. 更换三元催化器			●		●		▲
46. 更换消声器			●		●		▲
二、底盘维修作业							
1. 检查、调整离合器踏板	●	●	●	●	●	▲	▲
2. 检查离合器液面或添加更换离合器液			●		●		▲
3. 更换离合器分离轴承、压盘		●	●		●		▲
4. 更换离合器总泵、分泵		●	●				▲
5. 更换离合器拉线	●	●	●	●	●	▲	
6. 检查离合器管路渗漏情况或更换离合器软管	●	●	●	●	●	▲	▲
7. 检查、调整驻车制动器		●	●				▲
8. 更换驻车制动拉线	●	●	●	●	●	▲	▲

续上表

作业项目	车型					维护作业	修理作业
	捷达	桑塔纳	宝来	雅阁	赛欧		
9. 检查、调整制动踏板位置	●	●	●	●	●	▲	▲
10. 检查制动液面或添加、更换制动液			●		●		▲
11. 更换制动助力器		●	●	●	●		▲
12. 更换制动总泵、分泵	●	●	●	●	●	▲	▲
13. 检查制动管路渗漏情况或更换制动软管	●	●	●	●	●	▲	
14. 检查变速器油面高度、油质或添加、更换变速器油		●	●			▲	▲
15. 检查或更换球笼万向节防尘套	●	●	●				▲
16. 更换球笼万向节		●	●	●	●		▲
17. 更换半轴及油封			●		●		▲
18. 更换悬架下臂及下臂球头							▲
19. 检查前后制动（蹄）片厚度或更换制动（蹄）片	●	●	●	●	●	▲	▲
20. 检查、更换前后制动盘（鼓）	●	●	●	●	●	▲	▲
21. 检查前后减振器渗漏情况或更换减振器	●	●	●	●	●	▲	▲
22. 检查轮胎气压、花纹深度，紧固车轮螺母	●	●	●	●	●	▲	
23. 检查调整前后轮轴承间隙		●	●	●	●	▲	▲
24. 更换前后轮油承及油封	●				●		▲
25. 车轮换位或更换轮胎、做动平衡	●	●	●	●	●	▲	▲
26. 检测、更换变速器车速传感器		●					▲
27. 检测、更换 ABS 传感器			●		●		▲
28. 更换 ABS 液压控制总成		●	●		●		▲
29. 检查转向助力液面、添加或更换转向助力液			●		●	▲	▲
30. 更换转向助力泵、助力油管、转向机		●	●				▲
31. 检查转向机构间隙和固定螺栓紧固及防尘罩等状况	●	●	●	●	●	▲	
32. 检查制动系统固定螺栓紧固情况	●	●	●	●	●	▲	
33. 检查或更换转向横直拉杆及球头	●	●	●	●	●	▲	
34. 检查悬架组件固定螺栓紧固情况	●	●	●	●	●	▲	
35. 四轮定位测量与调整	●	●					▲
三、电器维修作业							
1. 检查电解液密度、液面高度、清洁接柱或更换蓄电池	●	●	●	●	●	▲	▲
2. 检查、更换发电机	●	●	●	●	●		▲
3. 检查、更换起动机	●	●	●	●	●		▲
4. 更换点火开关	●		●		●		▲
5. 更换转向灯开关			●		●		▲
6. 更换制动灯开关			●				▲
7. 检查仪表灯、警示灯、室内照明灯、车门灯或更换灯泡	●		●			▲	▲
8. 检查调整或更换前照灯（更换灯泡）			●			▲	▲

续上表

作业项目	车型					维护作业	修理作业
	捷达	桑塔纳	宝来	雅阁	赛欧		
9. 检查或更换转向灯、示宽灯、制动灯、牌照灯，倒车灯、雾灯及灯泡	●		●			▲	▲
10. 更换中央继电器盒	●		●				▲
11. 检查调整或更换喇叭			●		●	▲	▲
12. 空调系统抽真空、加注制冷剂	●	●	●		●		▲
13. 更换里程表软轴		●					▲
14. 更换空调膨胀阀	●		●				▲
15. 更换空调压缩机		●	●		●		▲
16. 更换干燥瓶、冷凝器、蒸发器		●	●				▲
17. 更换空调暖风系统鼓风机（调速电阻）		●	●	●			▲
18. 检查空调系统管路泄漏情况、更换高低压管路		●	●		●	▲	▲
19. 更换空调滤芯			●		●	▲	
20. 更换空调操作面板		●	●				▲
21. 检查喷水液面或更换喷水电动机	●	●	●	●	●	▲	▲
22. 检查刮水装置或更换刮水片	●	●	●	●	●	▲	▲
23. 更换刮水器电动机			●				▲
24. 更换扬声器、收音机及天线		●	●		●		▲